U0094403

记
号

IM/AIR/K/

真知　卓思　洞见

中国中古政治史论

毛汉光 著

北京师范大学出版社

著作权合同登记号　图字：01-2023-2117

图书在版编目（CIP）数据

中国中古政治史论 / 毛汉光著. –– 北京：北京科
学技术出版社，2024.3
ISBN 978-7-5714-2898-3

Ⅰ.①中⋯ Ⅱ.①毛⋯ Ⅲ.①政治制度－研究－中国
－魏晋南北朝时代②政治制度－研究－中国－隋唐时代
Ⅳ.①D691.2

中国国家版本馆CIP数据核字（2023）第025090号

选题策划：记　号		电　话：0086-10-66135495（总编室）	
策划编辑：马　旭		0086-10-66113227（发行部）	
责任编辑：马春华　武环静		网　址：www.bkydw.cn	
责任校对：贾　荣		印　刷：北京华联印刷有限公司	
封面设计：今亮后声		开　本：710 mm × 1000 mm 1/16	
图文制作：刘永坤		字　数：420 千字	
责任印制：张　良		印　张：32.5	
出 版 人：曾庆宇		版　次：2024 年 3 月第 1 版	
出版发行：北京科学技术出版社		印　次：2024 年 3 月第 1 次印刷	
社　　址：北京西直门南大街 16 号		审 图 号：GS（2023）3424 号	
邮政编码：100035			
ISBN 978-7-5714-2898-3			

定　　价：150.00 元

谨以本书

纪念前辈陈寅恪先生

目　录

第三篇　晋隋之际河东地区与河东大族

第四篇　北朝东西政权之河东争夺战

第一篇

绪论：中古核心区核心集团之转移

陈寅恪先生"关陇"理论之拓展

一、前　言

陈寅恪先生著作甚多，其作品涉及的学术领域甚广，从其作品中可发掘出许多理论与方法，本文仅就其"关陇"理论部分加以发挥。四十余年来，中外学者对其"关陇"理论，有不同程度的赞扬，有不同角度的批评，亦有不同程度的修正与补充。学术界相互间赞扬、批评、修正、补充，对其理论都是有帮助的，但本文的主旨更为积极，本文的重点是将"关陇"理论中的核心区与核心集团的观念提炼出来，作为政治社会的一项重要元素，研究这个元素在历史上各重要时期的真正内容，及其转变之轨迹。为了尝试这项"拓展"工作，本人将若干年来撰写的六篇相关文章整理出来，凡二十六万言，正足以探讨中古核心区与核心集团之转移。如下：

《北魏东魏北齐之核心集团与核心区》[1]分析五胡入华局势之下，拓

---

[1] 拙文《北魏东魏北齐之核心集团与核心区》，《"中央研究院"历史语言研究所集刊》57（2），1986，页241—320。

跋氏如何建立核心集团与核心区。《西魏府兵史论》[1] 则通盘检讨"关中本位"与"关陇集团"之初期架构与内容。《晋隋之际河东地区与河东大族》[2]《北朝东西政权之河东争夺战》[3] 分析云、代、并转移至关中之时，过渡地区之地区研究。而隋及唐都是"府兵制度"壮年期[4]，陈寅恪先生"关陇"理论确有高度的准确性，本人对这一时期之研究以陈先生的理论为圭臬，但是在陈述其"关陇"理论之时，以陈先生之著作为骨干，以万绳楠《陈寅恪魏晋南北朝史讲演录》[5] 为诠释。《唐末五代政治社会之研究——魏博二百年史论》[6]《五代之政治延续与政权转移》[7] 陈述国家重心的东移与职业军人之主导地位。但以这六篇文章贯穿陈寅恪"关陇"作品，来解释中古核心区、核心集团之转移仍然不够，例如：核心区邻近地区之个案研究；安史乱后"关陇集团"虽然衰微，但长安仍然是政治中心，在国家重心东移的重叠时期应做平行比较研究；五代时期河北优势渐渐形成，其与十国、北辽等互动关系如何等。凡此皆可做进一步研究。又本人回顾习作时心得及所遭遇之困难，展望史学拓展之何去何从，在第五节提出浅见，供学界参考。

---

[1] 拙文《西魏府兵史论》，《"中央研究院"历史语言研究所集刊》58（3），1987，页525—632。

[2] 拙文《晋隋之际河东地区与河东大族》，"中央研究院"第二届国际汉学会议论文，1986年宣读，1989年出版，页579—612。

[3] 拙文《北朝东西政权之河东争夺战》，《台湾大学文史哲学报》35，1987，页35—70。

[4] 府兵制度在西魏末（550）体制整个完成，至唐玄宗天宝八年（749）停止下鱼书，隋及唐初是府兵制度壮年期。

[5] 万绳楠整理《陈寅恪魏晋南北朝史讲演录》，黄山书社，1987。万绳楠在该书"前言"中述："本稿是一九四七年至一九四八年，我在北京（当时名北平）清华大学历史研究所，听陈寅恪老师讲述魏晋南北朝史时，所作的笔记。整理时，参考了五十年代高教部代印的、陈老师在中山大学历史系讲述两晋南北朝史时所编的引文资料，及一九八〇年上海人民出版社出版的《金明馆丛稿初编》《二编》等有关的论文，力求符合陈老师的观点。"

[6] 拙文《唐末五代政治社会之研究——魏博二百年史论》，《"中央研究院"历史语言研究所集刊》50（2），1979，页301—360。

[7] 拙文《五代之政治延续与政权转移》，《"中央研究院"历史语言研究所集刊》51（2），1980，页233—280。

二、北魏、东魏、北齐之核心集团与核心区

　　永嘉乱后，晋室南迁，北方匈奴、鲜卑、羯、氐、羌诸族人民，如水银泻地，混杂在广大地区的汉族之间，先后出现几近二十个政权，铁骑穿梭，离合相继，大者几乎统一北方，饮马长江，小者不及一省，一百余年间，没有一股势力能够成为稳定的重心。在这种复杂的环境之中，鲜卑拓跋氏终于统一了北中国，建立了一个稳定的政权，与南方对峙垂百余年，包括草原地带在内，拓跋魏是当时最大的帝国。鲜卑拓跋氏在草创时期，继承了匈奴帝国将塞外东西万里草原分为左贤王、右贤王、王庭三大部分的政治社会组织[1]。但拓跋氏自东北向西南行进时[2]，盛乐至桑干河一带渐渐发展为其核心地区，此即北魏太祖拓跋珪所制定之畿内[3]，其时政治社会的结构，亦渐渐演变成以拓跋氏为核心，环绕着此核心向外依亲疏、婚姻、功勋等因素，形成一圈圈的同心圆。例如，初统国三十六，大姓九十九，发展成内圈帝室七族十姓[4]的核心，其外为勋著八姓[5]，北魏政权建立以后，如"旧为部落大人，而自皇始已来，有三世官在给事已上……为姓。若本非大人，而皇始已来，职官三世尚书

---

[1] 参见《后汉书》卷九〇《乌桓鲜卑传》檀石槐所建立的"军事大联盟"。

[2] 参见《魏书》卷一《序纪》。又参考宿白：《东北、内蒙古地区的鲜卑遗迹》，《文物》5，1977，页42—43。

[3]《资治通鉴》卷一一〇《晋纪三十二》，隆安二年（398）八月，魏天兴元年："魏王珪命有司正封畿。（《元和郡县图志》卷十四，云州目：'后魏道武帝又于此建都，东至上谷军都关，西至河，南至中山隘门塞，北至五原，地方千里，以为甸服。'）"

[4] 参见《魏书》卷一一三《官氏志》：胡氏、周氏、长孙氏、奚氏、伊氏、丘氏、亥氏，以上七族，加上叔孙氏、车氏，以及皇室元氏为十姓。又参考马长寿《乌桓与鲜卑》，上海人民出版社，1962，页254："拓跋族的姓氏关系构成一个部落关系网，在网的中央是宗室八姓，八姓之内又以拓跋氏为核心，其他七姓拱卫在它的周围，辅佐拓跋氏的子孙对内繁荣世代，对外统治各族各姓，以及各部落之内的牧民。"

[5] 参见《魏书》卷一一三《官氏志》："其穆、陆、贺、刘、楼、于、嵇、尉八姓，皆太祖已降，勋著当世，位尽王公，灼然可知者，且下司州、吏部，勿充猥官，一同四姓。"

已上……亦为姓。诸部落大人之后……有三世为中散、监已上……为族。若本非大人……三世有令已上……亦为族"[1]，由部落组织按其对拓跋氏之功绩，而与国家官僚机构相合，官僚组织之金字塔顶峰则为皇帝，至此社会势力自大至小与政治地位自高而低，相应地结合在一起。元魏又将任官三世以上之姓族依官职高低分为膏粱，华腴，甲、乙、丙、丁四姓[2]，这是汉人社会结构的名词。于是通过国家官僚组织的阶层，元魏将其同心圆式的社会金字塔结构，与魏晋以来汉人社会金字塔结构结合在一起。元魏安排之所以成功，是由于元魏与胡汉社会领袖共享政权利益，在政治上按其族望高低而拜受相应官职[3]，在社会上则以通婚方式将胡汉大族与元魏结合为一体[4]。所以拓跋氏的组织与檀石槐军事大联盟最大的差异，是拓跋氏建立了一个核心组织。在许多民族聚散无常的状态之下，拓跋氏将一丛一丛的部落建立在一圈圈的同心圆体系上，同心圆的最内圈是帝族七族十姓，是为狭义国人；其次是功勋、国戚之族，是为广义国人，这是拓跋政权的核心集团。统治集团之建立，将多变性的草原部落由亲而疏地置于一张网中，又将核心集团置于核心基地之中，这种核心集团之孕育与核心区之建立，至北魏道武帝拓跋珪时大致完成。这个核心集团之组成，核心区之选定，是拓跋氏之势力能在民族复杂的环境之中绵延二百年之主因。

　　拓跋氏选择云、代、桑干河一带为其核心区，该地区南有恒山山脉，北有长城与蟠羊山，西北即云中地区，再北有阴山山脉，中有桑干河主支流蜿蜒其间，平城约略居其中央，适宜牧畜及部分农耕。

---

[1]《魏书》卷一一三《官氏志》。

[2]《新唐书》卷一九九《柳冲传》。

[3] 参见拙著《中国中古社会史论》第二篇《中古统治阶层之社会成分》之北魏部分。

[4] 拓跋魏与胡汉大族通婚，见逯耀东：《拓拔氏与中原士族的婚姻关系》，《新亚学报》7（1），1965。

平城向东之塞外交通路线有三[1]；西至河西走廊，亦甚便捷[2]；东南出居庸关可达幽州，出飞狐关可达定州、易州；南出雁门关可达肆州、并州。最重要的是与北方之关系，云中之北的白道是天然缺口，也是征战最常经过之通道；北魏其后在北方沿边设有六镇，武川镇即在此地，而武川镇在大青山中分之北缺口处，"白道中溪"即自此缺口南流[3]。云、代、桑干河一带是四战之地，也是天然的大堡垒，拓跋氏的畿甸，也是产良马之区，国人正居于这个区域，于是核心集团利用平城的战略地位，配合核心区内的名骑，屡屡征战，光芒四射，成为北中国以及草原一带的大帝国。

在平城时代，北以六镇为线，南以洛阳为点所绘成的等边倒三角形是北魏最有效的控制区，而云、代加上稍微后延至并州的心脏地区，合政治中心与军事中心为一，使拓跋氏力量达到鼎盛。又平城地区处在农业地带与游牧地带的重叠线上，如以兼顾农业人民与游牧人民的角度而言，建都是比较适当的[4]。北魏帝国经百年经营，渡黄近淮，新拥有了山东省全部、河南省大部、安徽省、江苏省之北部，又有效地控制了关中，故云、代、并核心区之经济条件已不足支持大帝国官僚机构所需，邺的经济条件较好，但元魏最后仍然决定迁洛，可能是取其为文化、社会中心[5]，又与经济奥区汴邺不远。北魏孝文帝似乎更积极地想做全中国的皇帝，他迁都中原之地洛阳，实施汉化政策，想与农业民族的汉人融合

---

[1] 参见严耕望：《唐代交通图考》第五册，《篇伍叁　北朝隋唐东北塞外东西交通线》，"中央研究院"历史语言研究所专刊之八十三，1986。

[2] 参见前田正名：《北魏平城時代のオルドス沙漠南縁路》，《东洋史研究》31（2），1972。

[3] 参见张郁：《内蒙古大青山后东汉北魏古城遗址调查记》，《考古通讯》3，1958，页14—22。

[4] 大帝国首都放在草原与农业的重叠地区，是兼顾两种不同生活方式的折中办法，如平城、北平等，参见劳榦：《论北朝的都邑》，"中央研究院"历史语言研究所外篇第四种《庆祝董作宾先生六十五岁论文集》，1960，页3。

[5] 参见逯耀东：《从平城到洛阳》，联经出版事业公司，1979，页158。

在一起，但是有很多国人仍然喜欢居住在云、代、并地区，于是帝国出现了两个中心。一个是新都洛阳，它是政治中心；以汉文化而言，也是文化中心；以汉族大族集中地而言，也是社会中心。而云、代、并则仍然是临界草原暨农业庞大帝国的军事中心，是用武之地。对于不愿南迁的国人，我们不可一味责其顽固或拒绝汉化，因为涉及生活方式的改变是很痛苦的[1]。而草原上的人民为适应其生态环境而发展出自己的生活方式，只要居住在那种环境之中，渐渐地都会遵循那种方式，例如居住在北镇的汉人弘农杨氏、陇西李氏，都染有浓厚的胡人作风。所以草原区与农业区的差异是生活方式之差异，并非种族之差异。大帝国包含草原区及农业区，如果忽略这个事实，势必引起双方关系紧张。

孝文帝迁都以后，南方的疆界虽然略有推进，但大体而言，并无太大变动，所以统一中国的理想并未达成，在其控制领土之内，却出现了两个中心。洛阳地区是政治中心，国人之上层人物在朝居高官，国人之下层人物为羽林虎贲，戍守京畿，另外派遣将领率部分羽林虎贲在彭城、河北等大镇重点镇守。而云、代、并地区是大部分国人居住之地，包括上层与下层，仍然是北魏拓跋氏的国本，加以战马的蓄养地仍在此核心区（即令河西出产的良马，亦先徙养并州，渐习水土，再拨给洛阳地区使用[2]），该地区在北中国草原地带是"用武之地"，所以在人力、马匹、地势等重要因素上仍具有军事中心之地位，在此中心之北线布置六镇以为屏障，而派遣一些国人到各镇重点镇守。两个中心将帝国撕裂为二，历史之发展在两个中心的地理距离之外，再加上文化、政治等裂痕，在

---

[1] 参见《魏书》卷二二《废太子传》："（太子恂）不好书学，体貌肥大，深忌河洛暑热，意每追乐北方。"又参见《北史》卷五四《厍狄干传》。又参见《魏书》卷四〇《陆俟传·附叡传》。

[2] 参见《魏书》卷一一〇《食货志》，世祖平统万后，"每岁自河西徙牧于并州，以渐南转"。

洛阳之上层国人在朝廷中禁胡语、禁胡服、禁归葬北土、代人改籍洛阳等措施下，大步迈向汉化。北魏前半期"诸公主皆厘降于宾附之国，朝臣子弟，虽名族美彦，不得尚焉"[1]，此时则大量鼓励宗室与中原汉大士族子女通婚[2]，洛阳朝贵与洛阳之下层国人以及在云、代、并地区及派遣在六镇镇守之国人等，在文化、政治、婚姻关系诸方面之差距，愈来愈远矣。张彝父子将武人列为谒官，引发羽林虎贲之愤怒[3]，以及其后并州尔朱氏南下洛阳屠杀一两千朝臣[4]，都表现出国人之分裂。而最严重的是六镇动乱，草原一带的经济条件原比农业地区为差，政治中心自平城迁至洛阳，六镇成为遥远的边地，在社会地位[5]、经济救济[6]、进入中央之机会[7]等各方面，都无法与往昔平城时代相比。迁都三十年［孝文帝太和十九年（495）至孝明帝正光五年（524）］后，沃野镇人破六韩拔陵发难，其势如火燎原，六镇的高级长官逃至并州或洛阳，六镇的中下级官吏在此洪流之中载沉载浮，或战或降，大部分最后也归附云、代、并地区的尔朱氏，在中央政治力失控的情况之下又显出云、代、并军事中心之特性，及其所拥有的国人，比洛阳中心者更具重要性。六镇及各地动乱流窜皆环绕在云、代、并地区的外围，尔朱氏遂成为国人继承者之核心人物。

对于核心区而言，被派遣或留居于北疆的"强宗子弟""国之肺腑"

---

[1]《魏书》卷二四《崔玄伯传》。

[2] 参见《魏书》卷二一上《咸阳王禧传》，高祖诏诸弟娶大族女事。

[3] 参见《魏书》卷六四《张彝传》。

[4] 参见《魏书》卷一〇《孝庄纪》，武泰元年（528）夏四月庚子，及《魏书》卷七四《尔朱荣传》。

[5] 参见《北齐书》卷二三《魏兰根传》。

[6] 北魏中央亦派使救济北疆荒灾，但远不及洛阳地区常被恩泽，如《魏书》卷一一〇《食货志》载："神龟、正光之际，府藏盈溢。灵太后曾令公卿已下任力负物而取之，又数赉禁内左右，所费无赀，而不能一丐百姓也。"

[7] 参见《魏书》卷一八《广阳王传·附深传》。

等，被"寄以爪牙"之任，当局势无法控制时，又逃向核心区。这些人，有的是国人，有的是与国人有密切关系者，在中古时期北方民族混杂得很厉害，若仅从血统单一因素研究，一者资料不可能记载如此详细，二者亦不符合当时实际情况。除了血统因素以外，还有许多重要因素会影响人群之组合，如生态环境所孕育的生活方式、心理归属感、共同语言等。

六镇大动乱，云、代首当其冲，盛乐、平城相继沦陷，云、代地区大部分皆被侵入，尔朱氏集团适时挡住这股洪流，所以六镇动乱以后，尔朱氏成为当时国人的领袖。尔朱氏自魏初因功封于肆州秀容川，有地三百里，属于拓跋氏婚姻圈，积五世滋长，百年给复，牲畜谷量，该地盛产良马，子弟世袭领民酋长，一直维持国人草原英雄的习性，极容易成为一支勇敢善战的骑兵军团。至尔朱荣时开始自秀容扩张势力，大乱之际，许多国人或与国人有密切关系者大量投入尔朱氏集团，尔朱荣遂成为并、肆、汾、恒、廓、云六州大都督。河阴之变以后，洛阳亦受其控制，尔朱氏集团承袭了元氏核心集团，大破反叛军葛荣百万之众，成为当时的霸主。

尔朱氏本身之不团结，赐予高欢良机，高欢势力之建立又迫使魏分东西，高欢所控制的东魏拥有北魏的大部分领土。自尔朱氏至高氏，在并、肆、汾以及桑干河流域的恒州，侨置十余个原设在北边的州镇，安置鲜卑军士，他们是北魏末、东魏、北齐禁旅之所出[1]，很明显地承袭了北魏以来的核心集团，并拥有核心区。

东魏、北齐都邺，其军事中心仍在并、肆、汾、恒及十余侨州，其军事中心与政治中心分离的形势，一如北魏迁都洛阳时的情形，所不同的是北魏都洛阳时期，其沟通两者的办法是令北方大臣冬来夏回，是为

---

[1]《魏书》卷一〇六上《地形志上》："前自恒州已下十州，永安已后，禁旅所出。"按十州即恒州、朔州、云州、蔚州、显州、廓州、武州、西夏州、宁州、灵州。

雁臣[1]；而东魏、北齐沟通军事中心与邺都的办法是，统治者高氏本人穿梭在两者之间。在东魏、北齐四十三年之中，高氏执政者穿梭来回凡三十七次，在晋阳的时间约二十九年，在邺都时间为十四年，在晋阳时间为在邺都时间之倍余[2]。

如果以一般人民、少数民族、奴隶等动乱次数计[3]，自北魏皇始元年（396）至北齐亡（577）一百八十二年间凡得一百八十二个实例，发生在核心区者只有四例。如果以正光五年（524）破六韩拔陵起至建义元年（528）五年间出现于《魏书》本纪的大动乱计，凡得十八起，而核心区有两起，且规模最小，立刻遭到尔朱氏扑灭，没有丝毫影响力。当六镇乱起，反叛势力风起云涌，最大者有三股，其一是北边六镇反叛集团，其二是太行山以东的杜洛周、鲜于脩礼、葛荣集团（也吸收了很多六镇之众），其三是关陇一带的莫折父子、胡琛、万俟丑奴集团，这三个集团在最盛的时候也只能环绕着核心区的外围推移[4]。这皆表示核心集团对核心区的控制力甚强。核心区的国人也有不满中央政府之时，那就出现了政潮政变，如穆泰、元丕、陆叡及尔朱荣、元天穆等与朝廷之纠葛，但这是一种内部之争。

北齐高氏拥有"百保鲜卑"，长驻在晋阳，为使并、肆、汾、恒以及十余侨州的鲜卑军士方便调集，高氏将七兵尚书内的外兵曹、骑兵曹脱离邺都的尚书省，而与文职的舍人省同样直隶皇帝。北齐之亡，乃由于连续五个皇帝即位年幼、在位不长，而朝政荒诞，国史中罕有其例，只可谓人谋不臧。

---

[1]《北史》卷五四《斛律金传》："魏除为第二领人酋长，秋朝京师，春还部落，号曰雁臣。"
[2] 参见本书第二篇《北魏、东魏、北齐之核心集团与核心区》。
[3] 参见本书第二篇《北魏、东魏、北齐之核心集团与核心区》。统计出自张泽咸、朱大渭：《魏晋南北朝农民战争史料汇编》下册，中华书局，1980，页445—785。
[4] 参见本书第二篇《北魏、东魏、北齐之核心集团与核心区》，图2-5。

拓跋氏凝结的核心集团及其建立的核心区，历经北魏、东魏、北齐，主宰北中国及草原一带约二百年。北齐覆亡，核心区为"关中本位"取而代之；核心集团则又衍生出"关陇集团"，成为隋唐统治阶层之主干。

三、西魏、北周、隋、唐初之关中本位政策与关陇集团

1943 年陈寅恪先生出版《唐代政治史述论稿》，在该书上篇《统治阶级之氏族及其升降》中说：

> 李唐皇室者唐代三百年统治之中心也，自高祖太宗创业至高宗统御之前期，其将相文武大臣大抵西魏北周及隋以来之世业，即宇文泰"关中本位政策"下所结集团体之后裔也。[1]

其间包含着两个重点，其一是统治集团——关陇集团，另一个是核心区——关中。而整合两者的具体制度是府兵，府兵制度将关陇集团人物编入其体系，而府兵军府又将关中的核心地位很显著地表现出来。在陈先生著作中常常见到他强调关陇集团与关中核心区，如"宇文泰率领少数西迁之胡人及胡化汉族割据关陇一隅之地""融合其所割据关陇区域内之鲜卑六镇民族，及其他胡汉土著之人为一不可分离之集团"[2]。万绳楠整理《陈寅恪魏晋南北朝史讲演录》中有一段话最为具体：

> 宇文泰更改府兵将士的郡望与姓氏，是要使他所带来的山东人与关内人混而为一，使汉人与鲜卑人混而为一，组成一支籍隶关中、

[1] 陈寅恪：《唐代政治史述论稿》，上海古籍出版社，1997，上篇《统治阶级之氏族及其升降》，页 14。

[2] 陈寅恪：《唐代政治史述论稿》，上篇《统治阶级之氏族及其升降》，页 11。

职业为军人、民族为胡人、组织为部落式的强大的军队，以与东魏、梁朝争夺天下。这就在关中地区形成了一个集团——关陇集团。这个集团是一个统治集团。

然而，单是改郡望与姓氏，并不能使这个集团巩固并持续下去。为使这个集团扎根于关中，宇文泰、苏绰使府兵将领与关中土地发生了关系。府兵将领都有赐田与乡兵，他们既是府兵将领，又是关中豪族。将领与关陇豪族的混而为一，使这个集团在关中生了根。[1]

陈寅恪先生"关中本位政策"的内容很广泛，它包括以关陇为中心的统治集团，以关中为中心的核心区，结合关陇人物与关中核心区之府兵体系。以上乃关中物质本位政策，此外还包括关中文化本位政策，这种观念在《统治阶级之氏族及其升降》一文中已有论及：

> 宇文泰率领少数西迁之胡人及胡化汉族割据关陇一隅之地，欲与财富兵强之山东高氏及神州正朔所在之江左萧氏共成一鼎峙之局，而其物质及精神二者力量之凭借，俱远不如其东南二敌，故必别觅一途径，融合其所割据关陇区域内之鲜卑六镇民族，及其他胡汉土著之人为一不可分离之集团，匪独物质上应处同一利害之环境，即精神上亦必具同出一渊源之信仰，同受一文化之熏习，始能内安反侧，外御强邻。而精神文化方面尤为融合复杂民族之要道。……此宇文泰之新途径今姑假名之为"关中本位政策"，即凡属于兵制之府兵制及属于官制之周官皆是其事。其改易随贺拔岳等西迁有功汉将之山东郡望为关内郡望，别撰谱牒，纪其所承（见前引《隋书三三·经籍志·谱系篇序》），又以诸将功高者继塞外鲜卑部落之后（见《周书二·文帝纪下》及《北史九·周本纪上》西魏恭帝元年条

---

[1] 万绳楠整理：《陈寅恪魏晋南北朝史讲演录》，页 311。

等），亦是施行"关中本位政策"之例证，如欲解决李唐氏族问题当于此中求之也。[1]

《陈寅恪魏晋南北朝史讲演录》中将这些名词诠释得更为清晰：

> 总之，除推行关陇物质本位政策如府兵制之外，宇文泰还需要一种独立于东魏及萧梁之外的关陇文化本位政策，以维系胡汉各族的人心。关中为姬周的旧土，宇文泰自然想到周官。他采用周官古制，用心只在维系人心，巩固关陇集团，而不是像王莽一样，事事仿古、拟古。就整个关陇本位政策而言，物质是主要的，文化是配合的。[2]

关陇文化本位政策最主要的内容是周官制度，具体例证之一是"以诸将功高者继塞外鲜卑部落之后"（上篇语），但是两者在北周末隋初皆遭修改，《陈寅恪魏晋南北朝史讲演录》云：

> 宇文泰的关陇文化本位政策，要言之，即阳傅《周礼》经典制度之文，阴适关陇胡汉现状之实。内容是上拟周官的古制。但终是出于一时的权宜之计，以故创制未久，子孙已不能奉行。[3]

> 无论是周武帝或隋文帝的改革，都未影响到关陇集团的存在，只是这个集团原来所带的鲜卑化色彩，经周武及隋文的改革，已经退色。隋文的改姓，表明这个集团事实上、名义上都是关陇地区的汉人的一个集团。[4]

所以关陇文化本位政策仅仅是一朝政制；关陇理论中的关陇集团、

---

[1] 陈寅恪：《唐代政治史述论稿》，上篇《统治阶级之氏族及其升降》，页 11。
[2] 万绳楠整理：《陈寅恪魏晋南北朝史讲演录》，页 320。
[3] 万绳楠整理：《陈寅恪魏晋南北朝史讲演录》，页 317。
[4] 万绳楠整理：《陈寅恪魏晋南北朝史讲演录》，页 324。

关中核心区, 及整合此二者之府兵制度则影响较长远, 尤其涵盖一统南北朝之隋朝, 及百余年盛世的唐初。

谷川道雄教授研究武川集团[1], 加强了陈寅恪先生对关陇集团早期人物性格之认识, 以及对府兵制早期鲜卑部落旧制特征之了解[2], 但关陇集团凝结之时, 武川集团虽然是最重要来源, 然还有其他集团的加入, 陈先生谓:

> 然则府兵之性质, 其初元是特殊阶级。其鲜卑及六镇之胡汉混合种类及山东汉族武人之从入关者, 固应视为贵族, 即在关陇所增收编募, 亦止限于中等以上豪富之家。[3]

拙文《西魏府兵史论》分析宇文泰集团有:

> 宇文泰亲信有于谨、贺兰祥、宇文导、宇文护、王盟、尉迟纲、尉迟迥、叱列伏龟、阎庆、宇文贵等, 以宇文泰为中心, 包括宇文泰之宗室、姻亲及最亲信之部将。
>
> 贺拔胜集团有贺拔胜、独孤信、杨忠、史宁等, 由于贺拔胜位高权轻, 实际领袖是独孤信, 统领原荆州部队。
>
> 侯莫陈悦集团余部有李弼、豆卢宁, 领有原侯莫陈悦剩余之部队。李弼是其首领。
>
> 魏帝禁卫军有元欣、元廓、元育、元赞、元子孝等。魏帝追随部队之将领有王思政、念贤、侯莫陈顺等。前者统领洛阳西迁之禁卫军, 后者统领关东效忠西魏之部队。魏帝是他们的领袖。

---

[1] 谷川道雄:《武川镇军阀の形成》,《名古屋大学东洋史研究报告》8, 1982。

[2] 陈寅恪:《隋唐制度渊源略论稿》六《兵制》:"府兵之制, 其初起时实摹拟鲜卑部落旧制。"中华书局, 1963, 页96。

[3] 陈寅恪:《隋唐制度渊源略论稿》六《兵制》, 页97。

　　贺拔岳余部有赵贵、侯莫陈崇、李虎、达奚武、王雄、寇洛、梁御、若干惠、怡峰、刘亮、王德等。在贺拔岳生前，事实上宇文泰本人也属于贺拔岳集团，贺拔岳卒后，众部将拥宇文泰为首领，上述贺拔岳余部皆是宇文泰之拥护者，其支持程度视人而异，所以贺拔岳卒后之余部并未产生新的小集团，这些部将渐为宇文泰吸收，编入府兵体系之中。[1]

在以关中为核心区方面，《陈寅恪魏晋南北朝史讲演录》云：

　　宇文泰使府兵将领与土地发生联系，把府兵将领都变成了关陇地区的豪族。府兵将领豪族化，有土地，有部曲（乡兵），是关陇集团变得牢不可去的关键所在。[2]

拙文《西魏府兵史论》进一步拟测府兵在关中之辐射设计如下：

　　西魏府兵制度之中央辐射设计有两种内涵。第一种是制度层次方面自中央呈辐射状向地方伸张，将地方势力按其大小编入中央军之中。其等级为：六柱国—十二大将军—二十四开府仪同三司—四十八仪同三司—九十六大都督，在大都督之下有帅都督、都督等，大都督是军府之重要单位。第二种是地缘关系之由内而外呈辐射设计，其心脏地区东西自渭水武功以下直至黄河，渭北包括富平堰、白渠、郑国渠，渭南至秦岭，府兵军府在成立时约不满百府，其中三分之二约在此区内，于谨与李虎二柱国之军府完全在心脏地区，宇文泰柱国军府辖区之辐射设计，符合当时交通联络，李弼柱国军府自心脏地区外延至洛水流域及泾水北支泥水一带；侯莫陈崇柱国

---

[1] 参见本书第五篇《西魏府兵史论》。
[2] 万绳楠整理：《陈寅恪魏晋南北朝史讲演录》，页315。

军府自心脏地区延至泾水流域；独孤信柱国军府自心脏地区延至渭水上流之陇右；赵贵柱国军府自心脏地区延至秦岭仇池。这一种内重外轻之设计或许是受到《周礼》皇畿为中心之影响，是隋唐府兵军府以关中为重心之雏形。柱国、大将军等常常内外调动，部分督将在督区负责联系、训练、给养等事，而内调则柱国无藩镇割据之虞。[1]

关陇集团人物以关中为核心区，整合在府兵体系之下，发挥很大的力量，渐次并合后梁、四川，灭北齐、陈，在逐步扩张之中，关陇集团人数亦逐步增加，其核心区亦逐步扩大，其扩张方向首先是河东地区，自沙苑之战以后，高欢东撤，自此河东地区成为宇文泰之堡垒[2]。李渊龙兴太原，李世民重视洛阳，隋代的府兵军府数及其位置，史书记载不详，唐代的军府分布（表1-1）为[3]：

表 1-1　唐代军府分布[4]

道名	军府数	约占军府总数（%）
关内	288	43.8
河东	164	25.0
河南	74	11.3
陇右	37	5.6
合计	563	85.7
军府总数	657	100

如果以州为单位，自京兆府至太原府及河南府之军府数（表1-2）如下：

---

[1] 参见本书第五篇《西魏府兵史论》。

[2] 参见本书第三篇《晋隋之际河东地区与河东大族》。

[3] 引自谷霁光：《府兵制度考释》，上海人民出版社，1962，页154。

[4] 本书中所使用数据均为作者统计而得；所得百分比均为四舍五入至小数点后一位。——编者注

表 1-2　各府州之军府数

府州名	军府数	府州名	军府数
京兆	131	太原	20
宁	12	陕	15
同	26	河南	45
鄜	13	泾	7
华	20	陇	6
邠	11	秦	6
凤翔	15	渭	4
河中	36	虢	4
绛	36	汝	4
晋	19	共计	442
汾	12	约占军府总数	67.3%

如果将军府数看作其核心区的重要指标，则在唐初时期，陇右、关内、河东、河南军府数占全国军府总数的 85.7%，而京兆、宁、同、鄜、华、邠、凤翔、河中、绛、晋、汾、太原、陕、河南、泾、陇、秦、渭、虢、汝等府州之军府数约占全国总军府数的 67.3%。以地区而论，京兆、同、华、凤翔有一百九十二府，河中、绛有七十二府，太原、晋、汾有五十一府，河南有四十五府，而秦陇线、渭泾线二十三府，府兵是中央军，军府之多寡如果能代表中央重心之所在，那么唐初核心区向河东、太原、洛阳扩张的情势极为明显。

在统治集团方面，拙文《西魏府兵史论》结语：

> 大统九年（543）以前，西魏与东魏间有六次大战役，在宇文泰阵营之中，史书记载参与将领凡九十二人，除二人史载不详外，其中五十一人系北镇人士，三十九人非北镇人士，非北镇人士大都是汉人豪族。另外，在大统九年以前已加入宇文政权，虽未参加上述

六大战役，但亦涉及军事者，又得二十六人，其中北镇人士五人，非北镇人士二十一人，非北镇人士亦汉人豪族居多。如果将上述参与者相加，则北镇人士有五十六人，非北镇人士有六十人，未详者二人，总共一百一十八人。

大统九年西魏邙山大败，宇文泰"广募关陇豪右以增军旅"，除扩大吸收上述豪杰之子弟、部曲以外，最重要的是获得居住在渭水以北、泾洛之间羌族之支持，将其编入府兵系统，不但可扩充兵源，还有助于稳固雍州至华州之心脏地区。同时西魏又收编汧岐一带之降氐人，迁入华州一带以实军旅。

上文八柱国、十二大将军大都是北镇人士，属于宇文泰统治集团之上层人物，汉人豪族属于府兵系统之中层人物。汉人豪族在大统九年（543）以前，已经是宇文泰集团中的略多者，大统九年邙山大败，宇文泰损兵折将，"广募关陇豪右以增军旅"，汉人豪族比例更为增加，而羌、氐则属府兵系统中之中下层人物。在西魏、北周时期，北族人士仍然是宇文政权中之主导者，宇文泰"西魏恭帝元年诏以诸将之有功者继承鲜卑三十六大部落及九十九小部落之后，凡改胡姓诸将所统之兵卒亦从其主将之胡姓，径取鲜卑部落之制以治军"[1]。这当然是胡人及胡化汉人在其统治集团中占主流地位之证据。北周末杨坚掌权以后，下令恢复府兵之汉姓，也是汉人在统治集团中占主流地位之证据，陈先生说：

> 府兵将卒改从胡姓，便变成胡人；恢复汉姓，便仍为汉人。复姓，表明汉化的主流，终究战胜了鲜卑化的逆流。复姓，表明府兵不再是一支胡人的军队，而是一支名实相符的汉人或夏人的军队。[2]

---

[1] 陈寅恪：《唐代政治史述论稿》，上篇《统治阶级之氏族及其升降》，页12。
[2] 万绳楠整理：《陈寅恪魏晋南北朝史讲演录》，页323。

同时，河东地区之裴氏、薛氏、柳氏三个大士族及当地豪强，在北朝东西政权敌对之时，一直是关中政权的强烈支持者[1]，故柳芳将裴氏、柳氏、薛氏亦归入关中郡姓[2]，关陇集团在东西政权交战之时，实已渐渐纳入河东人物，此显示于上述河中府与绛州军府数在唐初有七十二个，仅次于关中地区之京兆府一百三十一个之现象上。

并州在北魏末是尔朱集团的核心区，宇文泰集团与高欢集团中主要人物皆出自尔朱集团[3]。东西政权分裂时，高欢拥有并州，而以邺为政治、经济中心，以并为军事中心[4]。北周末平齐，关陇集团获得并州地区，李渊以太原起义，拥护者有当时任职并州地区之官吏（如河东裴寂，时任晋阳宫副监[5]；彭城刘文静，代居武功，时任晋阳令[6]；并州、晋州豪杰有唐俭[7]，柴绍[8]，武士彟[9]及兄士棱、士逸，刘世龙[10]，赵文恪[11]，许世绪[12]，庞卿恽[13]，温大雅[14]及弟彦博、大有等）及其他追随李渊之关

---

[1] 参见本书第四篇《北朝东西政权之河东争夺战》。

[2]《新唐书》卷一九九《柳冲传》，柳芳云："关中亦号'郡姓'，韦、裴、柳、薛、杨、杜首之。"

[3] 参见本书第二篇《北魏、东魏、北齐之核心集团与核心区》，表2-1。

[4] 参见本书第二篇《北魏、东魏、北齐之核心集团与核心区》，第九节东魏、北齐时期之核心区与邺都。又见谷川道雄教授1988在台湾大学的演讲《霸府与王都》。

[5]《旧唐书》卷五七《裴寂传》。

[6]《旧唐书》卷五七《刘文静传》。

[7]《旧唐书》卷五八《唐俭传》："并州晋阳人，北齐尚书左仆射邕之孙也。父鉴，隋戎州刺史。"按唐邕乃北齐重要人物，《北齐书》卷四〇《唐邕传》载："齐氏一代，典执兵机，凡是九州军士，四方勇募，强弱多少，番代往还，及器械精粗、粮储虚实，精心勤事，莫不谙知。"

[8]《旧唐书》卷五八《柴绍传》："晋州临汾人。"

[9]《旧唐书》卷五八《武士彟传》："并州文水人也，家富于财，颇好交结。高祖初行军于汾、晋，休止其家，因蒙顾接。"即武后之父也。

[10]《旧唐书》卷五七《刘世龙传》："并州晋阳人，大业末为晋阳乡长。"

[11]《旧唐书》卷五七《赵文恪传》："并州太原人。"

[12]《旧唐书》卷五七《许世绪传》："并州人。"

[13]《旧唐书》卷五七《庞卿恽传》："并州太原人。"

[14]《旧唐书》卷六一《温大雅传》："太原祁人。"

陇人物。就并、晋人物而论，其中以太原温氏门第较高，其他皆属地方豪族或庶族之类，在《大唐创业起居注》中未见太原高门大士族王氏参加。唐初在太原府晋、汾等地军府数为五十一，仅次于京兆府、河东地区，居第三位，至少从唐初开始，关陇集团已扩及并州人物。陈寅恪先生《记唐代之李武韦杨婚姻集团》云：

> 唐代之史可分为前后二期，而以玄宗时安史之乱为其分界线（详见拙著《唐代政治史述论稿》上篇）。前期之最高统治集团表面上虽为李氏或武氏，然自高宗之初年至玄宗之末世历百年有余，实际上之最高统治者递嬗轮转，分歧混合，固有先后成败之不同，若一详察其内容，则要可视为一牢固之复合团体，李、武为其核心，韦、杨助之黏合，宰制百年之世局，几占唐史前期最大半时间，其政治社会变迁得失莫不与此集团有重要关系。

唐太宗在创业时已经营河南地区[1]，武后亦偏爱洛阳[2]，李勣又是武后的支持者[3]，因此统治核心区又延至河南地区，唐初期洛阳有军府四十五个。天授二年（691，天授是大周第一个建元），武则天将府兵扩至郑州、汴州、许州、汝州、卫州等：

> 郑州、汴州、许州可置八府，汝州可置二府，卫州可置五府，别兵皆一千五百人。[4]

---

[1] 参见李树桐：《初唐帝室间相互关系的演变》，《唐史考辨》，台湾中华书局，1965，页150—151。
[2] 武后改洛阳为神都。
[3] 《册府元龟》卷三三六《宰辅部·依违门》："唐李勣为太尉，高宗欲废王皇后，立武昭仪，韩瑗、来济谏，皆不纳。勣密奏曰：'此是陛下家事，何须问外人。'意乃定。"
[4] 《文苑英华》卷四六四《废潼关雍洛州置开郑汴许卫等州府制》天授二年四月二十九日。

这个地区是隋唐之际李勣集团势力的根据地[1]，武则天将其纳入中央军系统之内，但同时这也是府兵军府扩张的界限。

核心区之扩张，统治集团之增加，在好的方面可以使更多的地区受到重视，使更多的人群加入统治集团，但是此亦冲淡核心区之重要性，减少旧统治集团之政治社会利益，最后使核心区内的统治集团之内聚力疏离。

四、安史乱后至五代之国家重心东移与职业军人

府兵是维系关陇集团的重要制度，陈寅恪先生说：

> 有唐一代三百年间其统治阶级之变迁升降，即是宇文泰"关中本位政策"所鸠合集团之兴衰及其分化。[2]

府兵制度之衰微，陈先生认为"自身本已逐渐衰腐"[3]，诚为至论，唯其本身如何逐渐衰腐，后人仍需做更深入之研究。陈先生指出，关陇集团由文武合一演变至文武殊途，"关陇集团本融合胡汉文武为一体，故文武不殊途，而将相可兼任；今既别产生一以科举文词进用之士大夫阶级，则宰相不能不由翰林学士中选出，边镇大帅之职舍蕃将莫能胜任"[4]，文途重视科举入仕者，武途则由蕃将替代府兵[5]，也是关陇集团衰微之重要原因之一。

唐玄宗时，府兵废弛，安史乱起，中央控制力衰退，中国各地区依其地理位置、自然资源、人物结合等条件，相互竞争，旧有的政治社会

---

[1] 参见《旧唐书》卷六七《李勣传》。
[2] 陈寅恪：《唐代政治史述论稿》，上篇《统治阶级之氏族及其升降》，页36。
[3] 陈寅恪：《唐代政治史述论稿》，上篇《统治阶级之氏族及其升降》，页36。
[4] 陈寅恪：《唐代政治史述论稿》，上篇《统治阶级之氏族及其升降》，页36。
[5] 参见陈寅恪：《论唐代之蕃将与府兵》，《中山大学学报》1，1957，页163—170。

势力失去驾驭政治社会秩序的能力，在权力重心失衡之际，各地区的藩镇与各阶层的社会人物，皆惶惶恐恐地觅求新的组合。这便是"关中本位政策"及关陇集团衰微以后之现象。

　　陈先生谓："武周统治时期不久，旋复为唐，然其开始改变'关中本位政策'之趋势，仍继续进行。迄至唐玄宗之世，遂完全破坏无遗。而天宝安史乱后又别产生一新世局，与前此迥异矣。"[1] 陈先生已察知安史之乱前后的形势截然不同，从而将其闻名的"关中本位政策"设了下限，甚是。在此变迁的现象之中，陈先生强调新兴阶级中的士大夫，而对于国家重心部分则仅指出"中央政府与一部分之地方藩镇，已截然划为二不同之区域"[2]。实则纵观我国历史，关东地区自春秋战国以还，在经济文化诸方面皆凌驾于关中之上，秦与西汉居关中而临天下，实含有浓厚的政治人为力量因素。自孙吴开发南方，南方与关东接近，愈增关东的重要性。西魏、北周以地贫人寡而统一中国，缘于人物的有效发挥，产生了巨大的力量。隋与唐初承继关中本位政策，其形势与秦、西汉酷似，但第七世纪关中与关东的比重，实更劣于秦汉之间关中与关东的比重，所以唐初以关中制关东的形势实更显然是人为做法。安史乱后，唐长安中央政府结合东南财赋，尚不能彻底击溃河北藩镇，已显示出关中作为国家重心的形势已经改变。黄巢之起，进一步破坏中央与东南的联系，自此以往，在自然平衡的状态下，关东成为中国的重心。又契丹起于晚唐，五代时转强，成为中原最具威胁的外患，河北成为国防重心，魏博地区乃汴州、洛阳一带的安全屏障[3]。此与隋唐之际首号外患来自北方，以长安为政治中心者以关中为国防重心的形势，已不复相同。

---

[1] 陈寅恪：《唐代政治史述论稿》，上篇《统治阶级之氏族及其升降》，页14。

[2] 陈寅恪：《唐代政治史述论稿》，上篇《统治阶级之氏族及其升降》，页14。

[3] 参见拙文《唐末五代政治社会之研究——魏博二百年史论》。

　　自安史乱后，藩镇跋扈，军府林立，无论是中央所任用的蕃将蕃兵[1]，还是藩镇的军校牙兵，一个半世纪以来培养出一种职业军人集团，随着府兵之衰退，大唐中央军之赢弱，愈来愈衬托出这批人在历史上扮演的重要角色。

　　无论朱梁时代的河南集团，还是后唐、后晋、后汉、后周及宋初的河东河北集团掌权，都证明关中势力的消逝。在河东河北集团之中，后唐、后晋、后汉三朝皇室不属汉族，后周皇室出于汉族，从正史中看不出有种族歧视存在，这与永嘉乱后北中国的景象大不相同。但在后周之际，大量吸收河北籍军人，使河北地区的文、武官吏皆占百分之四十以上[2]，遥遥超越其他地区，造成后周、北宋初叶之河北优势，斯亦国史上之一大变局也。

　　史家常论及藩镇主帅跋扈，不常注意职业军人的性格，例如，唐魏博牙军及五代魏博银枪效节军常常自拥藩帅，影响政局，其威势常凌驾于藩帅之上[3]。唐末藩镇间的相互战伐与五代间的并吞，中央军常是当年一镇或数镇之地方军，故五代中央军实带有藩镇职业军人之性格。从魏博军士拥立主帅之例，发展到郭威、赵匡胤黄袍加身，似乎是同一形态之扩大[4]。

　　河东河北军人集团圈内权力竞争的结果是，王朝与皇位不断地更替，然在此一连串的演变之中，有一点值得注意，即河北优势渐次形成，河北地区之文职官吏数量在后梁时居于平均线上，自后唐开始，历后晋、后汉、后周各朝，河北籍之文臣皆倍于其他地区文臣[5]。河东军人集团扩

---

[1] 参见章群：《唐代蕃将研究》，第六章至第八章，联经出版事业公司，1986。

[2] 参见本书第八篇《五代之政治延续与政权转移》，表8–13。

[3] 参见拙文《唐末五代政治社会之研究——魏博二百年史论》，页314—350。

[4] 参见拙文《唐末五代政治社会之研究——魏博二百年史论》，页351—355。

[5] 参见本书第八篇《五代之政治延续与政权转移》，表8–17。

大吸收河北武人。如五代武职官吏所在地域分布统计表所示，后唐、后晋、后汉、后周四朝中河东加河北之武职官吏占四分之三上下[1]，此即所谓河北河东军人集团，然在此军人集团之中，有一个明显的趋向，即河北的比重渐渐上升，且超越河东，遂致后唐与后周恰成反比例。后唐、后晋、后汉的统治者系河东非汉人，而后周统治者乃河北籍汉人，从史书记载中我们似乎看不出这一转移在种族上有何矛盾，但在地域上却有显著的增减。赵宋开国君臣皆为生长在五代时的人物，且属北中国统治集团的主流人物，他们承继了许多自晚唐五代发展出的政治传统，同时也矫正了若干他们认为的缺陷之处，无论如何，关中本位已不再出现；在政治中心方面，唐代出现长安、洛阳的两都现象，至五代时出现多都，其中洛阳、汴州为主要首都[2]，而魏博则成为洛阳、汴州之屏障。

五、陈寅恪先生"关陇"理论拓展之商榷

第一，陈寅恪先生"关陇"理论实包括核心地区与核心集团两大主题。

第二，陈寅恪先生"关陇"理论实涵盖政治上统治阶层与社会上社会领袖两大范畴之研究。

第三，陈寅恪先生"关陇"理论紧抓住上述两个领域，超越朝代递

---

[1] 参见本书第八篇《五代之政治延续与政权转移》，表8-13。

[2] 后梁：东都开封府——汴州（大梁），西都——洛阳。

后唐：洛京（后改为东都）——洛阳，西京京兆府（后改为西京）——长安，东京与唐府（后改为邺都）——魏州，北都——太原。

后晋：东京——汴州，西京——洛阳，邺都（广晋府）——魏州，北京——太原。

后汉：因晋制，唯广晋府改为大名府。

后周：北京太原为北汉所据，仅余三都；显德元年（954）又罢邺都，则仅有东京——汴州，西京——洛阳。

替的限制，以核心问题来贯穿历史上政治社会主流的演变。这种方法复指示出许多学术领域（如政治史、社会史、经济史、思想史、科技史、艺术史等）及许许多多重大历史事件的发展与演变，并不完全按照朝代的兴盛衰替为起承转合，这种观念实有助于专史之健全发展。

纵观中古时期核心区与核心集团之成立与转移，自拓跋氏以云代地区为其核心区，以国人为其核心集团，至北齐亡，约二百年[1]；宇文氏自西魏起重新凝结胡汉关陇集团，以关中为其本位，至唐玄宗天宝时，亦约略二百年[2]；自安史乱起，河北、河东、河南等地之职业军人成为北中国各地藩镇的统治集团，统一而成为各王朝之核心集团，而魏博、汴州一带成为核心区，至北宋建国，亦约略二百年[3]。这三个阶段均有重叠之时，且审视"胡汉关陇集团""关中本位政策"之理论与现实，在北周至武周期间甚为正确，本人认为这段时期中，陈寅恪先生的"关陇"理论恰是"中古核心区及核心集团"研究之中段，而在此时期之前后，本人撰写论文六篇，试图将中古时期贯穿一气，解说中古时期核心区与核心集团之转移情况，这是陈寅恪先生"关陇"理论时间纵度之上溯与下延，此乃对其理论拓展方向之一也。

陈寅恪先生的"关中本位政策"指出地缘因素的重要性，从巨观而言，此因素已经合于其理论需要，但若能进一步分析核心区内山川物产、内外交通、居民结构、人文及社会条件等，将更可以明了核心区之何以成为重心，故其先决条件必须对于自然地理与人文地理有深刻认识。近年来严耕望先生积四十年功力，撰成《唐代交通图考》，实际上这是一部

---

[1] 从北魏之始国元年（386）至北齐之亡承光元年（577），凡一百九十余年，但拓跋氏集团与核心区之孕育，在什翼犍建国时期（338—376）已有雏形。

[2] 陈寅恪：《隋唐制度渊源略论稿》六《兵制》："府兵之制起于西魏大统，废于唐之天宝，前后凡二百年。"页91。

[3] 自安史乱起（天宝十四年，755）至北宋建国（建隆元年，960）计二百余年。

涵盖中古的地理书，其中对于《水经注》的研读，使这部重要而又难解的地理书之脉络得以呈现给学界。另王仲荦先生《北周地理志》对关陇地区行政区做了详细的编撰。我们可据此二书明了当时之交通路线、北族六侨州之所在地、关陇地区之内的最核心地带，从而可进一步拟测柱国军府之可能分布等，又如河东地区聚集三个大士族，其分布如何，通过小块区域研究，则更易明了关陇集团之凝结情况，此乃对其理论拓展方向之二也。

陈寅恪先生"胡汉关陇集团"一方面讨论了宇文泰所建立的统治阶级在隋唐政权中占有优势地位；另一方面，至隋唐统一中国，魏、齐及南朝大士族也并入帝国，这些人物皆为当时的精英分子，大分而论，是对立之"关陇集团"与"山东士族"，实际上亦是两股社会势力[1]。两大集团的紧张关系，以及武后以降科举入仕对关陇集团之影响等，构成陈寅恪先生理论的精彩性，实际上以现代学术的界说而言，其内容包括两大领域，其一是讨论精英分子（Elites）动态，其二是讨论政治层面与社会层面间之关系。关于精英理论，1939 年加塔诺·莫斯卡（Gaetano Mosca）《统治阶级》（The Ruling Class）、1942 年维尔弗雷多·帕累托（Vilfredo Pareto）《思想与社会》（The Mind and Society）中已经提及，但皆属草创，定义不明确。关于精英动态研究，从 1955 年张仲礼《中国绅士》（The Chinese Gentry）用于中国，至 1959 年罗伯特·M. 马什（Robert M. Marsh）《政界要员与行政部门：中美社会精英的流动》（Mandarin and Executive: Elite Mobility in Chinese and American Societies）、1962 年何炳棣《明清社会史论》（The Ladder of Success in Imperial China）、1965 年

---

[1] 汪荣祖在《史家陈寅恪传》中谓："所谓'关陇集团'与'山东士族'的对立，主要二种社会力量的冲击，而非真正的政治斗争。"（联经出版事业公司，1984，页 117）比较合于陈先生之原意。

许倬云《转型中的古代中国》(*Ancient China in Transition*),其理论与方法才日臻完整。陈寅恪先生著作出版于 1943 年,实际上已述及这种历史现象,其能洞悉先机,实具深厚的史识,四十多年以后的今天,我们要遵循陈先生的研究方向,但要引进社会科学之理论与方法,使史学具备更多的工具,对统治阶层盛衰做量化,对重要角色做重点分析,从而使历史事实与历史轨迹更为正确合理,此乃对其理论拓展方向之三也。

对于政治、社会两个领域临界线之研究,由于当今史学分工日细,专史枝丫日繁,而显得更为重要。陈寅恪先生所讨论的关陇集团及山东大族,都是兼具政治层面与社会层面的人物,而任官的社会群体,实际上亦是官僚之一员,这些社会群体之性质,实影响官僚体系性质。这种交会点之关系,许倬云先生有进一步发挥,将中国文化(也就是中国历史现象)分为四个范畴,即政治、社会、经济、意念(即思想),其体系分解示意图(图 1–1)如下 [1]:

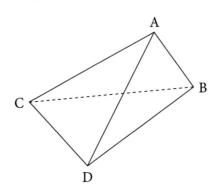

图 1-1　体系分解示意

ABC 面:经济范畴;ACD 面:社会范畴;ABD 面:政治范畴;BCD 面:意念范畴。
AB:市场网、城乡的整合系统;AC:精耕细作的小农经营;
AD:官僚制度下君权与士大夫社会势力的相合或对抗;BC:义利之间;
CD:五伦与修齐治平的扩散程序;BD:道统与法统。

---

[1] 许倬云:《传统中国社会经济史的若干特性》,《食货》11(5),1981。

陈寅恪先生政治、社会层面关系即上图之 AD 线，而许倬云先生四个范畴之关系，实际上已拓展了陈寅恪先生这方面之史学；如果四个范畴再增加科技史、艺术史范畴，则三角立方体将成为五角六面立方体，其间关系更为多元，分工不断出现，最后将成为圆形球体。事实上，一个历史事实涉及的层面是很多的，浑然一体的相互关系很可能最接近当时事实，此乃其方法拓展之一也。

陈寅恪先生"关中本位政策"是以关中为核心区，军府之设立亦以关中居多，所以关中是政治中心、军事中心，在西魏北周时期，关中亦是宇文氏政权的经济中心及社会中心，但隋唐都是一个统一帝国，"关中本位政策"之下，关中仍然是政治与军事中心，但是经济中心、社会中心便不一定是关中了。全汉昇先生《唐宋帝国与运河》明确指出洛阳是经济中心[1]，拙文《从士族籍贯迁移看唐代士族之中央化》[2]亦发现三分之二的大士族的著房著支居住在洛阳附近，因此洛阳亦是当时社会中心。各类中心不在一个焦点上，就可能出现两个或两个以上的都城或重心。这种现象在中国中古屡见，如北魏孝文帝将首都自平城南迁洛阳以后，云、代、并地区仍然是军事中心；东魏、北齐以邺为都，但晋阳是其军事中心，高氏有三分之二时间驻晋阳；西魏、北周以长安为都，宇文氏则常以同州（冯翊）为军事中心；隋唐帝国有长安与洛阳两都，一度又有北都；五代各王朝亦行多都，然大体上皆以汴州、洛阳为经济政治中心，以魏博为军事中心。谷川道雄先生也已注意及"霸府与王都"[3]两个核心区，或一个大核心区内有两个重心，历史变数将更多姿多彩，此乃其方法拓展之二也。

---

[1] 全汉昇：《唐宋帝国与运河》，商务印书馆，1944。

[2] 拙文《从士族籍贯迁移看唐代士族之中央化》，《"中央研究院"历史语言研究所集刊》52（3），1981。

[3] 谷川道雄教授 1988 年在台湾大学讲演题目。

　　陈寅恪先生"关陇"理论的两篇论文,其资料主要以正史、《资治通鉴》《通典》《顺宗实录》《唐语林》《国史补》《全唐诗》《唐摭言》《北梦琐言》《大唐新语》等为主,这些典籍千年来皆非秘籍,学者极易得之,但陈寅恪先生却能据此看出历史轨迹的重要脉络,这缘于他具有高深史识,但是资料仍然是史学重要的基础,丰富的原始资料将使理论更具体,更有深度。马长寿先生《碑铭所见前秦至隋初的关中部族》[1],从碑铭题名探讨渭水以北居民结构,有助于进一步了解宇文泰如何结合关中汉、鲜卑、氐、羌、胡等族。陈寅恪先生亦知碑志之重要,他在其他论文中亦使用过碑志,但如要大量使用碑志,则必须先大规模整理石刻资料。

　　严耕望先生《佛藏所见之稽胡地理分布区》爬梳佛教书籍中之资料,将稽胡部落精确地界定于"北纬35度40分至40度10分之黄河东西两岸,南北直线距离五百公里,东西直线距离约二至三百公里"[2]。稽胡地区在北魏至隋唐时期一直是困扰之区,隔离了云、代、并核心区与关中地区。陈寅恪先生亦知佛教书籍之重要,他在其他论文中亦常引用佛教资料,但要在大量的佛教书籍中爬梳资料,则必须将佛教书籍输入电脑,才不至于为了披沙淘金而耗费学者的时间与精力,从而可以加速拓展史学,此乃其方法拓展之三也。

六、结　语

　　陈寅恪先生的理论与方法,在当时是超越时代的,四十多年以来,史学界累积了许多优良作品,其他相关人文社会学科也发展出许多有助

---

[1] 马长寿:《碑铭所见前秦至隋初的关中部族》,中华书局,1985。

[2] 严耕望:《佛藏所见之稽胡地理分布区》,《大陆杂志》72(4),1986。

于史学的理论与方法，在这些基础之上，我们遵循着前辈的正确方向，勉力向前拓展。

***

本书论文的时间范围是魏晋南北朝至隋唐五代时期，暂以"中古"二字简称之。

政治史的范围很广，如官僚制度、选举制度、政治动乱、政治思想等皆是。本书第二篇《北魏、东魏、北齐之核心集团与核心区》、第三篇《晋隋之际河东地区与河东大族》、第四篇《北朝东西政权之河东争夺战》、第五篇《西魏府兵史论》、第六篇《五朝军权转移及其对政局之影响》、第七篇《魏博二百年史论》、第八篇《五代之政治延续与政权转移》等，只是政治史之一部分。一九八九年八月初，台湾大学历史研究所召开"民国以来国史研究的回顾与展望"大会，其主题之一是：史学方法与理论的检讨，我宣读的题目为《中古核心区核心集团之转移——陈寅恪先生"关陇"理论之拓展》，将本书第二、三、四、五、七、八诸篇中核心区核心集团部分连串起来，置于魏晋至五代这七百年核心区核心集团的演变之中。对于隋朝及唐初时期，我并没有专篇发表，这是因为我认为陈寅恪先生"关陇"理论在这一时期已有精彩论说，虽然陈寅恪先生的理论有人批评、修正，可是我认为在隋朝唐初时期陈寅恪先生的理论原则上仍然屹立不移，所以在《中古核心区核心集团之转移》一文中，隋朝及唐初部分依然采用陈先生理论，并与本书六篇贯穿在一起，使中古七百年之演变浑然一气。虽然本书第二、三、四、五、七、八等六篇除核心区核心集团主题以外，每篇还有其他内容，而第六篇因述及东晋、宋、齐、梁、陈之政治军事演变，无法与北朝、隋、唐政治发展直接相连，本人考虑再三，还是认为将《中古核心区核心集团之转移》作为本书的第一篇《绪论》，有助于读者了解本书各篇的最主要脉络。该篇之副题为"陈寅恪先生'关陇'理论之拓展",行文中理论拓展之商榷,是我在本书各单篇习作完成后,抽绎出一些史学理论、方法。理论、方法需建立在实证的研究之上,才不会落于空谈;而实证研究中的理论、方法得步步回顾与检讨,才能提升其包容性、准确性。学无止境,仰之高山,本书只是起步,但愿这是正确的一步。

第二篇

北魏、东魏、北齐之核心集团与核心区

一、绪　论

　　三国鼎立，西晋统一宇内只维持了短暂时期，随后全国又陷入混乱局面。自永嘉乱后，晋室南迁，东晋保有南方半壁江山，垂百有余年；在同一时期，北方有匈奴、鲜卑、羯、氐、羌诸族人民，如水银泻地，混杂在广大地区的汉族之间，先后出现几近二十个政权，铁骑穿梭，离合相继，大者几乎统一北方，饮马长江，小者不及一省，在一百余年间，没有一股势力能够成为稳定的重心。在这种复杂的环境之中，鲜卑拓跋氏终于统一北中国，建立了一个稳定的政权，与南方对峙垂百年之久，包括草原地带在内，拓跋魏是当时最大的帝国。本文分为十节，主要的研究内容有三大段落：北魏核心集团如何孕育而成，核心区如何建立，以及如何利用人力、物力、战略环境等，是本文前段研究的目标；迁都洛阳以后，其政治中心与军事中心之分离、核心集团中汉化与不汉化之分裂等种种现象，以及核心集团对核心区之独占性如何，是本文中段讨论的内容；北魏末期，社会经济发生严重问题，在国内动荡不已的局面下，核心集团的领导人自元氏而尔朱氏，自尔朱氏而高氏，其间之转移关系如何，及核心区在北魏末、东魏、北齐政权中的地位等，是本文末段研究的主题。

本文讨论的时间主要是从北魏之始登国元年（386）至北齐之亡承光元年（577），凡一百九十余年，这一时期的核心集团与核心区有明显的共同点。但拓跋氏集团与核心区之孕育，在什翼犍建国时期（338—376）已有雏形，所以本文亦上溯拓跋氏的发展时期。

本文除引用正史资料以外，还利用了考古发掘报告、石刻碑志、《水经注》《洛阳伽蓝记》等原始资料及当时人著作。由于北朝时出现于历史舞台的种族甚多，其间又相互混杂，人文地理改变亦多，文化、生态、语言等差异巨大，当时史家对于这些因素并不一定头等重视，即令重视亦未必能十分了解，所以今日我们认为的重点，当时史家未必有专书专志陈述，而仅在历史大事件发生时，在字里行间提及，因此这一段有异于两汉魏晋经验的先民历史，一直存在着若干启人疑窦之点。近年来对于北朝研究之专书专论稍多，一篇小文章的考证，或一个事件的阐明，渐渐地使人对某些疑点有了较清晰的看法，本文对于这些前人成果很谨慎地引用，以增强正史及实物资料之不足。

核心集团与核心区，以及战争工具马匹等是贯穿本文的线索，不仅是这二百年来历史发展的关键因素，也是了解隋唐统治集团的渊流的重要因素。

二、拓跋氏核心集团之孕育与核心区之建立

拓跋氏的先世居住地，据 1980 年发现的鲜卑石室推测，可能"位于内蒙古自治区呼伦贝尔盟鄂伦春自治旗阿里河镇西北十公里。地当大兴安岭北段顶巅之东麓，属嫩江西岸支流甘河上源"[1]。石室内找到石刻祝文，

---

[1] 米文平：《鲜卑石室的发现与初步研究》，《文物》2，1981，页 1。

即北魏拓跋焘太平真君四年（443）派遣中书侍郎李敞至此祭祀祖先时所刻。以当地的遗物及生态环境而论，东胡族的鲜卑支在远祖时期过着狩猎生活，《魏书·序纪》谓，拓跋氏祖先其后"南迁大泽，方千余里，厥土昏冥沮洳"，按鲜卑石室之定位，这个大泽，应当是呼伦湖[1]，所以鲜卑人之迁移是从东北而西南，其生态环境之改变促使其生活方式由狩猎而游牧。

1975 年在内蒙古自治区通辽市科尔沁左翼后旗茂道吐公社舍根大队发现了有图纹的陶片和陶器，可能是东部鲜卑文化遗存，其时间也可能是北魏上推至汉，"鲜卑是以畜牧、狩猎为主的民族，其畜牧业主要是养马。而舍根文化的直接继承者契丹人旧俗也是'其富以马'。在我们发现的舍根文化的陶器纹饰中，除大量的几何图案之外，还有一些马的图案。鲜卑人以畜马为主的经济特点也反映到陶器的装饰上。在我们发现的马纹装饰中有六种不同姿态的马纹图案，或万马奔腾，或漫步草地，或人驯马，或以马为主的复合图案。马的体态也或肥或瘦"[2]。

在汉朝时，东胡最著的种族有乌丸及鲜卑。乌丸居于汉族与鲜卑族之间，受两族势力的压迫而处于不利地位[3]，曹操曾大伐乌丸[4]，其后乌丸部落分离四散，在历史上不再扮演重要角色。东汉初期东胡的另一支鲜卑族人，原本居住于东北，随着匈奴内部分裂、在中国北疆塞外势力转弱，而乘虚南下，其间亦结合匈奴余种。《后汉书》卷九〇《乌桓鲜卑列传》：

> 和帝永元中，大将军窦宪遣右校尉耿夔击破匈奴，北单于逃走，鲜卑因此转徙据其地。匈奴余种留者尚有十余万落，皆自号鲜卑，鲜卑由此渐盛。[5]

---

[1] 米文平：《鲜卑石室所关诸地理问题》，《民族研究》4，1982，页 36。

[2] 张柏忠：《哲里木盟发现的鲜卑遗存》，《文物》2，1981，页 14。

[3] 白鸟库吉：《东胡民族考》，《史学杂志》22（1），1919，页 36。

[4] 《三国志》卷三〇《魏书·乌丸传》建安十一年（206）。

[5] 《三国志》卷三〇《魏书·鲜卑传》注引王沈《魏书》："匈奴及北单于遁逃后，余种十余万落，诣辽东杂处，皆自号鲜卑兵。"

后汉末期，塞外出现了一个强大的盟主，取代了西汉以来的匈奴势力，其领袖属于鲜卑族，《后汉书》卷九〇《乌桓鲜卑列传》：

> 桓帝时，鲜卑檀石槐者……勇健有智略……由是部落畏服。乃施法禁，平曲直，无敢犯者，遂推以为大人。檀石槐乃立庭于弹汗山歠仇水上，去高柳北三百余里，兵马甚盛，东西部大人皆归焉。因南抄缘边，北拒丁零，东却夫余，西击乌孙，尽据匈奴故地，东西万四千余里，南北七千余里，网罗山川水泽盐池。……乃自分其地为三部，从右北平以东至辽东，接夫余、濊貊二十余邑为东部，从右北平以西至上谷十余邑为中部，从上谷以西至敦煌、乌孙二十余邑为西部，各置大人主领之，皆属檀石槐。

将塞外广大草原沙漠地带分为三部分统治，原是匈奴旧法，但鲜卑檀石槐分其地为三部，虽有大人领之，然每部之中皆有许多邑，实际上是具有更多独立性部落的结合，这种情况，马长寿称之为"军事大联盟"，这个联盟包括：

（1）东部——从右北平以东至辽东，接夫余、濊貊，为东部，二十余邑。其大人曰弥加、阙机、素利、槐头。

（2）中部——从右北平以西至上谷，为中部，十余邑。其大人曰柯最、阙居、慕容等，为大帅。

（3）西部——从上谷以西至敦煌，西接乌孙，为西部，二十余邑。其大人曰置犍、落罗、日律、推演、宴荔游等，皆为大帅。（以上摘引归类于《三国志》卷三〇《魏书·鲜卑传》注引王沈《魏书》。）

此处的"推演"，可能是北魏圣武皇帝诘汾，《魏书》卷一《序纪》：

> 圣武皇帝讳诘汾，献帝命南移，山谷高深，九难八阻，于是欲止。有神兽，其形似马，其声类牛，先行导引，历年乃出，始居匈

奴之故地。其迁徙策略，多出宣、献二帝，故人并号曰"推寅"，盖俗云"钻研"之义。

檀石槐所建立的"军事大联盟"在其死后不久便渐次瓦解，可值得注意者有两事：其一，塞外东西虽广达万里，但其间生态环境、人民生活方式、交通等，若与近在咫尺的塞内地带相比较，则共同点较多，如有一股势力突然崛起，向塞外东西发展或联盟，并不十分困难，匈奴帝国、檀石槐大联盟是两个很好的先例，故北魏在平城时代先向东西发展，这是原因之一。其二，匈奴将大帝国分为左贤王、右贤王、王庭三大部分，檀石槐则分为三个较帝国松散的部落联盟，以部落为单位分而治之，在草原上自有其历史及生态理由。

鲜卑拓跋氏在草创时期也承继了这种政治社会组织，拓跋氏草创时期的重要人物是神元皇帝力微，在力微以前只能称传说时期[1]，兹将草创时期的力微至建国时期的拓跋珪之间的世系（图2-1）列举于下，以便行文参考：

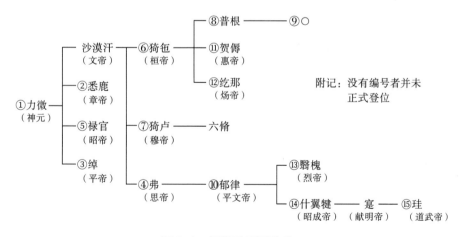

图2-1 拓跋氏早期世系

---

[1] 田村実造：《北魏開国伝説の背景》，《东方学论集》2，1954，页104—113。

力微之子昭皇帝禄官分国为三部，《魏书》卷一《序纪》：

> 昭皇帝讳禄官立，始祖之子也。分国为三部：帝自以一部居东，在上谷北，濡源之西，东接宇文部；以文帝之长子桓皇帝讳猗㐌统一部，居代郡之参合陂北；以桓帝之弟穆皇帝讳猗卢统一部，居定襄之盛乐故城。

这种组织甚至反映在北魏帝国初期的大人制度上[1]，但北魏虽然以部落为单位，其结构却有所改进，此即北魏建立的拓跋氏核心制度；环绕着此核心向外依亲疏、婚姻、功勋等因素，有一圈圈的同心圆。此核心人物的组成，与核心地区之选定，是拓跋氏能在复杂的民族、环境之中，势力绵延将近二百年的主因。塞外东西万里的地理中心是阴山一带，乃匈奴帝国的王庭所在地，也是鲜卑拓跋氏发迹之处。

按鲜卑族有许多分支[2]，其中以慕容氏及拓跋氏最著。慕容氏南迁较早，居于辽东河北省北部一带；拓跋氏迁徙稍迟，且往西南方向。建安二十年（215），曹操罢省云中、定襄、五原、朔方等四郡[3]，汉人势力南退，又予鲜卑族拓跋氏向塞外扩充的良机，《魏书·序纪》谓"历年乃出，始居匈奴之故地"，按匈奴故地应属阴山一带，即今内蒙古河套东部地区。内蒙古河套以东的乌兰察布市曾发现两处较大的鲜卑墓群[4]，也证实了拓跋氏所谓"居匈奴之故地"。

在这"匈奴之故地"之中，自盛乐至桑干河流域一带渐渐成为拓跋

---

[1] 山崎宏：《北魏の大人官に就いて》上，《东洋史研究》9（5，6），1947；《北魏の大人官に就いて》下，《东洋史研究》10（1），1947。

[2] 白鸟库吉在《东胡民族考》[《史学杂志》22（1），1919]中提及，鲜卑种族中有慕容氏、宇文氏、吐谷浑氏、乞伏氏、秃发氏、拓跋氏等。其中宇文氏，周一良认为并非鲜卑族，见氏著《论宇文周之种族》，《"中央研究院"历史语言研究所集刊》7（4），1938。

[3] 《三国志》卷一《魏书·武帝纪》。

[4] 宿白：《东北、内蒙古地区的鲜卑遗迹》，《文物》5，1977。

部落之核心地区，此点在穆帝时已极明显。穆帝统合三部，遂有城郭观念，其都城有三，皆设于此核心地区之内，《魏书》卷一《序纪》云：

> 城盛乐以为北都，修故平城以为南都。帝登平城西山，观望地势，乃更南百里，于灅水之阳黄瓜堆筑新平城，晋人谓之小平城，使长子六脩镇之，统领南部。

昭帝崩后，穆帝猗卢遂总摄三部，以为一统。

西晋惠帝末，桓帝猗㐌（《宋书》中称猗驼）助晋并州刺史司马腾解晋阳匈奴之围，穆帝猗卢时遂向时任并州刺史刘琨求楼烦等五县，刘琨有赖于穆帝之援助，乃上书晋室予五县，《宋书》卷九五《索虏传》载：

> 索头虏姓托（拓）跋氏……晋初，索头种有部落数万家在云中。惠帝末，并州刺史东嬴公司马腾于晋阳为匈奴所围，索头单于猗驼遣军助腾。怀帝永嘉三年，驼弟卢率部落自云中入雁门，就并州刺史刘琨求楼烦等五县，琨不能制，且欲倚卢为援，乃上言："卢兄驼有救腾之功，旧勋宜录，请移五县民于新兴，以其地处之。"琨又表封卢为代郡公。愍帝初，又进卢为代王，增食常山郡。[1]

《魏书》卷一《序纪》云：

> （穆皇帝）三年，晋并州刺史刘琨遣使，以子遵为质。帝嘉其意，厚报馈之。自部大人叛入西河，铁弗刘虎举众于雁门以应之，攻琨新兴、雁门二郡。琨来乞师，帝使弟子平文皇帝将骑二万，助

---

[1]《晋书》卷五《孝怀帝纪》，永嘉五年（311）十一月、六年（312）八月，略同。这段内容小节异同见日人志田不动麿：《代王世系批判》，《史学杂志》48（2），1937；及内田吟风：《魏书序纪特に其世系記事に就て：志田不动麿學士「代王世系批判」を讀む》，《史林》22（3），1937。

琨击之，大破白部；次攻刘虎，屠其营落。虎收其余烬，西走度河，窜居朔方。晋怀帝进帝大单于，封代公。帝以封邑去国悬远，民不相接，乃从琨求句注、陉北之地。琨自以托附，闻之大喜，乃徙马邑、阴馆、楼烦、繁畤、崞五县之民于陉南，更立城邑，尽献其地，东接代郡，西连西河、朔方，方数百里。帝乃徙十万家以充之。[1]

拓跋族移民这五县，表示已实际占有该地区，作为其后太祖拓跋珪所制定之畿内，从而成为北魏之核心地区。

其后鲜卑拓跋氏一度失国，依附他族，至昭成皇帝什翼犍才得复国，什翼犍即位于繁畤之北，称建国元年，《魏书》卷一《序纪》云：

> （建国）二年春，始置百官，分掌众职。东自濊貊，西及破洛那，莫不款附。夏五月，朝诸大人于参合陂，议欲定都灅源川，连日不决，乃从太后计而止。……三年春，移都于云中之盛乐宫。四年秋九月，筑盛乐城于故城南八里。

太后反对定都的理由载于《魏书》卷一三《平文皇后王氏传》：

> 昭成初欲定都于灅源川，筑城郭，起宫室，议不决。后闻之，曰："国自上世，迁徙为业。今事难之后，基业未固。若城郭而居，一旦寇来，难卒迁动。"乃止。

筑城是游牧走向定居生活发展过程中的现象，定都易给予敌人攻击目标，当时鲜卑拓跋氏复国未久，没有把握能避免敌人攻击首都，定都则迁徙不易，损害较大，但拓跋氏在盛乐、平城一带仍然多方筑城。自东汉以降，鲜卑拓跋族即居住在匈奴故地阴山一带，魏晋以降，拓跋氏

---

[1]《资治通鉴》卷八七《晋纪九》，怀帝永嘉四年（310）十月《考异》谓三万余家散在五县间："（猗）卢新并尘官，国甚强盛，从琨求陉北地，以并遣三万余家，散在五县间。"

之重心显然在云中地区至桑干河流域一带。这个核心地区有两个较大的都市，其一是盛乐，其二是平城。

北魏建国以后的政治组织，初期仍有分部而治的传统，《魏书》卷一一三《官氏志》载：

> 建国二年……分为南北部，复置二部大人以统摄之。时帝弟孤监北部，子寔君监南部，分民而治，若古之二伯焉。太祖登国元年，因而不改，南北犹置大人，对治二部。

帝国渐渐成熟时，尚书制度渐渐替代旧制，这属于政制发展课题，暂不赘述，值得注意的是人群组合的社会层面，《魏书》卷一一三《官氏志》后半段载：

> 魏氏本居朔壤，地远俗殊，赐姓命氏，其事不一。……初，安帝[1] 统国，诸部有九十九姓。至献帝时，七分国人，使诸兄弟各摄领之，乃分其氏。自后兼并他国，各有本部，部中别族，为内姓焉。年世稍久，互以改易，兴衰存灭，间有之矣，今举其可知者：
>
> 献帝以兄为纥骨氏，后改为胡氏。
>
> 次兄为普氏，后改为周氏。
>
> 次兄为拓拔氏，后改为长孙氏。
>
> 弟为达奚氏，后改为奚氏。
>
> 次弟为伊娄氏，后改为伊氏。
>
> 次弟为丘敦氏，后改为丘氏。
>
> 次弟为侯氏，后改为亥氏。
>
> 七族之兴，自此始也。

---

[1] 应为成帝，《魏书》卷一《序纪》："成皇帝……统国三十六，大姓九十九。"

> 又命叔父之胤曰乙旃氏，后改为叔孙氏。
>
> 又命疏属曰车焜氏，后改为车氏。
>
> 凡与帝室为十姓，百世不通婚。太和以前，国之丧葬祠礼，非十族不得与也。高祖革之，各以职司从事。

至神元皇帝力微时，时值魏晋之际，鲜卑拓跋氏已迁至定襄之盛乐，国力颇强，据《魏书·官氏志》记载，余部诸姓内入者有一百一十个，诸部其渠长皆自统众，与拓跋氏的关系是"岁相朝贡"，一百一十个部落包含各种种族，居住在塞外四方。姚薇元考北朝胡姓，又得七十五个，合一百一十个，加上帝室八姓，凡一百九十三姓，兹引文如下：

> 爰就《魏书·官氏志》所载一百十八姓，依据旧史纪传、姓氏诸书所载，参以文集说部、碑铭石刻、方志图谱，与夫近世中外学人之论著，校核推求，一一夷考其原义、种族、居地，以及改姓之人证。抉隐钩沉，触类旁通，间有得于《官氏志》之外者：上自汉魏之降胡质子，下及隋唐之蕃将胡商，靡不包涉。计所得凡七十五姓，汇为外篇，合内篇一百十八姓，共得一百九十三姓，都二十余万言。[1]

"拓跋族的姓氏关系构成一个部落关系网，在网的中央是宗室八姓，八姓之内又以拓跋氏为核心，其他七姓拱卫在它的周围，辅佐拓跋氏的子孙对内繁荣世代，对外统治各族各姓，以及各部落之内的牧民。"[2]

这些部落对于拓跋氏而言，也有亲疏之分，随着时代推移，这种亲疏之分也有变化，力微至拓跋珪之时，诸部与拓跋部亲疏已不可考，拓跋珪以降，有八个部落被特别提及，《魏书》卷一一三《官氏志》末段：

---

[1] 姚薇元：《北朝胡姓考》绪言，中华书局，1962，页4—5。
[2] 马长寿：《乌桓与鲜卑》，上海人民出版社，1962，页254。

其穆、陆、贺、刘、楼、于、嵇、尉八姓，皆太祖已降，勋著当世，位尽王公，灼然可知者，且下司州、吏部，勿充猥官，一同四姓。

其他部落大人或部落成员，按照其在北魏政权中的官职定其族姓，也就是按照其对北魏政权之贡献而决定关系层次，《官氏志》继载：

原出朔土，旧为部落大人，而自皇始已来，有三世官在给事已上，及州刺史、镇大将，及品登王公者为姓。若本非大人，而皇始已来，职官三世尚书已上，及品登王公而中间不降官绪，亦为姓。诸部落大人之后，而皇始已来官不及前列，而有三世为中散、监已上，外为太守、子都，品登子男者为族。若本非大人，而皇始已来，三世有令已上，外为副将、子都、太守，品登侯已上者，亦为族。

上述所谓姓族，看不出层次，若对照《新唐书》卷一九九《柳冲传》的膏粱，华腴，甲、乙、丙、丁四姓看，则其高下差异立显，定姓族在当时是重大事件，因为在九品官人法之下，这是选举标准的凭据。

以官位姓族反映各部落人士与拓跋氏之亲疏关系，是拓跋氏正式建立北魏王朝后之事，上述一百一十个部落，"登国初，太祖散诸部落，始同为编民"（《官氏志》），即将部落打散，依其贡献吸收成为政权一分子，同时也成为社会阶层中的一分子。上述引文中除了部落大人以外，"若本非大人"而任官三世者亦可得姓族，便是具体的安排。长期参加拓跋氏集团者渐渐成为"内入诸姓"，扩大了其统治集团。除了建立科层节制的官僚体系以外，由于"凡与帝室为十姓，百世不通婚"，这帝室十姓得与其他部落姓族通婚，通婚有婚姻圈，婚姻圈的远近也代表其与拓跋氏统治核心之远近，"魏旧制，王国舍人皆应娶八族及清修之门"[1]，八族即上述穆、陆、贺、刘、楼、于、嵇、尉八姓。

---

[1]《资治通鉴》卷一四○《齐纪六》，齐建武三年（497）。

再者，拓跋氏在政治社会中一直采取双轨制，除了太祖建国以来，渐渐采用魏晋官制而将部落打散纳入官僚体系以内，还有许多部落仍未被打散，论者常举高车为代表，《北史》卷九八《高车传》载：

> 道武时分散诸部，唯高车以类粗犷，不任使役，故得别为部落。

据周一良研究，自北魏初至魏齐之际，领民酋长之号甚多，在其二十余例子之中，"领民酋长皆鲜卑之敕勒、匈奴、契胡族"[1]。所以高车不是唯一未被打散的部落，按柔然与高车[2]是北魏北方最重要的敌人，拓跋氏在长期的战争中虽然屡屡打败这两族，但并不能使其完全臣服，其后安置降附者于阴山一带，设六镇以镇压之，最后仍然反叛，后文另有讨论。举高车为例，是其"粗犷"反对分散诸部之代表，实际上未被打散的还有许多是拓跋氏的拥护者，如尔朱氏、叱列氏、斛律氏等。本人以为魏初按生态环境及生活方式行双轨制，能"分土定居"渐趋农业者，则尽量将其部落打散，正如《魏书》卷八三上《贺讷传》云：

> 其后离散诸部，分土定居，不听迁徙，其君长大人皆同编户。

无法农耕地区，或被赐予畜牧之地，则任其保有部落制度，而有"领民酋长"之号，所以正史上拥有领民酋长者皆在长城内外地区。《魏书·官氏志》对于这一系统官职全然没有记载，《隋书》卷二七《百官志》中，齐制末段载：

> 流内比视官十三等。第一领人（即领民）酋长，视从第三品。

---

[1] 周一良：《领民酋长与六州都督》，《"中央研究院"历史语言研究所集刊》20（上），1948，页82。
[2] 志田不动麿：《南北朝时代に於ける敕勒の活动》上、下，《历史学研究》8（12）、9（2），1938。

第一不领人酋长，视第四品。第二领人酋长，第一领人庶长，视从第四品。诸州大中正，第二不领人酋长，第一不领人庶长，视第五品。诸州中正，畿郡邑中正，第三领人酋长，第二领人庶长，视从第五品。第三不领人酋长，第二不领人庶长，视第六品。第三领人庶长，视从第六品。第三不领人庶长，视第七品。

按北齐制度承袭北魏。领民酋长之中与拓跋氏关系良好者，即魏迁洛之后所谓"雁臣"是也，如尔朱氏、库狄氏、斛斯氏等（见后文）。如果领地在北魏之枢纽地带，则更接近拓跋氏之核心，其间也可能建立婚姻关系。

"内入诸姓"及枢纽地区的领民酋长等，皆表现出拓跋氏统治集团由核心向外发展的层次性。

鲜卑族拓跋氏原在东北地区，沿蒙古高原，几经迁徙至阴山一带，至拓跋珪时建都于盛乐，盛乐在云中地区，北与白道甚近。白道自古是塞外民族南下牧马之重要通路之一，为中古中国通漠北第一要道[1]；盛乐西通五原，可达灵州、凉州，东达平城一带，可说是一个重要通道。对于游牧民族而言，通道上设立首都有其便利，但居于四战之地，则时时有烽火之警。

自从苻秦瓦解以后，北中国长城以南以慕容燕为最强，长城以北以拓跋氏为最强。395 年，两大势力战于参合陂[2]，魏主拓跋珪大败慕容燕太子宝[3]，在两年之内，拓跋氏拥有慕容燕之大部分地区，从而成为北中

[1] 严耕望：《唐代交通图考》第五册，《篇伍叁　北朝隋唐东北塞外东西交通线》（一）北魏六镇东西交通线，页 1773—1780，"武川正当白道岭，为中古时代中国通漠北之第一主道，北魏北伐亦常以白道为中军主力路线"。又参见前田正名：《白道の重要性》，《平城の歴史地理学の研究》，风间书房，1979，页 145—150。
[2] 严耕望：《唐代交通图考》第五册，附篇八《北魏参合陂地望辨》。
[3] 《魏书》卷二《太祖纪》，登国十年（395）十一月；《资治通鉴》卷一〇八《晋纪三十》，孝武帝太元二十年（395）冬十一月。

国的霸主。

初，慕容燕强于拓跋氏，拓跋珪且曾质弟觚于慕容垂。魏卒能破燕，原因固多，魏拥有大量良马是重要原因，当太元十六年（登国六年，391）"秋，七月，壬申，燕主垂如范阳。魏王珪遣其弟觚献见于燕，燕主垂衰老，子弟用事，留觚以求良马。魏王珪弗与，遂与燕绝"[1]。同年十一月拓跋珪灭刘卫辰国，十二月"诛卫辰宗党五千余人……获马三十余万匹，牛羊四百余万头，国用由是遂饶"[2]。参合陂之役次年，魏已拥有并州，将进攻中山，时"中书令睦邃曰：'魏多骑兵，往来剽速，马上赍粮，不过旬日……'"[3]由于战争之胜利，登国十一年（太元二十一年，396）珪建天子旌旗，出警入跸，改元皇始。于是有进取中原之意，上谷张恂劝珪进取中原，珪善之[4]。

天兴元年（398）七月，魏王珪迁都平城，始营宫室，建宗庙，立社稷。是年"十二月，己丑，魏王珪即皇帝位，大赦，改元天兴。……徙六州二十二郡守宰、豪杰二千家于代都，东至代郡，西及善无，南极阴馆，北尽参合，皆为畿内，其外四方、四维置八部师以监之"[5]。

马长寿统计从天兴元年至皇兴三年（469）间十四次向代京移民，"以部落成分而言之，徙往代都的人口以汉人为最多，徙何鲜卑次之，匈奴、高丽、滅貊、稽胡、吴蛮居于少数。……移民对代都贡献最大的是从各地徙来大量汉族和徙何鲜卑的农民和手工业者"[6]。《魏书》卷一一〇

---

[1]《资治通鉴》卷一〇七《晋纪二十九》，孝武帝太元十六年。

[2]《资治通鉴》卷一〇七《晋纪二十九》，孝武帝太元十六年；《魏书》卷二《太祖纪》登国六年十二月及同书卷九五《刘卫辰传》。

[3]《资治通鉴》卷一〇八《晋纪三十》，孝武帝太元二十一年（396）秋九月。

[4]《魏书》卷八八《张恂传》："参代王军事，恂言于太祖曰：'金运失御，刘石纷纭，慕容窃号山东，苻姚盗器秦陇，遂使三灵乏响，九域旷君。大王树基玄朔，重明积圣，自北而南，化被燕赵。今中土遗民，望云冀润。宜因斯会，以建大业。'太祖深器异，厚加礼焉。"

[5]《资治通鉴》卷一一〇《晋纪三十二》，隆安二年（398）。

[6] 马长寿：《乌桓与鲜卑》，页47—49。

《食货志》亦证实这个看法：

> 既定中山，分徙吏民及徒何种人、工伎巧十万余家以充京都，各给耕牛，计口授田。天兴初，制定京邑……劝课农耕，量校收入，以为殿最。又躬耕籍田，率先百姓。自后比岁大熟，匹中八十余斛。是时戎车不息，虽频有年，犹未足以久赡矣。[1]

1975 年 7 月发现了一座北魏墓，位于盛乐故城北四十里，该墓的时代理应为北魏拓跋珪定都平城的前后：

> 这座北魏墓规模不大，随葬品均为陶质，也不算精致，但随葬品的组合还是比较齐全的。不仅有一套与庖厨有关的生活用具明器，而且有成群的牲畜模型，特别是各种陶俑的出土，这在内蒙古地区还是首次。估计墓主人可能是小官吏或地主。陶俑有武士俑、男俑、女俑和女舞乐俑，说明当时这个地区的统治阶级亦有出则作战、入则被役使的部曲。从造型及服装看，有鲜卑人也有汉人。……这座墓出土了仓、井、磨和碓等与农业生产相关的器物，反映了这个时期在呼和浩特地区农业已占主导地位；而出土众多的驼、马、羊等牲畜，又反映了畜牧业仍占一定的比重。这都是北魏时期呼和浩特地区经济状况的真实写照。[2]

拓跋氏的组织与檀石槐军事大联盟最大的差异是拓跋氏建立了一个核心组织，环绕着核心向外有一层层的人员组合，愈接近核心愈与拓跋氏共享祸福，所以不会因为某一领袖死亡而人亡政息。除了皇室八族十

---

[1] 又见《魏书》卷二《太祖纪》，天兴元年（398）正月，"徙山东六州民吏及徒何、高丽杂夷三十六万，百工伎巧十万余口，以充京师"。
[2] 郭素新：《内蒙古呼和浩特北魏墓》，《文物》5，1977，页 41。

姓以外，其他部落与拓跋氏之亲疏随时有变迁，功勋与婚姻是变迁的重要因素，在这种由亲而疏一层层同心圆的组织体系之中，最重要的界线是所谓"国人"。

《魏书》卷一《序纪》：

> 炀皇帝复立，以七年为后元年。烈帝出居于邺。……三年，石虎遣将李穆率骑五千纳烈帝于大宁，国人六千余落叛炀帝，炀帝出居于慕容部。

《资治通鉴》卷一二六《宋纪八》元嘉二十八年（451）正月，魏正平元年：

> 魏主遗（臧）质书曰："吾今所遣斗兵，尽非我国人，城东北是丁零与胡，南是氐、羌。"

狭义的国人，似乎是指拓跋氏同族，但对这个统治集团而言，渐渐地应包括与拓跋氏同一婚姻圈者，以及长期追随拓跋氏的功勋姓族。《魏书》卷四〇《陆凯传》载：

> 初，高祖将议革变旧风，大臣并有难色。又每引刘芳、郭祚等密与规谟，共论时政，而国戚谓遂疏己，怏怏有不平之色。乃令凯私喻之曰："至尊但欲广知前事，直当问其古式耳，终无亲彼而相疏也。"国戚旧人意乃稍解。

《资治通鉴》卷一一七《晋纪三十九》义熙十一年（415）九月，魏神瑞二年载：

> 乃简国人尤贫者诣山东三州就食。（胡三省注："国人"谓与拓跋氏同出北方之子孙也。又注：拓跋氏起于漠北，统国三十六，姓

九十九。道武既并中原，徙其豪杰于云、代，与北人杂居，以其北来部落为国人。）

《隋书》卷三十三《经籍志》史部谱系篇后序云：

> 后魏迁洛，有八氏十姓，咸出帝族。又有三十六族，则诸国之从魏者；九十二姓，世为部落大人者，并为河南洛阳人。

这显然比帝室八国的范围为大，是广义的国人，也就是本文所谓的核心集团。

蒙思明认为"国人是居住在畿甸以内的"[1]，应指上述"东至代郡，西及善无，南极阴馆，北尽参合"及"其外四方、四维"而言。《资治通鉴》卷一一〇《晋纪三十二》隆安二年（398）八月，魏天兴元年载：

> 魏王珪命有司正封畿。（《元和郡县图志》卷一四，云州目："后魏道武帝又于此建都，东至上谷军都关，西至河，南至中山隘门塞，北至五原，地方千里，以为甸服。"）

《魏书》卷一一三《官氏志》载：

> 置八部大夫……于皇城四方四维面置一人，以拟八座，谓之八国。

皇城四方四维比拟八座，实际上也比拟拓跋氏之八国，居住在国内的人当然是国人。以平城为首都而言，畿甸的大小如何？胡三省说："近畿，谓环平城千里之地。"[2]

---

[1] 蒙思明：《元魏的阶级制度》，《史学年报》2（3），1936，页90—92。
[2]《资治通鉴》卷一二六《宋纪八》，元嘉二十八年（451）。

三、北魏平城时期核心区的军事优势与核心集团之成就

　　北魏帝国以拓跋氏为核心，吸收各种族、部落之人群，环绕着核心，构成一个个由亲而疏的同心圆，其中"国人"界线最为重要，它的含义自北魏建国以后应包括帝室、功勋姓族、国戚等，在平城时代，云、代及并州北部是国人主力所在，成为北魏的核心区。在此核心地区中有显著的阶级制度，国人当然是社会阶级之上层人物，然后又从其他征服区移入大批百工、伎巧、农民等，一方面，为其提供人力与生产技术，所以核心区内也有其他种族者，但大多数是工农生产者，并不会构成国人之安全威胁；另一方面，这些工农生产者还为统治者提供物质基础，增强其统治力量。上引1975年7月发现的北魏墓可能是一个国人单位的写照，墓主可能为一国人。统治者出则作战，入则役使部曲。由于这个区域位居沙漠南缘的草原地带[1]，所以适宜畜牧生活，云中川一带畜牧甚盛[2]，而盐池、桑干水、漯水[3]流域支流甚多，部分地区亦适宜农耕，所以这个地区是农牧兼宜的复式地带。在北魏时，畜牧民族居于统治地位，而农耕者居于被统治地位，国人主要的任务是服官和从军[4]。核心区是国人之根本基地，在核心区之外，国人也被派为官吏，如果是在草原地带

---

[1]《宋书》卷九五《索虏传》："阴山去平城六百里，深远饶树木。"

[2]　云中川即今大黑河流域。《太平寰宇记》卷四九云州云中县引《冀州图》："自晋阳以北，地势渐寒，平城、马邑凌原二丈，云中、五原积冰四五十尺，唾出口成冰，牛冻角折，而畜牧滋繁。"又《魏书》卷二四《燕凤传》："凤（谓苻坚）曰：'云中川自东山至西河二百里，北山至南山百有余里，每岁孟秋，马常大集，略为满川。'"又《资治通鉴》卷一九三《唐纪九》贞观四年（630）春正月，胡注引宋祁曰："古定襄城，其地南大河，北白道，畜牧广衍，龙荒之最壤。"胡注引宋白曰："朔州北三百余里，定襄故城，后魏初之云中也。"以上诸条皆严耕望先生提示。

[3]　郦道元撰、杨守敬纂疏、熊会贞参疏：《水经注疏》卷一三《漯水》："守敬按：漯水之上源为桑干水，其下流为漯水，非桑干水与漯水有二也。"

[4]　蒙思明：《元魏的阶级制度》，页92—97。

便成立镇以统治当地游牧民族，如果是农业地区则立州郡县而统之，《魏书》卷一一三《官氏志》载：

> 又制诸州置三刺史，刺史用品第六者，宗室一人，异姓二人，比古之上中下三大夫也。郡置三太守，用七品者。县置三令长，八品者。

游牧民族"春山秋水"式打猎的生活，是超乎中原人士想象和理解之外的[1]，如果大帝国要兼顾两种不同生活方式的民族，将首都放在草原与农业的重叠地区是个折中办法。除此之外，平城还有军事上的优点。

平城位于恒山山脉以北，北有长城与蟠羊山，西北即云中地区，再北有阴山山脉，是四塞地形，中有桑干水主支流蜿蜒其间，平城约略居其中央。此地适宜牧畜及部分农耕，北魏道武帝时南面还拥有今山西、河北两省之地，平城出居庸关可达幽州，出飞狐关可达定州、易州，南出雁门关可达代州、并州。

关于以平城为首都，作为军事中心以控制中古时期所谓山东地区的目的，可在北魏迁都平城十八年后的一次御前会议辩论中得知。这次会议之起因是云、代地区发生饥荒，有人建议迁都南方，当时洛阳地区并非北魏稳定控制区，故建议迁都邺城。按平城的战略价值虽高，然其经济条件若作为该局部地区首都尚可，而如果帝国领土扩及山东地区，平城附近要维持中央政府文武官员之物质基础顿感不足，稍有饥荒，即捉襟见肘[2]，但战略价值仍然是北魏初期的重要考量，其议论如下。《资治通鉴》卷一一七《晋纪三十九》义熙十一年（415）九月，魏神瑞二年载：

---

[1] 劳榦：《论北朝的都邑》，《大陆杂志》22（3），1961，页3。
[2]《魏书》卷一一〇《食货志》："（太和）十一年，大旱，京都民饥，加以牛疫……诏听民就丰。行者十五六。"

魏比岁霜旱，云、代之民多饥死。太史令王亮、苏坦言于魏主嗣曰："案谶书：魏当都邺，可得丰乐。"嗣以问群臣，博士祭酒崔浩、特进京兆周澹曰："迁都于邺，可以救今年之饥，非久长之计也。山东之人，以国家居广汉之地[1]，谓其民畜无涯，号曰'牛毛之众'。今留兵守旧都，分家南徙，不能满诸州之地，参居郡县，情见事露，恐四方皆有轻侮之心；且百姓不便水土，疾疫死伤者必多。又，旧都守兵既少，屈丐、柔然将有窥窬之心，举国而来，云中、平城必危，朝廷隔恒、代千里之险，难以赴救，此则声实俱损也。今居北方，假令山东有变，我轻骑南下，布濩林薄之间，孰能知其多少！百姓望尘慑服，此国家所以威制诸夏也。来春草生，酺酪将出，兼以菜果，得及秋熟，则事济矣。"嗣曰："今仓廪空竭，既无以待来秋，若来秋又饥，将若之何？"对曰："宜简饥贫之户，使就食山东；若来秋复饥，当更图之，但方今不可迁都耳。"嗣悦曰："唯二人与朕意同。"乃简国人尤贫者，诣山东三州就食，遣左部尚书代人周几帅众镇鲁口以安集之。嗣躬耕藉田，且命有司劝课农桑；明年，大熟，民遂富安。

以平城为首都，国家军事中心在此地区，如若北方屈丐、柔然南侵，则有捍卫屏障之功；如果乱起山东，则轻骑南下，有高屋建瓴之效；其攻守之战争资源除了骑兵外，马匹供应尤为重要，此点后文还会论及。显然，当时北中国的军事中心在平城地区。其经济问题之解决乃靠迁移饥民就食山东地区，而庞大的中央文武仍居平城首都。倘北方柔然南侵，拓跋魏首都设在平城，重兵亦安置在此地区，可立刻发兵出击，以攻为守，此一军事中心实隔绝北方敌人南侵之大本营，避免中原遭受北方敌

---

[1] "广汉"，《北史·崔浩传》作"广漠"，当从之。

人之威胁与破坏；而魏主坐镇平城首都，是重兵聚集运用的重要条件，例如，《资治通鉴》卷一二〇《宋纪二》元嘉元年（424）、魏始光元年八月载：

> 柔然纥升盖可汗[1]闻魏太宗殂，将六万骑入云中，杀掠吏民，攻拔盛乐宫[2]。魏世祖自将轻骑讨之，三日二夜至云中。纥升盖引骑围魏主五十余重，骑逼马首，相次如堵；将士大惧，魏主颜色自若，众情乃安。纥升盖以弟子于陟斤为大将，魏人射杀之；纥升盖惧，遁去。尚书令刘洁言于魏主曰："大檀自恃其众，必将复来，请俟收田毕，大发兵为二道，东西并进以讨之。"魏主然之。……十二月，魏主命安集将军长孙翰、安北将军尉眷北击柔然，魏主自将屯柞山。柔然北遁，诸军追之，大获而还。翰，肥之子也。

柔然循白道入云中，竟攻拔盛乐宫，魏世祖自平城三日二夜至云中，赖君臣迅速采取军事行动而击退敌人，刘洁更建议主动追击。

按云中东向有长城等作为平城之近北屏障，再北有阴山山脉，绵亘甚长，在阴山山脉的北坡，北魏亦设有军队戍防，此即稍后所设六镇是也[3]。无论是云中平城线，还是六镇沃野至怀荒镇线，这一带塞外地区，其东西交通路线甚为流畅，严耕望先生叙述自平城向东之塞外交通路线如下：

> 北魏前期都平城，君主屡屡东幸大宁、濡源，且向更东方之库莫奚与北燕冯氏用兵。迹其行幸与用兵，可略识当时之交通路线：

---

[1] 即大檀。
[2]《北史》卷九八《蠕蠕传》及《魏书》卷一〇三《蠕蠕传》未载"杀掠吏民，攻拔盛乐宫"。
[3] 六镇之设，有很多学者考证，严耕望先生总其成，见《中国地方行政制度史》上编卷中，《魏晋南北朝地方行政制度》下册，"中央研究院"历史语言研究所专刊之四十五，台湾商务印书馆，1963，页692—704。

其一，由平城东行经参合陂（今阳高东）、蟠羊山，又东至大宁，即广宁（今张家口），有长川。又东北盖循黑城川河谷东北行，经去畿陂（今沽源西克勒湖或西南），至濡源（今滦河源），盖驻御夷故城……其后孝文太和中置御夷镇……亦以镇濡源地区也。又折南行至赤城（今赤城县东近处），太武帝时见置镇。又南至魏上谷郡（今延庆县）……又循清夷水河谷下行，西至秦汉上谷郡治沮阳故城（今怀来旧县），又西至涿鹿县（今县东南四十里，县旧名保安），有黄帝庙，又西北还至大宁。

其二，由濡源北魏前期所置御夷故城东北经松漠，即所谓平地松林（今经棚以西、西喇木伦河上源），东至库莫奚衙帐（今巴林桥，E118°30′·N43°17′），道武帝伐库莫奚即取此道。……库莫奚衙帐，东沿潢水河谷下行至契丹衙帐，地在营州东北约五百里，潢水南，约今库伦旗处（小库伦）。再东北行，则通室韦、渤海诸部。……

其三，由濡源御夷镇东南行九十里（？）至西密云戍（约今大阁镇 E116°30′·N41°10′地区）。又东盖经安州（今隆化），三藏口（今承德北），安乐县（今承德、平泉之间），又东经建德郡治白狼城（今凌源南），东至和龙，即营州柳城也。若不经安州、三藏口，则当东南取唐代墨斗岭道而东。此并塞外近地之东西道也。[1]

自平城向西的发展路线，据日人前田正名研究[2]，主要是沿着陕北毛乌素沙漠之南缘向西至薄骨律镇（即灵州），当时的统万城居于这条路线的中间；这条路可达河西走廊、陇右地带，亦可南下长安。另一条路线自平城出云中、五原，沿阴山山脉而西达居延海地区。这两条路线的自

[1] 严耕望：《唐代交通图考》第五册，《篇伍叁　北朝隋唐东北塞外东西交通线》（二）大宁东北经濡源通奚契丹道、（三）御夷镇东通柳城道，页 1781—1789。
[2] 前田正名：《北魏平城时代のオルドス沙漠南縁路》，《东洋史研究》31（2），1972。

然地形对于人类活动并不构成困难。

北魏初期，北有柔然，南有刘宋，关中有后秦，陕北有夏，陇右有西秦，河西走廊有北凉，青海东部有南凉，幽州辽东一带有北燕，胶州半岛黄河出海口有南燕。以北中国而言，"约可分为两个集团，北魏与后秦为一集团，北燕、夏、柔然为另一集团"[1]。据司马光分析，北魏太武帝是一位雄才大略、冒险犯难、不以守成为己足的君主，其评如下：

> 魏主为人，壮健鸷勇，临城对陈，亲犯矢石，左右死伤相继，神色自若；由是将士畏服，咸尽死力。性俭率，服御饮膳，取给而已。群臣请增峻京城及修宫室曰："《易》云：'王公设险，以守其国。'又萧何云：'天子以四海为家，不壮不丽，无以重威。'"帝曰："古人有言：'在德不在险。'屈丐蒸土筑城而朕灭之，岂在城也？今天下未平，方须民力，土功之事，朕所未为。萧何之对，非雅言也！"每以为财者军国之本，不可轻费。至于赏赐，皆死事勋绩之家，亲戚贵宠未尝横有所及。命将出师，指授节度，违之者多致负败。明于知人，或拔士于卒伍之中，唯其才用所长，不论本末。听察精敏，下无遁情，赏不违贱，罚不避贵，虽所甚爱之人，终无宽假。常曰："法者，朕与天下共之，何敢轻也？"然性残忍，果于杀戮，往往已杀而复悔之。[2]

北魏明元帝是一个守成之君，相比之下，太武帝拓跋焘却充分发挥其人力、物力、马匹等作战资源向外扩张，他的积极进取政策又与平城的地理条件有密切关系，扩张的优先次序见于一次御前会议的辩论之中。《北史》卷二二《长孙嵩传》(《魏书》卷二五《长孙嵩传》略同）载：

---

[1] 王吉林：《统一期间北魏与塞外民族的关系》，《史学汇刊》10，1980，页70。
[2]《资治通鉴》卷一二〇《宋纪二》，元嘉四年（427）、魏始光四年七月。

诏问公卿："赫连、蠕蠕，征讨何先？"嵩与平阳王长孙翰、司空奚斤等曰："赫连土居，未能为患。蠕蠕世为边害，宜先讨大檀。及则收其畜产，足以富国；不及则校猎阴山，多杀禽兽，皮肉筋角以充军实，亦愈于破一小国。"太常崔浩曰："大檀迁徙鸟逝，疾追则不足经久，大众则不能及之。赫连屈丐土宇不过千里，其刑政残害，人神所弃，宜先讨之。"尚书刘洁、武京侯安原请先平冯跋。帝默然，遂西巡狩。

从其后历史发展而观之，北魏之扩张顺序是：先西征，再北伐，次东讨，次南侵。这次御前会议后不久，夏世祖去世。

《资治通鉴》卷一二〇《宋纪二》元嘉三年（426）、魏始光三年载：

魏主闻夏世祖殂，诸子相图，国人不安，欲伐之。长孙嵩等皆曰："彼若城守，以逸待劳，大檀闻之，乘虚入寇，此危道也。"崔浩曰："往年以来，荧惑再守羽林、钩己而行，其占秦亡；今年五星并出东方，利以西伐。天人相应，不可失也。"嵩固争之，帝大怒，责嵩在官贪污，命武士顿辱之。于是遣司空奚斤帅四万五千人袭蒲阪，宋兵将军周几帅万人袭陕城，以河东太守薛谨为乡导。谨，辩之子也。[1]……十一月……魏主行至君子津，会天暴寒，冰合，戊寅，帅轻骑二万济河袭统万。壬午，冬至，夏主方燕群臣，魏师奄至，上下惊扰。……魏军夜宿城北，癸未，分兵四掠，杀获数万，得牛马十余万。[2]……斤遂克蒲阪。……十二月，斤入长安，秦、雍氐羌皆诣斤降。[3]

---

[1]《魏书》卷二五《长孙嵩传》略同。
[2]《魏书》卷九五《铁弗刘虎传·附昌传》略同。
[3]《魏书》卷二九《奚斤传》略同。

魏始光四年（427）六月，魏主破统万城，赫连昌奔上邽，"虏昌群弟及其诸母、姊妹、妻妾、宫人万数，府库珍宝车旗器物不可胜计，擒昌尚书王买、薛超等及司马德宗将毛修之、秦雍人士数千人，获马三十余万匹，牛羊数千万"[1]。拓跋氏占领陕北地区，由此可以向关陇、河西发展，同时也屏障云、代、并核心地区的西翼，河西地区又是畜牧良地，其后为北魏良马的供应地，后文再论。

神麚元年（428）魏破上邽，擒夏主赫连昌[2]，虽仍有残余势力"夏大将军、领司徒、平原王定收其余众数万，奔还平凉，即皇帝位"[3]，陕北一带大致底定。神麚二年（429）魏主将击柔然，朝内有激烈辩论，大部分大臣及太后都不赞成北伐之举，独崔浩力主此事。当时有人提出南方势力对北魏之威胁以诘难北伐，《魏书》卷三五《崔浩传》载：

> 或有尤浩者曰："今吴贼南寇而舍之北伐。行师千里，其谁不知。若蠕蠕远遁，前无所获，后有南贼之患，危之道也。"浩曰："不然。今年不摧蠕蠕，则无以御南贼。自国家并西国以来，南人恐惧，扬声动众以卫淮北。彼北我南，彼劳我息，其势然矣。比破蠕蠕，往还之间，故不见其至也。何以言之？刘裕得关中，留其爱子，精兵数万，良将劲卒，犹不能固守，举军尽没。号哭之声，至今未已。如何正当国家休明之世，士马强盛之时，而欲以驹犊齿虎口也？设令国家与之河南，彼必不能守之。自量不能守，是以必不来。若或有众，备边之军耳。……且蠕蠕恃其绝远，谓国家力不能至，自宽来久，故夏则散众放畜，秋肥乃聚，背寒向温，南来寇抄。

---

[1]《魏书》卷四上《世祖纪》，始光四年六月乙巳。

[2]《魏书》卷四下《世祖纪》，神麚元年二月。

[3]《资治通鉴》卷一二一《宋纪三》，元嘉五年（428）、魏神麚元年二月。《魏书》卷九五《铁弗刘虎传·附定传》、《北史》卷九三《僭伪附庸·夏赫连氏传·定传》皆载："昌败，定奔于平凉，自称尊号，改年胜光。"

今出其虑表，攻其不备。大军卒至，必惊骇星分，望尘奔走。牡马护群，牝马恋驹，驱驰难制，不得水草，未过数日则聚而困散，可一举而灭。暂劳永逸，长久之利，时不可失也。"[1]

崔浩在这次辩论中力主先伐柔然，且屡屡劝阻拓跋魏与宋交战，或许有王猛劝阻苻坚南讨之心理[2]，但崔浩秉执先北伐柔然的理由亦非常适宜当时之形势，按柔然雄踞北方沙漠草原地带，以骑兵为主，其南下牧马首先攻击云中平城地区，直接影响北魏国本。刘宋以步兵为主，渡淮、渡河，再入山西地区，其补给线无法维持，刘裕克关中而不能守，前桓温北伐亦仅至枋头，此皆与补给有密切关系，故北魏北伐柔然，刘宋实无法发挥南方突击之功效。自建康至北魏核心平城地区之路线不仅遥远，并且有多重山河之隔，非一朝一夕之事。但若北魏先南讨刘宋，并州是其控制地区，骑兵直达黄河并无困难，南渡黄河以后，骑兵功效不显，而补给线拉长，如要威胁建康地区，其遭遇之困难一如刘宋之北伐，如若北魏与刘宋陷入鏖战，则北方柔然可立刻威胁平城心脏地区。

再者，寒暑季节性变化对游牧民族集散有密切影响。游牧民族最脆弱的时刻是夏季，"夏则散众放畜，秋肥乃聚"。一般中原士大夫论及与游牧民族和战问题时，无法洞察游牧民族弱点之所在，认为采取讨伐策略时，游牧民族飘忽不定，敌来则走，敌走则追，劳师动众而无法消灭其主力。实际上，游牧民族亦需要生长滋养，当夏时也，必须散牧在广大地区，如果突然攻击某一点，广大的牧场无法防守，其酋长如果逃匿，

---

[1]《资治通鉴》卷一二一《宋纪三》，元嘉六年（429）、魏神䴥二年四月略同。

[2]《魏书》卷三五《崔浩传》，崔浩在对太宗话中夸奖王猛，曰："若王猛之治国，苻坚之管仲也。"崔浩是否心向南朝，在《魏书》中无明确记载，但《宋书》卷七七《柳元景传》载："元景从祖弟光世，先留乡里，索虏以为折冲将军、河北太守，封西陵男。光世姊夫伪司徒崔浩，虏之相也。元嘉二十七年，虏主拓跋焘南寇汝、颍，浩密有异图，光世要河北义士为浩应。浩谋泄被诛，河东大姓坐连谋夷灭者甚众，光世南奔得免。"

则大批牛羊等主要资财，将被虏获。崔浩久居位处草原的平城，宜其有此卓识[1]。然而，要采取主动出击，自己也必须具有相当的机动力，这一点拓跋魏是有的。平城盛乐核心区附近是产马之地，新得河西夏国马匹三十余万，而其国人亦是马上英雄，所以崔浩说："夫以南人追之，则患其轻疾，于国兵则不然。何者？彼能远走，我亦能远逐，与之进退，非难制也。"[2]

果然，魏主于神䴥二年（429）"夏四月，治兵于南郊。……庚寅，车驾北伐，以太尉、北平王长孙嵩，卫尉、广陵公楼伏连留守京师，从东道与长孙翰等期会于贼庭。五月丁未，次于沙漠，舍辎重，轻骑兼马，至栗水，蠕蠕震怖，焚烧庐舍，绝迹西走"[3]。其结果一如当初崔浩之判断，"大檀众西奔。弟匹黎先典东落，将赴大檀，遇翰军，翰纵骑击之，杀其大人数百。大檀闻之震怖，将其族党，焚烧庐舍，绝迹西走，莫知所至。于是国落四散，窜伏山谷，畜产布野，无人收视"[4]。

这次军事行动胜利之后，魏军的搜索范围很广，在搜索过程中又收纳很多降附的高车部落及马、牛、羊等。《北史》卷九八《蠕蠕传》载：

> 太武缘栗水西行，过汉将窦宪故垒。六月，车驾次于菟园水，去平城三千七百余里。分军搜讨，东至瀚海，西接张掖水，北度燕然山，东西五千余里，南北三千里。高车诸部杀大檀种类前后归降三十余万，俘获首虏及戎马百余万匹。八月，太武闻东部高

---

[1]《魏书》卷三五《崔浩传》载，这次战争之后："又召新降高车渠帅数百人，赐酒食于前。世祖指浩以示之，曰：'汝曹视此人，尪纤懦弱，手不能弯弓持矛，其胸中所怀，乃逾于甲兵。朕始时虽有征讨之意，而虑不自决，前后克捷，皆此人导吾令至此也。'"

[2]《魏书》卷三五《崔浩传》。

[3]《魏书》卷四上《世祖纪》，神䴥二年夏四月。

[4]《北史》卷九八《蠕蠕传》；《魏书》卷一〇三《蠕蠕传》同；《资治通鉴》卷一二一《宋纪三》，元嘉六年（429）、魏神䴥二年略同。

车屯巳尼陂，人畜甚众，去官军千余里，遂遣左仆射安原等往讨之。暨巳尼陂，高车诸部望军降者数十万。大檀部落衰弱，因发疾而死。[1]

部落民、牛羊马匹等，都是草原民族的主要资产，于是魏之国力大增，《资治通鉴》卷一二一《宋纪三》元嘉六年（429）、魏神䴥二年冬十月载：

> 魏主还平城。徙柔然、高车降附之民于漠南，东至濡源，西暨五原、阴山三千里中，使之耕牧而收其贡赋；命长孙翰、刘洁、安原及侍中代人古弼同镇抚之。自是魏之民间马牛羊及毡皮为之价贱。

《北史》卷九八《高车传》亦载：

> 高车诸部望军而降者数十万落，获马牛羊亦百余万，皆徙置漠南千里之地。乘高车，逐水草，畜牧蕃息，数年之后，渐知粒食，岁致献贡。由是国家马及牛、羊遂至于贱，毡皮委积。

在阴山北坡，魏设立六镇以镇抚降俘，严耕望先生谓：

> 有六镇东西一线排列，自西而东数之，曰沃野，曰怀朔，曰武川，曰抚冥，曰柔玄，曰怀荒。其建置在世祖太武帝时代，盖以镇抚边疆高车降俘也。[2]

---

[1]《魏书》卷一〇三《蠕蠕传》同；《资治通鉴》卷一二一《宋纪三》，元嘉六年、魏神䴥二年略同。

[2] 严耕望：《唐代交通图考》第五册，《篇伍叁　北朝隋唐东北塞外东西交通线》（一）北魏六镇东西交通线，页1773。

按北魏国本在平城云中地区，统治阶层核心部落居住在这一带。在
阴山北坡漠南一带，"东至濡源，西暨五原"的三千里之中，则安置初附
之高车、柔然人[1]，设镇使大将镇抚之。魏未见将高车、柔然降人混入平
城云中地区之记载，显然甚为重视其国本地区。同时，对新附之民而言，
鲜卑拓跋氏是统治阶级，故六镇地区与平城云中地区自始便不相同，六
镇是平城对北之屏障，镇本身就具有军事统治之意[2]，六镇内部统治者与
被统治者有高度的对立现象，一直有赖于北魏强大军力镇压之，平城云
中地接六镇，北魏都平城时期其对六镇一带的控制是直接而有效的，有
关北魏在六镇之统治，下举怀荒镇为例。《资治通鉴》卷一二二《宋纪四》
元嘉十年（433）、魏延和二年载：

> 魏主征陆俟为散骑常侍，出为怀荒镇大将，未期岁，高车诸莫弗
> 讼俟严急无恩，复请前镇将郎孤。魏主征俟还，以孤代之。俟既至，
> 言于帝曰："不过期年，郎孤必败，高车必叛。"……帝大惊，立召俟
> 问之，曰："卿何以知其然也？"俟曰："高车不知上下之礼，故臣临
> 之以威，制之以法，欲以渐训导，使知分限。而诸莫弗恶臣所为，讼
> 臣无恩，称孤之美。臣以罪去，孤获还镇，悦其称誉，益收名声，专
> 用宽恕待之。无礼之人，易生骄慢，不过期年，无复上下，孤所不
> 堪，必将复以法裁之。如此，则众心怨怼，必生祸乱矣。"[3]

神䴥二年（429），北魏大胜柔然、高车；次年，魏南边诸将建议伐

---

[1]《魏书》卷四上《世祖纪》，神䴥二年，自五月始以伐蠕蠕为主，"冬十月，振旅凯旋于
京师，告于宗庙。列置新民于漠南，东至濡源，西暨五原、阴山，竟三千里"，其中应有蠕
蠕降民，蠕蠕即柔然。
[2] 俞大纲：《北魏六镇考》："《魏书·广阳王元琛传》，载其论北镇之文曰：'皇始以移防
为重，盛简亲贤，拥麾作镇。'按魏皇始三年移都平城，其所谓'移防''作镇'，即所以拱
卫平城者也。"《禹贡》1(12)，1934，页2。
[3]《魏书》卷四〇《陆俟传》略同。

刘宋，崔浩再度谏止[1]。当时的局势为"义隆与赫连定同恶相招，连结冯跋，牵引蠕蠕，规肆逆心，虚相唱和"[2]。北燕乃东北一小隅，不足以构成威胁。南界则采取守势，"诏冀、定、相三州造船三千艘，简幽州以南戍兵集于河上以备之"[3]，"诏大鸿胪卿杜超假节、都督冀定相三州诸军事、行征南大将军、太宰，进爵为王，镇邺，为诸军节度"[4]。魏一度损失滑台、虎牢、洛阳，数月后又收复[5]，实际上当是魏宋之军事策略，魏虽采守势，宋亦仅是牵制战略[6]，双方并无决战之意。北魏主力仍向西拓展，在西征之前，预留"壮兵肥马"令大臣辅助太子戍守平城地区，柔然乘魏太武帝西征之际，发兵南侵，至善无山，于是北魏平城大骇，赖大臣奋力驱之，可见北魏之威胁仍然在北方，而平城地区是双方交战必争之地。

---

[1]《魏书》卷三五《崔浩传》云："俄而南藩诸将表刘义隆大严，欲犯河南。请兵三万，先其未发逆击之，因诛河北流民在界上者，绝其乡导，足以挫其锐气，使不敢深入。诏公卿议之，咸言宜许。浩曰：'此不可从也。往年国家大破蠕蠕，马力有余，南贼震惧，常恐轻兵奄至，卧不安席，故先声动众，以备不虞，非敢先发。又南土下湿，夏月蒸暑，水潦方多，草木深邃，疾疫必起，非行师之时。且彼先严有备，必坚城固守。屯军攻之，则粮食不给；分兵肆讨，则无以应敌。未见其利。就使能来，待其劳倦，秋凉马肥，因敌取食，徐往击之，万全之计，胜必可克。在朝群臣及西北守将，从陛下征讨，西灭赫连，北破蠕蠕，多获美女珍宝，马畜成群。南镇诸将闻而生羡，亦欲南抄，以取资财。是以披毛求瑕，妄张贼势，冀得肆心。既不获听，故数称贼动，以恐朝廷。背公存私，为国生事，非忠臣也。'世祖从浩议。"《资治通鉴》卷一二一《宋纪三》，元嘉七年（430）、魏神䴥三年略同。

[2]《魏书》卷三五《崔浩传》崔浩对世祖语。

[3]《魏书》卷四上《世祖纪》，神䴥三年（430）三月。

[4]《魏书》卷四上《世祖纪》，神䴥三年七月。

[5]《南史》卷二五《到彦之传》："（元嘉）七年，遣彦之制督王仲德、竺灵秀、尹冲、段宏、赵伯符、竺灵真、庾俊之、朱修之等北侵，自淮入泗。泗水渗，日裁行十里。自四月至七月，始至东平须昌县。魏滑台、虎牢、洛阳守兵并走。彦之留朱修之守滑台，尹冲守虎牢，杜骥守金墉。十月，魏军向金墉城，次至虎牢，杜骥奔走，尹冲众溃而死。魏军仍进滑台。……初遣彦之，资实甚盛，及还，凡百荡尽，府藏为空。文帝遣檀道济北救滑台，收彦之下狱，免官。"

[6]《魏书》卷三五《崔浩传》载："后冠军将军安颉军还，献南俘，因说南贼之言云，义隆敕其诸将，若北国兵动，先其未至，径前入河，若其不动，住彭城勿进。如浩所量。"

《资治通鉴》卷一二三《宋纪五》元嘉十六年（439）、魏太延五年九月载：

> 魏主之西伐也，穆寿送至河上，魏主敕之曰："吴提与牧犍相结素深，闻朕讨牧犍，吴提必犯塞，朕故留壮兵肥马，使卿辅佐太子。收田既毕，即发兵诣漠南，分伏要害以待虏至，引使深入，然后击之，无不克矣……"……不为之备。……柔然敕连可汗闻魏主向姑臧，乘虚入寇……自帅精骑深入，至善无七介山，平城大骇，民争走中城。穆寿不知所为，欲塞西郭门，请太子避保南山，窦太后不听而止。遣司空长孙道生、征北大将军张黎拒之于吐颓山。会嵇敬、建宁王崇击破乞列归于阴山之北，擒之，并其伯父他吾无鹿胡及将帅五百人，斩首万余级。敕连闻之，遁去，追至漠南而还。[1]

北魏西征颇为顺利，赫连定失鄜城、安定，神䴥三年（430）"十有二月丁卯，定弟社于、度洛孤面缚出降，平凉平，收其珍宝。定长安、临晋、武功守将皆奔走，关中平"[2]。

北魏自道武帝至太武帝时期，军事发展颇为顺利，以平城为基地，向北、西、东三面采取攻势，获得重大进展，南方则采取守势，故刘宋元嘉时期，虽与北魏在黄河一带有小规模冲突，却并非双方主力战，此乃刘宋文帝元嘉之治的外部背景。这一时期北魏最有效的控制区是，北以六镇为线，南以洛阳地区为点，所绘成的倒等边三角形，如图2-2[3]。

此三角形之核心即平城地区，这个地区是北魏的军事中心，也是政治中心，由于平城地区东西线交通便捷，北魏凭借着骑兵快速行动，每

---

[1]《北史》卷九八《蠕蠕传》、《魏书》卷一〇三《蠕蠕传》略同。

[2]《魏书》卷四上《世祖纪》，神䴥三年十二月。

[3] 本图参考郭沫若主编：《中国史稿地图集》上册，地图出版社，1979，页65—66。

次北伐西讨皆表现出高度的机动性。平城地区之马匹，以及（阴山以南）掠夺柔然、高车而得的牛羊马等，又构成北魏的经济资财与战争所需资源。北魏统治阶层亦以平城为核心，除移入工匠及生产者以外，具有威胁的民族皆安置在平城地区之外围，尤以阴山以北最为显著，北魏并派大将设镇以镇抚之。

四、北魏洛阳时期政治中心与军事中心之分离

北魏自世祖太武帝死后，在北、西、东三面未再有大规模的行动，对于南方却较以前略为积极。刘裕灭南燕以后[1]，疆域包括黄河下游之南岸，经北魏文成帝、献文帝及孝文帝初期之蚕食[2]，南朝宋齐损失黄河下游至淮河流域一带大片土地（黄淮平原的重要部分之一），尤以献文帝在

---

[1]《宋书》卷一《武帝本纪》，东晋安帝义熙四年（408）六月。

[2]《魏书》卷五《高宗纪》，太安二年（456）十一月，"刘骏濮阳太守姜龙驹、新平太守杨伯伦，各弃郡率吏民来降"。《魏书》卷六《显祖纪》，和平六年（465）九月，"刘子业征北大将军、义阳王刘昶自彭城来降"。《魏书》卷六《显祖纪》，天安元年（466）九月，"刘彧司州刺史常珍奇以悬瓠内属。……刘彧徐州刺史薛安都以彭城内属，彧将张永、沈攸之击安都。诏北部尚书尉元为镇南大将军、都督诸军事，镇东大将军、城阳公孔伯恭为副，出东道救彭城；殿中尚书、镇西大将军、西河公元石都督荆、豫、南雍州诸军事，给事中、京兆侯张穷奇为副，出西道救悬瓠。……十有一月壬子，刘彧兖州刺史毕众敬遣使内属"。《魏书》卷六《显祖纪》，皇兴元年（467）闰正月，"刘彧青州刺史沈文秀、冀州刺史崔道固并遣使请举州内属。……三月甲寅……沈文秀、崔道固复叛归刘彧，白曜回师讨之，拔彧肥城、垣苗、麋沟三戍。夏四月，白曜攻升城，戍主房崇吉遁走"。《魏书》卷六《显祖纪》，皇兴二年（468）二月，"崔道固及刘彧梁邹戍主、平原太守刘休宾举城降。……三月，白曜进围东阳"。《魏书》卷六《显祖纪》，皇兴三年（469）春正月乙丑，"东阳溃，虏沈文秀"。《魏书》卷七上《高祖纪》，太和三年（479）十一月癸丑，"进假梁郡公元嘉爵为假王，督二将出淮阴；陇西公元琛三将出广陵；河东公薛虎子三将出寿春"。《魏书》卷七上《高祖纪》，太和四年（480）正月，"陇西公元琛等攻克萧道成马头戍。……萧道成徐州刺史崔文仲寇淮北，陷茬眉戍。……（七月）萧道成角城戍主请举城内属。……九月，萧道成汝南太守常元真、龙骧将军胡青苟率户内属"。《魏书》卷七上《高祖纪》，太和八年（484）冬十月，"萧赜双城戍主王继宗内属"。

位六年间南侵最多，所以献文帝在逝世前一个月曾谓"天安以来，军国多务，南定徐方，北扫遗虏"[1]。

新形势的出现使得统治阶层对于政治中心做新的考虑，有关北魏孝文帝迁都问题论者多矣。有的认为是政治因素，有的认为是文化因素，有的认为是经济因素，有的认为是心理因素，或者是若干因素的组合，本文重点不在于此，故不予赘述。本文希望从另一个角度观察，分析反对迁都的原因，从而衬托出平城地区在迁都洛阳之际，以及迁都以后的价值何在。下列一段记载是反对迁都之理由，《资治通鉴》卷一三九《齐纪五》建武元年（494）、魏太和十八年载：

> （三月，魏主）使群臣更论迁都利害，各言其志。燕州刺史穆罴曰："今四方未定，未宜迁都。且征伐无马，将何以克？"帝曰："厩牧在代，何患无马！今代在恒山之北，九州之外，非帝王之都也。"尚书于果曰："臣非以代地为胜伊、洛之美也。但自先帝以来，久居于此，百姓安之；一旦南迁，众情不乐。"……帝曰："……王者以四海为家，或南或北，何常之有！朕之远祖，世居北荒。平文皇帝始都东木根山。昭成皇帝更营盛乐，道武皇帝迁于平城。朕幸属胜残之运，而独不得迁乎！"群臣不敢复言。

鲜卑族拓跋氏本居东北地区，后迁至阴山以南，都盛乐，又迁都平城，安土重迁的观念，并没有农业民族强烈，所以首都固定不迁的说法虽有人提出，但很轻易地被驳回，其他大臣似亦不再以万世不迁的理由反对迁都。而穆罴所提未宜迁都的理由是"征伐无马，将何以克"，河南地区并非不能养马，但若要豢养大规模良马，平城一带远胜于河南地区；又当时河南地区已发展成农业生产，大规模养马将剥夺农民耕地，影响

---

[1]《魏书》卷六《显祖纪》，皇兴五年（471）春三月乙亥诏。

汉人利益，北魏帝国之安稳势必须与人数众多的汉人维持良好关系，在中原大量养马甚不可能，所以当时大臣说南迁之后"征伐无马"，这个理由在当时是很重要的，拓跋氏以"马上得天下"，没有大骑兵无法四出征战，恐亦无法守住既有领土，孝文帝的答复是："厩牧在代，何患无马！"这便显露出，如果首都南迁，军事资源与政治中心会分离。孝文帝对于马匹之安排，在太和十八年（494）十一月即已着手进行，《资治通鉴》卷一三九《齐纪五》建武元年、魏太和十八年十一月载：

> 魏主敕后军将军宇文福行牧地。福表石济以西，河内以东，距河凡十里。魏主自代徙杂畜置其地，使福掌之；畜无耗失，以为司卫监。[1]

《魏书》卷一一〇《食货志》载：

> 世祖之平统万，定秦陇，以河西水草善，乃以为牧地。畜产滋息，马至二百余万匹，橐驼将半之，牛羊则无数。高祖即位之后，复以河阳为牧场，恒置戎马十万匹，以拟京师军警之备。每岁自河西徙牧于并州，以渐南转，欲其习水土而无死伤也，而河西之牧弥滋矣。正光以后，天下丧乱，遂为群寇所盗掠焉。

对于马匹的生态环境，学者不甚注意。上文显示，生态环境对马匹影响甚大，河西凉州一带良马要先徙并州，稍后南徙，欲其渐习水土，不致死伤，所以北魏自平城迁都洛阳以后，平城、晋阳地区实际上成了马匹供应的要地。

人对于生态环境的适应也是反对南迁的重大理由。按鲜卑拓跋氏自东北地区而迁至阴山一带，都云中之盛乐，又迁平城，皆在草原地带上，

---

[1]《魏书》卷四四《宇文福传》略同。

其生态环境相差不大，但自平城迁都洛阳，进入了农业地区，气候亦差异甚大。北魏建都平城，至孝文帝迁都洛阳，其间已有百年。在这一个世纪之中，有一部分上层人士渐渐汉化，但是生态环境毕竟是影响生活方式的重要因素，并没有因为时间因素而使大部分人改变。生态环境对人畜的健康影响甚大，例如反对迁都的重要人物之一穆泰，"为定州刺史，辞以疾病，土温则甚，请恒州自效"[1]。因迁都而引发一场家庭悲剧的主角——太子恂，"不好书学，体貌肥大，深忌河洛暑热，意每追乐北方"[2]。一方面，一个鲜卑人自幼生长在中原，学习汉文化，并非难事；但如要这样一个人同时又是马上英雄，兼具草原文化，那就难了。另一方面，一个鲜卑人自幼生长在塞外，熟悉草原文化，亦非难事；但如要这样一个人同时又能适应中原气候，兼通汉人文化，那就难了。这种两难情况不是当时科技所能解决的，迁都洛阳先使国人居地分开，时间一久，又引发其他方面的裂痕，关于这一点后文再论。

北魏孝文帝于太和十八年（494）将首都迁至洛阳，兹以该年为准，绘制北魏疆界及其域内之政治、军事中心如图 2-3。

北魏的有效控制区在四边形框框内，北以六镇为界，东以海为界，南以淮河为界，襄樊是双方争夺区，西则包括关陇灵州。河西走廊时时受柔然骚扰，并不如四边形框框内稳定，在此四边形框框中，出现两个核心区，一个是云、代、并地区，另一个是洛阳地区。云、代、并地区是战争工具——良马的畜养之地，上文已有论及，同时也是未南迁国人聚集之区。未南迁国人包括朝廷中不愿南迁的旧贵及统领游牧的酋长。北魏联系这两个核心区国人的办法是：命云、代、并地区的国人每年冬则居南，夏便居北。《魏书》卷一五《常山王传·附晖传》：

---

[1]《魏书》卷四〇《陆俟传·附叡传》。
[2]《魏书》卷二二《废太子传》。

初，高祖迁洛，而在位旧贵皆难于移徙，时欲和合众情，遂许冬则居南，夏便居北。

《魏书》卷七四《尔朱荣传》：

北秀容人也。……高祖羽健，登国初为领民酋长，率契胡武士千七百人从驾平晋阳，定中山。论功拜散骑常侍。以居秀容川，诏割方三百里封之，长为世业。……及迁洛后，特听冬朝京师，夏归部落。

《北史》卷五四《厍狄干传》：

善无人也。曾祖越豆眷，魏道武时，以功割善无之西腊汗山地方百里以处之。后率部落北迁，因家朔方。……魏正光初，除扫逆党，授将军，宿卫于内。以家在寒乡，不宜毒暑，冬得入京师，夏归乡里。[1]

《北史》卷五四《斛律金传》：

朔州敕勒部人也。高祖倍侯利，魏道武时内附，位大羽真，赐爵孟都公。祖幡地斤，殿中尚书。父那瑰，光禄大夫，赠司空。……诣云州。魏除为第二领人酋长，秋朝京师，春还部落，号曰雁臣。仍稍引南出黄瓜堆[2]。

尔朱荣、厍狄干、斛律金等三人籍贯皆在云、代、并区内，可见内

---

[1]《北齐书》卷一五《厍狄干传》同。
[2]《北齐书》卷一七《斛律金传》中无 "秋朝京师，春还部落，号曰雁臣" 句。又黄瓜堆即黄花堆，"在桑干水、灅水合流后正流之北岸，武州塞水来会之处"，见严耕望：《唐代交通图考》第五册，《篇叁柒 太原北塞交通诸道》，页 1378—1379。

附于道武帝时，帝将其部落安置在核心区内。高欢曾指尔朱氏（契胡人）为国人[1]，虽无直接资料明言库狄干、斛律金为国人，但库狄干为宿卫将军，斛律金之祖幡地斤为殿中尚书，北魏初期，殿中尚书"典殿内禁卫兵马，宿卫左右，最为重要职守"[2]。故库狄干、斛律金皆极可能是国人。以上三人是率领部落的领民酋长型。

另有旧贵型，最能作为代表的人物是元丕，《魏书》卷一四《高凉王传·附丕传》云：

> 丕声气高朗，博记国事，飨宴之际，恒居坐端，必抗音大言，叙列既往成败。帝、后敬纳焉。……及车驾发代，丕留守，诏曰："中原始构，须朕营视，在代之事，一委太傅。"……丕雅爱本风，不达新式，至于变俗迁洛，改官制服，禁绝旧言，皆所不愿。……丕父子大意不乐迁洛。……时丕以老居并州。……高祖崩，丕自并州来赴……寻敕留洛阳。……丕仕历六世，垂七十年，位极公辅……景明四年薨，年八十二。

元丕死于宣武帝景明四年（503），卒年八十二，应生于明元帝泰常六年（421），历经明元帝、太武帝、（南安王、）文成帝、献文帝、孝文帝、宣武帝等，是草原文化的守护神。孝文帝迁洛时有意请丕主持代都之事，由于涉及太子恂案，废居于并州，他一直居住在云、代、并区，至高祖死后，在其生命的晚期才至洛阳。他是北区国人的核心分子，另一个核心分子陆叡[3]，不欲南迁，被任命为"使持节、都督恒肆朔三州诸

---

[1]《北齐书》卷一《神武纪上》，魏普泰元年（531）四月。
[2] 严耕望：《北魏尚书制度考》，《"中央研究院"历史语言研究所集刊》18，1948，页279。
[3] 陆叡祖俟，《魏书》卷四〇《陆俟传》："代人也。曾祖干，祖引，世领部落。父突，太祖时率部民随从征伐，数有战功，拜厉威将军、离石镇将。""叡，字思弼。其母张氏，字黄龙，本恭宗宫人，以赐丽，生叡。丽之亡也，叡始十余岁，袭爵抚军大将军、平原王。"

军事、本将军（原为征北将军）、恒州刺史，行尚书令"，以孝文帝舅太师冯熙薨于代郡，"叡表请车驾还代，亲临太师冯熙之葬，坐削夺都督三州诸军事，寻除都督恒朔二州诸军事，进号征北大将军"[1]。云、代、并地区一直被北魏当政者视为核心区之一，宣武帝景明二年（501），元禧乘帝出猎北邙，谋发动政变，窃据洛阳，为河南天子，他判断"天子必北走桑干"[2]。桑干川是贯穿旧京畿的主要河流，可见在当时人心里，洛阳、平城仍然是两大中心。

洛阳既成为首都，当然是政治中心；以平城为中心的云、代、并区则是军事中心，孝文帝亦承认"此间（平城）用武之地"[3]。

五、北魏洛阳时期核心集团汉化与不汉化之分裂

北魏迁都洛阳以后，一部分统治阶层随中央政府南下为官，其国人之下层人物亦有至洛阳地区者，其中尤以宿卫武士最值得被注意。《魏书》卷七下《高祖纪》太和十九年（495）八月乙巳：

> 诏选天下武勇之士十五万人为羽林、虎贲，以充宿卫。

同书太和二十年（496）冬十月戊戌谓：

> 以代迁之士皆为羽林、虎贲。[4]

[1]《魏书》卷四○《陆俟传·附叡传》。
[2]《资治通鉴》卷一四四《齐纪十》，中兴元年（501）、魏宣武帝景明二年五月："禧益惧，乃与妃兄给事黄门侍郎李伯尚、氏王杨集始、杨灵祐、乞伏马居等谋反。会帝出猎北邙，禧与其党会城西小宅，欲发兵袭帝，使长子通窃入河内举兵相应。乞伏马居说禧：'还入洛城，勒兵闭门，天子必北走桑干，殿下可断河桥，为河南天子。'"
[3]《魏书》卷一九中《任城王传·附澄传》，孝文帝对澄语。
[4]《资治通鉴》卷一四○《齐纪六》，建武三年（496）、魏太和二十年称："冬，十月戊戌，魏诏军士自代来者皆以为羽林、虎贲。"

宿卫的主要职责是防卫政治首都洛阳城，而京师的防卫圈是四中郎将，《魏书》卷一九中《任城王传·附澄传》载：

> 时四中郎将兵数寡弱，不足以襟带京师，澄奏宜以东中带荥阳郡，南中带鲁阳郡，西中带恒农郡，北中带河内郡，选二品、三品亲贤兼称者居之，省非急之作，配以强兵，如此则深根固本、强干弱枝之义也。灵太后初将从之，后议者不同，乃止。

元澄奏请增益四中郎将强兵，未被准许，但四中郎将是设立的[1]，中郎将所领之兵士为羽林、虎贲，《水经注》卷五《河水》首段载：

> 又东过平县北，湛水从北来注之。（郭颁《世语》曰：……河北侧岸有二城相对，置北中郎府，徙诸徒隶府户，并羽林、虎贲领队防之。）

羽林[2]中由宗子组成者，称宗子羽林，改称为宗士，宗士乃取"肺腑之族有武艺者"[3]任之，其主要职责当然是宿卫京师。另有高车羽林、虎贲[4]，高车骑兵闻名[5]，对于北魏而言，这相当于外籍兵团，可能用于京

---

[1]《魏书》卷一〇六中《地形志中》北豫州条注："治虎牢，太和十九年罢，置东中府，天平初罢，改复。"按荥阳郡亦属北豫州。

《魏书》卷五八《杨播传·附津传》："除北中郎将，带河内太守。"又《北史》卷一五《高凉王孤传·附苌传》："为北中郎将，带河内太守。"《魏书》卷四〇《陆俟传》："清都……转南中郎将，带鲁阳太守。"

[2]《魏书》卷二一上《高阳王雍传》："武人本挽上格者为羽林，次格者为虎贲，下格者为直从。"

[3]《魏书》卷一一三《官氏志》："（永平）四年七月，诏改宗子羽林为宗士，其本秩付尚书计其资集，叙从七已下、从八已上官。……孝昌二年十月，诏宗士、庶子二官各增二百人。置望士队四百人，取肺腑之族有武艺者。"

[4]《魏书》卷一一三《官氏志》，太和二十三年（499）前百官部分载有高车羽林郎将（从第四品上），高车虎贲将军（从第四品下），高车虎贲司马、高车虎贲将、高车羽林郎（皆从第五品下），高车虎贲（从第六品下）。

[5]《魏书》卷三五《崔浩传》，浩曰："高车号为名骑，非不可臣而畜也。"

师以外军事行动之中 [1]。

随着孝文帝南迁洛阳地区的国人,史称"代迁户" [2] "代迁民"。他们的家产在洛阳周围,《魏书》卷八《世宗纪》:

> (正始元年)十有二月丙子,以苑牧公田分赐代迁之户。
>
> (延昌二年)闰二月辛丑,以苑牧之地赐代迁民无田者。

《魏书》对于这些人的受田情形并无记载,但东魏、北齐之制度多承袭北魏,其办法或许可以作为参考。《隋书》卷二四《食货志》北齐部分,河清三年(564)定令:

> 京城四面,诸坊之外三十里内为公田。受公田者,三县代迁户执事官一品已下,逮于羽林虎贲,各有差。其外畿郡,华人官第一品已下,羽林虎贲已上,各有差。

代迁户实际受田亩数已不可详,有一则神话故事或许可反映当时羽林、虎贲之家业概况,《洛阳伽蓝记》卷三《城南》大统寺条:

> 时有虎贲骆子渊者,自云洛阳人。昔孝昌年戍在彭城,其同营人樊元宝得假还京师,子渊附书一封,令达其家。云:"宅在灵台南,近洛河,卿但至彼,家人自出相看。"元宝如其言,至灵台南,了无人家可问。徙倚欲去,忽见一老翁来问:"从何而来,彷徨于此?"元宝具向道之。老翁云:"是吾儿也。"取书引元宝入。遂见馆阁崇宽,屋宇佳丽。既坐,命婢取酒。须臾见婢抱一死小儿而过,元宝初甚怪之,俄而酒至,色甚红,香美异常。兼设珍羞,海陆备具。饮

---

[1]《魏书》卷四四《宇文福传》:"(太和)二十二年,车驾南讨……高祖指麾将士,敕福领高车羽林五百骑出贼南面,夺其桥道,遏绝归路。"

[2] 卢开万首做这方面的研究,见《"代迁户"初探》,《武汉大学学报》4,1980。

讫，辞还，老翁送元宝出云："后会难期，以为凄恨！"别甚殷勤。老翁还入，元宝不复见其门巷，但见高崖对水，渌波东倾，唯见一童子可年十四五，新溺死，鼻中出血，方知所饮酒是其血也。及还彭城，子渊已失矣。元宝与子渊同戍三年，不知是洛水之神也。

从上引律令及神话来看，羽林、虎贲应该有田，田在京畿附近，羽林、虎贲本人防卫政治中心京师，有的派遣至巨镇戍守，正如同有许多国人在平城附近、有一些人被派至六镇戍守一样。所以"迁洛时'代迁之士皆为羽林虎贲'仍是部落兵制的反映"[1]。神话中显示羽林、虎贲之田及其家事似由奴婢负责。

在孝文帝决定迁都洛阳前二月，曾至阴山一带六镇巡视，《魏书》卷七下《高祖纪》太和十八年（494）载：

> （八月）甲辰，行幸阴山，观云川。丁未，幸阅武台，临观讲武。癸丑，幸怀朔镇。己未，幸武川镇。辛酉，幸抚冥镇。甲子，幸柔玄镇。乙丑，南还。……（冬十月）戊申，亲告太庙，奉迁神主。辛亥，车驾发平城宫。……（十一月）己丑，车驾至洛阳。

自此以后，即未闻魏帝再巡阴山六镇一带，这与以前都平城时魏帝屡至阴山形成强烈对照。都平城时六镇与京师势如唇齿；而都洛阳时，平城已属遥远，遑论阴山矣！这种形势的改变，促使北魏对北疆六镇一带采取守势措施。

《资治通鉴》卷一四五《梁纪一》天监三年（504）、魏正始元年载：

> （九月）柔然侵魏之沃野及怀朔镇，诏车骑大将军源怀出行北边，指授方略，随须征发，皆以便宜从事。怀至云中，柔然遁去。

---

[1] 卢开万：《"代迁户"初探》，《武汉大学学报》4，1980，页50。

怀以为用夏制夷，莫如城郭，还，至恒、代，按视诸镇左右要害之地，可以筑城置戍之处，欲东西为九城，及储粮积仗之宜，犬牙相救之势，凡五十八条，表上之，曰："今定鼎成周，去北遥远，代表诸国颇或外叛，仍遭旱饥，戎马甲兵十分阙八。谓宜准旧镇，东西相望，令形势相接，筑城置戍，分兵要害，劝农积粟，警急之日，随便翦讨。彼游骑之寇，终不敢攻城，亦不敢越城南出。如此，北方无忧矣。"魏主从之。[1]

所谓"用夏制夷，莫如城郭"的战略思想乃农业民族的守势观念，与北魏原先主动出击有不同，此处与设立六镇的精神有所差异。设立六镇主要是为了镇压管制降附之柔然、高车族人，随时以此为基地向外出击，而此处"令形势相接，筑城置戍，分兵要害，劝农积粟，警急之日，随便翦讨。彼游骑之寇，终不敢攻城，亦不敢越城南出。如此，北方无忧矣"等语，纯粹是农业民族的守势观念。

孝文帝迁都以后二三十年内，适逢北方柔然、高车两大势力相互攻战，所以没有像北魏早期那样大规模南侵之举，因此北魏在六镇一带自迁都洛阳以后采取守势措施，并无发生因外寇而引起的挫折[2]。六镇动乱是由于政治中心之南迁而引起的内部问题，下节再予讨论。

孝文帝迁都以后，南方的疆界虽然略有推进，大体而言，并无太大变动。在其疆域之内，出现两个中心，洛阳地区是政治中心，国人之上层人物在朝居高官，国人之下层人物为羽林、虎贲，戍守京畿，北魏另外派遣将领率部分羽林、虎贲在彭城、河北等大镇重点镇守。云代并地区是大部

---

[1]《魏书》卷四一《源贺传·附怀传》行文甚长，含义相同。
[2]《魏书》卷六九《袁翻传》："自卜惟洛食，定鼎伊瀍，高车、蠕蠕迭相吞噬。始则蠕蠕衰微，高车强盛，蠕蠕则自救靡暇，高车则僻远西北。及蠕蠕复振，反破高车，主丧民离，不绝如线。……得使境上无尘数十年中者，抑此之由也。"

分国人居住之地，亦包括上层与下层，所以是北魏拓跋氏的国本，加以该地区盛产作战工具——马匹，以及该地区在北中国及草原地带是"用兵之地"，所以在人力、马匹、地理等重要因素上仍具有军事中心之地位，北魏在此中心之北线布置六镇以为屏障，派遣一些国人到各镇重点镇守。两个中心将帝国撕裂为二，历史之发展在地理距离之外又增添了文化、政治等裂痕。洛阳之上层国人由于在朝廷中禁胡语[1]、胡服[2]，禁归葬北土，代人改籍洛阳等[3]，大步迈向汉化。北魏前半期"诸公主皆厘降于宾附之国，朝臣子弟，虽名族美彦，不得尚焉"[4]，此时则大量鼓励宗室与中原汉大士族子女通婚[5]，其与洛阳之下层国人、云代并地区及派遣在六镇镇守之国人等，在文化、政治、婚姻关系诸方面之差距，愈来愈远矣！这种紧张关系首先爆发在洛阳地区之下层国人身上。《魏书》卷六四《张彝传》载：

> 第二子仲瑀上封事，求铨别选格，排抑武人，不使预在清品。由是众口喧喧，谤讟盈路，立榜大巷，克期会集，屠害其家。彝殊无畏避之意，父子安然。神龟二年二月，羽林虎贲几将千人，相率至尚书省诟骂，求其长子尚书郎始均，不获，以瓦石击打公门。上下畏惧，莫敢讨抑。遂便持火，虏掠道中薪蒿，以杖石为兵器，直造其第，曳彝堂下，捶辱极意，唱呼嗷嗷，焚其屋宇。始均、仲瑀当时逾北垣而走。始均回救其父，拜伏群小，以请父命。羽林等就加殴击，生投之于烟火之中。……彝临终，口占左右上启曰："……臣第二息

---

[1]《魏书》卷七下《高祖纪》，太和十九年（495）六月己亥，"诏不得以北俗之语言于朝廷，若有违者，免所居官"。

[2]《魏书》卷七下《高祖纪》，太和十八年（494）十二月壬寅，"革衣服之制"。

[3]《魏书》卷七下《高祖纪》，太和十九年六月丙辰，"诏迁洛之民，死葬河南，不得还北。于是代人南迁者，悉为河南洛阳人"。

[4]《魏书》卷二四《崔玄伯传》。

[5] 参见拙文《中古大族著房婚姻之研究》第二章《宗室与五姓著房婚姻关系》，《"中央研究院"历史语言研究所集刊》56（4），1985。

　　仲瑀所上之事，益治实多，既曰有益，宁容默尔……"……官为收掩羽林凶强者八人斩之，不能穷诛群竖，即为大赦以安众心，有识者知国纪之将坠矣。

　　张彝父子之选格中，官吏有清浊之分，武人被列为浊官，此乃两晋南朝汉人政治社会之通则[1]，并非独创以排斥拓跋氏国人之羽林、虎贲，所以张彝至死不认为自己此事有何错误。但一步一步地采取汉人文物典章，终于影响到下层国人的政治前途了。没有汉化，或汉化程度较小的拓跋氏国人，包括洛阳地区之下层国人、云代并区之上下层国人、派遣至六镇之国人等，大都以武途出身，武人不如清流之影响所及甚广，这些国人的心理是一致的。《魏书》卷八一《山伟传》载：

　　　　时天下无事，进仕路难，代迁之人，多不沾预。及六镇、陇西二方起逆，领军元叉欲用代来寒人为传诏以慰悦之。

　　另外一个例子也能证明洛阳地区下层国人与云代并区国人有同类心理，而与中央政府中胡汉上层人物距离较远。当尔朱荣挥兵南下进击首都洛阳时，朝中大臣有人认为宿卫仍可制之[2]，并且调兵遣将，安排布防[3]。待尔朱荣逼近，"北中不守"[4]，诸将逃的逃，降的降[5]。按京畿北面

[1]　参见周一良：《〈南齐书·丘灵鞠传〉试释兼论南朝文武官位及清浊》，《清华学报》14（2），1948。

[2]《资治通鉴》卷一五二《梁纪八》，大通二年（528）、魏武泰元年三月："徐纥独曰：'尔朱荣小胡，敢称兵向阙，文武宿卫足以制之。但守险要以逸待劳，彼悬军千里，士马疲弊，破之必矣。'太后以为然。"

[3]《资治通鉴》卷一五二《梁纪八》，大通二年、魏武泰元年三月，继载："以黄门侍郎李神轨为大都督，帅众拒之，别将郑季明、郑先护将兵守河桥，武卫将军费穆屯小平津。"

[4]《魏书》卷六六《李崇传·附神轨传》语。

[5]《资治通鉴》卷一五二《梁纪八》，大通二年、魏武泰元年四月："李神轨至河桥，闻北中不守，即遁还；费穆弃众先降于荣。徐纥矫诏夜开殿门，取骅骝厩御马十匹，东奔兖州，郑俨亦走还乡里。"

防御重镇设在河内的北中郎府，据上文引《水经注》文，"置北中郎府，徙诸徒隶府户，并羽林、虎贲领队防之"。显然是禁卫北中郎府的羽林、虎贲不战而降，诸将不得不崩溃，这些羽林、虎贲是居住在洛阳地区的下层国人，与尔朱荣军士同气连枝，当然不会互相残杀，所以尔朱荣得以轻易进入洛阳。实际上，尔朱荣所领南下部队不满万人[1]，如遭士兵强烈对抗，可能陷入暴师于外的处境。

从尔朱荣屠杀一两千朝中群臣来看，当时云代并区的国人对于中央胡汉大臣（包括洛阳地区上层国人）的怀恨程度，实不亚于羽林、虎贲殴打张彝父子事件中的怀恨程度。

六镇动乱之爆发以及迅速蔓延，经济问题是最重要因素，阴山一带是草原地区，"对自然变化——尤其雨量的多寡——极为敏感。草地对牲畜的包容力随气候而增减的幅度之大，实超出我们农耕社会人民想象力之外。换句话说，在一定面积的牧地上，如遇气候良好水丰草美，几年之内畜群便可增殖一倍以上。如雨量减少，牲畜死亡率往往高达百分之五十至八十"[2]。正光"二年五月丁未，月蚀。占曰'旱，饥'。三年六月，帝以炎旱，减膳撤悬"[3]。又"正光后，四方多事，加以水旱，国用不足"[4]。上引《天象志》《食货志》所载，北魏境内当已发生灾荒，但灾荒在何地区，从哪一年到哪一年，并无详载。《魏书》卷九《肃宗纪》正光元年（520）：

> 夏四月丙辰，诏尚书长孙稚巡抚北藩，观察风俗。五月辛巳，

---

[1]《魏书》卷四四《费于传·附穆传》："穆潜说荣曰：'公士马不出万人……'"

[2] 萧启庆：《北亚游牧民族南侵各种原因的检讨》，《食货》1（12），1972，页609。氏并引证 E. Huntington, *The Rules of Asia*, Boston, 1919, pp. 382-383, 在新威尔士州（New South Wales）的牧场报告。

[3]《魏书》卷一〇五之二《天象志二》正光二年（521）五月、三年（522）六月。

[4]《魏书》卷一一〇《食货志》。

诏曰："……炎旱为灾……"癸未，诏曰："……况今炎旱历时，万姓凋弊……"

灾区应该包括六镇地区，且可能自正光元年开始，连续四五年旱灾。六镇一带在北魏前期也发生过灾荒之事，由于当时都平城，虽然平城本身要负担庞大文武官员之食粮，但各方资源不断地输向此一地区，使灾荒不至于过度恶化，六镇也可连带受到中央政府的关怀。例如，世祖太武帝太平真君七年（446），刁雍（薄骨律镇）奉诏"高平、安定、统万及臣所守四镇，出车五千乘，运屯谷五十万斛付沃野镇，以供军粮"[1]。又如，高祖太和十一年（487），"大旱，京都民饥。加以牛疫，公私阙乏。……时承平日久，府藏盈积，诏尽出御府衣服珍宝、太官杂器、太仆乘具、内库弓矢刀矛十分之八、外府衣物缯布丝纩诸所供国用者，以其太半班赉百司，下至工商皂隶，逮于六镇边戍，畿内鳏寡孤独贫瘵者，皆有差"[2]。都洛阳时期，六镇是遥远的边区，中央政府虽然也会派人救济灾荒，但这种救济远较以前间接，其关怀程度也较轻。例如，当"神龟、正光之际，府藏盈溢，灵太后曾令公卿已下任力负物而取之，又数赉禁内左右，所费无赀，而不能一丐百姓也"[3]。

迁都洛阳对六镇地区的另一项重大影响是官吏素质之下降。镇府之组织有"都大将、副将、监军、长史、司马、录事参军、功曹史、省事、户曹史、狱队尉、门士、外兵使、函使、统军、别将、军主、队主、军将、戍将"[4]等。镇"既统治一广大地区，则镇下必尚有分置之机构，此

---

[1]《魏书》卷三八《刁雍传》。

[2]《魏书》卷一一〇《食货志》。

[3]《魏书》卷一一〇《食货志》。

[4] 严耕望：《中国地方行政制度史》上编卷中，《魏晋南北朝地方行政制度》下册，页784—793。

即军、戍是也"[1]。上述军主是军之领兵官，统军则是派遣府外领兵者，军将是镇下置军如州之有郡[2]，戍将则为戍之领主，队乃军以下更小的单位。上述引文中其他官职则是镇府府内之官职。"北边六镇，自西而东数之，为沃野、怀朔、武川、抚冥、柔玄、怀荒，怀荒更东则为御夷，沃野更西南则为薄骨律……六镇亦或分为东西两区，每区三镇，而以中间一镇之都大将督本区之三镇。又或以沃野镇将兼督更西南之薄骨律镇，或以怀荒镇与御夷镇并为一区而以平城镇将都督之也。"[3] 镇都大将或镇将乃一镇之长，副将辅之，监军则中央特派从事监察者，这三种官吏显然是外派而并非内升；长史、司马则可能外派、内升皆有，然已不可详；自司马以下，可能内升者为多。北魏"前期镇都大将往往以诸王任之，出为诸镇大将，入为三都大官，此见观《景穆十二王传》可知梗概"[4]。初期镇的地位原较州为重[5]，太和以后，取消许多边镇，州为重要单位，镇将地位也不如前。皇亲国戚皆喜在洛阳中央为朝官，派至"北边镇将选举弥轻"[6]，因此镇将水准也愈来愈差，"或用其左右姻亲，或受人货财请属，皆无防寇御贼之心，唯有通商聚敛之意"[7]。受纳者如沃野镇将于祚，贪秽狼藉者如怀朔镇将元尼须[8]，甚至如中央权臣刘腾也"剥削六

---

[1] 严耕望：《中国地方行政制度史》上编卷中，《魏晋南北朝地方行政制度》下册，页772—774。

[2] 严耕望：《中国地方行政制度史》上编卷中，《魏晋南北朝地方行政制度》下册，页791，军将条，又云："军将、戍将则统地方如太守县令，又兼治军事如统军军主也。"

[3] 严耕望：《中国地方行政制度史》上编卷中，《魏晋南北朝地方行政制度》下册，页785—786。

[4] 严耕望：《中国地方行政制度史》上编卷中，《魏晋南北朝地方行政制度》下册，页787。

[5] 《魏书》卷一一三《官氏志》："旧制，缘边皆置镇都大将，统兵备御，与刺史同。城隍、仓库皆镇将主之，但不治，故为重于刺史。"

[6] 《魏书》卷一九中《任城王传·附澄传》。

[7] 《魏书》卷六九《袁翻传》，袁翻表中之语。

[8] 《魏书》卷四一《源贺传·附怀传》。

镇，交通互市"[1]。最严重的是六镇地区中下层官吏的士气问题，这些中下层官吏的组成分子是国人及初期派在北边的中原强宗子弟，北魏迁都洛阳对这些人的婚宦前途影响太大了。

《魏书》卷一八《广阳王传·附深传》载：

> 昔皇始以移防为重，盛简亲贤，拥麾作镇，配以高门子弟，以死防遏，不但不废仕宦，至乃偏得复除。当时人物，忻慕为之。及太和在历，仆射李冲当官任事，凉州土人，悉免厮役，丰沛旧门，仍防边戍。自非得罪当世，莫肯与之为伍。征镇驱使，但为虞候白直，一生推迁，不过军主。然其往世房分留居京者得上品通官，在镇者便为清途所隔。或投彼有北，以御魑魅，多复逃胡乡。乃峻边兵之格，镇人浮游在外，皆听流兵捉之。于是少年不得从师，长者不得游宦，独为匪人，言者流涕。

《北齐书》卷二三《魏兰根传》载：

> 正光末，尚书令李崇为本郡都督，率众讨茹茹，以兰根为长史。因说崇曰："缘边诸镇，控摄长远。昔时初置，地广人稀，或征发中原强宗子弟，或国之肺腑，寄以爪牙。中年以来，有司乖实，号曰府户，役同厮养，官婚班齿，致失清流。而本宗旧类，各各荣显，顾瞻彼此，理当愤怨。"

所谓"国之肺腑""丰沛旧门"即国人之意；所谓"寄以爪牙"即统治阶层之执行者，这些中下层官吏不能内迁，在边镇"一生推迁，不过军主"。其同世房在洛阳下层国人如羽林、虎贲之类"多不沾预"，所以边镇中下层官吏之国人与洛阳地区下层国人及云代并地区之上下层国人，

---

[1]《魏书》卷九四《刘腾传》。

其精神上仍然是一体的。北魏政权是以这些人建立起统治架构的，除非北魏彻底改变其政权基础，否则将面临重重危机。在六镇之乱以前十年左右，已有人指出"兵徒怀怨""爪牙不复为用"[1]，原本派遣在北镇镇守的上层官吏贪墨不法，中下层官吏心中怨恨不平，而被统治的各族各类人遭受灾荒，如此一有事故，其势一发不可收拾。

六镇之乱发生在正光五年（524）三月[2]，沃野镇人破六韩拔陵（破六韩亦作"破六汗""破落汗"）首先发难，如火燎原，遍及六镇。六镇的高级长官逃至并州[3]或洛阳，六镇的中下级官吏在此洪流之中载沉载浮，或战或降，大部分最后归附云代并区的尔朱氏，后文另论。

六镇地区的军民，有元魏国人后裔、徙居边镇的少数民族如高车柔然等、迁徙边镇的中原豪族后裔、发配边区的罪人等[4]，成分极为复杂。北魏原本设镇并派一些国人镇守，以防御高车、柔然等族之南侵，不料

---

[1]《魏书》卷七八《孙绍传》，延昌（512—515）中，绍表中语。六镇之乱爆发在正光五年。

[2]《魏书》卷九《肃宗纪》载正光五年三月破落汗拔陵聚众反。《资治通鉴》谓发生在梁武帝普通四年（523），即正光四年四月。朱大渭曾有考证，认为《魏书》正确，见氏著《北魏末年人民大起义若干史实的辨析》，《中国农民战争史论丛》第三辑，河南人民出版社，1981，页9。

[3]《魏书》卷四四《费于传·附穆传》载云州刺史费穆逃至秀容。

[4] 滨口重国总结出四类，即以拓跋氏为主体的贵族子弟、汉人豪族子弟、流罪人、高车柔然等降民，见《正光四五年の交に於ける後魏の兵制に就いて》（三）镇の将兵，《东洋学报》22（2），1935，页49—58。谷川道雄亦同意滨口氏之意见，见《北魏末の内乱と城民》下，《史林》41（5），1958，页68。陈学霖总结出四类，即中原强宗和鲜卑贵胄后裔、徙居边镇的少数民族、迁徙边镇豪族的后代、谪戍边镇为兵以代罪之刑徒，见《北魏六镇之叛变及其影响》"三、六镇的军人"，《崇基学报》2（1），1962，页29—33。唐长孺、黄惠贤认为：第一类是拓跋部族的成员，即畿内民、国人、内民等；第二类是被迁徙的汉族，以及其他各族人；第三类是高宗以后继续配发的罪犯。见《试论魏末北镇镇民暴动的性质——魏末人民大起义诸问题之一》，《历史研究》1，1964，页97。杨耀坤认为：（1）鲜卑拓跋部族的成员；（2）被迁徙的汉族和其他少数民族人；（3）徙边的罪犯等。见《北魏末年北镇暴动分析》，《历史研究》11，1978，页63。万绳楠认为：高门弟子、铁勒等人、配边罪犯。见《魏晋南北朝史论稿》第十三章第一节《六镇起兵的性质问题》，安徽教育出版社，1983，页289。

六镇内部反叛，掀起北魏晚期北中国大动乱的先声。当此中央政治力无法有效控制之形势下，北魏军事中心之所在愈加突显，亦成为影响北魏末年政治发展的焦点。

六、北魏核心集团对核心区之独占性

云代并地区自北魏建国以来，一直被视为国家的重心所在[1]。这个区域是国人聚集之所在，是北中国战略要地，也是汉化浪潮中草原文化之保留地，更是鲜卑武士战马的供应地[2]。拓跋氏将这一地区视为国本，凡有侵略性或反叛性的民族，决不轻易迁移至这个地区，除了上节引证世祖太武帝大破柔然，收降高车，徙其民于漠南，设六镇以镇守之例以外，如《魏书》卷四下《世祖纪》载：

> （太平真君五年）六月，北部民杀立义将军、衡阳公莫孤，率五千余落北走。追击于漠南，杀其渠帅，余徙居冀、相、定三州为营户。

《魏书》卷七上《高祖纪》：

> （延兴元年）冬十月丁亥，沃野、统万二镇敕勒叛。诏太尉、陇西王源贺追击，至枹罕，灭之，斩首三万余级；徙其遗迸于冀、定、相三州为营户。

《魏书》卷七上《高祖纪》：

---

[1]《魏书》卷一九中《任城王传·附顺传》："顺谓（元）叉曰：'北镇纷纭，方为国梗，桑干旧都，根本所系，请假都督，为国捍屏。'"

[2]《太平寰宇记》引《冀州图》云："自晋阳以北，地势渐寒，平城、马邑凌原二丈，云中、五原积冰四五十尺，唾出口成冰，牛冻角折，而畜牧滋繁。"

（延兴二年）三月……连川敕勒谋叛，徙配青、徐、齐、兖四州
为营户。

六镇叛乱之初期，有二十万叛兵降附，魏中央政府之处置方式极为
明显，《魏书》卷一八《广阳王传·附深传》：

及李崇征还，深专总戎政。（破六韩）拔陵避蠕蠕，南移渡河。
先是，别将李叔仁以拔陵来逼，请求迎援，深赴之，前后降附二十万
人。深与行台元纂表求恒州北别立郡县，安置降户，随宜赈赉，息其
乱心。不从，诏遣黄门（侍）郎杨昱分散之于冀、定、瀛三州就食。[1]

《魏书》卷一〇一《蛮传》：

（宣武帝景明）三年，鲁阳蛮鲁北燕等聚众攻逼颍川，诏左卫将
军李崇讨平之，徙万余家于河北诸州及六镇。

北魏拓跋氏亦曾迁徙非国人入云、代、并地区，唯以迁入生产者为
主，上文曾引《魏书·食货志》谓太祖时"既定中山，分徙吏民及徒何
种人、工伎巧十万余家以充京都，各给耕牛，计口授田"。除此以外，《魏
书》卷四下《世祖纪》载：

（太平真君七年）三月……徙长安城工巧二千家于京师。

《魏书》卷七上《高祖纪》载：

（太和元年）二月丙寅，汉川民泉会、谭酉等相率内属，处之
并州。

---

[1]《魏书》卷五八《杨播传·附昱传》载："孝昌初，除征虏将军、中书侍郎，迁给事黄门
侍郎。时北镇饥民二十余万，诏昱为使，分散于冀、定、瀛三州就食。"

流民如进入此核心区，必遭屠杀或逐出，《北齐书》卷一《神武纪上》载：

> 葛荣众流入并、肆者二十余万，为契胡陵暴，皆不聊生，大小二十六反，诛夷者半，犹草窃不止。（尔朱）兆患之，问计于神武（高欢）。神武曰："六镇反残，不可尽杀，宜选王素腹心者私使统焉。若有犯者，直罪其帅，则所罪者寡。"兆曰："善，谁可行也？"……兆以神武为诚，遂以委焉。神武以兆醉，恐醒后或致疑贰，遂出，宣言受委统州镇兵，可集汾东受令。乃建牙阳曲川，陈部分。……居无何，又使刘贵请兆，以并、肆频岁霜旱，降户掘黄鼠而食之，皆面无谷色，徒污人国土，请令就食山东，待温饱而处分之。兆从其议。

云代并区内的国人，保留骁勇善战的尚武精神，但亦不脱凶残的手段，高欢即利用山东流民集团惧怕国人之杀戮或虐待，奉高欢为主，《北齐书》卷一《神武纪上》有一段生动的记载描述当时的情形：

> 神武自向山东，养士缮甲，禁侵掠，百姓归心。乃诈为书，言尔朱兆将以六镇人配契胡为部曲，众皆愁怨。又为并州符，征兵讨步落稽。发万人，将遣之，孙腾、尉景为请留五日，如此者再。神武亲送之郊，雪涕执别，人皆号恸，哭声动地。神武乃喻之曰："与尔俱失乡客，义同一家，不意在上乃尔征召。直向西已当死，后军期又当死，配国人又当死，奈何！"众曰："唯有反耳。"神武曰："反是急计，须推一人为主。"众愿奉神武。神武曰："尔乡里难制，不见葛荣乎，虽百万众，无刑法，终自灰灭。今以吾为主，当与前异，不得欺汉儿，不得犯军令，生死任吾则可，不尔不能为取笑天下。"众皆顿颡，死生唯命。神武曰若不得已，明日，椎牛飨士，喻以讨尔朱之意。

孝文帝迁都洛阳，其国人之上层人物与汉人之世家大族组成统治阶层，进入新的阶段，随行之上层国人是倾向于或不反对汉化者[1]，"从太和十二年（488）到迁都洛阳的前一年，孝文帝在平城大兴土木，并且在改建的过程中，进行了一连串有关礼仪、祭祀问题的讨论与决定。他似乎有意从有形的建筑工程的拓建，更进一步促进意识形态的转变。他最初的希望，只是利用平城现有的基础，将它转变为一座典型的中国文化式的都城，并没有积极南迁的意念。后来所以匆匆南迁，乃由于北方保守势力对他所做的改革有一种难以排除的压力"[2]。不迁至邺而迁至洛阳，则出于正统与文化因素[3]。洛阳既成为首都，上层国人要在政治上谋求高官厚禄，自当以随从南迁最为有利，所以留在平城者乃对鲜卑文化倾向者，如元丕等人；又云代并区的部落酋长等，则因生态环境而不能南迁，这类国人具有浓厚的草原英雄气息。迁洛者成为洛阳人，未迁者仍为原籍，至肃宗熙平二年（517）迁与不迁遂成定局[4]。时至六镇乱起（524）约七年。

六镇本是云代地区的北疆屏障，六镇动乱，云代反而首当其冲，魏先派临淮王彧"都督北征诸军事以讨之。……败于五原"[5]，旋又"诏尚书令李崇为大都督，率广阳王渊等北讨。……都督崔暹失利于白道，大

---

[1] 孝文帝南迁途中经比干墓，曾为吊祭文，树碑而刊之，碑文中所列随从随祭者是其迁都集团，见王昶编，《金石萃编》卷二七《孝文吊比干墓文》，新文丰出版公司《石刻史料新编》本，1977。

[2] 逯耀东：《魏孝文帝迁都与其家庭悲剧》，《新亚学报》8（2），1968，页128，逯氏并引证太和十二至十七年间（488—493）孝文帝对平城之经营。

[3] 劳榦：《北魏后期的重要都邑与北魏政治的关系》，《"中央研究院"历史语言研究所集刊》外编4（上），1960，页237、239。

[4]《魏书》卷九《肃宗纪》，熙平二年冬十月乙卯，诏曰："北京根旧，帝业所基，南迁二纪，犹有留住。怀本乐故，未能自遣，若未迁者，悉可听其仍停，安堵永业。"

[5]《魏书》卷九《肃宗纪》："（正光五年）三月，沃野镇人破落汗拔陵聚众反，杀镇将，号真王元年。诏临淮王彧为镇军将军，假征北将军，都督北征诸军事以讨之。……五月，临淮王彧败于五原。"

都督李崇率众还平城……免除官爵"[1]。

北魏不再向六镇大规模主动出击，云代地区进入防御战阶段，不久，云州亦沦陷[2]。孝昌二年（526）七月戊申，恒州陷[3]。此后，动乱遭受尔朱氏之抗拒，未能再向南方扩张，流民遂向东、东南大弧度进展，囊括河北地区，后文另论。云代在两年内沦陷，主要是因为在此地区国人有一部分南迁洛阳，有一部分北戍六镇之故，而肆并地区之国人则是数世养精蓄锐，其中以尔朱氏为有力之核心人物。

七、六镇动乱时期之尔朱氏集团

《魏书》卷七四《尔朱荣传》：

> 尔朱荣，字天宝，北秀容人也。其先居于尔朱川，因为氏焉。常领部落，世为酋帅。高祖羽健，登国初为领民酋长，率契胡武士千七百人从驾平晋阳，定中山。论功拜散骑常侍。以居秀容川，诏割方三百里封之，长为世业。太祖初以南秀容川原沃衍，欲令居之，羽健曰："臣家世奉国，给侍左右。北秀容既在划内，差近京师，岂以沃堉更迁远地。"太祖许之。……曾祖郁德，祖代勤，继为领民酋长。代勤，世祖敬哀皇后之舅。以外亲兼数征伐有功，给复百年，除立义将军。……高宗末，假宁南将军，除肆州刺史。高祖赐爵梁

---

[1]《魏书》卷九《肃宗纪》。

[2]《魏书》卷四四《费于传·附穆传》："及六镇反叛，诏穆为别将，隶都督李崇北伐。都督崔暹失利，崇将班师，会诸将议曰：'朔州是白道之冲，贼之咽喉，若此处不全，则并肆危矣。今欲选诸将一人，留以镇捍。不知谁堪此任？'金曰：'无过穆者。'崇乃请为朔州刺史，仍本将军，寻改除云州刺史。穆招离聚散，颇得人心。时北境州镇，悉皆沦没，唯穆独据一城，四面抗拒。久之，援军不至，兼行路阻塞，粮仗俱尽。穆知势穷，乃弃城南走，投尔朱荣于秀容。"

[3]《魏书》卷九《肃宗纪》，孝昌二年七月。

郡公。……父新兴，太和中，继为酋长。家世豪擅，财货丰赢。……
自是之后，日觉滋盛，牛羊驼马，色别为群，谷量而已。朝廷每有
征讨，辄献私马，兼备资粮，助神军用。高祖嘉之，除右将军、光
禄大夫。及迁洛后，特听冬朝京师，夏归部落。每入朝，诸王公朝
贵竞以珍玩遗之，新兴亦报以名马。转散骑常侍、平北将军、秀容
第一领民酋长。新兴每春秋二时，恒与妻子阅畜牧于川泽，射猎自
娱。肃宗世，以年老启求传爵于荣，朝廷许之。

秀容川位于平城之南不远，属肆州。世业有三百里，尔朱氏属于国
人，前引《北齐书·神武纪》中已提及。又尔朱氏与拓跋氏是一个婚姻
圈，与中央朝臣维持某些来往，但显然保持畜牧射猎的生活方式。第一
领民酋长为"视从三品"，约与四方郎将、中州刺史品位相当。肆州在云
代之南，从未遭受战祸，尔朱荣高祖羽健与北魏始祖同时，积五世滋长，
又获给复百年，其牛羊驼马，数量繁殖极多，该地区是良马产地，国人
不改其草原英雄之习，很容易成为一支勇敢善战的骑兵军团。魏末肃宗
以来，天下浮动之迹象已明，中央政府控制力日衰[1]。

是时尔朱氏大家长尔朱荣虽然"性好猎，不舍寒暑"[2]，遂放弃数世以
来"每春秋二时，恒与妻子阅畜牧于川泽，射猎自娱"的安逸生活，积
极步入政治军事舞台，其势力之发展如下。《魏书》卷七四《尔朱荣传》：

> 荣袭爵后，除直寝、游击将军。正光中，四方兵起，遂散畜牧，
> 招合义勇，给其衣马。蠕蠕主阿那瑰寇掠北鄙，诏假荣节，冠军将
> 军、别将，隶都督李崇北征。荣率其所部四千人追击，度碛，不及

---

[1]《北齐书》卷一《神武纪上》："及自洛阳还，倾产以结客，亲故怪问之。答曰：'吾至
洛阳，宿卫羽林相率焚领军张彝宅，朝廷惧其乱而不问，为政若此，事可知也。财物岂可
常守邪？'"

[2]《魏书》卷七四《尔朱荣传》。

而还。秀容内附胡民乞扶莫于破郡，杀太守；南秀容牧子万子乞
真 [1] 反叛，杀太仆卿陆延；并州牧子素和婆崘崄作逆。荣并前后讨
平之。……内附叛胡乞、步落坚胡刘阿如等作乱瓜 [2] 肆……敕勒斛
律洛阳作逆桑干西，与费也头牧子迭相掎角，荣率骑破洛阳于深井，
逐牧子于河西。……加使持节、安北将军、都督恒朔讨虏诸军、假
抚军将军，进封博陵郡公，增邑五百户。……乃署其从叔羽生为刺
史……自是荣兵威渐盛，朝廷亦不能罪责也。……鲜于脩礼之反也，
荣表东讨，复……都督并肆汾广恒云六州诸军事，进为大都督，加
金紫光禄大夫。

并、肆、汾、广、恒、云六州已包含北魏开国以来国人聚集的核心
区，尔朱荣兵势强盛，在洛阳的北魏中央政府亦畏惧之 [3]。

尔朱荣除了本身武力以外，当此天下大乱之际，有许多国人或与国
人有密切关系者，投入此核心区，使尔朱氏的阵营更为壮大。兹从正史
列传中查出投入尔朱氏集团之人物，列为表 2–1。

从表 2–1 分析，投入尔朱氏集团者有以下特征：

第一，绝大多数其家世属部落酋长、镇将、豪族。

第二，绝大多数其居住地是北部边疆地区。

第三，绝大多数是胡人或已胡化汉人。

对于核心区而言，被派遣或留居于北疆的"强宗子弟""国之肺腑"
等，被"寄以爪牙"之任，当局势无法控制时，又逃向核心区。这些人
有的是国人，有的是与国人有密切关系者，在中古时期北方民族混杂得

---

[1] 据《魏书》卷七四校勘记〔一〕"万子"乃"万于"之讹。
[2] 据《魏书》卷七四校勘记〔二〕"瓜"当是"汾"之讹。
[3] 《资治通鉴》卷一五二《梁纪八》，大通二年（528）、魏武泰元年："（二月）是时，车骑
将军、仪同三司、并肆汾广恒云六州讨虏大都督尔朱荣兵势强盛，魏朝惮之。"

很厉害，仅从血统单一因素研究，一者资料不可能记载得如此详细，二者亦不合当时实际情形。除了血统单一因素以外，还有许多很重要的因素影响人群之组合，如生态环境所孕育的生活方式、心理归属感、共同语言等。北中国沿沙漠边区是广大草原地带，形成草原文化生活方式，上文讨论国人时已有述及；心理归属感在无法亲自调查的情况下，似应在危难时视其聚集方向观察之；共同语言则由于鲜卑拓跋氏主宰长城内外一二百年，其语言已成为各部落的共同语言，除了日益汉化的洛阳地区上层分子以外，在当时北边以及北中国境内军中宣达政令，皆用鲜卑语[1]。唐长孺认为："在代京及其附近的拓跋部族中留住集团仍然保持着鲜卑风习，而且使那些地区里出现了这样一种倾向，即是拓跋留住集团和若干部落鲜卑化的加强。"[2]

表 2-1 中显示东魏集团与西魏集团中的主要人物，也是由尔朱氏集团中分裂出来的。西魏集团在投奔尔朱氏集团以前大都是来自武川地区的人物[3]，作者认为史书上记载侯莫陈崇、若干惠、王德、侯莫陈顺、宇文泰、宇文深等人之籍贯为"代武川人""代郡武川人"，可能是核心区派遣外镇之一种表示，西魏集团入关以后还有若干家属滞留在并州[4]，出于核心地区之迹象甚明。东魏集团在投奔尔朱氏集团以前或谓来自怀朔地区[5]，按东魏集团之首脑人物高欢系来自怀朔，然其岳父娄内干乃代郡

[1]《北齐书》卷二一《高乾传·附昂传》云："（高欢）每申令三军，常鲜卑语，昂若在列，则为华言。"《北齐书》卷二四《孙搴传》："又能通鲜卑语，兼宣传号令。"《隋书》卷三二《经籍志一》有《鲜卑号令》一卷，周武帝撰；《国语号令》四卷。所谓"国语"一词，《经籍志》谓："后魏初定中原，军容号令，皆以夷语。后染华俗，多不能通，故录其本言，相传教习，谓之'国语'。"

[2] 唐长孺：《拓跋族的汉化过程》，《魏晋南北朝史论丛续编》，三联书店，1959，页 147。

[3] 谷川道雄：《武川镇军阀的形成》，《名古屋大学东洋史研究报告》8，1982，页 46—47。

[4]《周书》卷一一《晋荡公护传》。宇文护乃泰兄之子，其母及姑当东西魏分裂时还留居晋阳。

[5] 万绳楠：《魏晋南北朝史论稿》，页 295—297。

平城人，"家僮千数，牛马以谷量"[1]，娄内干另二女，其一妻窦泰[2]，另一妻段荣[3]，窦泰、段荣皆东魏集团内实权人物，亦皆属怀朔地区出身，所以此怀朔集团与代郡人士关系甚为密切，《北齐书》卷一九之末史臣曰："高祖（高欢）世居云代，以英雄见知。后遇尔朱，武功渐振，乡邑故人，弥相推重。"[4]证以上表，东魏集团中怀朔与代郡人较多。这一群国人或与国人有密切关系者，既与洛阳地区汉化的上层国人不同，也与北疆被统治之各部落下层阶级不同，他们聚集在云代并核心区，而当时尔朱氏是这个核心区之首领，这种脉络在表2-1中显示得甚清楚。

六镇乱起使尔朱氏集团日益壮大，同时尔朱荣又与元宗室青年才俊元天穆结为兄弟，天穆后为并州刺史，尔朱氏集团如虎添翼，《魏书》卷一四《高凉王传·附天穆传》：

> 天穆，性和厚，美形貌，善射，有能名。年二十，起家员外郎。六镇之乱，尚书令李崇、广阳王深北讨，天穆奉使慰劳诸军。路出秀容，尔朱荣见其法令齐整，有将领气，深相结托，约为兄弟。未几，荣请天穆为行台，朝廷不许，改授别将，令赴秀容。是时，北镇纷乱，所在蜂起，六镇荡然，无复蕃捍，惟荣当职路冲，招聚散亡。天穆为荣腹心，除并州刺史。

元天穆一直与尔朱荣维持亲密战友关系，"及荣赴洛，天穆参其始谋，乃令天穆留后，为之继援"[5]。尔朱荣挥兵入洛，沉太后及幼主于河[6]，并

---

[1]《北史》卷五四《娄昭传》。

[2] 赵万里：《汉魏南北朝墓志集释》图版三二二。

[3]《北齐书》卷一六《段荣传》："荣妻，皇后姊也。"

[4]《北齐书》是唐李百药继他父亲李德林的《齐书》扩充改写的。李德林在北齐官至中书侍郎。

[5]《魏书》卷一四《高凉王传·附天穆传》。

[6]《魏书》卷九《肃宗纪》，武泰元年（528）夏四月庚子；《魏书》卷一三《宣武灵皇后胡氏传》。

杀皇弟、皇兄、王公卿士一千三百余人于河阴[1]。立庄帝，几乎"欲迁都晋阳"[2]，因事情过于突然，人情骇震而未成。尔朱荣不久还晋阳，实际上"荣身虽居外，恒遥制朝廷，广布亲戚，列为左右，伺察动静，小大必知。或有侥幸求官者，皆诣荣承候，得其启请，无不遂之"[3]。原本日渐衰微的洛阳政治中心，至此更加软弱乏力。

自六镇乱起以后，反抗洛阳政权及云代并统治阶级之人四方云涌，其人数如滚雪球般扩充，其领袖辗转合并，最后太行山以东的葛荣成为最大的一股集团，"众号百万"[4]。

这两个集团终于爆发一场决定性之战。

武泰元年（528）六月辛亥，诏曰："朕当亲御六戎，扫静燕代，大将军、太原王尔朱荣率精甲十万为左军，上党王天穆总众八万为前军，司徒公杨椿勒兵十万为右军，司空公穆绍统卒八万为后军。"[5]实际上参与作战的是尔朱荣及元天穆，"九月乙丑，诏太尉公、上党王天穆讨葛荣，次于朝歌之南。……壬申，柱国大将军尔朱荣率骑七万讨葛荣于滏口，破擒之，余众悉降"[6]。尔朱荣与元天穆的联军，据《元天穆墓志铭》载："天柱（尔朱荣）驱率熊罴而出釜口，（天穆）勒猊虎北赴漳源，两军云会，三十余万。"[7]两人联军究竟有多少兵马，上引六月诏云"太原王尔朱荣率精甲十万为左军"，可能是尔朱氏集团之总兵力，讨葛荣时，留了一小部分兵马给留守根据地的尔朱天光[8]，故九月诏"尔朱荣率骑七万

[1]《魏书》卷七四《尔朱荣传》。《魏书》卷一〇《孝庄纪》载为"二千余人"。

[2]《魏书》卷七四《尔朱荣传》。

[3]《魏书》卷七四《尔朱荣传》。

[4]《魏书》卷七四《尔朱荣传》。

[5]《魏书》卷一〇《孝庄纪》武泰元年六月。

[6]《魏书》卷一〇《孝庄纪》武泰元年九月。

[7] 赵万里：《汉魏南北朝墓志集释》图版四十六之二。

[8]《魏书》卷七五《尔朱天光传》："（尔朱）荣将讨葛荣，留天光在州，镇其根本。谓之曰：'我身不得至处，非汝无以称我心。'"

讨葛荣于滏口"[1]，应属实际参战者，六月诏"上党王天穆总众八万为前军"，《魏书·元天穆传》载："（尔朱）荣之讨葛荣，诏天穆为前军都督，率京师之众以赴之。"[2] 元天穆拥有八万之众，似亦可信。尔朱荣率领的是云代并地区之军力，而天穆则率领京师部队，两者约共十五万兵力[3]，《元天穆墓志铭》夸大一倍。尔朱荣率领"骑七万"全属骑兵，"马皆有副，倍道兼行，东出滏口"[4]，战斗力甚强，是这次战役之主力。尔朱氏集团战斗力在与葛荣之战中并无详细描述，但《洛阳伽蓝记》中曾载尔朱氏集团军士善战[5]。

八、北魏末、东魏、北齐时期核心区之侨州

六镇大动乱后，北边国人或与国人相关者大量投靠尔朱氏集团，尔朱氏集团将这些人安置在并肆汾境内，据近人王仲荦考证，"北魏东魏先后于并肆汾侨置六州，以居六州鲜卑军士"[6]，如下：

恒州　寄治秀容郡城，今山西忻州市原平市西南楼板寨乡。

燕州　寄治今山西晋中市寿阳县西二十五里南燕竹镇。

云州　寄治今山西吕梁市文水县西南云周村。

朔州　寄治今山西晋中市介休市界。

蔚州　寄治并州邬县界，今山西晋中市平遥县西北二十五里。

显州　寄治汾州六壁城，今山西吕梁市孝义市南十五里。

---

[1]《魏书》卷七四《尔朱荣传》谓："九月，乃率精骑七千，马皆有副，倍道兼行，东出滏口。""七千"恐"七万"之讹。

[2]《魏书》卷一四《高凉王传·附天穆传》。

[3] 朱大渭估计二十万人左右，见《北魏末年人民大起义若干史实的辨析》，页14—16。

[4]《魏书》卷七四《尔朱荣传》。

[5]《洛阳伽蓝记》卷一《城内》，陈述尔朱那律归为荣报仇时之战斗力。

[6] 王仲荦：《东西魏北齐北周侨置六州考略》，《文史》5，1978，页24。

云代地区还有一部分仍未沦陷，尔朱氏集团为时甚短，缺乏这方面记载，高欢承袭这个地区的势力，北齐在云代未沦陷地区侨置北边六州[1]，即：

北朔州　治马邑城，今山西朔州市城关。

北燕州　治怀戎，今河北张家口市涿鹿县西南七十里。

北蔚州　治灵丘，今山西大同市灵丘县城关。

北恒州　治平城，今山西大同市。

北显州　治石城，今山西忻州市原平市北崞阳镇。

北灵州　治武州城，今山西忻州市繁峙县城关。

以上为北齐分割六州鲜卑更于陉北别立之六州。

似乎北魏末年，东魏、北齐时期，尚能控制桑干河流域地区[2]。长城以北是交战地区。尔朱氏集团核心区之东线是太行山[3]，西边原以黄河为界，但汾州西半部是山胡聚集区，并不能完全控制[4]，南边为并州，但不能包括上党郡[5]。尔朱氏集团之核心区参见图 2-4（附记：圆圈为侨州。又西夏州在并州境内，确切位置不考）。

---

[1] 王仲荦：《东西魏北齐北周侨置六州考略》，页 26—27。

[2]《北齐书》卷四《文宣纪》，天保四年（553）："十二月己未，突厥复攻茹茹，茹茹举国南奔。癸亥，帝自晋阳北讨突厥，迎纳茹茹。乃废其主库提，立阿那瑰子庵罗辰为主，置之马邑川，给其禀饩缯帛。亲追突厥于朔州，突厥请降，许之而还。于是贡献相继。"同卷天保五年（554）："夏四月，茹茹寇肆州。丁巳，帝自晋阳讨之，至恒州黄瓜堆，虏骑走。"同卷天保六年（555）："秋七月己卯，帝晡白道，留辎重，亲率轻骑五千追茹茹。壬午，及于怀朔镇。帝躬当矢石，频大破之，遂至沃野，获其俟利薆焉力娄阿帝、吐头发郁久间状延等，并口二万余，牛羊数十万头。茹茹俟利郁久间李家提率部人数百降。"《北齐书》卷六《孝昭纪》，皇建元年（560）："（冬十一月，）帝亲戎北讨库莫奚，出长城，虏奔遁道，分兵致讨，大获牛马，括总入晋阳宫。"按此处所谓长城当是云州、代州之间长城。

[3]《魏书》卷七四《尔朱荣传》云"东塞井陉"，按井陉乃太行山之重要关隘。

[4]《魏书》卷七四《尔朱荣传》云："回军之际，因平汾胡。"然陕西省、山西省黄河左右岸山胡问题，一时并未彻底平定，应另文讨论之。

[5] 上党郡乃丁零族聚集地，参见周伟洲：《敕勒与柔然》，上海人民出版社，1983，页 55，并州丁零条。又《魏书》卷三三《公孙表传·附轨传》记载上党丁零反叛之事。

　　这个核心区内的鲜卑国人，或与其关联者，乃北魏末、东魏、北齐时期禁旅之所出。《魏书》卷一〇六上《地形志上》卷末谓：

　　　　前自恒州已下十州，（庄帝）永安已后，禁旅所出。

　　所谓恒州以下十州，即：

　　恒州　天兴中置司州，治代都平城，太和中改。孝昌中陷，天平二年（535）置，寄治肆州秀容郡城。

　　朔州　本汉五原郡，延和二年（433）置为镇，后改为怀朔，孝昌中改为州。后陷，寄治并州界。

　　云州　旧置朔州，后陷，永熙中改，寄治并州界。

　　蔚州　永安中改怀荒、御夷二镇置，寄治并州邬县界。

　　显州　永安中置，治汾州六壁城。

　　廓州　武定元年（543）置，治肆州敷城界郭城。

　　武州　武定元年置，治雁门川，武定三年（545）始立州城。

　　西夏州　寄治并州界。

　　宁州　兴和中置，寄治汾州介休城。

　　灵州　太延二年（436）置薄骨律镇，孝昌中改，后陷关西。天平中置，寄治汾州隰城县界。

　　根据张泽咸、朱大渭编《魏晋南北朝农民战争史料汇编》收集一般人民、少数民族、奴隶等动乱实例，从皇始元年（396）至正光五年（524）沃野镇民破六韩拔陵反，共一百零二例。自正光五年至北齐承光元年（577），共八十例[1]。从皇始元年至六镇乱起这一百二十八年间的一百零二个动乱实例之中，云代并核心区未见一例。自六镇乱起，经北

---

[1]　张泽咸、朱大渭：《魏晋南北朝农民战争史料汇编》下册，页445—785。

魏末、东魏，至北齐亡，五十四年间的八十个动乱实例之中，云代并核心区共有四例 [1]，即：

例430　恒州敕勒刘仑　孝昌初（525）

例437　平城民　献文帝时（466—471）

例458　晋州柴览　天平四年（537）

例463　晋州李小兴　天平元象间（534—538）

在皇始元年至北齐亡这一百八十二年间的一百八十二个动乱实例之中，核心区仅有四例，其比例甚低。这个现象反映出的意义是：其一，核心区是国人聚集地区，其控制力较强，又前文论及北魏迁徙人口时，具有威胁的少数民族或人群不迁入核心区，迁入核心区者大都是农民工伎等生产者。其二，核心区的国人也有不满中央政府之时，那就出现政潮政变，如前述穆泰、元丕、陆叡、尔朱荣、元天穆等与朝廷之纠葛，无论哪一方面胜利，都是一种内部之争，这与其他地区反叛中央政府的性质有极大的差异。

自正光五年（524）破六韩拔陵反叛至建义元年（528）这五年间，动乱多起，且规模甚大，是北魏最困难的时期，北魏亦因此一蹶不振，兹从《魏书》本纪中胪列大动乱于下：

（1）正光五年三月，沃野镇人破六韩拔陵聚众反，杀镇将，号真王元年。[2]

---

[1] 另有一例并州丁零、六例汾州山胡，前文已提及，在核心区之外，即：

例407　并州丁零　太安二年（456）

例425　汾州山胡刘龙驹　永平四年（511）

例427　汾州山胡　正光五年（524）

例480　汾州山胡王迢触　天平三年（536）

例481　汾州山胡　武定二年（544）

例482　汾州山胡　天保四年（553）

[2]《魏书》卷九《肃宗纪》，正光五年三月。

（2）正光五年夏四月，高平酋长胡琛反，自称高平王，攻镇以应拔陵。[1]

（3）正光五年六月，秦州城人莫折太提据城反，自称秦王，杀刺史李彦。……南秦州城人孙掩、张长命、韩祖香据城反，杀刺史崔游以应太提。太提遣城人卜朝袭克高平，杀镇将赫连略、行台高元荣。太提寻死，子念生代立，僭称天子，号年天建，置立百官。[2]

（4）正光五年七月，凉州幢帅于菩提、呼延雄执刺史宋颖据州反。[3]

（5）正光五年八月丁酉，南秀容牧子万于乞真反，杀太仆卿陆延。别将尔朱荣讨平之。[4]

（6）正光五年冬十月，营州城人刘安定、就德兴据城反，执刺史李仲遵。……德兴东走，自号燕王。[5]

（7）孝昌元年（525）三月，齐州清河民崔畜杀太守董遵，广川民傅堆执太守刘莽反。[6]

（8）孝昌元年八月，柔玄镇人杜洛周率众反于上谷，号年真王，攻没郡县，南围燕州。[7]

（9）孝昌元年十二月，山胡刘蠡升反，自称天子，置官僚。[8]

（10）孝昌二年（526）春正月，五原降户鲜于脩礼反于定州，号鲁兴元年。[9]

---

[1]《魏书》卷九《肃宗纪》，正光五年夏四月。
[2]《魏书》卷九《肃宗纪》，正光五年六月。
[3]《魏书》卷九《肃宗纪》，正光五年七月。
[4]《魏书》卷九《肃宗纪》，正光五年八月。
[5]《魏书》卷九《肃宗纪》，正光五年冬十月。
[6]《魏书》卷九《肃宗纪》，孝昌元年三月。
[7]《魏书》卷九《肃宗纪》，孝昌元年八月。
[8]《魏书》卷九《肃宗纪》，孝昌元年十二月。
[9]《魏书》卷九《肃宗纪》，孝昌二年春正月。

（11）孝昌二年（526）三月甲寅，西部敕勒斛律洛阳反于桑干，西
　　　与河西牧子通连，别将尔朱荣击破之。[1]

（12）孝昌二年四月，朔州城人鲜于阿胡、库狄丰乐据城反。[2]

（13）孝昌二年六月，绛蜀陈双炽聚众反，自号始建王。[3]

（14）孝昌二年九月，葛荣自称天子，号曰齐国，年称广安。[4]

（15）孝昌三年（527）二月庚申，东郡民赵显德反，杀太守裴烟，
　　　自号都督。[5]

（16）孝昌三年三月辛未，齐州广川民刘钧执清河太守邵怀，聚众
　　　反，自署大行台。[6]

（17）孝昌三年七月，陈郡民刘获、郑辩反于西华，号年天授。[7]

（18）建义元年（528）六月，幽州平北府主簿河间邢杲，率河北流
　　　民十余万户反于青州之北海，自署汉王，号年天统。[8]

以上十八个颇具规模的反叛实例之中，发生在核心区者有两例，即
南秀容牧子万于乞真反，及西部敕勒斛律洛阳反于桑干，这两例规模其
实不大，立刻被尔朱荣扑灭。对于北魏最具威胁的有三大集团，其一是
北边的六镇反叛集团，其二是太行山以东的杜洛周、鲜于脩礼、葛荣集
团，其三是关陇一带的莫折父子和胡琛、万俟丑奴集团。北边集团曾陷
盛乐、平城，受阻于尔朱氏集团而未能再南下，这个集团其后受到蠕蠕
等夹击[9]，而渐渐分离，但北魏再未能收复云州地区，恒州亦仅能保留一

---

[1]《魏书》卷九《肃宗纪》，孝昌二年三月。

[2]《魏书》卷九《肃宗纪》，孝昌二年四月。

[3]《魏书》卷九《肃宗纪》，孝昌二年六月。

[4]《魏书》卷九《肃宗纪》，孝昌二年九月。

[5]《魏书》卷九《肃宗纪》，孝昌三年二月。

[6]《魏书》卷九《肃宗纪》，孝昌三年三月。

[7]《魏书》卷九《肃宗纪》，孝昌三年七月。

[8]《魏书》卷一〇《孝庄纪》，建义元年六月。

[9]《魏书》卷九《肃宗纪》，孝昌元年（525）六月："蠕蠕主阿那瑰率众大破拔陵。"

半。东方的集团最后归于葛荣，声势最大，武泰元年（528）被尔朱荣、元天穆击溃，上文已有论及。关陇反叛集团由尔朱天光击溃[1]。反叛势力最强盛的时候，亦只能环绕着核心区推移（参见图2-5），核心区是北魏国家重心所在地，甚为明显。

九、东魏、北齐时期之核心区与邺都

永安三年（530）九月戊戌，庄帝杀尔朱荣、元天穆于洛阳[2]，同年十二月甲辰尔朱度律破洛阳，甲寅尔朱兆迁帝于晋阳并杀之[3]，乃立前废帝广陵王恭（530年二月至531年四月），军政大权实握于尔朱氏之手，"尔朱兆之在晋阳，天光之据陇右，仲远镇捍东南，世隆专秉朝政，于时立君废主易于弈棋，庆赏威刑咸出于己"[4]。尔朱氏之间并不团结，给了高欢机会，531年三月，"齐献武王败尔朱天光等于韩陵"[5]，元恭被废，自此军政大权归高欢。初，高欢"推勃海太守元朗即皇帝位于信都"[6]，史称后废帝（530年十月至531年四月）；元朗亦被废，立元脩，是为出帝[7]，又称孝武帝[8]。531年魏帝废立者有三，所谓"一年三易换"[9]也。是年七月，高欢讨平尔朱兆于并州[10]，"神武以晋阳四塞，乃建大丞相府

[1] 参见《魏书》卷七五《尔朱天光传》。
[2] 《魏书》卷一〇《孝庄纪》，永安三年九月；《魏书》卷七四《尔朱荣传》。
[3] 《魏书》卷一〇《孝庄纪》，永安三年十二月；《魏书》卷七五《尔朱兆传》。
[4] 《魏书》卷七五《尔朱氏列传》末史臣曰。
[5] 《魏书》卷一一《前废帝广陵王纪》、《北齐书》卷一《神武纪上》。
[6] 《魏书》卷一一《前废帝广陵王纪》。
[7] 《魏书》卷一一《出帝平阳王纪》。
[8] 《北齐书》卷一《神武纪上》："既而神武至洛阳，废节闵（元恭）及中兴主（元朗）而立孝武（元脩）。"《西魏书》卷一《孝武帝纪》。
[9] 《魏书》卷一一《前废帝广陵王纪》失帝位时赋诗。
[10] 《魏书》卷一一《出帝平阳王纪》。

而定居焉"[1]。

高欢的军事中心仍在晋阳，原拟将政治中心自洛阳迁至邺，因孝武帝反对而未成，《北齐书》卷二《神武纪下》孝静帝天平元年（实际上是孝武帝永熙三年，534）六月：

> 初，神武自京师将北，以为洛阳久经丧乱，王气衰尽[2]，虽有山河之固，土地褊狭，不如邺，请迁都。魏帝曰："高祖定鼎河洛，为永永之基，经营制度，至世宗乃毕。王既功在社稷，宣遵太和旧事。"神武奉诏，至是复谋焉。

是年七月，孝武帝西就关中，迁都遂行。同书同卷是年九月：

> 遂议立清河王世子善见。……是为孝静帝。魏于是始分为二。神武以孝武既西，恐逼嵩、陕，洛阳复在河外，接近梁境[3]，如向晋阳，形势不能相接，乃议迁邺，护军祖莹赞焉。诏下三日，车驾便发，户四十万狼狈就道。神武留洛阳部分，事毕还晋阳。自是军国政务，皆归相府。

不论高欢是不是渤海高氏[4]，他都属于胡人婚姻圈[5]，"累世北边，故习其俗，遂同鲜卑"[6]，能鲜卑语，称汉人为"汉儿"[7]，高欢在心里已自

---

[1]《北齐书》卷一《神武纪上》。
[2]《洛阳伽蓝记·序》记载武定五年（547）著者重览洛阳时之景象，甚为残破。
[3] 萧梁支持的元颢曾自考城、荥阳陷洛阳，见《魏书》卷一〇《孝庄纪》永安二年（529）。
[4]《北齐书》卷一《神武纪上》称系渤海高氏。日人滨口重国《高齐出自考——高欢の制霸と河北の豪族高乾兄弟の活跃》（1938）认为，高欢不属渤海高氏，其联谱的时机当在与高乾兄弟联手对抗尔朱兆之时。又萧文青亦作《高欢家世考证》（1969），唯其论点未逾滨口氏之文。
[5] 平城娄内干三女分别妻段荣、窦泰、高欢，参见第七节分析及注文。
[6]《北齐书》卷一《神武纪上》。
[7]《北齐书》卷一《神武纪上》有"不得欺汉儿"语。《北齐书》卷二一《高乾传·附昂传》亦有："高祖曰：'高都督纯将汉儿……'"

居鲜卑人。《北齐书》曰："高祖世居云代，以英雄见知。后遇尔朱，武功渐振，乡邑故人，弥相推重。"[1]高欢成为怀朔集团之领袖。六镇之众，最后并入葛荣集团，葛荣为尔朱荣、元天穆所败，葛荣众流入并、肆者二十余万，为契胡诛夷者半，这些"六镇反残"，尔朱兆皆"遂以委焉（高欢）"[2]，高欢集团进一步扩张。及获河北大族李元忠、高乾等支持，遂有勇气公开向尔朱氏挑战[3]。又破尔朱兆于并州，遂并有其大部分人马（见上文尔朱氏集团表2-1）。魏孝武帝西走长安，魏分东西，东魏迁都邺，原本洛阳地区的禁卫军，"是时六坊之众从武帝而西者不能万人，余皆北徙"[4]，高欢显然获得六坊之大部分军士。

高欢拥有非常庞杂的军队，但其主力仍然是旧鲜卑国人[5]及其相关者，至文宣时更加精简，谓之"百保鲜卑"[6]。其国家军事中心仍然是旧北魏的云、代、并地区，《北齐书》卷一三《赵郡王琛传》：

> 及斛斯椿等衅结，高祖将谋内讨，以晋阳根本，召琛留掌后事，以为并、肆、汾大行台仆射，领六州九酋长大都督，其相府政事琛悉决之。

此处所谓"六州"即上文引王仲荦考证之侨置并、肆、汾之内的恒、

---

[1]《北齐书》卷一九史臣曰。又参照上文尔朱氏集团图表及其分析文。

[2]《北齐书》卷一《神武纪上》。

[3]《北齐书》卷一《神武纪上》："（魏普泰元年）六月庚子，建义于信都，尚未显背尔朱氏。及李元忠与高乾平殷州，斩尔朱羽生首来谒，神武抚膺，曰：'今日反决矣。'乃以元忠为殷州刺史。是时兵威既振，乃抗表罪状尔朱氏。"

[4]《隋书》卷二四《食货志》。

[5]《北齐书》卷二一《高乾传·附昂传》："高祖曰：'高都督纯将汉儿，恐不济事，今当割鲜卑兵千余人共相参杂，于意如何？'"又《魏书》卷一二《孝静纪》天平三年（536）二月丁酉："诏加齐文襄王使持节、尚书令、大行台、大都督，以鲜卑、高车酋庶皆隶之。"齐文襄王即高澄，高欢之长子。

[6]《隋书》卷二四《食货志》："及文宣受禅，多所创革。六坊之内徙者，更加简练，每一人必当百人，任其临阵必死，然后取之，谓之百保鲜卑。"

燕、云、朔、蔚、显等六州，"九酋长"应指领民酋长而言。上文又引北齐于北边侨置，即北朔州、北燕州、北蔚州、北恒州、北显州、北灵州等六州，此六侨州虽正式设置于北齐，但在北魏末期显然亦属于北魏、东魏之控制区，大都在桑干河流域，这六州东魏、北齐亦非常重视。《北齐书》卷一二《文宣四王传·范阳王绍义传》载：

> 此地（北朔州）齐之重镇，诸勇士多聚焉。

《魏书·地形志上》谓恒、朔、云、蔚、显、廓、武、西夏、宁、灵等十个侨州（侨寄地皆在并、肆、汾三州内，上文已有陈述），永安（528—530）以后，禁旅所出。按禁旅即六坊。《魏书》卷一二《孝静纪》天平元年（534）十一月：

> 徙邺旧人西径百里以居新迁之人，分邺置临漳县，以魏郡、林虑、广平、阳丘、汲郡、黎阳、东濮阳、清河、广宗等郡为皇畿。

六坊禁旅羽林、虎贲之授田，即在此畿内，《隋书》卷二四《食货志》云：

> 至河清三年定令……京城四面，诸坊之外三十里内为公田。受公田者，三县代迁户执事官一品已下，逮于羽林武贲，各有差。

东魏、北齐迁都于邺，邺是政治中心，云、代、并地区仍然是国家之军事中心。正如北魏时洛阳是其政治中心，云、代、并是其军事中心一样。所不同的是北魏沟通此二中心的办法是令云、代、并地区的重臣夏去冬来，是谓雁臣；而东魏、北齐沟通此二中心的办法是执政者（东魏时为大丞相高氏，北齐时为皇帝高氏）带着禁旅穿梭于晋阳与邺都之间。从东魏天平元年（534）至北齐承光元年（577）的四十三个实足年数之中，高氏执政者共穿梭三十七次，驻在晋阳的时间约二十九年，在邺都的时间约十四年，在晋阳时间为在邺都时间之倍，所有的高齐皇帝皆在晋阳即位，如果继承者原不在晋阳，亦趋赴晋阳登基[1]。

邺是首都，庞大的政府机构都设在此，是政治中心；军事中心在云、代、并地区，而执政者大部分时间驻在晋阳，遂引起制度上的变化。出纳王命的中书舍人必须随侍在侧，又掌管军士的训练、调拨者，掌管战马之饲养、征集者亦须侍从左右。按中书舍人由于地居机要，在北魏太和十七年（493）以后已设舍人省[2]，在灵太后当政时，中书舍人夺中书令、中书侍郎草诏之权[3]，东魏、北齐时又常以黄门侍郎兼中书舍人（见下文引《唐邕传》），是则中书舍人实兼门下、中书两省的出纳王命之权。东魏大丞相高氏当政，丞相府外兵曹、骑兵曹分掌兵马，最为重要，按"后齐制官，多循后魏。……其六尚书，分统列曹。……左外兵（掌河南及潼关已东诸州丁帐，及发召征兵等事）、右外兵（掌河北及潼关已西诸州，所典与左外兵同）"[4]。

《北齐书》卷四〇《唐邕传》载：

> 齐朝因高祖作相，丞相府外兵曹、骑兵曹分掌兵马。及天保受禅，诸司监咸归尚书，唯此二曹不废，令唐邕、白建主治，谓之外兵省、骑兵省。其后邕、建位望转隆，各为省主，令中书舍人分判二省事，故世称唐、白云。

将外兵曹、骑兵曹独立出尚书省，而成为外兵省、骑兵省，别掌机密[5]，是北齐之新创制度，也适应于高齐皇帝长驻晋阳之形势。唐邕、白

---

[1] 以上统计皆出自《北齐书》本纪，高齐统治者穿梭行程极为烦琐，不予赘列。

[2] 郑钦仁：《北魏中书省考》，台湾大学文学院，1965，页91。

[3] 郑钦仁：《北魏中书省考》，页96。

[4]《隋书》卷二七《百官志中》。

[5]《北齐书》卷四《文宣纪》："（天保元年十月）壬辰，罢相国府，留骑兵、外兵曹，各立一省，别掌机密。"

建各为省主，并以中书舍人身份分判二省事，二人在高齐政权中之地位显得十分重要，故世称唐、白。《北齐书》卷四〇《唐邕传》：

> 唐邕，字道和，太原晋阳人，其先自晋昌徙焉。父灵芝，魏寿阳令。邕少明敏，有治世才具。太昌初，或荐于高祖，命其直外兵曹，典执文帐。
>
> 邕善书计，强记默识，以干济见知，擢为世宗大将军府参军。及世宗崩，事出仓卒，显祖部分将士，镇压四方，夜中召邕支配，造次便了，显祖甚重之。显祖频年出塞，邕必陪从，专掌兵机。识悟闲明，承受敏速，自督将以还，军吏以上，劳效由绪，无不谙练，每有顾问，占对如响。或于御前简阅，虽三五千人，邕多不执文簿，暗唱官位姓名，未尝谬误。七年，于羊汾堤讲武，令邕总为诸军节度。……显祖又尝对邕白太后云："唐邕分明强记，每有军机大事，手作文书，口且处分，耳又听受，实是异人。"……十年，从幸晋阳，除兼给事黄门侍郎，领中书舍人。……
>
> 肃宗作相，除黄门侍郎。……天统初，除侍中、并州大中正，又拜护军，余如故。邕以军民教习田猎，依令十二月，月别三围，以为人马疲敝，奏请每月两围。世祖从之。……迁右仆射，又迁尚书令，封晋昌王，录尚书事。属周师来寇，丞相高阿那肱率兵赴援，邕配割不甚从允，因此有隙。……车驾将幸晋阳，敕（斛律）孝卿总知骑兵度支，事多自决，不相询禀。邕自恃从霸朝以来常典枢要，历事六帝，恩遇甚重，一旦为孝卿所轻，负气郁怏，形于辞色。帝平阳败后，狼狈还邺都。……（邕）遂留晋阳……崇树安德王为帝。信宿城陷，邕遂降周。……
>
> 邕性识明敏，通解时事，齐氏一代，典执兵机。凡是九州军士、四方勇募，强弱多少，番代往还，及器械精粗，粮储虚实，精心勤

事，莫不谙知。自大宁以来，奢侈糜费，比及武平之末，府藏渐虚。邕度支取舍，大有裨益。

《北齐书》卷四〇《白建传》：

> 白建，字彦举，太原阳邑人也。初入大丞相府骑兵曹，典执文帐，明解书计，为同局所推。天保十年，兼中书舍人。肃宗辅政，除大丞相骑兵参军。河清三年，突厥入境，代、忻二牧悉是细马，合数万匹，在五台山北柏谷中避贼。贼退后，敕建就彼检校，续使人诣建间领马，送定州付民养饲。建以马久不得食，瘦弱，远送恐多死损，遂违敕以便宜从事，随近散付军人。启知，敕许焉。戎乘无损，建有力焉。武平末，历特进、侍中、中书令。
>
> 建虽无他才，勤于在公，属王业始基，戎寄为重，建与唐邕俱以典执兵马致位卿相。晋阳，国之下都，每年临幸，征诏差科，责成州郡。……武平七年卒。

唐邕从霸府以来常典枢要，历事六帝；所谓"九州军士"，乃指并、肆、汾及侨置于此三州内之六州，合而为九州，是核心区内齐高氏之精英。白建则掌骑兵及马匹。武平末年，外兵省、骑兵省的职务被斛律孝卿取代[1]，引起唐邕极大不满，但那已是北齐政权末年了。

在此核心区内有并、肆、汾及桑干河流域的旧国人部落，侨置于此境内的十州居住着北镇移入之人，有骑兵所需的马匹，有执政者亲领的禁旅，这些都是战斗力极强者，所以东魏、北齐在核心区之军力非常可观。北齐之亡于北周，是由于北齐废帝殷、孝昭帝演、武成帝湛、后主纬、幼主恒等继位时年龄甚小，在位时间短，朝政极为荒诞，所以北齐

---

[1]《北齐书》卷二〇《斛律羌举传·附子孝卿传》："孝卿……武平末，侍中、开府仪同三司，封义宁王，知内省事，典外兵、骑兵机密。"

之亡，可谓人谋不臧[1]。

北齐后主武平七年（周武帝建德五年，576）十二月，周师进攻晋阳，北齐后主出奔，但北齐安德王延宗与周武帝大战，周师败，次日，周师发动突击而取胜[2]。初，"帝意犹豫，欲向北朔州。乃留安德王延宗、广宁王孝珩等守晋阳。若晋阳不守，即欲奔突厥"[3]。北齐后主危难时仍力主北走北朔州而不走邺都，可见北朔州一带仍有一些强兵；后因大臣谏阻而奔邺，但邺都在没有抗拒力的情况下失陷了，北齐亡。自北魏以降的核心区亦随之瓦解。

十、结　论

鲜卑拓跋氏可能发源于东北嫩江西岸支流甘河上源，辗转西南迁移至阴山之南匈奴故地，生活形态也从狩猎而改为畜牧，善养马，工骑射，乃草原英雄之一。当永嘉乱起，天下失御，各族逐鹿中原，栖栖惶惶百有余年，而拓跋氏逐步拥有云中、桑干河流域，稍后又包括并州之地，其国人稳固地占据这个地区而使之成为拓跋政权的核心基地。

在多民族聚散无常的状态之下，拓跋氏将一丛一丛的部落建立在一圈圈的同心圆体系上，同心圆的最内圈是帝族八国十姓，是为狭义国人；其次是功勋、国戚之族，是为广义国人，这是拓跋政权的核心集团。统治集团之建立，将多变性的草原部落由亲而疏地置于一张网中，又将核心集团置于核心基地之中，这种核心集团之孕育与核心区之建立，至北魏道武帝拓跋珪时大致完成。

---

[1] 北齐朝政之荒诞，国史上罕与匹比，详见《北齐书》本纪。
[2] 参见《北齐书》卷一一《文襄六王传·安德王延宗传》。
[3] 《北齐书》卷八《后主纪》武平七年十二月。

核心区居于东西万里草原地带的中间，大戈壁以南，东西方向的交通十分便捷，而平城适在游牧生产与农业生产的重叠区内，北魏以平城为首都的时期约有百年，时其政治中心与军事中心合一。核心集团利用平城的战略地位，配合核心区内的名骑，屡屡征战，光芒四射，成为北中国以及草原一带的大帝国。

对于黄河流域农业地区而言，核心区内的大骑兵团有高屋建瓴之势，但核心区亦是四战之地，最大的威胁来自沙漠地带的游牧民族，故北魏在核心区以北的阴山一带设置六镇，派遣国人镇压，并在此安置归附的游牧民族，其中尤以白道附近的武川镇、怀朔镇最为重要，派遣在这两镇的"国之肺腑"后来成为东西魏的主要领袖。

拓跋魏蚕食黄淮平原，汉人、汉文化、农业生产方式等的比重日益增大，北魏建国百年以后，终于自平城迁都于中原地区的洛阳。

北魏都洛阳时期，其政治中心与军事中心分离，联系首都洛阳与国人聚集地核心区的方式是令北方重要国人每年冬则居南、夏则居北，是为雁臣。战马的畜养地仍在核心区，即令河西出产的良马，先徙养并州，渐习水土，再拨给洛阳地区使用。

政治中心南迁，使洛阳地区之上层国人日渐汉化，而洛阳地区之下层国人、核心区内的上下层国人以及派遣在六镇等地之"国之肺腑"等，不但未染汉化，在心理、生活方式及实质利益上，均与洛阳地区汉化国人差距愈来愈远。京师禁卫军发生殴击张彝父子之事，北边六镇失去以往关怀而使官吏水准大降，核心区内大宗国人维持着原来的生活方式，国人原本与京师人士为同姓手足，因居住在核心区及六镇一带而婚宦失序，此皆显露出核心集团内部的危机。

六镇乱起，洛阳派出几批大军镇压，皆溃败而归。洛阳上层国人影响力衰退，而核心区的国人地位提高。自北魏建国以来，核心区一直是国人聚集之所，拓跋氏迁徙归附之徒的原则是：具有反叛性的民族置于六镇一带或幽定地区，迁入核心区者大都是生产者或工伎。如有侵略性的民族入侵其核心区，必遭国人逐出或屠杀。在如火如荼的狂风暴雨之中，更显出核心区存在之特质及其实力。

六镇动乱以后，尔朱氏成为当时国人的领袖。尔朱氏自魏初因功封于肆州秀容川，有三百里地，属于拓跋氏婚姻圈，积五世滋长，百年给复，牲畜谷量，该地盛产良马，子弟世袭领民酋长，一直维持国人草原英雄的习性，极容易成为一支勇敢善战的骑兵军团。至尔朱荣时开始自秀容扩张势力。由于大乱之际，大量国人或与国人有密切关系者投入尔朱氏集团，尔朱荣遂成为并、肆、汾、恒、廓、云六州大都督。河阴之变以后，洛阳亦受其控制，尔朱氏集团承袭了元氏核心集团，大破反叛军葛荣百万之众，成为当时霸主。尔朱氏之兴起，云、代、并仍然是核心地区，但已较重视并州一带。

尔朱氏本身之不团结，给予高欢良机，高欢势力之建立又迫使魏分东西，高欢控制的东魏拥有北魏的大部分领土。自尔朱氏至高氏，在并、肆、汾以及桑干河流域的恒州，侨置十余个原设在北边的州镇，安置鲜卑军士，其为北魏末、东魏、北齐禁旅之所出，显著承袭了北魏以来的核心集团，并拥有核心区。

东魏、北齐都邺，其军事中心仍在并、肆、汾、恒及十余侨州，其军事中心与政治中心分离的形势，一如北魏迁都洛阳时的形势，所不同的是北魏都洛阳时期，其沟通两者的办法是令北方大臣冬来夏回，是为雁臣；而东魏、北齐沟通军事中心与邺都的办法是统治者带领禁旅穿梭在两者之间。在四十三年之中，穿梭凡三十七次，在晋阳的时间约二十九年，在邺都的时间约十四年，在晋阳时间为在邺都时间之倍。

如果以一般人民、少数民族、奴隶等动乱次数计，自北魏皇始元年（396）至北齐亡（577）一百八十二年间凡得一百八十二个实例，发生在核心区者只有四例。如果以正光五年（524）破六韩拔陵起至建义元年（528）五年间出现于《魏书》本纪的大动乱计，凡得十八例，而核心区有两例，且规模最小，立刻遭到尔朱氏扑灭，丝毫不具影响力。当六镇乱起，反叛势力风起云涌，最大者有三股：其一是北边六镇反叛集团，其二是太行山以东的杜洛周、鲜于脩礼、葛荣集团（也吸收了很多六镇之众），其三是关陇一带的莫折父子和胡琛、万俟丑奴集团。这三个集团在最盛的时候也只能环绕着核心区推移。这皆表示核心集团在核心区的控制力甚强。核心区的国人也有不满中央政府之时，那就出现了政潮政变，如穆泰、元丕、陆叡及尔朱荣、元天穆等与朝廷之纠葛，这是一种内部之争。

北齐高氏拥有"百保鲜卑"长驻在晋阳，为使并、肆、汾、恒以及十余侨州的鲜卑军士调集方便，其将七兵尚书内的外兵曹、骑兵曹脱离邺都的尚书省，而与文职的舍人省同样直隶皇帝，以便发挥效能。北齐之亡，乃由于连续五个皇帝即位时年幼、在位时间不长，而朝政荒诞，国史中罕有其例，可谓人谋不臧。

拓跋氏所凝结的核心集团及其建立的核心区，历经北魏、东魏、北齐，主宰北中国及草原一带约两百年。北齐覆亡，核心区转为"关中本位"取而代之；核心集团则又衍生出"关陇集团"，成为隋唐统治阶层之主干。

第三篇

晋隋之际河东地区与河东大族

一、绪　论

　　河东[1]并不是一个面积很大的地区，但由于位置特殊，在中古时期显得十分重要。以西汉而论，京师设在长安，有京兆、冯翊、扶风，是谓三辅；河东、河内、河南，是谓三河；又有弘农，皆司隶校尉所察。以东汉而论，京师设在洛阳，河东更为重要，七郡亦属司隶管辖。如果以全国疆域而论，中古时期的长安地区、洛阳地区与河东地区，似乎构成一个心脏地带[2]，各州郡则犹如众星拱月。长安、洛阳是两汉以来之

---

[1]　自汉至隋河东郡所辖地区不尽相同，见《汉书》卷二八上《地理志上》河东郡；《后汉书》志第十九《郡国一》河东郡；《晋书》卷一四上《地理志上》河东郡、平阳郡；《魏书》卷一〇六上《地形志上》，晋州之平阳郡、北绛郡、南绛郡，东雍州之高凉郡、正平郡，南汾州之北乡郡（领县龙门、汾阴），同书卷一〇六下《地形志下》，泰（秦）州之河东郡、北乡郡（领县北猗氏、汾阴），陕州之河北郡；《隋书》卷三〇《地理志中》河东郡、绛郡。本文所谓河东地区系指：北以龙门山、云邱山、马首山（约北纬35° 40′）为界，西及南以黄河为界，东以霍太山脉、白马山、横岭山为界。

[2]　许倬云谓："两汉的核心区为关中与三河，边陲区为会稽，南方诸郡国及北方沿边诸郡国。"见《传统中国社会经济史的若干特性》，《食货》11（5），1981，页202。三辅、三河等郡之重要性又见《晋书》卷一四《地理志上》司州条。

名都，史书中论及者甚多，而专论河东地区者尚不多见。这个区域远较其他州郡更能影响中原政治中枢，但由于本文研究的时期是中古乱世——西晋至隋，尤其是永嘉乱后至隋统一之前，河东地区所呈现的意义以其地方性、社会性为主。

自东汉以还，胡族一批一批蜂拥进入中原，来自北边与西北方者最为强劲。史家或注重于一二十个国家的兴亡，或注意几个大战役的成败，或注意种族间之冲突与融合；而以历史地理为基础，观察区域内的居民结构[1]及其社会势力[2]动态等，则有待进一步研究。永嘉乱后，中国北方建立许多少数民族王朝，虽时间皆甚短促，然铁骑横行，狂飙而过，唯有研究各区域中的居民结构、社会势力，才能对分崩离析更迭不已的国家有根本的了解，进而对区域间文化差异有正确分析。河东地区位于两个名都——长安、洛阳之近北，北边胡族南移之时，中央政治力已衰弱而瓦解，河东地区以其本身的社会力量，屹立于各种政权之下，犹如怒海中一块巨岩，一波一波的大浪从岩顶掠过，但并不能使其摧毁，虽在政治上每羁縻于当时政权，实际上则与其维持"统而不治"的微妙关系；在社会上当此胡族大量迁移之时，河东大族更保住了汉人的居住空间。这个弹丸之地存在着三个大士族，已是非常奇特之事；而在长期紊乱的局势之中，这三族在地理位置上持续拥有巨大的影响力——此皆作者研究的动机。要明了河东地区，得先绘出中古时期河东地区之地理图，以便分析其人物在此舞台上的活动情形。

本文以正史地理志及《水经注疏》《括地志》《元和郡县图志》《太平寰宇记》《舆地广记》《一统志》等书中资料，参照《历代舆地沿革险要图》、地方志及有关地图，绘成西晋至隋时期之河东地区地理示意图，见

---

[1] 前田正名：《住民構造》，《平城の歴史地理学的研究》，风间书房，1979，页27—108。

[2] 金发根：《永嘉乱后北方的豪族》，学术著作奖助委员会，1964。

图 3-1、3-2。从地方志墓葬位置之记载，追寻裴氏、柳氏、薛氏在河东
地区之居住情形及其势力范围；其中薛氏徙自蜀地，其迁入之时机、方
位及其影响等，是社会势力移植的罕见例子。这三大士族的势力稳固了
汉人在河东地区的居住基础，并在河东北境形成一条民族线。凡此种种
现象，皆是本文各节之主要内容。由于篇幅限制，有关河东大族之政治
动向，以及北魏迄隋间各政权对河东人、地之争夺等，则另文讨论。

二、裴氏之"根"——墓葬地与居住区

在西晋以前，河东地区原住大士族有二，即裴氏与柳氏。据说裴氏
在周朝时已居于闻喜旧城[1]，较可靠的记载应始于西汉裴盖，官至水衡都
尉、侍中[2]，在东汉之初，盖"九世孙燉煌太守遵，自云中从光武平陇、
蜀，徙居河东安邑"[3]。裴遵是敦煌太守，却自云中从光武平陇、蜀，当
指自云中带其宗党部曲随行征伐之意，裴氏应有一支居住在云中。《敦煌
太守裴岑纪功碑》载："惟汉永和二年八月，敦煌太守云中裴岑将郡兵
三千人诛呼衍王等，斩馘部众，克敌全师，除西域之灾，蠲四郡之害，
边竟艾安，振威到此，立德祠以表万世。"[4]裴岑之世系不详，岑亦任敦
煌太守，但称"云中裴岑"，似应亦属裴氏居云中支派，这一支裴氏可能
娴熟北方、西北方边事[5]。按云中是北方重镇，敦煌则是内保河西走廊、

---

[1]《新唐书》卷七一上《宰相世系表一上》裴氏："非子之支孙封鄪乡，因以为氏，今闻喜
鄪城是也。六世孙陵，当周僖王之时封为解邑君，乃去'邑'从'衣'为裴。裴，衣长貌。
一云晋平公封颛顼之孙鍼于周川之裴中，号裴君，疑不可辨。"

[2]《新唐书》卷七一上《宰相世系表一上》裴氏："陵裔孙盖，汉水衡都尉、侍中。"

[3]《新唐书》卷七一上《宰相世系表一上》裴氏。

[4]《金石萃编》卷七。

[5]《后汉书》卷八八《西域传·莎车国》载，敦煌太守裴遵曾于建武十七年（41）上言西
域之事。

外控西域各国的西北重镇，熟悉北方、西北方边事的传统到东汉末裴潜仍有 [1]，这一支裴氏在东汉具有豪强性格，但已加入全国性官僚圈，担任边区行政长官。裴遵自平陇、蜀以后，似乎自云中徙居河东安邑，又回到其家族之大本营，这个大本营即盐池东区（在图 3-1 之丁 C、丁 D 区），在东汉安、顺之际，这一支又向东北扩展到闻喜（在图 3-1 之丙 C、丙 B、乙 C、乙 B 区）。按安邑裴氏与解县柳氏似乎平均分盐池之利，裴氏如要发展，只有向东北方向，如向西南方向则将与柳氏冲突，其理甚明。又涑水流域及其支流沙渠水、洮水利于灌溉，适于耕种，因此自安邑（涑水中游）向涑水源头处扩展，此域成为裴氏宗族的主要大本营。

涑水下游是柳氏的势力范围，而黄河以东、汾河下游虽有零星的裴氏，但似非裴氏宗族的主要居住地，这可能与安邑向北或西北一带有介山山脉（图 3-1 丙 D 区）阻碍有关。上述裴氏在河东居住分布情况，可与其墓葬地相互印证。

《闻喜县志》（李遵唐撰本）卷之九《坟墓》，页一二至一三（余宝滋撰本卷二三《古迹》，页七至一〇同）：

> 段尚书墓在裴村南、涑河岸，岸崩出石，刻大书"段尚书墓"四字，年代名号未详。汉晋唐以来，裴氏诸茔在城东去祖庄、裴柏村十里，曰凤凰原，北至紫金山，南至涑水，东至牛坞，西至鸡鸣山，中仓底、永青、赵村、柳泉、坡底、居台庄、爱里诸村，墓多在焉。

以下墓名、村名及排列次序悉录自《闻喜县志》，墓主所属房支系本文作者从各正史及《新唐书·宰相世系表》裴氏条中查得，列表如下，数字为标点本页码。

---

[1]《三国志》卷二三《魏书·裴潜传》。

开国公裴潜墓（2180）

秘书少监裴齐游墓（东眷辑支，2229）

尚书裴辑墓（东眷辑支）

羽林将军裴承先墓

光禄大夫裴杰墓（西眷徽支，2182）

左仆射裴颎墓

　　　以上仓村

黄门侍郎裴绰墓

散骑常侍裴巚墓

　　　以上西洋

恒襄太守裴双硕墓（双硕支[1]）

卫州刺史裴万石墓

左丞相裴万顷墓（洗马房天恩支，2186）

前将军裴寿孙墓

　　　以上仓底

鸿胪卿裴子野墓

殿中将军裴松之墓

中书舍人裴敬彝墓（中眷万虎支，2209）

驸马都尉裴询墓（南来吴苞支，2218）

---

[1] 双硕支，《北史》卷三八《裴骏传》载其世系为：

（按双硕支不见于《新唐书·宰相世系表》，唯骏从弟安祖父天恩，属洗马房裴，见《新唐书》卷七一上《宰相世系表一上》，页2184。）

驸马都尉裴虚己墓（东眷辑支，2227）

大将军裴万彪墓（万虎）（中眷万虎支，2209）

翰林学士裴谂墓（东眷道护支，2243）

霍州刺史裴伯仲墓

金吾将军裴修己墓（南来吴苞支，2222）

怀义公裴行方墓（洗马房天寿支，2190）

澧州刺史裴怀照墓

工部侍郎裴上贤墓

起居郎中裴世节墓（南来吴苞支，2218）

荆州刺史裴世清墓

同平章事裴世举墓

工部尚书裴思庄墓

忠公裴仁基墓

京掾裴奉先墓

司勋员外裴稹墓（中眷双虎支，2213）

大理卿裴令简墓

驸马都尉裴令仪墓

太子舍人裴物墓

少卿裴沼墓（南来吴令宝支，2207）

吏部员外裴仲方墓

太子少师裴炫运墓

中书令裴公尹墓

绛郡公裴元质墓（中眷万虎支，2209）

秦州刺史裴鸿业墓

永清公裴炎墓（洗马房天恩支，2186）

武都太守裴天恩墓（洗马房天恩支，2187）

中书博士裴天寿墓（洗马房天寿支，2187）

以上永青

太常裴开墓（东眷辑支，2223）

商州刺史裴延庆墓（西眷徽支，2183）

同州刺史裴知礼墓（中眷双虎支，2211）

石州刺史裴大感墓（中眷双虎支，2212）

忠献公裴光庭墓（中眷双虎支，2213）

交州刺史裴镜民墓（东眷辑支，2223）

大将军裴镜人墓

幽州都督裴行俭墓（中眷双虎支，2213）

冀国公裴居道墓（东眷辑支，2223）

太子舍人裴净论墓

安南都护裴泰墓（东眷辑支，2223）

杭州刺史裴克念墓

濮阳令裴有邻墓（东眷道护支，2242）

犊州刺史裴凤敏墓

道州刺史裴参铉墓（中眷双虎支，2212）

舒州刺史裴瞿昙墓（东眷辑支，2224）

开国公裴贞隐墓（中眷双虎支，2212）

晋城子裴思义墓（洗马房天寿支，2193）

以上赵村

雍州刺史裴崧（山松）墓（中眷双虎支，《北史》卷三八《裴延儁传》，1377，父双彪，祖奣）

礼部尚书裴宣机墓（西眷徽支，2183）

大理正裴邦基墓（洗马房天恩支，2185）

少卿裴之礼墓

胜州都督裴闰墓（东眷辑支，2223）

左卫将军裴鼎墓（东眷辑支，2230）

幽州都督裴托墓

著作郎裴元进墓

　　以上上吕

兰陵武公裴徽墓（西眷徽支，2180）

工部尚书裴季通墓（洗马房天寿支，2190）

华州刺史裴宣明墓（中眷万虎支，2210）

中书侍郎裴骏墓（双硕支）

司隶校尉裴颖墓（南来吴简之支，2196）

监察御史裴周南墓（中眷三虎支，2216）

河南府尹裴藏耀墓

河南工裴藏明墓

太子少师裴藏□墓

翰林编修裴邵南墓（中眷三虎支，2216）

秦州刺史裴修墓（双硕支）

　　以上柳泉

中书侍郎裴嵩墓

河北太守裴夙墓（中眷三虎支，2218）

河州刺史裴善昌墓（西眷徽支，2183）

　　以上居台

秘书监裴黎墓

太子中允裴振墓（中眷万虎支，2210）

吏部尚书裴构墓

　　以上坡底

河东太守裴仲规墓（《魏书》卷六九，1532）

翼城公裴仙先墓（洗马房天恩支，2187）

济州刺史裴希仁墓（东眷辑支，2228）

陈州刺史裴希庄墓（东眷辑支，2231）

太仆卿裴运墓

　　以上横水

梓州刺史裴晋墓（洗马房天寿支，2192）

　　以上雷卫

监察御史裴鉴墓（中眷三虎支，2218）

　　以上阴庄

以上共九十三冢，考据详明。外又大冢六十有奇，碑记六十余座，石人、虎四十对有奇，享亭一，在永青；守坟寺二，在爱里、裴家寺内。如裴度墓（东眷道护支，2242）在管城，今赵村有之。裴寂墓（西眷徽支，2180）在蒲州柔原；裴见素墓在阴庄；裴守贞、裴耀卿墓（南来吴简之支，2197）在稷山；今本里有之。裴乔（侨）卿（南来吴简之支，2199）家在稷山、墓在闻喜，如此类多不可考。

《天下郡国利病书》第十七册《山西》，《河汾燕闻录》：

闻喜之裴，自后汉裴辑而下，葬北仓村，数里之间，凡五十二人，皆尚书、侍郎、国公、将相，亦宇内罕有也。

裴氏世墓在涑水上游之北（图3-1、图3-2中乙B区）。墓主房支可查者有：东眷辑支十二人，东眷道护支二人，西眷徽支五人，中眷万虎支五人，中眷双虎支九人，中眷三虎支四人，洗马房天恩支五人，洗马房天寿支五人，南来吴苞支三人，南来吴令宝支一人，南来吴简之支一人，双硕支三人，共五十五人，《新唐书·宰相世系表》裴氏条中各房支皆有在此立墓。裴氏世墓中还有三十八人，亦皆官宦之士，但世系已不可查。所以裴氏虽然在中央或其他州郡任官，根据上述资料，自后汉至唐，大都仍以安邑、闻喜一带为其"根"，死后则"落叶归根"。

上述引文末有唐初裴寂墓[1]（西眷徽支），在蒲州柔原，可见涑水下游亦偶有裴氏居住，图3-2丁F区有裴坊，绘自后世《山西通志》，未能确定中古时期是否有此村落，仅引作参考。上述引文末又载裴守贞墓、裴耀卿墓[2]在稷山，裴侨卿家在稷山，墓在闻喜，按此三人皆盛唐人，又查皆属南来吴裴，《新唐书》卷七一上《宰相世系表一上》云："邕度江居襄阳，生顺宗。顺宗三子：叔宝、叔业、令宝。叔业，（南）齐南兖州刺史，初归北，号南来吴裴，事后魏，豫州刺史、兰陵郡公。"由此墓地居地推测，这一支北归后可能居住在汾河下游两岸稷山（图3-2乙D、乙E区）一带，图3-2乙E区有裴庄，绘自后世《山西通志》，未能确定中古时期是否有此庄，仅引作参考。

《新唐书》卷七一上《宰相世系表一上》云："洗马裴出自粹子晅。晅生懂，自河西归桑梓，居解县洗马川，号洗马裴，仕前秦大鸿胪。"《太平寰宇记》卷四六《河东道·蒲州虞乡县》："洗马泉，在县东二里。"又《山西通志·虞乡县》中图有其确切方位，即图3-1、图3-2戊E区。《虞乡县新志》（周大儒本）卷二《沟洫略》："洗马泉在王官谷东，洗马村南，古洗马川也（按柳崇，邑人，仕魏，为本邑中正，后以太子洗马致仕，居此，故名。《临晋旧志》注：晋太子洗马于此，不知何据）。西贻溪东石鹿，今号二峪，口下为洗马村，西北为潜龙冈（见张敬儒墓志），唐裴元居洗马（今洗马村），因号洗马裴，水归新河。"汉光按：洗马裴之名早在前秦时；洗马裴之得名，因太子洗马之职，故应读"洗"

---

[1]《蒲州府志》卷三《古迹·唐裴尚书墓》：在县北五里圣寿寺侧，《临晋志》云旧有巨碑，虞世南文、欧阳询书，因拓取不息，土人瘗之。汉光按：此可能即裴寂墓。

[2]《稷山县志》（沈凤翔本）卷七《陵墓》，唐侍中谥文献裴耀卿墓在仁义村，尚书许孟容志。

字为"先"音。洗马川在王官谷之东。《虞乡县新志》（周大儒本）卷二
《沟洫略》又云："按（中）条山诸峪水，惟王官瀑布，旱潦不竭，引灌
山下田，不烦疏浚，获自然之利，其次则风伯峪……"又《大清一统志》
卷一四〇《蒲州府》："王官谷在虞乡县东南十里中条山中……王官谷深
十里，岩洞奥邃，泉谷幽奇，有天柱、挂鹤诸峰，左右两瀑，飞垂岩际，
山水之胜，甲于河东。"汉光按：解县一带原是柳氏势力范围（见后文），
然柳氏中央化较速较深（亦见后文），地有空隙，故裴氏游宦凉州那支撤
回河东时，得以安置在此宜于灌溉、风景绝佳之地，以填补其地，裴氏
自外郡迁回本郡，若在闻喜、绛县故地，史书并不特别记载其小地名，
此支迁入柳氏地盘（洗马川一带），故此支特称为"洗马裴"。

综合上文，裴氏大本营在安邑、闻喜至绛县（即图 3-1 之紫金山、
绛山以南，华谷、横岭山以西，介山以东，翠岩山以北之河谷平原上），
前秦时有一支洗马裴在解县洗马川（即图 3-1 中条山脉西部），隋、唐之
交有一支西眷在涑水下游（即图 3-1 蒲州一带），盛唐时有一支南来吴裴
在稷山一带（即图 3-1 稷山、云邱山之汾河河谷平原）。当时琅琊王氏亦
属四海大族，《晋书》卷三五《裴秀传》末载：

> 初，裴、王二族盛于魏晋之世，时人以为八裴方八王：徽比王
> 祥，楷比王衍，康比王绥，绰比王澄，瓒比王敦，遐比王导，颛比
> 王戎，邈比王玄云。

这仅属于名士风采的比拟，按汉魏以来清流士族对品学之重视，尤
胜于政治地位，士族子弟如被评为名士，是很高的社会评价。河东裴氏
名士辈出，所以这一支已成为文化大族[1]。因此河东裴氏所交结的是当时

---

[1] 裴茂三子潜、徽、辑，及其子孙之声名、学问、教养等，参见矢野主税：《裴氏研究》，
第二项"三国、晋代の裴氏"，第一目政治生活、第二目学问与教养，《长崎大学社会科学
论丛》14，1965，页 17—20。

上流社会人物，兹以婚姻为例[1]，如下：

裴秀妻郭配之女，郭氏太原著姓。(《三国志》卷二六《郭淮传》裴注所引《晋诸公赞》)

裴楷妻王浑女。王浑太原晋阳人，父昶，魏司空。(《晋书》卷三五《裴秀传·附楷传》)

裴頠，贾充即頠从母夫——西晋之外戚暨权臣。(《晋书》卷三五《裴秀传·附頠传》)

裴瓒娶杨骏女。杨骏，西晋之外戚暨权臣。(《晋书》卷三五《裴秀传·附楷传》)

裴舆娶汝南王司马亮女。(《晋书》卷三五《裴秀传·附楷传》)

裴楷女适卫瓘子。卫瓘父颢，魏尚书，西晋权臣。(《晋书》卷三十五《裴秀传·附楷传》)

裴盾妹适东海王司马越。(《晋书》卷三五《裴秀传·附宪传》)

裴盾女适赵固，赵固为刘元海将，家世不详。(《晋书》卷三五《裴秀传》)

河东裴氏虽然已成为四海大族，且在中央具有相当的影响力，子弟多文化名士，婚姻诸权贵大族，但仍有一部分子弟担任刺史、太守并兼具军职。在西晋帝国的官僚体系之中，有被任命地方大吏而居住当地者，例如，西眷裴裴黎之子"粹，晋武威太守。二子：诜、暅。诜，太常卿，避地凉州，及苻坚克河西，复还解县"[2]。裴楷之子宪，"初，侍讲东宫，历黄门吏部郎、侍中。东海王越以为豫州刺史、北中郎将、假节。王浚承制，以宪为尚书。永嘉末，王浚为石勒所破……署从事中郎，出为长

---

[1] 矢野主税另以贾氏为中心，绘出裴氏已加入上流社会婚姻集团，见《裴氏研究》，页20—21。

[2]《新唐书》卷七一上《宰相世系表一上》裴氏西眷裴条。

乐太守"；裴宪秉承其父楷、从父秀、从祖潜之家学，长于朝中制度，所以"及勒僭号，未遑制度，与王波为之撰朝仪，于是宪章文物，拟于王者。勒大悦，署太中大夫，迁司徒"[1]。这一支在五胡入华时期，一直在河北地区发展。东眷裴裴辑生颖，司隶校尉。颖生"武，字文应，晋大将军、玄菟太守，永嘉末，避地平州"[2]。这一支在五胡入华时仕慕容氏。以上几支都超越地方豪族形态，无论是中央居官，还是任地方大员，在五胡入华时期都深受政局之影响。

河东裴氏在魏晋之际人才鼎盛，裴潜的历官与曹魏王朝相始终，晚期任尚书、太尉军师、大司农、尚书令。潜子秀在魏末任黄门侍郎、尚书、尚书仆射，晋武帝即王位，为尚书令、司空。潜父茂在后汉亦为尚书令，所以该房三代皆居此职，唯后汉尚书省仍在发展时期。尚书省在魏晋以后是行政枢纽，潜在尚书令内，"奏正分职，料简名实，出事使断官府者百五十余条"[3]，秀在尚书令内"创制朝仪，广陈刑政，朝廷多遵用之，以为故事"，"以尚书三十六曹统事准例不明，宜使诸卿任职"[4]。秀子頠，在晋朝任侍中、尚书、尚书左仆射兼侍中，"贾充即頠从母夫"，倒杨骏有功，与贾后、贾充、张华、贾模为同一集团，权势跨尚书、门下二省，是当时有重大影响之人，赵王废贾后时遂亦诛之。秀从父弟楷在晋朝官侍中，楷子瓒娶杨骏女，然楷素轻骏，与之不平，执政杨骏诛后，幸未波及，其后为中书令加侍中，与张华、王戎并管机要。裴潜、裴秀、裴頠、裴楷四人在曹魏、西晋之时都是任职中央的重要大臣，尤其裴頠与裴楷，在西晋政坛上居于举足轻重的地位。

河东裴氏以中央之职官为主者还有裴浚、裴嵩、裴该、裴黎、裴舆、

---

[1]《晋书》卷三五《裴秀传·附宪传》。

[2]《新唐书》卷七一上《宰相世系表一上》裴氏东眷裴条。

[3]《三国志》卷二三《裴潜传》。

[4]《晋书》卷三五《裴秀传》。

裴瓒、裴绰、裴纯、裴遐等。河东裴氏任职刺史、太守或掌兵权者有裴徽、裴粹、裴康、裴盾、裴苞、裴颖、裴武、裴邈等。

以上分析河东主支裴茂三子之后裔，发现有中央化的现象，其任职刺史、太守者皆属河东以外州郡，这显然是中央官僚体系之安排。裴茂一支显然超越了河东地区地方领袖的地位，已成为魏晋之际的四海大族。

三、柳氏之动态——主支之移动

《虞乡县新志》卷八《古迹考》页三四《唐柳子厚先茔》载：

> 在县北五里阳朝村东南有数大冢，今其地犹称柳家墺。据《平阳府志》《临晋旧志》，皆以为柳子厚墓。考韩文公《子厚墓志》云：归葬万年县，此应是子厚先茔，非子厚墓。按柳氏自柳安居解，传数世，分东眷、西眷，散处中条山下[1]。柳恭仕赵为河东守，后以秦赵乱，率家人南迁，居汝颍间，遂仕江表。柳卓又自本郡迁于襄阳，籍贯解，不忘本也。诸柳南迁，惟元景从祖弟光世留居乡里，仕魏为河北太守，封西陵男，与崔浩善，浩被诛，光世南奔，明帝时复仕魏，位左卫将军、顺阳太守；子欣慰。又柳或（彧）父仲礼，梁败见囚于周，复家河东，柳楚贤陈亡还乡里。于是柳氏复为虞乡人，邑令万资刘公谓子厚与楚贤同出一脉，俱为虞乡人，而子厚《传》有与京兆尹书云：城南二十里有先茔。子厚殆柳氏徙居蓝田者之后乎！其徙其归，时不可考，惟子厚表其叔父侍御史府君有邑居于虞乡语，则诸柳之在河东者，应在虞乡。再考遗迹，城西至百梯寺有柳道，左右古井皆称柳家井，又有子厚堡，史失而求诸野，亦安得

---

[1] 此时虞、解俱非所治。

尽以附会疑之，但此茔荒残已久，碑碣无存，惜夫！

　　（据《蒲州全志》卷二页八，方山在郡东南一百二十里。永济、虞乡两县间……亦名百梯山。）

　　《虞乡县新志》指出柳氏墓葬地在阳朝村（即图 3-2 戊 F 区），其地犹称柳家墚，这与裴氏世墓类似。又云柳氏散处中条山下，按中条山连亘于河东地区之南部[1]，柳氏东与裴氏相接于盐池，向西直至蒲州，解县、虞乡县是其主要居住地。按河东盐池之盐，乃晋之大宝，自秦取之以自丰，其利二十倍于古，其后中央政权强大时，公私兼利，中央政权衰弱时，则富强者专擅其食[2]，河东盐池在柳氏、裴氏势力范围之中，似乎这两族是主要的受益者。上节裴氏于前秦时迁入洗马川，表示裴氏势力之扩张，如图 3-2 所示，地方志标示在中条山脉一带有薛家岭、薛家洞、薛家滩，在盐池之北有薛家营、薛家庄，如若这些地名源自中古时期，则似乎薛氏亦渐渐介入盐池之利。这些历史发展应与柳氏主支南移

---

[1]《山西通志》卷三一《山水考一》，中条山："中条山，《禹贡》之雷首也。西起永济之独头坡，东讫垣曲之横岭关。芮城、平陆居其阳，虞乡、解州、安邑、夏县、闻喜居其阴。山形修阻，首枕大河，尾接王屋，绵亘二百余里，所在异称有首山、首阳山、历山、陑山、薄山、襄山、吴山、甘枣、渠潴诸名。而虞坂、白径为南出，道尤奇险，皆正干也。南支限于河，近与底柱相连。北支旁衍，其盘回于汾、涑之间者为鸣条冈，为绛山，为稷山，为介山。……《蒲州府志》：两汉及晋、魏志，多言首山、雷首，不及中条。中条之名，盖起后世（案其名始见《魏书·释老志》）。"汉光按：本文所谓中条山脉，系指南支，又《山西通志》亦引《括地志》《通典》《太平寰宇记》等书所载中条山脉之山名，不赘。
[2]《天下郡国利病书》第十七册《山西》："秦取之以自丰，其利二十倍于古。汉兴，亦以山泽为私奉。……和帝即位，罢盐官，献帝建安初，置使者监卖盐。后魏宣武时，河东盐池富强者专擅其食，贫弱者不能资益，延兴末复立盐司，量其贵贱，节其赋入，公私兼利。孝明即位，御史中尉甄琛表称：周礼山林川泽有虞衡之官，为之厉禁，故虽置有司，实为民守，今县官鄣护河东盐池而收其利，是专奉口腹，不及四体也。明帝遂罢其禁，与百姓共。隋开皇三年，盐池亦与民同。"《文献通考》卷一五《征榷考二·盐铁》，浙江书局刊本，1896，页 149—152。

有关。柳氏有东眷、西眷二大支，其人物在中古时期之迁徙，上文虽有论及，但语焉未详，兹自正史中找寻有关资料分析之。河东柳氏据《新唐书》卷七三上《宰相世系表三上》载：

> 秦并天下，柳氏迁于河东。秦末，柳下惠裔孙安，始居解县。安孙隗，汉齐相。六世孙丰，后汉光禄勋。六世孙轨，晋吏部尚书。生景猷，晋侍中。

按河东柳氏在两汉、晋朝时已有任职中央者，尤其是柳轨为晋吏部尚书，乃子景猷为晋侍中，此二职在中央官职中甚为重要，唯正史无传，不知其详。《宰相世系表三上》继云：

> （景猷）二子：耆、纯。耆，太守，号"西眷"。耆二子：恭、璩。恭，后魏河东郡守，南徙汝、颍，遂仕江表。曾孙缉，宋州别驾、宋安郡守。生僧习，与豫州刺史裴叔业据州归于后魏，为扬州大中正、尚书右丞、方舆公[1]。五子：鹜、庆、虬、桧、鷟。

柳恭于后魏时任河东郡守，记载必然有误，按世系推演，应在五胡入华之时，《周书》卷二二《柳庆传》谓"柳庆字更兴，解人也。五世祖恭，仕后赵，为河东郡守"，后以秦、赵丧乱，乃率民南徙，居于汝、颍之间。《晋书》卷一一七《姚兴载记上》谓："慕容永既为慕容垂所灭，河东太守柳恭等各阻兵自守，兴遣姚绪讨之。恭等依河距守，绪不得济。镇东薛强先据杨氏壁，引绪从龙门济河，遂入蒲坂。恭势屈，请降。徙新平、安定新户六千于蒲坂[2]。"[3]所以柳恭南徙应该在后燕灭西燕之后；

---

[1]《周书》卷二二《柳庆传》谓魏景明中。
[2]《十六国春秋辑补》卷五一其后继载，"以绪为并、冀二州牧，镇蒲坂"。
[3]《十六国春秋辑补》卷五一《后秦》系年于皇初三年（396）。

后秦姚兴时，河东郡治蒲坂，柳恭乃西燕所署，其防区是北自龙门，南至蒲坂、黄河以东之地，南燕未能克之，姚秦得汾阴薛强之助，于是西燕北部门户大开，晋王姚绪遂自龙门渡河，长驱克服蒲坂，至于薛强之角色，后文另有讨论。柳恭投降以后，姚秦迁新平、安定新户六千于蒲坂。按涑水下游乃柳氏势力范围，受此打击而有此支南迁，其理甚合，薛氏势力也可能因此向南扩大。《宰相世系表三上》继云：

> 平阳太守纯生卓，晋永嘉中自本郡迁于襄阳，官至汝南太守，四子：辅、恬、杰、奋，号"东眷"。

东眷在永嘉乱起之时即南迁，比西眷南迁还早。如果东眷是以柳氏势力范围之东部而言，则东眷原居住地可能是洗马川与盐池一带（即图3-2 戊 D、戊 E、丁 D、丁 E 区），由于这支南迁而使此地空闲，前秦苻坚克河西，原本避地凉州的裴粹子孙诜、憓被迁至解县洗马川，遂号洗马裴[1]。

东眷、西眷南迁者，其后亦有北归乡里者，如：东眷柳彧"七世祖卓，随晋南迁，寓居襄阳。父仲礼，为梁将，败归周，复家本土"[2]；东眷柳楚贤，卓之后裔，隋黄门侍郎庄之孙[3]，陈亡，还乡里[4]；西眷柳庆"五世祖恭……乃率民南徙，居于汝、颍之间。……父僧习，齐奉朝请。魏景明中，与豫州刺史裴叔业据州归魏"[5]。

柳氏东眷、西眷中有若干重要人物南迁，南迁者又有若干人物在后

---

[1] 参见《新唐书》卷七一上《宰相世系表一上》河东裴氏洗马裴。

[2] 《隋书》卷六二《柳彧传》。

[3] 《新唐书》卷七三上《宰相世系表三上》柳氏。

[4] 《旧唐书》卷一八九下《儒学·柳冲传》："柳冲，蒲州虞乡人也，隋饶州刺史庄曾孙也。其先仕江左，世居襄阳。陈亡，还乡里。父楚贤，大业末为河北县长。"

[5] 《周书》卷二二《柳庆传》。前引《新唐书·宰相世系表》略同。

魏时期及后梁、陈朝亡国之时北返乡里。在这期间，其乡里仍有部分人士居住，例如，柳光世留居乡里，仕北魏为河北太守[1]，按魏河北郡在芮城附近，地居中条山脉之南，与虞乡甚近，这表示柳氏在乡里仍有势力；东眷柳俭"河东解人也。祖元璋，魏司州大中正、相华二州刺史。父裕，周闻喜令。俭有局量，立行清苦，为州里所敬"[2]；又有柳敏，房支失载，"河东解县人。……父懿，魏车骑大将军、仪同三司、汾州刺史。……累迁河东郡丞，朝议以敏之本邑，故有此授。敏虽统御乡里，而处物平允，甚得时誉。及文帝克复河东，见而器异之，乃谓之曰：'今日不喜得河东，喜得卿也。'……迁礼部郎中，封武城县子，加帅都督，领本乡兵，俄进大都督。……赐姓宇文氏。……孝闵帝践阼，进爵为公，又除河东郡守"[3]。东眷留居乡里者还有："柳崇……太子洗马、本郡邑中正。……长子庆和……给事中、本郡邑中正。……庆和弟楷……通直散骑侍郎、本郡邑中正。……崇从父弟元章……正平太守。……崇族弟敬起……平阳太守。……长子永……太中大夫、本郡邑中正。……（永弟）范……给事中、本州大中正。"[4]按正平、平阳皆河东近邻地区，尤其重要的是柳氏担任本州大中正、本郡邑中正，当时中正官系由当地朝官所领，这表示柳氏兼具中央影响力及地方势力。综合而论，柳氏虽然仍具有地方势力，由于其两大主支东眷、西眷中之若干重要人物南迁，以及自东汉以来柳氏已开始中央化等变化，其在乡里之势力逊于裴氏。

---

[1]《宋书》卷七七《柳元景传》："元景从祖弟光世，先留乡里，索虏以为折冲将军、河北太守，封西陵男。"

[2]《隋书》卷七三《柳俭传》。

[3]《周书》卷三二《柳敏传》。

[4]《魏书》卷四五《柳崇传》。

四、蜀薛之迁入——社会势力之移植

河东薛氏本非河东郡土著大族，蜀亡后自蜀徙河东汾阴，故世号蜀薛，《新唐书》卷七三下《宰相世系表三下》薛氏：

> （东海相）衍生兖州别驾兰，为曹操所杀。子永，字茂长，从蜀先主入蜀，为蜀郡太守。永生齐，字夷甫，巴、蜀二郡太守，蜀亡，率户五千降魏，拜光禄大夫，徙河东汾阴，世号蜀薛。二子：懿、始。懿字元伯，一名奉，北地太守，袭鄢陵侯。三子：恢、雕、兴。恢一名开，河东太守，号"北祖"；雕号"南祖"；兴，"西祖"。
>
> 雕生徒，徒六子：堂、晖、推、焕、渠、黄。堂生广，晋上党太守，生安都。……西祖兴，字季达，晋河东太守、安邑庄公。三子：纪、清、涛。涛字伯略，中书监，袭安邑忠惠公，与北祖、南祖分统部众，世号"三薛都统"。三子：强、遗、清。强字公伟，秦大司徒、冯翊宣公。三子：辩、邕、宠。辩字元伯，后魏雍州刺史、汾阴武侯。生谨，字法慎，内都坐大官、涪陵元公。五子：洪祚、洪隆、瑚、昂、积善，号"五房"，亦为濮上五门薛氏大房。

东汉末期，群雄并起，每个集团皆拥有势力范围，部曲宗族是当时主要的基本力量，部曲原是军旅单位，宗族则是血缘团体。天下大乱之际，各集团的盛衰变化极大，部曲随其将领而流动，宗族有的据堡自固，有的为避免战祸而举家迁移。刘备在汉末活动于黄淮下游之间，薛氏在两汉居住于淮阳一带，薛衍在汉末为东海相，其子兰为兖州别驾，及薛兰为曹操所杀，其子永随刘备入蜀。极可能薛氏与刘备在抗曹的立场上是一致的，所以薛氏率领宗族跟随刘备。上引谓薛永在蜀汉为蜀郡太守，其子齐亦为巴、蜀二郡太守，按《华阳国志·巴志》载巴郡为首郡，《蜀志》载蜀郡为首郡，二郡在蜀汉地方级中皆非常重要，因此薛氏宗族入蜀可能人数颇多，也可能是当时薛氏的主要人物。但《三国志・蜀书》及《华阳国志》中皆无记载，可能是《三国志・蜀书》甚少为地方级官吏立传，而《华阳国志・先贤士女总赞》《后贤志》的记载又选择德行高操之人之故。

蜀汉灭亡，薛氏率五千户之众降曹魏，将其宗族迁于河东汾阴，查《华阳国志》各郡县之大姓，唯得《华阳国志》卷三《蜀志》犍为郡僰道县载：

大姓吴、隗，又有楚、石、薛、相者。

刘氏以外来者的身份入主四川，薛永、薛齐亦以外来者为蜀郡、巴郡之太守，似是协助刘氏统治蜀、巴，故其宗族居住在此二郡的可能性最大。犍为郡僰道县与蜀、巴二郡颇有距离，僰道县大姓薛氏恐与薛永、薛齐无关。除此以外,《华阳国志》郡县中并无大姓薛氏者，极可能薛永、薛齐子孙迁至河东汾阴时是举族北迁，以来自黄淮下游的数千户入迁于蜀，隔二代又率五千户之众自蜀迁至河东汾阴，薛氏可能是一支颇具机动性，且颇有组织的宗族团体，这从薛氏以后的历史事迹中，可以得到印证。

薛齐降曹魏后拜光禄大夫，徙河东汾阴，其子懿为北地太守，袭鄢陵侯，应在西晋之时。懿长子恢为河东太守；懿第三子兴亦为晋河东太守；懿第二子雕之曾孙广为晋上党太守。所以薛氏在晋朝的政治地位不亚于蜀汉时代，尤其值得注意的是，迁至河东以后，薛氏有两人任河东太守，一人任上党太守，上党为河东之东邻，将薛氏迁至河东而不迁回黄淮下游地区，又不以亡国之众视之，应是魏晋政权一项有目的的安排。《魏书》卷四二《薛辩传》：

薛辩，字允白。其先自蜀徙于河东之汾阴，因家焉。祖陶，与薛祖、薛落等分统部众，故世号三薛。父强，复代领部落，而祖、落子孙微劣，强遂总摄三营。善绥抚，为民所归，历石虎、苻坚，常凭河自固。仕姚兴为镇东将军，入为尚书。强卒，辩复袭统其营。

《北史》卷三六《薛辩传》载薛强事迹：

> （薛）强，字威明。（河东汾阴人也。祖兴，父涛。）……与北海王猛，同志友善。……及苻坚立，猛见委任。其平阳公融为书，将以车马聘强，猛以为不可屈，乃止。及坚如河东伐张平，自与数百骑驰至强垒下，求与相见。强使主簿责之，因慷慨宣言曰："此城终无生降之臣，但有死节之将耳。"坚诸将请攻之，坚曰："须吾平晋，自当面缚。舍之以劝事君者。"后坚伐晋，军败，强遂总宗室强兵，威振河辅，破慕容永于陈川（州）。姚兴闻而惮之，遣使重加礼命，征拜右光禄大夫、七兵尚书。

薛强总摄三薛之后，势力强大，"常凭河自固"，《大清一统志》卷一四〇《蒲州志》页一八武壁寨条载（《荣河县志》卷一《山川》页一〇略同）：

> 在荣河县西，旧名薛壁。《县志》：自县南至蒲州，北尽绛州、河津县、黄河岸侧，凡八寨，曰汾阴、胡壁、赵村、薛戌、薛壁、连柏、西苍、禹门，俱元至正末筑，以薛壁居中，可制诸营，移中军其上，更名武壁，周一千二百步，面临绝涧，北开一门，遗址犹存。

虽云元代新筑，但军事要塞大都依山川地势而修，从其名观之，极可能是修缮中古之要塞而得。《晋书》卷一一七《姚兴载记上》：

> 慕容永既为慕容垂所灭，河东太守柳恭等各阻兵自守，兴遣姚绪讨之。恭等依河距守，绪不得济。镇东薛强先据杨氏壁，引绪从

龙门济河，遂入蒲坂。恭势屈，请降。

薛强后受姚兴官职，已见前文，杨氏壁在黄河以西，疑与龙门隔河相对，姚绪得薛强之助，大军才得渡河，薛强势力似已过黄河，待姚绪至龙门。按龙门至蒲坂尚有极长之路程，河东太守柳恭立即势屈，缘因自龙门（与河津县甚近，图3-2乙E区）至蒲坂有若干塞壁是薛强之势力范围，这些塞壁至元朝时修缮为八寨，薛壁居中。所以《永济县志》卷一《沿革》（按永济县在蒲坂附近）页二二云：

> 自永嘉之乱，汾阴薛氏聚族自保，不仕刘、石、苻氏，后秦王兴礼聘薛强为镇东将军，强引秦兵取蒲坂，以并、冀二州牧镇之。

除黄河东岸以外，薛氏在汾河之南亦有强大势力，《蒲州府志》卷四《万泉县城·城池》页六一七：

> 城在山上，本古薛通城也。晋时汾阴人薛强当慕容之乱，筑坞自固，时称薛强壁，至北魏世，赫连勃勃寇河东，强之宗人薛通因强旧壁更筑城以拒勃勃，据托高阜，南依孤山，二涧夹流，其势峻险，后因名薛通城。

《太平寰宇记》卷四六《万泉县》页一五亦载：

> 薛通城者，后魏道武帝天赐元年，赫连勃勃僭号夏州，东侵河外，于时有县人薛通率宗族千余家，西去汾阴县城八十里筑城自固，因名。唐武德三年割稷山、安邑、猗氏、汾阴、龙门等五县，于薛通故城置万泉县，属泰州，以县东谷中有井泉百余区，因名万泉。

从以上所述，晋隋之际，河东薛氏的大本营应在汾河以南、黄河以东之地。薛氏未见集中式之世墓群，今在地方志中获得若干墓葬地，如下：

《蒲州府志》卷三《古迹》页三一《隋薛尚书道实墓》：

> 在县北四十里平宜村北。《临晋志》云：穹碑高峙，螭首鼋趺，八分字体，大书深刻，虽风雨剥落，而名爵宛然可识。

《蒲州府志》卷三《古迹》页三二《唐薛长府墓》：

> 在平宜村此，古碑云：名宝积，道实之孙，为扬州长史。

《蒲州府志》卷三《古迹》页三五《唐薛尚书墓》（《大清一统志》卷一四〇《蒲州府》页二一《薛平墓》略同）：

> 在万泉县乌苏村，《万泉志》云：有碑书"大唐故尚书汾阴县公薛君墓"，余尽剥。

《山西志辑要》卷七《万年县祠庙陵墓·唐河中绛隰节度使薛平墓》（《蒲州府志》卷三《古迹》页三五《唐韩国公薛平墓》，及《大清一统志》卷一四〇《蒲州府》页二一《薛平墓》等略同）：

> 在县北薛村，有碑记。

唐初薛氏有居住于汾河以北、龙门稷山一带者，如：
《山西志辑要》卷一〇《绛州河津县·薛仁贵故里》：

> 县东十五里，一名红蓼滩，即仁贵射雁处……滩东大黄村，即其故里。又白虎冈有土窑，相传仁贵与妻柳氏居此，床灶迹存。

但薛仁贵及其子孙却葬在夏县，《解州夏县志》卷一一《古迹·唐仆射薛嵩墓》：

> 在县西四十里……祖大将军仁贵，考太傅楚玉，并葬此。

《山西志辑要》卷九《解州夏县祠庙陵墓·唐节度使薛嵩墓》：

> 在县西四十里。

又《稷山县志》卷七《古迹》页三载：

> 薛万彻故宅，县西南二十五里勋重村，今门狮二，乘石一，尚
> 存，土人掘得石碣，上镌巴陵公孙薛贞筠，上柱国承知左都骑，上
> 柱国德奖德满……

显然，隋唐时已有薛氏居住在汾河北岸及盐池北部之地，但不知晋隋之际是否亦如此，从后世地方志地名观察（见图3-2）可知，河东薛氏仍以汾河以南、黄河以东为其聚落区，如图3-2中薛家寨、薛张、薛店、薛稽镇、薛通城、薛吉镇、薛村、北薛、南薛等地。但汾河以北有西薛，盐池之北有薛家营、薛家庄，甚至中条山脉之南有薛家岭、薛家洞、薛家滩等名称，这些地名是否早自中古时期，已不可考，仅作参考。

五、河东北境胡汉之居民结构——汾河南线

东汉光武帝建武二十四年（48），呼韩邪单于"款五原塞，愿永为蕃蔽，捍御北虏"。建武二十六年（50）"诏单于徙居西河美稷，因使中郎将段郴及副校尉王郁留西河拥护之，为设官府、从事、掾史。令西河长史岁将骑二千，弛刑五百人，助中郎将卫护单于，冬屯夏罢。自后以为常，及悉复缘边八郡。南单于既居西河，亦列置诸部王，助为捍戍。使韩氏骨都侯屯北地，右贤王屯朔方，当于骨都侯屯五原，呼衍骨都侯屯云中，郎氏骨都侯屯定襄，左南将军屯雁门，栗籍骨都侯屯代郡，皆领部众为郡县侦罗耳目"。永元元年（89）及二年（90），汉与南匈奴联军大破北匈奴，"是时南部连克获纳降，党众最盛，领户三万四千，口

二十三万七千三百，胜兵五万一百七十"。自此以后，南匈奴渐不恭顺，其内并不一致，有的部众寇掠汉民，永和五年（140）"秋，句龙吾斯等立句龙王车纽为单于。东引乌桓、西收羌戎及诸胡等数万人，攻破京兆虎牙营，杀上郡都尉及军司马，遂寇掠并、凉、幽、冀四州。乃徙西河治离石，上郡治夏阳，朔方治五原"，即南匈奴再度扩张，其族人居住地已至今陕西省中部及山西省西半之中部。中平六年（189），"会灵帝崩，天下大乱，单于将数千骑与白波贼合兵寇河内诸郡。时民皆保聚，钞掠无利，而兵遂挫伤。复欲归国，国人不受，乃止河东"。唐章怀太子贤注谓："遂止河东平阳也。"南匈奴寇掠南达京兆虎牙营（位于今陕西省），唐章怀太子贤注谓："虎牙营即京兆虎牙都尉也。《西羌传》云：置虎牙都尉于长安。"在山西之南达河内诸郡，时中原一带各地方设有坞堡，政府军虽然失利，但以防御为主的地方武力仍有很大作用，飙去飙来的游牧民族无利可图，所以汉魏之际，南匈奴族人的居住地南达夏阳（龙门隔河对岸，位于今陕西省）、平阳（位于今山西省）。平阳自汉末以来是南匈奴的重要之地，"单于呼厨泉……以兄被逐，不得归国……及（献帝）车驾还洛阳，又徙迁许，然后归国"。唐章怀太子贤注谓："归河东平阳也。""（建安）二十一年，单于来朝，曹操因留于邺，而遣去卑归监其国焉。"[1]唐章怀太子贤注谓："留呼厨泉于邺，而遣去卑归平阳监其五部国。"西晋末刘氏立国亦以平阳为首都。

《三国志》无匈奴传，《晋书》卷九七《匈奴传》载：

> 魏武帝始分其众为五部，部立其中贵者为帅，选汉人为司马以监督之。魏末，复改帅为都尉。其左部都尉所统可万余落，居于太原故兹氏县；右部都尉可六千余落，居祁县；南部都尉可三千余落，居蒲子县；北部都尉可四千余落，居新兴县；中部都尉可六千余落，

---

[1] 以上引文均见《后汉书》卷八九《南匈奴列传》。

居大陵县。

　　武帝践阼后，塞外匈奴大水，塞泥、黑难等二万余落归化，帝复纳之，使居河西故宜阳城下。后复与晋人杂居，由是平阳、西河、太原、新兴、上党、乐平诸郡靡不有焉。……太康五年，复有匈奴胡太阿厚率其部落二万九千三百人归化。七年，又有匈奴胡都大博及萎莎胡等各率种类大小凡十万余口，诣雍州刺史扶风王骏降附。明年，匈奴都督大豆得一育鞠等复率种落大小万一千五百口，牛二万二千头，羊十万五千口，车庐什物不可胜纪，来降，并贡其方物，帝并抚纳之。

侍御史西河郭钦看出匈奴人居地南移将构成严重的问题，于晋武帝太康元年（280）上书曰（《晋书》卷九七《匈奴传》）：

　　胡骑自平阳、上党不三日而至孟津，北地、西河、太原、冯翊、安定、上郡尽为狄庭矣。宜及平吴之威，谋臣猛将之略，出北地、西河、安定，复上郡，实冯翊，于平阳已北诸县募取死罪，徙三河、三魏见士四万家以充之。

晋惠帝元康九年（299）江统作《徙戎论》，论及国中之羌、氐，谓"关中之人百余万口，率其少多，戎狄居半"，而并州之胡，"今五部之众，户至数万，人口之盛，过于西戎。然其天性骁勇，弓马便利，倍于氐、羌。若有不虞风尘之虑，则并州之域可为寒心"[1]。事实上，这时局势已经积重难返[2]，果然，晋惠帝永兴元年（304）南匈奴五部大都督刘

---

[1]《晋书》卷五六《江统传》。

[2] 金发根：《东汉至西晋初期（25—280）中国境内游牧民族的活动》，《食货》13（9，10），1984，页 16—17。《晋书·江统传》史臣曰："徙戎之论，实乃经国远图，然运距中衰，陵替有渐，假其言见用，恐速祸招怨，无救于将颠也。"

渊建国号曰"汉"，迁都左国城；晋怀帝永嘉二年（308），汉主渊攻占平阳，徙都蒲子；永嘉三年（309），汉主渊以蒲子崎岖，难于久安，乃徙都平阳[1]。晋阳至平阳一带，自曹魏时已有许多胡人居住，下阶层胡人为田客[2]，五部匈奴亦皆家居晋阳汾涧之滨[3]，此时"五部之众，户至数万，人口之盛，过于西戎"[4]，刘渊称王称帝，其人咸为统治阶层，匈奴人在这个地区政治力的高潮是刘渊末年，置单于台于平阳西，使三王（齐王裕、鲁王隆、北海王乂）总强兵于内，大司马（楚王聪）拥十万众屯于近郊（平阳曲）[5]，其后刘聪、刘曜继位，发展重点在河北、河南，后赵石勒重心在关东[6]，河东地区所受的政治压力得到缓解。

在草原民族大量南移的洪流之中，河东汉人所受的压力主要来自西北方与北方，"北胡南迁，因政治军事之幻变不常，类多转徙四方，甚少能定居于一个固定地区，惟步落稽人例外，盖其居地在黄河由北向南流之东西两岸山岳地区，受政局军事之影响甚少，故能定居数百年之久，此一时代之民族问题是一个极重要的课题"[7]。严耕望先生引佛教资料《续高僧传》卷二五《唐隰州沙门释法通传》谓："游化稽胡，南自龙门，北至胜部，岚、石、汾、隰，无不从化。"又《法苑珠林》卷三一《潜遁篇·感应缘》西晋慈州郭下安仁寺西刘萨何师庙条云："稽胡专直，信用其语……故黄河左右，磁、隰、岚、石、丹、延、绥、银八州之地，无

---

[1]《晋书》卷一〇一《刘元海载记》。

[2]《晋书》卷九三《王恂传》："时魏氏给公卿以下租牛客户，数各有差，自后小人惮役，多乐为之，贵势之门，动有百数。太原诸部亦以匈奴胡人为田客，多者数千。"

[3]《晋书》卷一〇一《刘元海载记》："魏武分其众为五部……刘氏虽分居五部，然皆居于晋阳汾涧之滨。"

[4]《晋书》卷五六《江统传》《徙戎论》中语。

[5]《晋书》卷一〇一《刘元海载记》。

[6] 石勒曾徙雍秦华戎十余万户于关东，见《晋书》卷一〇四、一〇五《石勒载记》上、下。

[7] 严耕望：《佛藏所见之稽胡地理分布区》，《大陆杂志》72（4），1986，页3。

不奉敬。"稽胡的族属甚为复杂，不妨称为"杂胡"[1]，依上引资料所示，其聚落区在龙门以北，龙门位于汾河与黄河相汇处（图3–1乙E区），汾河下游乃东西流向，更东的浍水源于霍太山脉（图3–1甲A区），汇合紫谷水、教水（图3–1乙A区）于浍交（图3–1乙A区），然后亦呈东西流向，中间有绛水自南来汇（图3–1乙B区），再向西流与汾河相汇于正平郡（图3–1乙C区），汾河与浍水交汇处有绛邑（图3–1乙C区），该地已有许多胡人居住[2]，故汾河下游之东西线，此线又可东延浍水（大约北纬35° 40′线），是我国中古时期胡汉民族的重要分界线，姑名之为"汾河南线"；线北的居民（尤其是汾河以西，龙门、绛邑以北地区）自东汉末期至唐初（释法通是隋唐时人）皆以胡人为主，线南的居民以汉人为主。

自永嘉乱起，胡人大量南迁，汉人亦有南迁风潮[3]，河东大士族有南来吴裴氏，裴嗣为西凉武都太守，子邕渡江居襄阳，该支于南齐南兖州刺史叔业时北归[4]。柳氏东眷之柳卓于晋永嘉中自本郡迁于襄阳[5]，西眷柳恭南徙汝、颍，遂仕江表[6]。比较而论，柳氏有两大著房：东眷、西眷，皆有重要人物南迁；裴氏定著五房：西眷、洗马裴、南来吴裴、中眷、东眷，其中南来吴裴南迁。故裴氏地方势力减损不多，柳氏之地方势力则颇有削弱。薛氏自蜀亡迁居河东以来，其宗族即定居于此，基业

---

[1] 林幹：《稽胡（山胡）略考》，《社会科学战线》1，1984，页148。

[2]《晋书》卷一〇二《刘聪载记》（麟嘉二年，317）："赵固郭默攻其河东，至于绛邑，右司隶部人盗牧马负妻子奔之者三万余骑。骑兵将军刘勋追讨之，杀万余人。"按右司隶部乃管胡人部落之行政单位，其部民大都是胡人，该地应有许多胡人居住。《十六国春秋辑补》系年于麟嘉二年。

[3]《晋书》卷一〇〇《王弥传》："河东、平阳、弘农、上党诸流人之在颍川、襄城、汝南、南阳、河南者数万家。"

[4]《新唐书》卷七一上《宰相世系表一上》裴氏南来吴裴条。

[5]《新唐书》卷七三上《宰相世系表三上》柳氏东眷条。

[6]《新唐书》卷七三上《宰相世系表三上》柳氏西眷条。

并未迁动。

本文上节研究，河东薛氏的大本营应在汾河以南、黄河以东，是与河东西北、北方胡族接触之线，所以魏晋之际将蜀薛迁至此地，应是中央政府的一项重要决策，缘因胡族大量南迁，魏晋有识之士如郭钦、江统呼吁徙戎，事实上已无力徙戎，将地方豪族蜀薛迁于河东，一则减弱蜀汉之旧势力，二则填塞此一地区之地方势力，引以抗拒南进之胡族。薛氏迁入河东并未引起原来河东大士族裴氏、柳氏的排斥，正因为薛氏迁入之地区与裴氏、柳氏势力范围并不重叠，而面对胡族南移，其又有屏障作用。

上述引文记载薛强、薛辩事迹，谓自永嘉之乱，汾阴薛氏聚族自保，不仕刘、石、苻氏，证明薛氏地方豪族之移植，是一成功之例。按河东地区在全国而论，仅一丸之地，就以大华北而言，亦无法与关中、河南、河北等区域相比拟，永嘉乱后胡族在北方建立许多国家，河东三族自无法以宗族之力与巨大的政治军力相抗衡，故此地区之州级大城市如蒲坂，势必为当时强权所争夺[1]，又随政权迭换而迭换主人，其他较小之郡县级城市，则并非政治力能够完全控制。日人窪添庆文统计北朝地方官之本

---

[1]《晋书》卷三七《南阳王模传》："洛京倾覆，（晋太尉南阳王司马）模使牙门赵染戍蒲坂。"《资治通鉴》卷九九《晋纪》穆帝永和八年（352）："尹赤奔秦，秦以赤为并州刺史，镇蒲坂。"《晋书》卷一〇三《刘曜载记》："石勒遣石季龙率众四万，自轵关西入伐曜，河东应之者五十余县，进攻蒲坂。"《晋书》卷一一七《姚兴载记上》："兴如河东。时姚绪镇河东，兴待以家人之礼。"《晋书》卷一一九《姚泓载记》："檀道济、沈林子攻拔襄邑堡，建威薛帛奔河东。道济自陕北渡，攻蒲坂……泓遣姚驴救蒲坂……沈林子说道济曰：'今蒲坂城坚池浚，非可卒克，攻之伤众，守之引日，不如弃之，先事潼关……'道济从之，乃弃蒲坂，南向潼关。姚赞率禁兵七千，自渭北而东，进据蒲津。"《晋书》卷一三〇《赫连勃勃载记》："改元为昌武。遣其将叱奴侯提率步骑二万攻晋并州刺史毛德祖于蒲坂，德祖奔于洛阳。以侯提为并州刺史，镇蒲坂。"《魏书》卷二九《奚斤传》："（魏世祖）遣斤率义兵将军封礼等督四万五千人袭蒲坂。……（守将赫连）乙升惧，弃蒲坂西走。……斤入蒲坂，收其资器，百姓安业。"

籍地任用，计河东薛氏得二十例，河东裴氏得九例，河东柳氏得三例 [1]，按中央权力强大之时，官吏有回避本籍之限制 [2]，当中央权力弱时，对于无法完全控制之地区，为羁縻其地方势力，常就便任命该地社会领袖出任官吏。永嘉乱后的官吏任命情况记载极不完整，然北朝时其中央权力较五胡入华时期稳定，薛氏、裴氏、柳氏甚多出任本籍官吏，五胡入华时期的情况至少与此相当，尤值得注意者，薛氏、裴氏、柳氏三族例子之比例，反映出其地方势力之强弱。在郡县级之下的乡或坞堡，更具有地方色彩，中央控制力更小，上节曾引薛氏堡壁，可作证明。

堡壁是当时地方势力的重要据点，自保及军事作用是其主要功能 [3]，堡壁并非不可能陷没，需视堡壁地势是否险要，守者是否强大，以及攻守双方之决心等，在河北平原者较为吃亏，一则骑兵能够横行，二则冀州是财富之区，习于掠夺的胡骑较感兴趣，如石勒即以冀州为目标，"陷冀州郡县堡壁百余，众至十余万" [4]。汾河之南的薛通城及黄河以东的薛壁，地势极为险要，易守难攻。薛通城原为薛强壁，乃晋时汾阴人薛强当慕容之乱，筑坞自固，城在山上，去汾阴县城八十里，苻氏阳平公融曾为书聘强，未成，苻坚经河东，至其壁下，强亦不与见，苻坚诸将请攻之，苻坚不欲师老于此而作罢 [5]。

河东三大族与当时各政权并非僵硬地敌对，在得以自保的情形下，

---

[1] 窪添庆文：《魏晋南北朝における地方官の本籍地任用について》，《史学杂志》83（2），1974，页34。

[2] 严耕望：《汉代地方官吏之籍贯限制》，《"中央研究院"历史语言研究所集刊》22，1950，页233—242。严耕望，《中国地方行政制度史》上编卷中，《魏晋南北朝地方行政制度》上册，第八章《任用杂考》，"中央研究院"历史语言研究所专刊之四十五，台湾商务印书馆，1963，页379—403。

[3] 金发根：《永嘉乱后北方的豪族》，页76—110。

[4]《晋书》卷一〇四《石勒载记上》。

[5]《北史》卷三六《薛辩传》载薛强事迹。

其亦与各政权有关系，例如，裴宪仕后赵为司徒 [1]，裴开仕前燕为太常卿 [2]，裴懂仕前秦为大鸿胪 [3]，裴徽子孙多仕西凉政权 [4]，柳恭仕后赵为河东太守 [5]，薛强仕后秦姚兴为镇东将军、并冀二州牧（见上节），薛帛任后秦姚泓建威将军、河北太守 [6]，从上述各人列传中观察，任职河东地区地方行政长官者，如柳恭、薛强、薛帛等，大都与政权属羁縻关系。

五胡时期各政权在河东地区显然只能控制州府、羁縻县治，而堡壁乡村则属于地方豪强的势力范围。

河东三大族之中，柳氏、裴氏中央化程度较高，故在各政权中任职的情况亦多，已见于上文各节之分析，唯此二族并未放弃其河东之地方势力，似乎是属城乡双家的形态 [7]。其中柳氏由于主支重要人物迁移较剧，故其地方势力较弱，有许多柳氏人物以朝官兼本郡邑中正，其重心似乎倾向于官僚体系。裴氏家族虽有人任职四方且已升为四海大族，但除南来吴裴这一支以外，其他各支仍以河东为主。薛氏在当时是三族之中最具地方豪强性格的一族。这三族在永嘉纷乱的政局及胡骑的压迫下，除亲慕容氏之柳氏与亲姚兴之薛强有过一次冲突外，并不见其他不和的记载，这可能由共患的心理促成，其中，薛氏与裴氏承受着最大的外来压力，两族也未闻有冲突发生。

如从北方进入河东地区，则有两条重要的交通路线：一条是沿汾河下游至稷山、龙门，再南下蒲坂；另一条是自正平郡南下经闻喜、安邑、

---

[1]《十六国春秋辑补》卷二一《后赵录十一·裴宪传》。

[2]《新唐书》卷七一上《宰相世系表一上》，河东裴氏东眷。

[3]《新唐书》卷七一上《宰相世系表一上》，河东裴氏洗马裴。

[4]《新唐书》卷七一上《宰相世系表一上》，河东裴氏西眷。

[5]《周书》卷二二《柳庆传》："（庆）五世祖恭，仕后赵，为河东郡守。"

[6]《十六国春秋·后秦录七》："泓建威将军河北太守薛帛。"

[7] Wolfram Eberhard, *Conquerors and Rulers: Social Forces in Medieval China*, Leiden, Second Edition, 1965, pp. 44-46.

解县、虞乡至蒲坂[1]。在中条山脉以南有风陵津关、洄津、大阳津等,蒲坂渡黄河之蒲津关,西去长安三百余里。龙门西渡黄河龙门关,亦可入关中。东方自绛郡亦可经轵关陉至河内。稷山、龙门、蒲坂线是薛氏的势力范围,正平、闻喜、安邑、解县、虞乡、蒲坂线中的闻喜、安邑是裴氏的势力范围,解县、虞乡是柳氏的势力范围;蒲坂则是各政权常争夺控制之地。所以薛氏与裴氏是抗拒胡族南移的主要力量。据严耕望先生之研究,自北入经稷山,是入关中的主要道路[2]。薛氏除时刻面临狂飙而过的胡骑,还面临西方关中地区的氐、羌,故薛氏的困境更甚于裴氏。

薛氏保持其地方豪强的性格,在北魏时还甚为显著,例如,在河东地区之南部中条山脉一带有河北郡[3],薛胤于太和时为"河北太守。郡带山河,路多盗贼。有韩马两姓,各二千余家,恃强凭险,最为狡害,劫掠道路,侵暴乡闾。胤至郡之日,即收其奸魁二十余人,一时戮之。于是群盗慑气,郡中清肃"[4]。裴凤亦在高祖时为"河北太守,以忠恕接下,百姓感之"[5]。又西魏大统时裴侠为"河北郡守,侠躬履俭素,爱人如子……河北郡前功曹张回及吏人等感侠遗爱,乃作颂纪其清德焉"[6]。北魏高祖时柳崇为"尚书右外兵郎中。于时河东、河北二郡争境,其间有盐池之饶,虞坂之便,守宰及民皆恐外割。公私朋竞,纷嚣台府。高祖乃

---

[1] 严耕望:《唐代交通图考》第五册,图十九。

[2] 严耕望:《唐代交通图考》第五册,页1415:"崔祐甫记稷山汾桥,谓上党之繇卒商贾取途此桥至关中,则乌岭道及其南道为河东道东南境西通关中之要道可知也。"文引崔祐甫《汾河义桥记》(《全唐文》卷四〇九)云:"绛人有成桥于稷山县南汾河水上……自太原、西河、上党、平阳至于绛,达于雍,繇卒迫程,贾人射利,济舟为捷,渡口如肆。"

[3] 《魏书》卷一〇六下《地形志下》,陕州河北郡条,领县四:北安邑、南安邑(有中条山)、河北(有芮城、立城、妫水、首阳山、伯夷叔齐墓)、太阳(有虞城、夏阳城)。

[4] 《魏书》卷四二《薛辩传·附胤传》。

[5] 《魏书》卷六九《裴延儁传·附凤传》。

[6] 《北史》卷三八《裴侠传》。

遣崇检断，民官息讼"[1]。北魏河北郡虽然包括南北安邑，但其主要部分是中条山脉与黄河之间的芮城、太阳、虞城以及郡治河北，此地有韩马两姓各二千余家，恃强凭险，显然是更具地方性的土豪，这些土豪觊觎中条山脉以北盐池之利、虞坂之便。按虞坂为陕州北逾中条山脉通汾、浍、绛、晋之主线[2]，乱世土豪劫掠道路，自有利益。裴夙、裴侠治河北郡以忠恕仁爱，柳崇检断纠纷而民官息讼，其治民及解决纠纷的方法不详，但似乎皆不是用强力手段，而薛胤对付土豪之方式则是"一时戮之"，乃是以高压手段。薛胤之高祖薛强、曾祖薛辩，上文已有论及，祖谨"结士抗敌，甚有威惠"，父初古拔（本名洪祚），当盖吴薛永宗入侵，"拔纠合宗乡，壁于河际，断二寇往来之路"，胤"少有父风"。[3] 薛氏主支显然保持着浓厚的豪强性格，这种性格是其屹立于险恶局势中的重要条件。

六、结　论

"汾涑流域与渭水盆地、伊洛平原为中国古代政治、经济、文化之核心区域"[4]，自永嘉乱后至隋统一之前，河东地区及其三大士族之社会势力，在动荡的局势中有特殊的重要意义。

第一，从地方志裴氏世墓墓志主之记载，裴氏著房著支皆以河东为其"根"，裴氏的居住地及其势力以盐池东部安邑、闻喜、绛县一带为大本营。前秦时有一支洗马裴在解县洗马川；同一时期有一支西眷在涑水下游；北魏时北归的南来吴裴有一支住在稷山一带。裴氏除了保持其河东地区之地方势力外，自魏晋时已加入中央官僚体系，而成为四海大族。

[1]《魏书》卷四五《柳崇传》。
[2] 严耕望：《唐代交通图考》第一册，页 166。
[3] 以上诸薛事迹见《魏书》卷四二《薛辩传》。
[4] 严耕望：《唐代交通图考》第一册，页 163。

第二，柳氏墓葬地在虞乡阳朝。柳氏散处于中条山脉下，东与裴氏相接于盐池，向西直至蒲州。解县、虞乡是其主要居住地。柳氏有东眷、西眷两大著房，在中古时期此二房中有若干重要人物南迁，稍后虽有迁回原籍者，但这段时间其地方势力已减弱，又柳氏中央化始于东汉初而早于裴氏，这两个原因使柳氏的在乡势力逊于裴氏。

第三，薛氏在东汉末原住淮阳一带，举宗随刘备入蜀，蜀亡后又举宗五千户自蜀徙河东汾阴，故有蜀薛之称。薛氏是一个强大的血缘团体。晋隋之际，薛氏的大本营在汾河以南、黄河以东之地，亦可能有一部分发展至涑水下游或中条山脉西部一带。

第四，东汉一朝，南匈奴人已移居陕西北部、中部及山西汾河以西之地，平阳成为前赵刘氏之首都。在草原民族大量南移的大洪流之中，河东汉人所受的压力主要来自西北方与北方。汾河下游乃东西流向，稍东的涑水亦以东西流向，汇汾河于正平郡，这条线是中古时期胡汉民族居民的重要分界线，姑名之为"汾河南线"。魏晋政权无力徙戎，迁蜀薛于汾河下游应是中央政府有意安排。自薛强、薛辩以还，建立壁堡，凭河以自固，不仕刘、石、苻氏。五胡入华时各政权对于河东地区，显然只能控制州府，羁縻县治，而壁堡乡村则属于地方豪强的势力范围。薛氏与裴氏是抗拒胡族南移河东的重要力量，薛氏尤其面临最大的压力，故薛氏主支一直保持着其豪强性格，这是地方势力移植成功的例子。

第五，本文以正史地理志及《水经注疏》《括地志》《元和郡县图志》《太平寰宇记》《舆地广记》《一统志》等书中资料，参照《历代舆地沿革险要图》、地方志及其地图，绘成河东地区地理图。

本文是结合历史地理与社会势力之区域研究，如果这个尝试可行，可进一步扩大至其他重要地区，做更大区域的研究，甚或贯穿前后几个朝代，观察若干区域社会之历史发展。

第四篇

北朝东西政权之河东争夺战

一、魏分东西时河东地区之形势——黄河西岸争夺战

北魏出帝脩（《西魏书》《周书》称孝武帝）永熙三年（534），魏帝与高欢关系恶化。初，高欢的势力在今河北省境，及灭尔朱兆，平并州，"神武以晋阳四塞，乃建大丞相府而定居焉"[1]。晋阳是高欢的军事中心[2]，魏帝居洛阳，其实际控制地区，北不逾黄河，西至潼关，东至虎牢，南不及荆。例如永熙三年六月间，"魏帝时以任祥为兼尚书左仆射，加开府，祥弃官走至河北，据郡待神武"[3]，按其文意"河北"应指河北郡。魏河北郡领县四：北安邑、南安邑、河北、太阳[4]，即中条山一带。又同年七月，魏帝与高欢兵戎相见，"帝亲总六军十余万众次于河桥。以斛斯椿为前军大都督，寻诏椿镇虎牢。又诏荆州刺史贺拔胜赴于行所。胜率所部次于汝水"[5]。《北齐书·神武纪下》亦载："七月，魏帝躬率大众

[1]《北齐书》卷一《神武纪上》，魏普泰元年（531）七月。
[2] 参见本书第二篇《北魏、东魏、北齐之核心集团与核心区》。
[3]《北齐书》卷二《神武纪下》，永熙三年六月。
[4]《魏书》卷一〇六下《地形志下》陕州河北郡条。
[5]《魏书》卷一一《出帝平阳王纪》，永熙三年秋七月己丑。

屯河桥。神武至河北十余里，再遣口申诚款，魏帝不报。神武乃引军渡河。……魏帝逊于长安。己酉，神武入洛阳。"[1]魏分东、西。

当高欢势力与魏帝势力以黄河为界时，高欢与宇文泰在河曲一带约亦以黄河为界。"齐神武闻秦陇克捷，乃遣使于太祖，甘言厚礼，深相倚结。太祖拒而不纳。时齐神武已有异志，故魏帝深仗太祖。乃征二千骑镇东雍州，助为声援，仍令太祖稍引军而东。太祖乃遣大都督梁御率步骑五千镇河、渭合口，为图河东之计。太祖之讨（侯莫陈）悦也，悦遣使请援于齐神武，神武使其都督韩轨将兵一万据蒲坂，而雍州刺史贾显[2]送船与轨，请轨兵入关。太祖因梁御之东，乃逼召显赴军。御遂入雍州。"[3]当时"雍州刺史贾显持两端，通使于齐神武"[4]。宇文泰与梁御处理得当，才稳住关中基业。按北魏有东雍州，"世祖置，太和中罢，天平初复"[5]，即正平郡，上述引文东雍州系指北魏末永熙时贺拔岳所督关西二十州之一，后宇文泰继承之，并凭借此地成其霸业[6]，故东雍州应在黄河略西之地。

永熙三年（天平元年，534）八月，"神武寻至恒农，遂西克潼关，执毛洪宾[7]。进军长城，龙门都督薛崇礼降。神武退舍河东，命行台尚书长史薛瑜守潼关，大都督库狄温守封陵。于蒲津西岸筑城，守华州，以薛绍宗为刺史"[8]。长城（有五郊城）在北华州中部郡[9]，高欢据潼关，于

[1]《北齐书》卷二《神武纪下》，天平元年（534）七月。

[2] 据《周书》卷一《文帝纪上》，校勘记〔十八〕贾显系贾显度。

[3]《周书》卷一《文帝纪上》，永熙三年（534）四月。

[4]《周书》卷一七《梁御传》。

[5]《魏书》卷一〇六上《地形志上》东雍州条。

[6] 见王仲荦：《北周地理志》卷一，中华书局，1980，页1—2，《资治通鉴》胡三省注遗之。

[7]《魏书》卷一一《出帝平阳王纪》永熙三年载此事在九月，疑有误，见校勘记〔十六〕。

[8]《北齐书》卷二《神武纪下》，天平元年八月。

[9]《魏书》卷一〇六下《地形志下》北华州条。

蒲津西岸筑城，守华州，当时其势力已达黄河潼关之西岸。

汾水黄河交会处，也是当时双方必争之地，这一带河东薛氏的势力很强，其归属何方影响政局甚大。当时有薛脩义者，河东汾阴人，其房支不详，应不属于地方势力最强的西眷濆上五门薛氏大房，脩义"祖寿仁，河东河北二郡守、秦州刺史、汾阴公。父宝集，定阳太守"[1]。按河东郡、河北郡在河曲之内，而定阳地近汾北，且薛脩义继承祖、父传统，其任职亦在此地区，《北齐书》卷二○《薛脩义传》（《北史》卷五三《薛脩义传》略同）载：

> 脩义少而奸侠，轻财重气，招召豪猾，时有急难相奔投者，多能容匿之。……正光末，天下兵起，（元）颢为征西将军，都督华、豳、东秦诸军事，兼左仆射、西道行台，以脩义为统军。时有诏，能募得三千人者用为别将。于是脩义还河东，仍历平阳、弘农诸郡，合得七千余人，即假安北将军、西道别将。……绛蜀贼陈双炽等聚汾曲，诏脩义为大都督，与行台长孙稚共讨之。脩义以双炽是其乡人，遂轻诣垒下，晓以利害，炽等遂降。拜脩义龙门镇将。后脩义宗人凤贤等作乱，围镇城。脩义亦以天下纷扰，规自纵擅，遂与凤贤聚众为逆，自号黄钺大将军。……诏晓喻，脩义降。……凤贤降，拜凤贤龙骧将军、假节、稷山镇将、夏阳县子，邑三百户。封脩义汾阴县侯，邑八百户。……（尔朱）荣死，魏孝庄以脩义为弘农、河北、河东、正平四郡大都督。时高祖为晋州刺史，见脩义，待之甚厚。……魏前废帝初，以脩义为持节、后将军、南汾州刺史。高祖起义信都，破四胡于韩陵，遣征脩义，从至晋阳，以脩义行并州事。又从高祖平尔朱兆。武帝之入关也，高祖奉迎临潼关，以脩义

---

[1]《北齐书》卷二○《薛脩义传》。

为关右行台，自龙门济河。西魏北华州刺史薛崇礼屯杨氏壁[1]，脩义以书招之，崇礼率万余人降。……脩义从弟嘉族，性亦豪爽。……迁正平太守。属高祖在信都，嘉族闻而赴义，从平四胡于韩陵，除华州刺史。及贺拔岳拒命，令嘉族置骑河上，以御大军。嘉族遂弃其乘马，浮河而度，归于高祖。……脩义从子元颖，父光炽，东雍州刺史[2]、太常卿。

薛脩义曾都督弘农、河北、河东、正平等郡，历平阳、弘农郡守及龙门镇将、南汾州刺史等职，其实际势力主要在汾水北岸一带，所以脩义能晓谕汾曲的绛蜀贼陈双炽归降，又与宗人薛凤贤为逆（曾任稷山镇将）。高欢为晋州刺史时与脩义相会，待之甚厚，可能这段渊源使脩义倾向于东魏。脩义从弟嘉族为正平太守，脩义从父光炽亦曾为东雍州（即正平）刺史，嘉族与光炽亦亲东魏，当此之时在汾北浍水一带，高欢获得重要助力。这股势力且延伸至龙门及龙门之黄河对岸杨氏壁等处，而立即与薛氏西眷濊上五门薛氏大房势力冲突。薛氏大房为薛氏在河东地区最强盛的一房，自薛强—薛辩—薛谨等以降，在五胡至北魏皆有深厚的影响力，魏分东西之际，该房的主要领袖是薛端、薛善，他们倾向于西魏。《周书》卷三五《薛端传》（《北史》卷三六《薛辩传·附端传》略同）：

河东汾阴人也。……魏雍州刺史、汾阴侯辩之六世孙。代为河东著姓。高祖谨，泰州刺史、内都坐大官、涪陵公。曾祖洪隆，河东太守。以隆兄洪祚[3]尚魏文（成）帝女西河公主，有赐田在冯翊，洪隆子麟驹徙居之，遂家于冯翊之夏阳焉。……司空高乾辟为参军，

---

[1]《北齐书》卷二〇《薛脩义传》校勘记〔十五〕载："杨氏壁是黄河西岸的险要，屡见《魏书》卷四一《源子雍传》、《周书》卷二《文帝纪》大统三年、卷一五《于谨传》等。"

[2] 东魏之东雍州在正平郡。

[3]《新唐书·宰相世系表》作洪祚。——编注

赐爵汾阴县男。端以天下扰乱，遂弃官归乡里。

　　魏孝武西迁，太祖令大都督薛崇礼据龙门，引端同行。崇礼寻失守，遂降东魏。东魏遣行台薛循义[1]、都督乙干贵率众数千西度，据杨氏壁。端与宗亲及家僮等先在壁中，循义乃令其兵逼端等东度。方欲济河，会日暮，端密与宗室及家僮等叛之。循义遣骑追，端且战且驰，遂入石城栅，得免。栅中先有百家，端与并力固守。贵等数来慰喻，知端无降意，遂拔还河东。东魏又遣其将贺兰懿、南汾州刺史薛琰达守杨氏壁。端率其属，并招喻村民等，多设奇以临之。懿等疑有大军，便即东遁，争船溺死者数千人。端收其器械，复还杨氏壁。太祖遣南汾州刺史苏景恕镇之。降书劳问，征端赴阙，以为大丞相府户曹参军。

　　薛氏主房除在汾阴（汾水之南）外，复由于洪阼尚魏文成帝女西河公主，其赐田在冯翊，亦即汾阴与黄河相隔的西岸，实际上至少薛氏大房五大支中的洪阼支、洪隆支亦发展至黄河之西。上文所示，宇文泰命薛崇礼守龙门，崇礼之房支不详，其态度是摇摆于两者之间，东魏遣薛脩义召之，崇礼降，而薛氏大房薛端则坚持站在孝武帝及宇文泰这一边，薛端的势力较大，故东魏在这一条线上的发展并不顺利，东魏原不能控制河东地区（尤其汾阴）的全部，仅能控制较大的据点。东魏天平四年（西魏大统三年，537）十月，高欢率众十万出壶口，趋蒲坂，自后上济河[2]，与宇文泰战于沙苑，高欢败归。高欢这次失败损失甚大，宇文泰遣"贺拔胜、李弼渡河围蒲坂。牙门将高子信开门纳胜军，东魏将薛崇礼弃城走，胜等追获之。太祖进军蒲坂，略定汾、绛"[3]。薛氏大房薛善接应

---

[1]《北齐书》《北史》作脩义。

[2]《北齐书》卷二《神武纪下》，天平四年十月壬辰，"神武西讨，自蒲津济"。

[3]《周书》卷二《文帝纪下》，大统三年冬十月。

西军，李弼很顺利便攻下河东。《周书》卷三五《薛善传》载：

> 河东汾阴人也。祖瑚，魏河东郡守。父和，南青州刺史。善少
> 为司空府参军事，迁傥城郡守，转盐池都将。魏孝武西迁，东魏改
> 河东为泰州，以善为别驾。善家素富，僮仆数百人。兄元信，仗气
> 豪侈，每食方丈，坐客恒满，弦歌不绝。而善独供己率素，爱乐闲
> 静。大统三年，齐神武败于沙苑，留善族兄崇礼守河东。太祖遣李
> 弼围之，崇礼固守不下。善密谓崇礼曰："高氏戎车犯顺，致令主上
> 播越。与兄忝是衣冠绪余，荷国荣宠。今大军已临，而兄尚欲为高
> 氏尽力。若城陷之日，送首长安，云逆贼某甲之首，死而有灵，岂
> 不殁有余愧！不如早归诚款，虽未足以表奇节，庶获全首领。"而崇
> 礼犹持疑不决。会善从弟馥妹夫高子信为防城都督，守城南面，遣
> 馥来诣善云："意欲应接西军，但恐力所不制。"善即令弟济将门生
> 数十人，与信、馥等斩关引弼军入。时预谋者并赏五等爵，善以背
> 逆归顺，臣子常情，岂容阖门大小，俱叨封邑，遂与弟慎并固辞不
> 受。太祖嘉之，以善为汾阴令。善干用强明，一郡称最。太守王罴
> 美之，令善兼督六县事。……时欲广置屯田以供军费，乃除司农少
> 卿，领同州夏阳县二十屯监。又于夏阳诸山置铁冶，复令善为冶监，
> 每月役八千人，营造军器。善亲自督课，兼加慰抚，甲兵精利，而
> 皆忘其劳苦焉。……除河东郡守……赐姓宇文氏。

薛善父曾任盐池都尉，《水经注疏》卷六《涑水》："注：司盐都尉治，
领兵一千余人守之。疏：会贞按：《御览》一百六十三引《太康地志》，
安邑有司盐都尉，别领兵五千人。"可见薛善父在涑水中游盐池一带亦有
影响力。西魏获得河东以后，宇文泰立即任命薛善为汾阴令，此举除犒
赏其功绩外，乃承认其在汾阴的实际统治权。薛善很自然地"干用强明，
一郡称最"，于是"兼督六县"，又进而"领同州夏阳县二十屯监"。按冯

翊之夏阳即薛洪阼尚魏文成帝女西河公主之赐田，事见上引《周书·薛端传》。薛善在夏阳月役八千人冶铁、营造军器，亦极为成功，因此又除河东郡守，即其本郡。薛氏这一主支与宇文泰关系甚好，薛善蒙赐姓宇文氏。

高欢沙苑之败，在河东地区大撤退，幸赖上述支持者薛脩义劝阻，脩义并为东魏稳住晋州之形势，《北史》卷五三《薛脩义传》载：

> 及沙苑之败，徙秦、南汾、东雍三州人于并州，又欲弃晋，以遣家属向英雄城。脩义谏曰："若晋州败，定州亦不可保。"神武怒曰："尔辈皆负我，前不听我城并州城，使我无所趣。"脩义曰："若失守，则请诛。"斛律金曰："还仰汉小儿守，收家口为质，勿与兵马。"神武从之，以脩义行晋州事。及西魏仪同长孙子彦围逼城下，脩义开门伏甲待之，子彦不测虚实，于是遁去。神武嘉之，就拜晋州刺史。

东魏若失晋州、并州，则其定州亦不可保，其战略关系在日后北周伐北齐时获得证明，本书第二篇《北魏、东魏、北齐之核心集团与核心区》已分析之，此处不予赘述。按高欢、斛律金等乃六镇人物，原不十分信任河东汉大族，加以薛氏宗族大部分皆投效西魏，故有"收家口为质，勿与兵马"之语。薛脩义在晋州时为东魏建立功绩，《北齐书》卷二〇《薛脩义传》中记载较详：

> 沙苑之役，从诸军退。还，行晋州事。封祖业弃城走，脩义追至洪洞，说祖业还守，而祖业不从。脩义还据晋州，安集固守。西魏仪同长孙子彦围逼城下，脩义开门伏甲以待之，子彦不测虚实，于是遁去。高祖甚嘉之，就拜晋州刺史、南汾、东雍、陕四州行台，赏帛千匹。脩义在州，擒西魏所署正平太守段荣显。

自此以后，东魏、北齐未再占领汾水以南、涑水流域之地，而正平、汾水以北成为双方争夺地区。东西两政权势力的推移，原取决于国力强弱，但当两政权国力相当，或所能发动人物之能力相当，则争夺地区地方力量的向背，便决定战争之胜负。下节将详细分析河东地区大族与地方豪族之动向。

二、河东之人物动向

河东的士族大都参与北魏政权，当北魏分为东西魏时，因河东地区适位于两大集团之交界区上，其人物之投效何方影响甚大，兹列示于下：

（一）河东裴氏

（符号"○"表示任官于西魏、北周；"△"表示任官于东魏、北齐。下同）

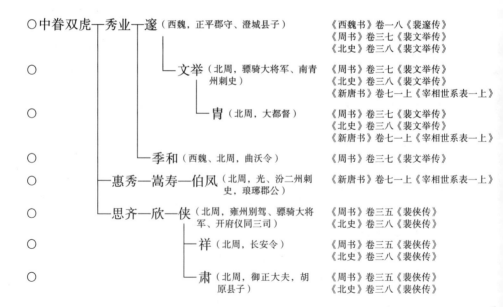

○中眷双虎—秀业—邃（西魏，正平郡守、澄城县子）　《西魏书》卷一八《裴邃传》
　　　　　　　　　　　　　　　　　　　　　　　　　《周书》卷三七《裴文举传》
　　　　　　　　　　　　　　　　　　　　　　　　　《北史》卷三八《裴文举传》

○　　　　　　　└文举（北周，骠骑大将军、南青　《周书》卷三七《裴文举传》
　　　　　　　　　　州刺史）　　　　　　　　　　　《北史》卷三八《裴文举传》
　　　　　　　　　　　　　　　　　　　　　　　　　《新唐书》卷七一上《宰相世系表一上》

○　　　　　　　　　└冑（北周，大都督）　　　　　《周书》卷三七《裴文举传》
　　　　　　　　　　　　　　　　　　　　　　　　　《北史》卷三八《裴文举传》
　　　　　　　　　　　　　　　　　　　　　　　　　《新唐书》卷七一上《宰相世系表一上》

○　　　　　　└季和（西魏、北周，曲沃令）　　　　《周书》卷三七《裴文举传》

○　　　─惠秀—嵩寿—伯凤（北周，光、汾二州刺　《新唐书》卷七一上《宰相世系表一上》
　　　　　　　　　　史，琅琊郡公）

○　　　└思齐—欣—侠（北周，雍州别驾、骠骑大将　《周书》卷三五《裴侠传》
　　　　　　　　军、开府仪同三司）　　　　　　　　《北史》卷三八《裴侠传》

○　　　　　　└祥（北周，长安令）　　　　　　　　《周书》卷三五《裴侠传》
　　　　　　　　　　　　　　　　　　　　　　　　　《北史》卷三八《裴侠传》

○　　　　　　└肃（北周，御正大夫，胡　　　　　　《周书》卷三五《裴侠传》
　　　　　　　　　　原县子）　　　　　　　　　　　《北史》卷三八《裴侠传》

△ 中眷三虎—桃弓—夙—鉴—泽（北齐，黄门侍郎）　　《北史》卷三八《裴延儁传》
　　　　　　　　　　　　　　　　　　　　　　　《新唐书》卷七一上《宰相世系表一上》

○　　　裴丕—讹—辽—纂—舒（北周，车骑将军）　　《新唐书》卷七一上《宰相世系表一上》

○ 东眷裴德欢—澄（字静虑）—宽（北周，骠骑大将军、开府　《周书》卷三四《裴宽传》
　　　　　　　　　　　　　　　仪同三司）　　　　　　　　《北史》卷三八《裴宽传》

○　　　　　　　　　　└—义宣（北周，司金二命　《周书》卷三四《裴宽传》
　　　　　　　　　　　　　　士、合江令）

○　　　　　　　　└—汉（《新唐书·宰相世系表一上》　《周书》卷三四《裴宽传》
　　　　　　　　　　　为景汉，北周，车骑大将军）　　《北史》卷三八《裴宽传》
　　　　　　　　　　　　　　　　　　　　　　　　　　《新唐书》卷七一上《宰相世系表一上》

○　　　　　　　　　　└—镜民（北周，春官府都　《周书》卷三四《裴宽传》
　　　　　　　　　　　　　　上士）　　　　　　《北史》卷三八《裴宽传》
　　　　　　　　　　　　　　　　　　　　　　《新唐书》卷七一上《宰相世系表一上》

○　　　　　　　　└—尼（北周，御正下大夫，《新唐　《周书》卷三四《裴宽传》
　　　　　　　　　　　书·宰相世系表一上》为　《北史》卷三八《裴宽传》
　　　　　　　　　　　御正大夫）　　　　　　《新唐书》卷七一上《宰相世系表一上》

○　　　　　　　　　└—之隐（北周，赵王招府　《周书》卷三四《裴宽传》
　　　　　　　　　　　　　记室参军）　　　　《北史》卷三八《裴宽传》
　　　　　　　　　　　　　　　　　　　　　《新唐书》卷七一上《宰相世系表一上》

○　　　　　　　　　└—师民（北周，秦王贽府　《周书》卷三四《裴宽传》
　　　　　　　　　　　　　记室参军）　　　　《北史》卷三八《裴宽传》
　　　　　　　　　　　　　　　　　　　　　《新唐书》卷七一上《宰相世系表一上》

○ 裴宽族弟鸿（北周，郢州刺史、襄州总管府长史、高邑县侯）　《周书》卷三四《裴宽传》
　　　　　　　　　　　　　　　　　　　　　　　　　　　　　《北史》卷三八《裴宽传》

○ 东眷道护支客儿-文艺-遵-果（北周，眉、复二州刺史，　《周书》卷三六《裴果传》
　　　　　　　　　　　　　　　冠军质公）　　　　　　　《北史》卷三八《裴果传》
　　　　　　　　　　　　　　　　　　　　　　　　　　《新唐书》卷七一上《宰相世系表一上》

○　　　　　　　　　└—孝仁（北周，建、谯、　《北史》卷三八《裴果传》
　　　　　　　　　　　　　亳三州刺史）

○ 裴延儁族兄聿—子袖（入关西）　　　　　　《魏书》卷六九《裴延儁传》
　　　　　　　　　　　　　　　　　　　　　《北史》卷三八《裴延儁传》

△ 裴延儁族人瑗（东魏，卫将军、东雍州刺史）　《魏书》卷六九《裴延儁传》
　　　　　　　　　　　　　　　　　　　　　《北史》卷三八《裴延儁传》

△　　　　　└—夷吾（东魏武定末，骠骑府长流参军）　《魏书》卷六九《裴延儁传》

△ 裴双硕—骏—宣—献伯（东魏武定末，廷尉卿）　《魏书》卷四五《裴骏传》

△ 裴云—瓒—开—逸（北齐，新阳王开府行参军）　《汉魏南北朝墓志集释》图版四五二
　　　　　　　　　　　　　　　　　　　　　　《裴逸墓志》

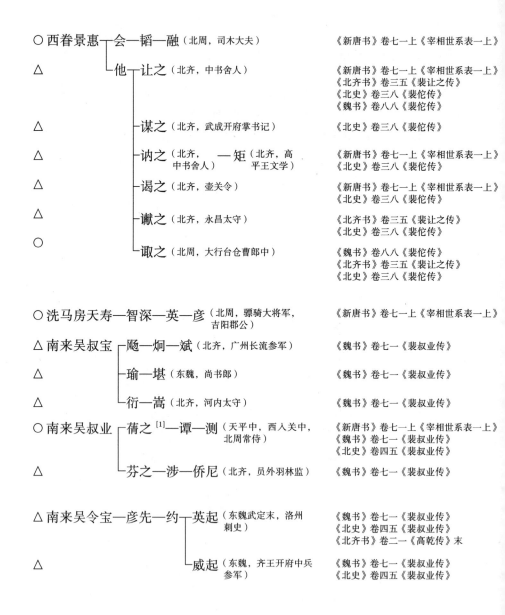

○ 西眷景惠—会—韬—融（北周，司木大夫）　　　　　《新唐书》卷七一上《宰相世系表一上》

△ 　　　　└他┬让之（北齐，中书舍人）　　　　　　《新唐书》卷七一上《宰相世系表一上》
　　　　　　　　　　　　　　　　　　　　　　　　　　《北齐书》卷三五《裴让之传》
　　　　　　　　　　　　　　　　　　　　　　　　　　《北史》卷三八《裴佗传》
　　　　　　　　　　　　　　　　　　　　　　　　　　《魏书》卷八八《裴佗传》

△ 　　　　　　├谋之（北齐，武成开府掌书记）　　　《北史》卷三八《裴佗传》

△ 　　　　　　├讷之（北齐，中书舍人）—矩（北齐，高平王文学）　　《新唐书》卷七一上《宰相世系表一上》
　　　　　　　　　　　　　　　　　　　　　　　　　　《北史》卷三八《裴佗传》

△ 　　　　　　├谒之（北齐，壶关令）　　　　　　　《新唐书》卷七一上《宰相世系表一上》
　　　　　　　　　　　　　　　　　　　　　　　　　　《北史》卷三八《裴佗传》

△ 　　　　　　├谳之（北齐，永昌太守）　　　　　　《北齐书》卷三五《裴让之传》
　　　　　　　　　　　　　　　　　　　　　　　　　　《北史》卷三八《裴佗传》

○ 　　　　　　└诹之（北周，大行台仓曹郎中）　　　《魏书》卷八八《裴佗传》
　　　　　　　　　　　　　　　　　　　　　　　　　　《北齐书》卷三五《裴让之传》
　　　　　　　　　　　　　　　　　　　　　　　　　　《北史》卷三八《裴佗传》

○ 洗马房天寿—智深—英—彦（北周，骠骑大将军，吉阳郡公）　　《新唐书》卷七一上《宰相世系表一上》

△ 南来吴叔宝┬飏—炯—斌（北齐，广州长流参军）　《魏书》卷七一《裴叔业传》

△ 　　　　　　├瑜—堪（东魏，尚书郎）　　　　　　《魏书》卷七一《裴叔业传》

△ 　　　　　　└衍—嵩（北齐，河内太守）　　　　　《魏书》卷七一《裴叔业传》

○ 南来吴叔业┬蒨之[1]—谭—测（天平中，西入关中，北周常侍）　《新唐书》卷七一上《宰相世系表一上》
　　　　　　　　　　　　　　　　　　　　　　　　　　《魏书》卷七一《裴叔业传》
　　　　　　　　　　　　　　　　　　　　　　　　　　《北史》卷四五《裴叔业传》

△ 　　　　　　└芬之—涉—侨尼（北齐，员外羽林监）　《魏书》卷七一《裴叔业传》

△ 南来吴令宝—彦先—约┬英起（东魏武定末，洛州刺史）　《魏书》卷七一《裴叔业传》
　　　　　　　　　　　　　　　　　　　　　　　　　　《北史》卷四五《裴叔业传》
　　　　　　　　　　　　　　　　　　　　　　　　　　《北齐书》卷二一《高乾传》末

△ 　　　　　　　　　　　└威起（东魏，齐王开府中兵参军）　《魏书》卷七一《裴叔业传》
　　　　　　　　　　　　　　　　　　　　　　　　　　《北史》卷四五《裴叔业传》

---

[1]《新唐书》卷七一上《宰相世系表一上》谓：蒨之，北齐隋王左常侍。《魏书》卷七一《裴叔业传》谓：子蒨之，仕萧鸾为随郡王左常侍，先卒。按叔业北降，军未渡淮，病卒。故《魏书》记载为正（《北史》卷四五《裴叔业传》亦误）。

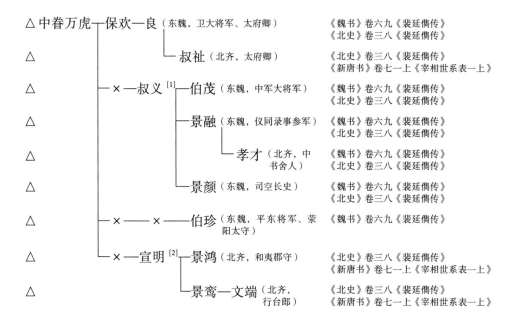

按《新唐书》卷七一上《宰相世系表一上》裴氏条末载："裴氏定著五房：一曰西眷裴，二曰洗马裴，三曰南来吴裴，四曰中眷裴，五曰东眷裴。"实际上南来吴裴又分为叔宝支、叔业支、令宝支，中眷又分为万虎支、双虎支、三虎支，东眷又有道护支，此外南来吴丕另成一支。裴氏著房著支约有十一，分析于下：

（1）西眷二支，其一是"会—韬—融"支，《宰相世系表一上》载融任官北周司木大夫，事迹不详，可能这一支在关中发展。其二是"他"（或作佗）支，这一支中裴让之兄弟多任官于东魏、北齐，其中唯诹之奔

---

[1]《魏书》卷六九《裴延儁传》、《北史》卷三八《裴延儁传》皆谓：延儁从祖弟良、延儁从祖弟叔义。故良与叔义宜共祖万虎，但不知是兄弟，抑或是从兄弟。

[2]《北史》卷三八《裴延儁传》谓：延儁从祖弟良，又谓延儁从父兄宣明。而《新唐书》卷七一上《宰相世系表一上》中眷万虎支有良及宣明，唯世系错简，兹拟良与宣明共祖万虎。

关右，故余兄弟五人立刻被高欢拘系，幸对答得宜，且老母仍在，卒被释放[1]。总括言之，西眷一半在东，一半在西。该支似以文职为主，且多任官京邑，已渐官僚化[2]。

（2）洗马裴有裴彦，为北周骠骑大将军、吉阳郡公，此职此爵甚可能因军功而得。按洗马裴出自粹子暅。暅生懂，自河西归桑梓，居解县洗马川，号洗马裴[3]。洗马川之地望据拙文考证[4]在盐池西南方，今地方志中还有洗马川、洗马村之名。裴氏的地方势力已达解县，洗马裴房倾向于西魏、北周，加强了宇文氏在盐池以南之势力。

（3）南来吴裴氏叔业"祖邕，自河东居于襄阳。父顺宗、兄叔宝仕萧道成，并有名位"[5]。叔业于魏景明元年（500）率子芬之，侄植、飏、粲归魏，侄彦先也于景明二年（501）北遁归魏。南来吴叔宝支、叔业支、令宝支皆先后北归，除叔业支的蒨之孙测于东西魏分裂时西入关中以外，其他皆仕于东魏、北齐，南来吴自叔业以还，其地方势力恐已移至河南一带[6]。但南来吴丕支，丕孙定宗为凉州刺史。定宗生讹，后魏冠军将军。讹生辽，太原太守。辽生纂，正平太守。纂生舒，北周车骑将军、元氏公[7]。似乎这一支一直在西区发展，且多属武职。

（4）中眷有三支，万虎支与三虎支皆仕于东魏、北齐，而双虎支则悉仕西魏、北周。当魏孝武帝西迁之际，匆促就道，能随扈入关者不多，尤其任职于山东地区者，只能继续仕于东魏、北齐政权中。但中眷双虎

---

[1]《北齐书》卷三八《裴让之传》。

[2]《北齐书》卷三八《裴让之传》："杨愔每称叹曰：'河东士族，京官不少，唯此家兄弟，全无乡音。'"

[3]《新唐书》卷七一上《宰相世系表一上》洗马裴条。

[4] 参见本书第三篇《晋隋之际河东地区与河东大族》。

[5]《魏书》卷七一《裴叔业传》。

[6] 参见矢野主税：《裴氏研究》，《长崎大学社会科学论丛》14，1965，页28。

[7]《新唐书》卷七一上《宰相世系表一上》裴氏丕支条。

支裴侠却抛妻子从入关，"魏孝庄嘉之，授轻车将军、东郡太守，带防城别将。及魏孝武与齐神武有隙，征河南兵以备之，侠率所部赴洛阳。授建威将军、左中郎将。俄而孝武西迁，侠将行而妻子犹在东郡。荥阳郑伟谓侠曰：'天下方乱，未知乌之所集。何如东就妻子，徐择木焉。'侠曰：'忠义之道，庸可忽乎！吾既食人之禄，宁以妻子易图也。'遂从入关。赐爵清河县伯，除丞相府士曹参军"[1]。但如地居两大势力边缘，则有更大的选择余地，中眷双虎支裴邃，便是一个好例子："（裴文举）父邃，性方严，为州里所推捃。解褐散骑常侍、奉车都尉，累迁谏议大夫、司空从事中郎。大统三年，东魏来寇，邃乃纠合乡人，分据险要以自固。……太祖嘉之，特赏衣物，封澄城县子……除正平郡守。"[2]裴邃在东西魏接触地带，对西魏、北周助力很大[3]。

（5）东眷裴氏的归向中，裴宽的影响最大。时宽与兄弟们在洛阳，其决心追随孝武帝亦颇冒险，"宽仪貌瑰伟，博涉群书，弱冠为州里所称。与二弟汉、尼是和知名。亲殁，抚弟以笃友闻。……魏孝武末，除广陵王府直兵参军，加宁朔将军、员外散骑常侍。及孝武西迁，宽谓其诸弟曰：'权臣擅命，乘舆播越，战争方始，当何所依？'诸弟咸不能对。宽曰：'君臣逆顺，大义昭然。今天子西幸，理无东面，以亏臣节。'乃将家属避难于大石岩。独孤信镇洛阳，始出见焉"[4]。东眷另有道护支，该支当时主要人物裴果"永熙中，授河北郡守。及齐神武败于沙苑，果乃率其宗党归阙。太祖嘉之"[5]。河北郡在河东南区，与裴氏涑水流域仅中

---

[1]《周书》卷三五《裴侠传》。

[2]《周书》卷三七《裴文举传》。《资治通鉴》卷一五七《梁纪十三》武帝大同三年（537）八月："东魏以东雍州刺史司马恭镇正平，司空从事中郎闻喜裴邃欲攻之，恭弃城走，泰以杨檦行正平郡事。"

[3] 参见矢野主税：《裴氏研究》，页29。

[4]《周书》卷三四《裴宽传》。

[5]《周书》卷三六《裴果传》。

条山之隔，这是东西魏势力交接区，裴果有较大的选择。

（6）裴氏自魏晋始已是有名的四海大族，其族人官宦四方[1]，上文中裴瑗、裴双硕、裴云等支，其房支不详，这些人物之子弟在东西魏分裂时大都于东魏、北齐任职。

（二）河东柳氏

○西眷鷔—带韦（北周，黄门侍郎，康城恺公）　　　　　《北史》卷六四《柳蚪传》
　　　　　　　　　　　　　　　　　　　　　　　　　　《周书》卷二二《柳庆传》
　　　　　　　　　　　　　　　　　　　　　　　　　　《新唐书》卷七三上《宰相世系表三上》

○　　　　└祚（北周，宣纳上士）　　　　　　　　　　《北史》卷六四《柳蚪传》
　　　　　　　　　　　　　　　　　　　　　　　　　　《周书》卷二二《柳庆传》

○西眷庆（西魏，尚书左仆射；北周，司会）　　　　　《周书》卷二二《柳庆传》

○　　　├机（北周，御正上大夫、华州刺史）　　　　　《周书》卷二二《柳庆传》

○　　　│└述（北周，尚兰陵公主，开府仪同三司、　　《北史》卷六四《柳蚪传》
　　　　　　　内史侍郎）

○　　　├弘（北周，御正下大夫）　　　　　　　　　　《周书》卷二二《柳庆传》

○　　　├旦（北周，兵部下大夫，仪同三司）　　　　　《北史》卷六四《柳蚪传》

○　　　└肃（北周，宣纳上士）　　　　　　　　　　　《北史》卷六四《柳蚪传》

○西眷虬（西魏，中书侍郎，美阳孝公）　　　　　　　《北史》卷六四《柳蚪传》
　　　　　　　　　　　　　　　　　　　　　　　　　　《新唐书》卷七三上《宰相世系表三上》
　　　　　　　　　　　　　　　　　　　　　　　　　　《西魏书》卷二一《柳虬传》
　　　　　　　　　　　　　　　　　　　　　　　　　　《周书》卷三八《柳虬传》

○　　　├蔡年（北周，顺州刺史）　　　　　　　　　　《新唐书》卷七三上《宰相世系表三上》
　　　　　　　　　　　　　　　　　　　　　　　　　　《北史》卷六四《柳蚪传》

○　　　│└謇之（北周，宣纳上士）　　　　　　　　　《北史》卷六四《柳蚪传》

○　　　└止戈（北周，洛州刺史）　　　　　　　　　　《新唐书》卷七三上《宰相世系表三上》

○西眷桧（西魏，魏兴、华阴二郡守）　　　　　　　　《北史》卷六四《柳蚪传》
　　　　　　　　　　　　　　　　　　　　　　　　　　《周书》卷四六《柳桧传》

○　　　├斌（北周，齐公宪记室）　　　　　　　　　　《北史》卷六四《柳蚪传》
　　　　　　　　　　　　　　　　　　　　　　　　　　《周书》卷四六《柳桧传》

○　　　└雄亮（北周，内史中大夫，汝阳县子）　　　　《北史》卷六四《柳蚪传》
　　　　　　　　　　　　　　　　　　　　　　　　　　《周书》卷四六《柳桧传》

---

[1] 参见矢野主税：《裴氏研究》。

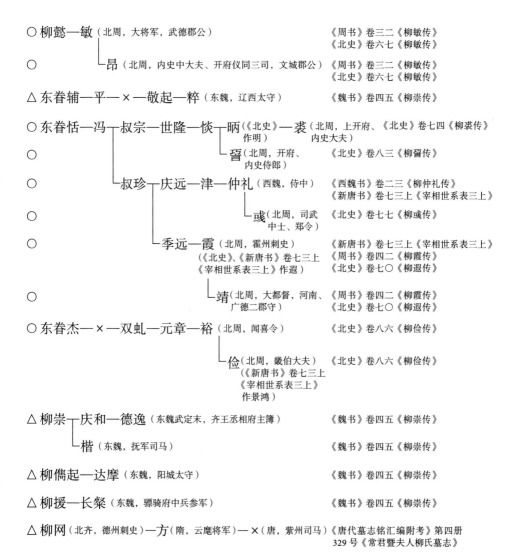

○ 柳懿—敏（北周，大将军，武德郡公）　　　　　　《周书》卷三二《柳敏传》
　　　　　　　　　　　　　　　　　　　　　　　《北史》卷六七《柳敏传》

○　　　　└昂（北周，内史中大夫、开府仪同三司，文城郡公）　《周书》卷三二《柳敏传》
　　　　　　　　　　　　　　　　　　　　　　　《北史》卷六七《柳敏传》

△ 东眷辅—平—×—敬起—粹（东魏，辽西太守）　　《魏书》卷四五《柳崇传》

○ 东眷恬—冯┬叔宗—世隆—恢┬晒（《北史》—裘（北周，上开府、《北史》卷七四《柳裘传》
　　　　　　　　　　　　　　作明）　　内史大夫）

○　　　　　　　　　　　　　└昚（北周，开府、　《北史》卷八三《柳昚传》
　　　　　　　　　　　　　　　内史侍郎）

○　　　　└叔珍┬庆远—津—仲礼（西魏，侍中）　《西魏书》卷二三《柳仲礼传》
　　　　　　　　　　　　　　　　　　　　　　　《新唐书》卷七三上《宰相世系表三上》

○　　　　　　　　　　└或（北周，司武　　　　　《北史》卷七七《柳或传》
　　　　　　　　　　　　中士、郑令）

○　　　　　　└季远—霞（北周，霍州刺史）　　　《新唐书》卷七三上《宰相世系表三上》
　　　　　　　　（《北史》、《新唐书》卷七三上　《周书》卷四二《柳霞传》
　　　　　　　　《宰相世系表三上》作退）　　　　《北史》卷七〇《柳退传》

○　　　　　　　　└靖（北周，大都督，河南、　《周书》卷四二《柳霞传》
　　　　　　　　　　广德二郡守）　　　　　　　《北史》卷七〇《柳退传》

○ 东眷杰—×—双虬—元章—裕（北周，闻喜令）　《北史》卷八六《柳俭传》

　　　　　　　　　　└俭（北周，畿伯大夫）　　《北史》卷八六《柳俭传》
　　　　　　　　　　（《新唐书》卷七三上
　　　　　　　　　　《宰相世系表三上》
　　　　　　　　　　作景鸿）

△ 柳崇┬庆和—德逸（东魏武定末，齐王丞相府主簿）　《魏书》卷四五《柳崇传》

　　　└楷（东魏，抚军司马）　　　　　　　　　　《魏书》卷四五《柳崇传》

△ 柳俦起—达摩（东魏，阳城太守）　　　　　　　　《魏书》卷四五《柳崇传》

△ 柳援—长粲（东魏，骠骑府中兵参军）　　　　　　《魏书》卷四五《柳崇传》

△ 柳网（北齐，德州刺史）—方（隋，云麾将军）—×（唐，紫州司马）《唐代墓志铭汇编附考》第四册
　　　　　　　　　　　　　　　　　　　　　　　329号《常君暨夫人柳氏墓志》

　　按《新唐书》卷七三上《宰相世系表三上》柳氏条载，柳氏以西眷
与东眷两大房最著名，西眷僧习五子分为五支：鸷、庆、虬、桧、鸳，
其中鸷支资料失载；东眷卓四子四支：辅、恬、杰、奋，奋支无北朝资
料。东眷近支有柳懿支。就以上有资料可寻的八支而言，除东眷辅支以
外，其他皆任官于西魏、北周。

（1）柳氏有东眷、西眷之分，始于晋侍中景猷，其生二子：耆、纯。耆号西眷，二子恭、璩，"恭，后魏河东郡守，南徙汝、颍，遂仕江表。曾孙缙，宋州别驾、宋安郡守。生僧习，与豫州刺史裴叔业据州归于后魏，为扬州大中正、尚书右丞、方舆公"[1]。西眷居住地在河南地区，其西入关中的关键人物是柳庆，"魏孝武将西迁，除庆散骑侍郎，驰传入关。庆至高平见太祖，共论时事。太祖即请奉迎舆驾，仍命庆先还复命。……及帝西迁，庆以母老不从。独孤信之镇洛阳，乃得入关"[2]。柳庆兄鷟之子带韦，"后与诸父归朝，太祖辟为参军"[3]。柳庆兄虬，魏末乱时"遂弃官还洛阳。……于时旧京荒废，人物罕极，唯有虬在阳城，裴诹在颍川。信等乃俱征之，以虬为行台郎中"[4]。而"庆兄桧为魏兴郡守，为贼黄宝所害。桧子三人，皆幼弱，庆抚养甚笃"[5]。所以这一支亦随柳庆西迁。

（2）东眷乃纯之子卓，"晋永嘉中自本郡迁于襄阳，官至汝南太守"[6]。东眷恬支子孙实际上皆仕于南朝，柳裘[7]、晋[8]、仲礼[9]、彧[10]、霞（或退）[11]、靖[12]等皆仕于后梁，及后梁被北周所灭，归于关中。东眷杰支之裕与俭在《北史》卷八五中载仕于北周，但如何西迁，事迹不详。东

---

[1]《新唐书》卷七三上《宰相世系表三上》柳氏条。
[2]《周书》卷二二《柳庆传》。
[3]《周书》卷二二《柳庆传·附带韦传》。
[4]《周书》卷三八《柳虬传》。
[5]《周书》卷二二《柳庆传》。
[6]《新唐书》卷七三上《宰相世系表三上》柳氏东眷条。
[7]《北史》卷七四《柳裘传》。
[8]《北史》卷八三《柳晋传》。
[9]《西魏书》卷二三《柳仲礼传》。
[10]《北史》卷七七《柳彧传》。
[11]《周书》卷四二《柳霞传》。
[12]《周书》卷四二《柳靖传》。

眷另一柳懿支，其子敏"起家员外散骑侍郎，累迁河东郡丞。朝议以敏之本邑，故有此授。敏虽统御乡里，而处物平允，甚得时誉。及文帝克复河东，见而器异之，乃谓之曰：'今日不喜得河东，喜得卿也。'即拜丞相府参军事"[1]。

（3）柳氏旁支不详者如楷、达摩、长粲、网等则见仕于东魏、北齐。

（三）河东薛氏

○ 南祖安都—道龙—荣—仲孙—衍（北周，御伯中大夫）[2] 《新唐书》卷七三下《宰相世系表三下》

△ ——（道）标—保兴（北齐，袭爵河东郡开国公，青州乐安郡守） 《汉魏南北朝墓志集释》图版四四三《薛保兴墓志》

△ （南祖）真度—怀俊—湛儒（东魏，司空水曹参军）[3] 《魏书》卷六一《薛安都传·附真度传》

---

[1]《周书》卷三二《柳敏传》。

[2]《汉魏南北朝墓志集释》图版四四三《薛保兴墓志》谓："保兴……祖安都……河东康王。父标……公……迁平州刺史……魏灭齐兴……诏除银青光禄大夫，袭封河东郡开国公……春秋六十有三，薨于相业，便圹内黄，数十余载，以大隋大业岁次庚午年……卜移雒邑。"赵万里释："《唐·（宰相世系）表》载安都子真龙、道龙，与《（魏书·薛安都）传》之道标及弟道异、道次均不合。又载真龙子显、道龙子荣，亦不及保兴及保兴兄达。《表》作于吕夏卿，不能无脱误，当以传志为正。"本文按：《魏书》卷六一《薛安都传》谓：安都卒于皇兴三年（469），其子道标卒于太和十三年（489）。北齐代东魏在武定八年（550），道标子保兴卒于北齐时，年六十三，若如此，则保兴当一年而孤，志未载此，而保兴自齐代魏后，仍袭祖爵，似齐立即卒，此其一。又北齐代东魏，保兴仍可袭其祖安都河东郡开国公爵，不合理，此其二。薛保兴卒后数十年才自内黄移葬邙山，其撰志人恐有误。本文又按：《新唐书》卷七三下《宰相世系表三下》，薛安都—道龙—荣（后魏新野武关二郡太守、都督、澄城县公）—仲孙—衍（后周御伯中大夫）—轨（隋襄城郡赞治）—仁贵（松漠道大总管）—讷（相玄宗），弟楚玉（左羽林将军）—粤（相卫节度使），弟嵩（相卫节度使、平阳郡王）。新旧《唐书·薛仁贵传》皆未言其父、祖事迹，恐有比附之嫌。唯自卫、轨一支，或有其人，或系薛氏南祖之另支。

[3]《魏书》卷六一《薛安都传·附真度传》谓：安都从祖弟真度。本文按：《新唐书》卷七三下《宰相世系表三下》，雕号"南祖"，雕生徒，徒六子：堂、晖、推、焕、渠、黄。堂生广。广生安都。故真度仍应属"南祖"房内。

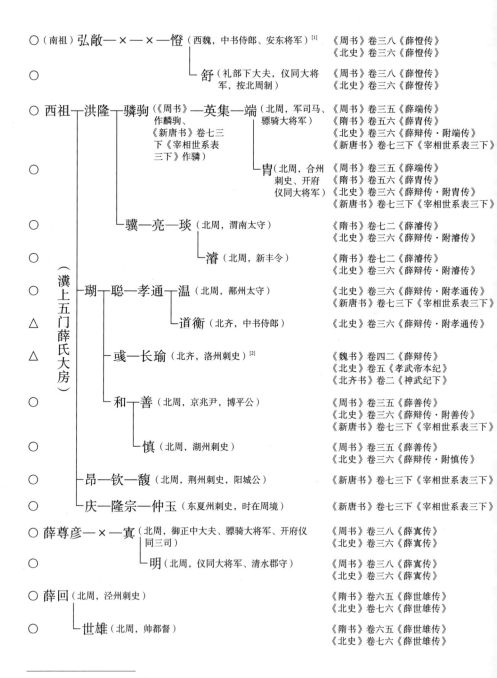

---

[1] 《周书》卷三八《薛憕传》谓，憕从祖真度，按上注所示，憕应属"南祖"房内。

[2] 薛长瑜在各书各传记有不同名字，参见《周书》卷一《文帝纪一》校勘记〔二五〕薛瑾条。

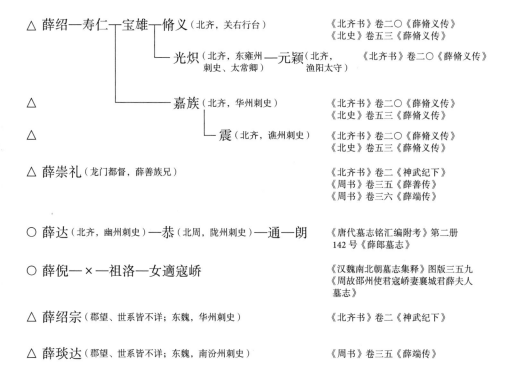

　　按《新唐书》卷七三下《宰相世系表三下》薛氏条末载："薛氏定著二房：一曰南祖，二曰西祖。"实际上西祖自薛强以下，强子辩，辩子谨，谨五子：洪阼、洪隆、瑚、昂、积善（庆）号"五房"，亦为濆上五门薛氏大房，是当时最重要的一房[1]。

　　（1）西祖濆上五门薛氏大房之长子洪阼，虽然未被列入《宰相世系表》的表内，但仍是很重要的一支，因为"（洪）隆兄洪阼尚魏文（成）帝女西河公主，有赐田在冯翊，洪隆子麟驹徙居之，遂家于冯翊之夏阳焉"[2]。按河东薛氏主要居住地在汾阴，亦即汾水下游东西流向水道之南，

<hr />

[1] 参见本书第三篇《晋隋之际河东地区与河东大族》。
[2]《周书》卷三五《薛端传》。

西以黄河为界[1]，瀵上地望应在汾阴城南四十里，西去河三里[2]，而洪阼因尚西河公主之赐田在冯翊夏阳一带，其居住地延伸至黄河以西，似乎洪阼及洪隆二房子孙皆居住于此。洪隆之曾孙端曾于北魏末受"司空高乾辟为参军，赐爵汾阴县男。端以天下扰乱，遂弃官归乡里"[3]。其后薛端倾向于西魏，对其产生很大的助力，前文已有详论。又如瑚支的薛善，"少为司空府参军事，迁傥城郡守，转盐池都将。魏孝武西迁，东魏改河东为泰州，以善为别驾。善家素富，僮仆数百人"[4]。"善与族人斩关纳魏师，（薛）崇礼出走，追获之。丞相泰进军蒲坂，略定汾、绛，凡薛氏预开城之谋者，皆赐五等爵"[5]。善之倾向对西魏产生的助力，亦于前文详论。瑚有孙孝通，"孝通与贺拔岳同事（尔朱）天光，又与周文帝有旧，二人并先在关右，因并推荐之。乃超授岳岐、华、秦、雍诸军事，关西大行台，雍州牧；周文帝为左丞，孝通为右丞。赍诏书驰驿入关授岳等，同镇长安。岳深相器重，待以师友之礼。与周文帝结为兄弟，情寄特隆"[6]。孝通因滞留洛阳而无法及时西迁，遂仕于东魏，卒于邺，宇文泰奏赠其官，这是当时东西分裂情况下很特殊的例子，"太昌元年，孝通因使入朝，仍被留京师，重除中书侍郎。……及孝武西迁，或称孝通与周文友密，及树置贺拔岳镇关中之计，遂见拘执……即日原免。然犹致疑忌，不加位秩，但引为坐客，时访文典大事而已。……兴和二年，卒于邺。魏前二年，周文帝追轸旧好，奏赠车骑将军、仪同三司、青州刺史。

---

[1] 参见本书第三篇《晋隋之际河东地区与河东大族》。

[2] 《水经注疏》卷四《河水》："河水又南，瀵水入焉（会贞按：下云此瀵水历蒲坂西注河）。水出汾阴县南四十里，西去河三里。平地开源，喷泉上涌，大几如轮，深则不测，俗呼之为瀵魁。古人壅其流以为陂水，种稻，东西二百步，南北一百余步。"

[3] 《周书》卷三五《薛端传》。

[4] 《周书》卷三五《薛善传》。

[5] 《资治通鉴》卷一五七《梁纪十三》，武帝大同三年（537）沙苑战后。

[6] 《北史》卷三六《薛辩传·附孝通传》。

齐武平初，又赠郑州刺史"[1]。孝通子道衡亦滞留东魏、北齐，"及齐亡，周武帝引为御史二命士"[2]。

（2）南祖之中，薛安都是重要人物，"父广，司马德宗上党太守。……安都为（宋）平北将军、徐州刺史，镇彭城"[3]。后因刘宋政争之故而降北魏，这是南朝、北朝势力消长的重大事件，时在皇兴二年（468）。安都子孙遂仕北朝。这一支远离本土汾阴日久，以文武官僚身份仕宦当代，东西魏分裂时，南祖子孙似乎在两个政权中皆有任职。

（3）薛氏是一个庞大的宗族集团，除了南祖、西祖外，还有许多分支，因记载不详，已无法将其世系全部列出，这些分支的政治动向亦十分纷乱而不一致，其中有地方势力者，对当时东西政权争夺河东地区较有影响。

（四）敬珍、敬祥与杨㯹

敬珍、敬祥是地方豪强，地望是河东蒲坂，在涑水下游。汾阴薛氏、闻喜裴氏、解县柳氏虽然影响力亦可达此地区，但此地并非其主要根据地，敬珍、敬祥却是以涑水下游为基业。然而蒲坂是整个河东地区中的大城，常常是该州郡之首府，自五胡入华以来，外来之政治力量虽不能控制河东地区之坞壁小城，却多占有这个大据点，因此蒲坂及其邻近之区，往往不属于同一势力。当外力极为强大时，这种地方势力并不能有所表现，但当局势动荡时，就显出其重要影响，《周书》卷三五《薛善传·附敬珍敬祥传》载：

　　敬珍字国宝，河东蒲坂人也，汉杨州刺史韶之十世孙。父伯乐，

---

[1]《北史》卷三六《薛辩传·附孝通传》。

[2]《北史》卷三六《薛辩传·附道衡传》。

[3]《魏书》卷六一《薛安都传》。

州主簿，安邑令。珍伟容仪，有气侠，学业骑射，俱为当时所称。祥即珍从祖兄也，亦慷慨有大志，唯以交结英豪为务。珍与之深相友爱，每同游处。及齐神武趋沙苑，珍谓祥曰："高欢迫逐乘舆，播迁关右，有识之士，孰不欲推刃于其腹中？但力未能制耳。今复称兵内侮，将逞凶逆，此诚志士效命之日，当与兄图之。"祥闻其言甚悦，曰："计将安出？"珍曰："宇文丞相宽仁大度，有霸王之略，挟天子而令诸侯，已数年矣。观其政刑备举，将士用命，欢虽有众，固非其俦。况逆顺理殊，将不战而自溃矣。我若招集义勇，断其归路，歼馘凶徒，使只轮不反，非直雪朝廷之耻，亦壮士封侯之业。"祥深然之，遂与同郡豪右张小白、樊昭贤、王玄略等举兵，数日之中，众至万余。将袭欢后军，兵未进而齐神武已败。珍与祥邀之，多所克获。及李弼军至河东，珍与小白等率猗氏、南解、北解、安邑、温泉、虞乡等六县户十余万归附。太祖嘉之，即拜珍平阳太守，领永宁防主；祥龙骧将军、行台郎中，领相里防主。并赐鼓吹以宠异之。太祖仍执珍手曰："国家有河东之地者，卿兄弟之力。还以此地付卿，我无东顾之忧矣。"

正平杨㩉，也是地方豪强，他的势力范围除了汾曲、正平一带，还包括浍水流域，甚至涑水源头，这个地区自始至终是宇文氏与高氏势力的交会区，杨㩉倒向宇文氏，使宇文氏争夺此地区时获得极大的助力。《周书》卷三四《杨㩉传》载：

杨㩉字显进，正平高凉人也。祖贵、父猛，并为县令。……从魏孝武入关，进爵为侯。……时弘农为东魏守，㩉从太祖攻拔之。然自河以北，犹附东魏。㩉父猛先为邵郡白水令，㩉与其豪右相知，请微行诣邵郡，举兵以应朝廷。太祖许之。㩉遂行，与土豪王覆怜等阴谋举事，密相应会者三千人，内外俱发，遂拔邵郡。擒郡守程保及令四人，并斩之。众议推攒行郡事，攒以因覆怜成事，遂表覆怜为邵郡守。以功授大行台左丞，率义徒更为经略。于是遣谍人诱说东魏城堡，旬月之间，正平、河北、南汾、二绛、建州、太宁等城，并有请为内应者，大军因攻而拔之。以攒行正平郡事，左丞如故。齐神武败于沙苑，其将韩轨、潘洛、可朱浑元等为殿，攒分兵要截，杀伤甚众。东雍州刺史马恭惧攒威声，弃城遁走。攒遂移据东雍州。太祖以攒有谋略，堪委边任，乃表行建州事。时建州远在敌境三百余里，然攒威恩夙著，所经之处，多并赢粮附之。比至建州，众已一万。东魏刺史车折于洛出兵逆战，攒击败之。又破其行台斛律俱步骑二万于州西，大获甲仗及军资，以给义士。由是威名大振。东魏遣太保侯景攻陷正平，复遣行台薛循义率兵与斛律俱相会，于是敌众渐盛。……攒分遣讫，遂于夜中拔还邵郡。朝廷嘉其权以全军，即授建州刺史。时东魏以正平为东雍州，遣薛荣祖镇之。攒……遂袭克之。进骠骑将军。既而邵郡民以郡东叛，郡守郭武安脱身走免。攒又率兵攻而复之。转正平郡守。又击破东魏南绛郡，虏其郡守屈僧珍。

河东裴氏、柳氏、薛氏是中古时期的大士族，其人物兼具成为河东地区的地方势力及任职官僚体系的能力，所以其动向实影响东西政权之实力。以河东地区而论，据上文之分析，汾水之南的汾阴及黄河西岸之冯翊、夏阳等地，坚决支持宇文氏。涑水上游中游的裴氏及涑水中下游的柳氏亦倾向于宇文氏，涑水下游蒲坂地方豪强敬珍、敬祥等强烈归向于宇文氏。故自大统三年（537）高欢沙苑之败后，上述河东地区已与西魏、北周政权牢牢结合，从而使得宇文氏能稳固地拥有此区。正平杨攒在汾曲、浍水流域、涑水源头之处有很大的地方势力，这个地区成为东西政权的争夺交锋区，东魏、北齐大军在进攻过程中屡失屡得此区，但亦因而屏障了涑水流域。自此以后，东魏、北齐西进路线便以汾水北岸作为重点了，下节细论汾北之争夺战。

三、汾北浍交争夺战

（一）高欢之两次进攻玉壁

"（兴和）四年九月，神武西征。十月己亥，围西魏仪同三司王思政于玉壁城，欲以致敌，西师不敢出。十一月癸未，神武以大雪，士卒多死，乃班师"[1]。这是东西两政权在玉壁的第一次会战，因西魏王思政事先在玉壁建立坚固的防御工事，此城才未被高欢攻陷，《周书》卷一八《王思政传》：

> 王思政字思政，太原祁人。……思政以玉壁地在险要，请筑城。即自营度，移镇之。迁并州刺史，仍镇玉壁。（大统）八年，东魏来寇，思政守御有备，敌人昼夜攻围，卒不能克，乃收军还。以全城功，受骠骑大将军。

四年后，高欢第二次进攻玉壁，时西魏守将为韦孝宽，《北齐书》卷二《神武纪下》载：

> （武定四年）九月，神武围玉壁以挑西师，不敢应。西魏晋州刺史韦孝宽守玉壁，城中出铁面，神武使元盗射之，每中其目。用李业兴孤虚术，萃其北。北，天险也。乃起土山，凿十道，又于东面凿二十一道以攻之。城中无水，汲于汾，神武使移汾，一夜而毕。孝宽夺据土山。顿军五旬，城不拔，死者七万人，聚为一冢。有星

---

[1]《北齐书》卷二《神武纪下》，兴和四年（542）九月。

坠于神武营，众驴并鸣，士皆詟惧。神武有疾。十一月庚子，舆疾班师。……是时西魏言神武中弩，神武闻之，乃勉坐见诸贵，使斛律金敕勒歌，神武自和之，哀感流涕。

《周书》卷三一《韦孝宽传》记载这次战役防守方面的措施，内容更为详细：

> 韦叔裕字孝宽，京兆杜陵人也。……世为三辅著姓。……（大统）八年，转晋州刺史，寻移镇玉壁，兼摄南汾州事。……十二年，齐神武倾山东之众，志图西入，以玉壁冲要，先命攻之。连营数十里，至于城下，乃于城南起土山，欲乘之以入。当其山处，城上先有两高楼。孝宽更缚木接之，命极高峻，多积战具以御之。齐神武使谓城中曰："纵尔缚楼至天，我会穿城取尔。"遂于城南凿地道。又于城北起土山，攻具，昼夜不息。孝宽复掘长堑，要其地道，仍饬战士屯堑。城外每穿至堑，战士即擒杀之。又于堑外积柴贮火，敌人有伏地道内者，便下柴火，以皮鞴吹之。吹气一冲，咸即灼烂。城外又造攻车，车之所及，莫不摧毁。虽有排楯，莫之能抗。孝宽乃缝布为缦，随其所向则张设之。布既悬于空中，其车竟不能坏。城外又缚松于竿，灌油加火，规以烧布，并欲焚楼。孝宽复长作铁钩，利其锋刃，火竿来，以钩遥割之，松麻俱落。外又于城四面穿地，作二十一道，分为四路，于其中各施梁柱，作讫，以油灌柱，放火烧之，柱折，城并崩坏。孝宽又随崩处竖木栅以捍之，敌不得入。城外尽其攻击之术，孝宽咸拒破之。……神武苦战六旬，伤及病死者十四五，智力俱困，因而发疾。其夜遁去。后因此忿恚，遂殂。魏文帝嘉孝宽功，令殿中尚书长孙绍远、左丞王悦至玉壁劳问，授骠骑大将军、开府仪同三司，进爵建忠郡公。

按玉壁城在稷山县西南十二里[1]，是汾河下游之军事重镇，可西达龙门，抵黄河岸，自龙门可渡河而入关中，或自龙门南渡汾水，沿黄河东岸而达蒲坂。当高欢第一次围攻玉壁时，西魏宇文泰出兵援助，即循此路而上，"冬十月，齐神武侵汾、绛，围玉壁。太祖出军蒲坂，将击之。军至皂荚，齐神武退。太祖渡汾追之，遂遁去"[2]。故实乃河东地区之重要通道，严耕望先生叙述最详，《唐代交通图考》第一册，页91载：

> 此道（长安太原道）大略取渭水北岸东经同州（今大荔），由蒲津渡河至蒲州（今永济），再东北循涑水河谷而上，至绛州（今新绛）。又由同州有支线东北行至龙门，渡河，循汾水而上亦至绛州。又有支线由蒲州沿河东岸北行至龙门，接龙门、绛州道。绛州又循汾水河谷北上，经晋州（今临汾），至太原府（今晋源）。此观地形可略知，殆古今所同者。（按：严文有详考，谨略。）

涑水流域亦是重要交通线，但自沙苑之役，河东地方势力投效西魏，故自汾河以南及涑水流域一带，西魏似乎较为巩固，汾水北岸至龙门一带，东魏曾经营此线，所以高欢有生之年两次大规模主力战皆以打通此线为其入关中之目标，玉壁正是通道上的主要关隘。当高欢进攻之时，似有决心做较长期鏖战，故在玉壁略东筑有高欢城以资对峙[3]，不克，以致发病而殂。

---

[1]《稷山县志》（同治四年沈凤翔本）卷二《城池》："玉壁关城在县西南一十二里，西魏王思政筑，遗址屹然，后为玉壁渡。"《稷山县志》卷七《古迹》略同。《太平寰宇记》卷四七："玉壁故城，在县西南一十二里。后魏大统四年东道行台王思政表筑玉壁城，而因自镇之。"《续修稷山县志》（光绪十一年，马家鼎纂修）卷一《城池》："县西南旧有玉壁渡。"
[2]《周书》卷二《文帝纪下》，大统八年（542）冬十月。
[3]《稷山县志》卷七《古迹》："高欢城县西五里，东魏高欢攻韦孝宽所筑。"

玉壁两次大会战，双方皆出动主力。第一次进攻玉壁，东魏除高欢亲领大军以外，还有斛律金[1]，金常领东魏云代地区之精锐，是高欢之重要大将，又有薛孤延[2]等。西魏则有前军大都督贺拔胜[3]等，其后宇文泰亦亲率大军支援。玉壁第二次攻防战之战况更为激烈[4]，东魏高欢悉众西征，而参加此役之西魏将士除原防御玉壁者外，还有怡峰，时为"东西北三夏州诸军事、夏州刺史。……从解玉壁围，平柏谷坞，并有功"[5]；杨忠，时为"云州刺史，兼大都督。……并与怡峰解玉壁围"[6]。

（二）齐将斛律光、段孝先之经营汾北浍交区

大统十六年（天保元年，550），东西魏的界线是"河南自洛阳，河北自平阳以东"[7]。其后东西政权仍然鏖战于洛阳、平阳这条线上，洛阳地区本文不予赘述，河东地区的战况如下：

西魏方面，自大统十八年（552）以后，达奚武镇守玉壁。《周书》卷一九《达奚武传》载：

> （大统十八年）以大将军出镇玉壁。武乃量地形胜，立乐昌、胡营、新城三防。齐将高苟子以千骑攻新城，武邀击之，悉虏其众。……（武成初）齐将斛律敦侵汾、绛，武以万骑御之，敦退。武

[1]《北齐书》卷一七《斛律金传》："（武定）四年，诏金率众从乌苏道会高祖于晋州，仍从攻玉壁。"

[2]《北齐书》卷一九《薛孤延传》云："代人。"

[3]《周书》卷一四《贺拔胜传》："齐神武悉众攻玉壁，胜以前军大都督从太祖追之于汾北。"

[4]《周书》卷二《文帝纪下》，大统十二年（546）九月："齐神武围玉壁，大都督韦孝宽力战拒守，齐神武攻围六旬不能下，其士卒死者什二三。会齐神武有疾，烧营而退。"

[5]《周书》卷一七《怡峰传》。

[6]《周书》卷一九《杨忠传》。

[7]《周书》卷二《文帝纪下》，大统十六年九月。

筑柏壁城，留开府权严、薛羽生守之[1]。

在东魏、北齐方面，则以斛律光为进攻主将，《北齐书》卷一七《斛律金传·附光传》载：

> 光，字明月。……天保三年……除晋州刺史。东有周天柱、新安、牛头三戍，招引亡叛，屡为寇窃。七年，光率步骑五千袭破之，又大破周仪同王敬俊等，获口五百余人，杂畜千余头而还。九年，又率众取周绛川、白马、浍交、翼城等四戍。除朔州刺史。十年……二月，率骑一万讨周开府曹回公，斩之。柏谷城主仪同薛禹生弃城奔遁，遂取文侯镇，立戍置栅而还。乾明元年，除并州刺史。……河清二年四月，光率步骑二万筑勋掌城于轵关西，仍筑长城二百里，置十三戍。三年正月，周遣将达奚成兴等来寇平阳，诏光率步骑三万御之，兴等闻而退走。光逐北，遂入其境，获二千余

---

[1]《周书》卷一九《达奚武传》校勘记〔三〕谓："《北齐书》卷一七《斛律金传》'字阿六敦'，《北史》卷五四《斛律金传》云'本名敦'，'敦'是省称，也即其汉名。但其事不见金传，唯附子光传称齐天保十年（即周武成元年，公元五五九年）二月'率骑一万，讨周开府曹回公，斩之，柏谷城主仪同薛禹生弃城奔遁'，时间正相合。这里以为斛律金事，恐是记载有误。'薛羽生'作'薛禹生'，北齐记载得之耳闻，疑作'羽'是。"本文按：标点本以上考证颇合事理。然标点本同卷同条校勘记继云："'柏壁城'《北齐书》作'柏谷城'。"按《元和郡县志》卷一四绛州正平县条云：'柏壁在县西南二十里。'《北齐书》卷一六《段荣·附子韶传》载韶语云：'汾北、河东势为国家之有，若不去柏谷，事同痼疾。'则柏壁、柏谷城同是汾、绛间的要塞，当是一城。武成元年（五五九年）守将薛羽生虽然'弃城奔遁'，但齐也未能久据此险，所以在齐武平二年（即周天和六年，公元五七二年）段韶重又攻取此城。"本文按：《北齐书》卷一七柏谷城或是柏壁城之误，但柏壁、柏谷为两个地名。柏壁据《直隶绛州志》卷二《古迹》："柏壁城在州西南二十里……后魏明元帝置柏壁镇，至太武帝废镇东雍州。"是一旧有的军事要塞。而《北齐书》卷一六《段韶传》谓武平二年（571）斛律金等攻占柏谷城，获仪同薛敬礼，仍城华谷，置戍而还。按华谷应与柏谷邻近，华谷据《稷山县志》卷二《城池》及同书卷七《古迹》皆谓在稷山县西北二十里。按稷山县在绛州（正平）之西，华谷又在稷山县西北二十里，其与绛州西南二十里之柏壁当有距离。又段韶等攻克柏谷，然后筑华谷等城，其距离及方向不应有如此差异。又《周书》卷一七《怡峰传》："从解玉壁围，平柏谷坞。"柏谷城似是柏谷坞。

口而还。……（武平元年）诏加右丞相，并州刺史。其冬，光又率步骑五万于玉壁筑华谷、龙门二城，与（宇文）宪、（擒拔）显敬等相持，宪等不敢动。光乃进围定阳，仍筑南汾城，置州以逼之，夷夏万余户并来内附。二年，率众筑平陇、卫壁、统戎等镇戍十有三所。周柱国枹罕公普屯威、柱国韦孝宽等，步骑万余，来逼平陇，与光战于汾水之北，光大破之，俘斩千计。……诏复令率步骑五万出平阳道，攻姚襄、白亭城戍，皆克之，获其城主仪同、大都督等九人，捕虏数千人。……周将军韦孝宽忌光英勇，乃作谣言，令间谍漏其文于邺。……于是下诏称光谋反……尽灭其族。

上文天保九年（558）北周失绛川、白马、浍交、翼城等四城，则浍水流域皆入于北齐手[1]。又河清二年（563）斛律光筑勋掌城于轵关西，仍筑长城二百里，置十三戍[2]；按"轵关道即古代河东通河内转至河南道"[3]。这条道路被北齐军困守，使北周军东伐失却一条重要通道。北周为夺回这条通道，次年（即河清三年、保定四年，564）"（冬十月）甲子，诏大将军、大冢宰、晋国公护率军伐齐。……少师杨㯹出轵关。……十二月，杨㯹于轵关战没"[4]。按杨㯹乃正平人，效力于西魏，领导地方势力归顺，在汾曲、涑水一带甚有功绩，前文已详述。"保定四年，迁少师。其年，大军围洛阳，诏㯹率义兵万余人出轵关。然㯹自镇东境二十余年，数与齐人战，每常克获，以此遂有轻敌之心。时洛阳未下，而㯹深入敌境，又不设备。齐人奄至，大破㯹军。㯹以众败，遂降于齐"[5]。杨㯹轻

---

[1]《水经注疏》卷六《浍水》有翼城、浍交、白马山、白马川、绛水、绛山等地。

[2] 又《北齐书》卷七《武成纪》河清二年三月乙丑诏："司空斛律光督五营军士筑戍于轵关。"

[3] 严耕望：《唐代交通图考》第一册，《篇伍　中条山脉诸陉道》（二）轵关道，页168。

[4]《周书》卷五《武帝纪上》，保定四年。又《北齐书》卷七《武成纪》，河清三年冬十一月甲辰，"太尉娄叡大破周军于轵关，擒杨㯹"。

[5]《周书》卷三四《杨㯹传》。

敌，固乃失败原因之一，但北齐已于此处设防，是最主要原因。北周损失一员大将，此道仍然未通。

段韶也是高氏政权中的主要战将，在河东战区，与宇文氏鏖战于汾水下游北岸，北周在此设有重兵，北齐不能下。在玉壁稍北靠山有一险要之地，名曰柏谷，成为北齐将夺取之目标，《北齐书》卷一六《段韶传》载：

> 韶，字孝先。……高祖以武明皇后姊子，益器爱之，常置左右，以为心腹。……（武平二年）二月，周师来寇，遣韶与右丞相斛律光、太尉兰陵王长恭同往捍御。以三月暮行达西境。有柏谷城者，乃敌之绝险，石城千仞，诸将莫肯攻围。韶曰："汾北、河东，势为国家之有，若不去柏谷，事同痼疾。计彼援兵，会在南道，今断其要路，救不能来。且城势虽高，其中甚狭，火弩射之，一旦可尽。"诸将称善，遂鸣鼓而攻之，城溃，获仪同薛敬礼，大斩获首虏，仍城华谷，置戍而还。封广平郡公。……六月，徙围定阳，其城主开府仪同杨范[1]固守不下。……伏兵击之，大溃，范等面缚，尽获其众。

北齐将攻陷柏谷，筑华谷城，实际上在汾水以北至龙门还筑若干城[2]。北周派齐国公宇文宪"自龙门度河，斛律明月退保华谷，宪攻拔其新筑五城。……（六月）齐将段孝先攻陷汾州"[3]。北齐将段孝先陷汾州，即上引段氏围破定阳，擒北周开府仪同杨敷事，《周书》卷三四《杨敷传》载：

---

[1] 杨范系杨敷之误，见校勘记〔九〕，并参见《周书》卷三四《杨敷传》。

[2]《周书》卷五《武帝纪上》，天和五年（570）冬十二月，"齐将斛律明月寇边，于汾北筑城，自华谷至于龙门"。

[3]《周书》卷五《武帝纪上》，天和六年（571）春三月乙酉。《北齐书》卷八《后主纪》，武平二年（571）六月，"段韶攻周汾州，克之，获刺史杨敷"。

杨敷字文衍，华山公宽之兄子也。……天和六年，出为汾州诸军事、汾州刺史。……齐将段孝先率众五万来寇，梯冲地道，昼夜攻城。敷亲当矢石，随事捍御，拒守累旬。孝先攻之愈急。时城中兵不满二千，战死者已十四五，粮储又尽，公私穷麀。齐公宪总兵赴救，惮孝先，不敢进军。敷知必陷没……敷乃率见兵夜出，击杀齐军数十人。齐军众稍却。俄而孝先率诸军尽锐围之，敷殊死战，矢尽，为孝先所擒。

定阳位于龙门稍北，《魏书·地形志》谓属南汾州[1]，王仲荦《北周地理志》亦谓属南汾州[2]。从上引《段韶传》《杨敷传》看，似乎此时南汾州治所在定阳郡。其时北齐文宣帝大破山胡不久[3]，北齐既不能破玉壁重镇，无力渡汾水之南，遂全力巩固汾水以北之地，大筑地塞，西阻于黄河，西南与北周界交于龙门。北齐新得浍水流域，又于轵关道筑城戍防，其攻击重心置于汾水北岸，而不沿涑水西南行而下蒲坂，固然因涑水源头有山岭[4]，最重要的是，涑水及汾水以南等河东地方势力支持北周政权，北齐军如从此路推进，除了面临北周正规军之对抗外，还将遭遇地方势力之掣肘。北周以涑水流域为其有效控制区，故于保定二年（562）"于蒲州开河渠，同州开龙首渠，以广灌溉"[5]。

斛律光是北齐有才略的大将，能攻则攻，不能攻则筑城以守之，保

---

[1]《魏书》卷一〇六上《地形志上》。

[2]《北周地理志》，页83。

[3]《北齐书》卷四《文宣纪》，天保五年（554）正月癸巳有详载。

[4]《水经注疏》卷六《涑水》"涑水出河东闻喜县东山黍葭谷"注："涑水所出，俗谓之华谷，至周阳与洮水合。水源东出清野山，世人以为清襄山也。其水东迳大岭下。（守敬按：《一统志》，水出绛县横岭山烟庄谷，山在闻喜县东南九十里，山脊横亘，跨绛及垣曲二县界。在闻喜者名小横岭，在绛县南者名大横岭，在垣曲西北者名清廉山。《水经注》，洮水源出清野山，世以为清襄山。）"

[5]《周书》卷五《武帝纪上》，保定二年春正月壬寅。

持既得成果，以待时机。绛州（即正平）西南二十里之柏壁镇[1]，系后魏明元帝设置之军事壁垒，斛律光曾屯兵于此[2]，柏壁在武成初（559）时仍为西魏达奚武所有，后为斛律光所夺，并以为进攻之基地。又绛州西十里有武平关，乃汾水北岸之军事关隘，北齐亦屯兵此处以防周寇[3]。又华谷城，在稷山县西北二十里[4]，为斛律光所筑。按玉壁在稷山县西南十二里，似乎华谷城还在玉壁北方略西处，其用意明显在抵消玉壁之重要性。又加强高欢城，该城在稷山县西五里，今为平陇城[5]。"（武平）二年，率众筑平陇、卫壁、统戎等镇戍十有三所。"[6] 其时北周在这一带似乎只剩下玉壁之地，从其将绛州屡次迁徙可知其势，"后周明帝改东雍州为绛州，徙闻喜县龙头城，复徙柏壁。建德中徙稷山之玉壁，兼治正平郡"[7]。

斛律光在这个地区予北周重大军事压力，但北齐皇帝中离间之计，诛杀斛律光："周武帝闻光死，大喜，赦其境内。后入邺，追赠上柱国、崇国公。指诏书曰：'此人若在，朕岂能至邺。'"[8]

四、北周之反攻——从东征洛阳至北伐晋并

在北朝东西两政权的军事冲突之中，宇文泰东征的最主要目标是先

---

[1]《元和郡县图志》卷一四《绛州·正平县》："柏壁在县西南二十里。"

[2]《直隶绛州志》卷二《古迹》。

[3]《直隶绛州志》卷二《古迹》。

[4]《稷山县志》卷二《城池》、卷七《华谷城》。

[5]《稷山县志》卷二《城池·平陇城》。

[6]《北齐书》卷一七《斛律金传·附光传》。又《资治通鉴》卷一七〇《陈纪四》宣帝太建三年（571）正月："齐斛律光筑十三城于西境（胡注：汾北之地，于邺为西）马上以鞭指画而成，拓地五百里，而未尝伐功。"

[7]《直隶绛州志》卷一《沿革》。

[8]《北齐书》卷一七《斛律金传·附光传》。

克复洛阳，因洛阳乃北魏之首都，颇有号召人心之作用，又自洛阳而东下邺都，似乎亦具形势之利。宇文氏大举东伐洛阳的史实有：

（1）大统三年（537）冬，沙苑之战后，宇文泰乘胜追击，"遣左仆射、冯翊王元季海为行台，与开府独孤信率步骑二万向洛阳。……初，太祖自弘农入关后，东魏将高敖曹围弘农，闻其军败，退守洛阳。独孤信至新安，敖曹复走渡河，信遂入洛阳。……（大统）四年……七月，东魏遣其将侯景、厍狄干、高敖曹、韩轨、可朱浑元、莫多娄贷文等围独孤信于洛阳。齐神武继其后。先是，魏帝将幸洛阳拜园陵，会信被围，诏太祖率军救信，魏帝亦东。……战并不利……由是乃班师，洛阳亦失守"[1]。

（2）"（大统）九年春，东魏北豫州刺史高仲密举州来附，太祖帅师迎之，令开府李远为前军。……三月，齐神武至河北。太祖还军瀍上以引之。齐神武果度河，据邙山为阵，不进者数日。……赵贵等五将军居左，战不利。齐神武军复合，太祖又不利，夜乃引还。既入关，屯渭上。"[2] 是为邙山之败。

（3）"（保定四年，冬十月）甲子，诏大将军、大冢宰、晋国公护率军伐齐，帝于太庙庭授以斧钺。于是护总大军出潼关，大将军权景宣率山南诸军出豫州，少师杨摽出轵关。……十一月甲午，柱国、蜀国公尉迟迥率师围洛阳，柱国、齐国公宪营于邙山，晋公护次于陕州。……（十二月）壬戌，齐师渡河，晨至洛阳，诸军惊散。尉迟迥率麾下数十骑捍敌，得却，至夜引还。柱国、庸国公王雄力战，死之。遂班师。"[3]

（4）"（建德四年七月）丙子，召大将军以上于大德殿，帝曰：'……今欲数道出兵，水陆兼进，北拒太行之路，东扼黎阳之险。若攻拔河

[1]《周书》卷二《文帝纪下》，大统三年、四年（538）。

[2]《周书》卷二《文帝纪下》，大统九年（543）三月。

[3]《周书》卷五《武帝纪上》，保定四年（564）十至十二月。

阴，兖、豫则驰檄可定……'群臣咸称善。……以柱国陈王纯为前一军总管，荥阳公司马消难为前二军总管，郑国公达奚震为前三军总管，越王盛为后一军总管，周昌公侯莫陈琼为后二军总管，赵王招为后三军总管，齐王宪率众二万趣黎阳，随国公杨坚、广宁侯薛回舟师三万自渭入河，柱国梁国公侯莫陈芮率众一万守太行道，申国公李穆帅众三万守河阳道，常山公于翼帅众二万出陈、汝。壬午，上亲率六军，众六万，直指河阴。……（八月）丁未，上亲率诸军攻河阴大城，拔之。进攻子城，未克。上有疾。九月辛酉夜，班师，水军焚舟而退。齐王宪及于翼、李穆等所在克捷，降拔三十余城，皆弃而不守。"[1]

以上四次大会战，皆是宇文氏之主力部队，结果皆铩羽而归，原因固多，其中最重要的一点恐怕是洛阳乃四战之地，洛阳受到攻击，不但河南地区可立刻支援，邺都亦可派兵援助；最具威力的乃并州，并州是东魏、北齐之军事核心区[2]，高氏又聚结精锐于此地，高氏在东魏任大丞相，北齐时期是皇帝，平均每年三分之二的时间驻于并州。洛阳有变，并州派军南下，迅速即达，所以宇文氏虽屡破洛阳，卒不能守，最终屡次退回潼关。这种形势在北周第四次进攻洛阳时已有人指出[3]。建德四年之败，北周武帝终于发现并州才是决战胜负之地。《周书》卷六《武帝纪下》建德五年（576）：

---

[1]《周书》卷六《武帝纪下》，建德四年（575）七至十月。

[2] 见本书第二篇《北魏、东魏、北齐之核心集团与核心区》。

[3]《资治通鉴》卷一七二《陈纪六》宣帝太建七年（575）载："周主将出河阳，内史上士宇文弼曰：'齐氏建国，于今累世；虽曰无道，藩镇之任，尚有其人。今之出师，要须择地。河阳冲要，精兵所聚，尽力攻围，恐难得志。如臣所见，出于汾曲，戍小山平，攻之易拔。用武之地，莫过于此。'民部中大夫天水赵煚曰：'河南、洛阳，四面受敌，纵得之，不可以守。请从河北直指太原，倾其巢穴，可一举而定。'遂伯下大夫鲍宏曰：'我强齐弱，我治齐乱，何忧不克！但先帝往日屡出洛阳，彼既有备，每有不捷。如臣计者，进兵汾、潞，直掩晋阳，出其不虞，似为上策。'周主皆不从。"

冬十月，帝谓群臣曰："……若复同往年，出军河外，直为抚背，未扼其喉。然晋州本高欢所起之地，镇摄要重，今往攻之，彼必来援，吾严军以待，击之必克。然后乘破竹之势，鼓行而东，足以穷其窟穴，混同文轨。"诸将多不愿行。帝曰："几者事之微，不可失矣。若有沮吾军者，朕当以军法裁之。"

要进攻并州，势必与高氏主力会战，是以诸将多不愿行，但此战略是宇文氏经过数次失败教训而获取的，当然要坚持执行。自关中进攻并州，河东地区便成为重要基地，当年高氏屡次亲率大军或派主将进攻河东地区，其目标当然是关中。宇文氏最终悟出之战略，实际上与高氏相同，只是攻战方向相反而已。高氏屡次进攻河东，是其主动出击，因此当时高氏略强于宇文氏，然自宇文氏得四川，并后梁，其势已与高氏实力相当。北周武帝判断北齐人谋不臧，"前入贼境，备见敌情，观彼行师，殆同儿戏。又闻其朝政昏乱，政由群小，百姓嗷然，朝不谋夕。天与不取，恐贻后悔"[1]。所以昔日宇文氏在河东地区是防御战，如今则以河东为基地发动进攻战。北周武帝在改变战略后，曾在河东地区先做军事演习，《周书》卷六《武帝纪下》建德五年春正月辛卯：

行幸河东涑川，集关中、河东诸军校猎。

同年十月，发动大规模东伐，《周书》卷六《武帝纪下》建德五年冬十月己酉载：

帝总戎东伐。以越王盛为右一军总管，杞国公亮为右二军总管，随国公杨坚为右三军总管，谯王俭为左一军总管，大将军窦恭为左二军总管，广化公丘崇为左三军总管，齐王宪、陈王纯为前军。……

[1]《周书》卷六《武帝纪下》，建德五年冬十月，武帝谓群臣语。

癸亥，帝至晋州，遣齐王宪率精骑二万守雀鼠谷，陈王纯步骑二万守千里径，郑国公达奚震步骑一万守统军川，大将军韩明步骑五千守齐子岭，乌氏公尹昇步骑五千守鼓钟镇，凉城公辛韶步骑五千守蒲津关，柱国、赵王招步骑一万自华谷攻齐汾州诸城，柱国宇文盛步骑一万守汾水关。遣内史王谊监六军，攻晋州城。帝屯于汾曲。齐王宪攻洪洞、永安二城，并拔之。……帝每日自汾曲赴城下，亲督战，城中惶窘。……（壬申）未明，登城鼓噪，齐众溃，遂克晋州，擒其城主特进、开府、海昌王尉相贵，俘甲士八千人，送关中。甲戌，以上开府梁士彦为晋州刺史，加授大将军，留精兵一万以镇之。又遣诸军徇齐诸城镇，并相次降款。十一月己卯，齐主自并州率众来援。……十二月戊申，次于晋州。……帝帅诸军八万人，置阵东西二十余里。……勒诸军击之，齐人便退。齐主与其麾下数十骑走还并州。齐众大溃，军资甲仗，数百里间，委弃山积。……己未，军次并州。庚申，（高）延宗拥兵四万出城抗拒。……至明，率诸军更战，大破之，擒延宗，并州平。

自并州沦陷后，高氏未久便亡国。

高欢试图自并州经河东而入关中，受阻于玉壁，壮志未酬身先死。此二战略方向却由李渊实现，其间除了战略路线正确以外，亦需地方势力的支援。《隋书》卷六三《樊子盖传》载：

> （大业十一年）时绛郡贼敬槃陀、柴保昌等阻兵数万，汾、晋苦之。诏令子盖进讨。于时人物殷阜，子盖善恶无所分别，汾水之北，村坞尽焚之。百姓大骇，相率为盗。其有归首者，无少长悉坑之。拥数万之众，经年不能破贼，有诏征还。

《新唐书》卷一《高祖纪一》：

（大业）十一年，拜山西河东慰抚大使，击龙门贼毋端儿。……又击绛州贼柴保昌，降其众数万人。

《资治通鉴》卷一八二《隋纪六》大业十一年（615）十二月：

诏以李渊代之。有降者，渊引置左右，由是贼众多降。

按李渊在大业中杨玄感反隋之时，曾"为弘化留守以御玄感，诏关右诸郡兵皆受高祖节度"[1]。所以李渊自太原南下，除在霍邑受阻，斩守将宋老生以外，下临汾郡及绛郡，旋至龙门，并未受阻挡，至蒲坂，遇隋骁卫大将军屈突通镇河东，不得进，因关中响应，避开蒲坂渡河入长安[2]。

五、结　论

第一，魏分东西之时，高欢的势力达黄河西岸，在北中国占绝对优势。大统三年（537）沙苑之战，高欢大败，东魏因此大撤退。而在河东地方势力的支持之下，宇文氏遂拥有大部分河东地区，获得抗衡高氏之机会。

第二，河东人物的动向影响宇文氏拥有河东地区之稳固性，也影响西魏、北周对抗东魏、北齐时之实力。河东裴氏著房在东西政权皆有出仕者，洗马房、中眷双虎支、东眷、东眷道护支等归向于宇文氏，中眷万虎支、中眷三虎支则归向于高氏，西眷、南来吴等大部分仕于高氏，小部分西走关中；归向于宇文氏之房支其地方势力较强。河东柳氏著房东眷及西眷绝大多数归向于宇文氏。河东薛氏南祖分仕于东西政权，而最强盛并且地方势力最大的西祖濆上五门薛氏大房绝大多数归向于宇文

---

[1]《新唐书》卷一《高祖纪一》。
[2] 参见《大唐创业起居注》卷二。

氏，所以汾水以南成为西魏、北周的有力支持区；薛氏有一些旁支在汾北颇有势力，他们倾向于高氏，其后汾北成为东西政权的争夺区。蒲坂地方豪强敬珍、敬祥等全力归向于宇文氏。综合以上分析，汾阴薛氏、闻喜裴氏、解县柳氏以及蒲坂敬氏等大族在东西政权对峙之时，其著房之在乡宗族绝大多数倾向于宇文氏，使得汾水以南、涑水上游中游下游、盐池一带皆成为西魏、北周的稳固地盘。正平地方豪强杨㯹归向宇文氏，使得东西政权在汾曲、浍水流域、涑水源头之地的争夺战中，西方一直占得上风。

第三，河东大士族裴氏、柳氏、薛氏等其主支大部分归向于西魏、北周，其人物与关中政权长期结合，所以时人将此三大士族归类于关中郡姓之中[1]。

第四，东魏、北齐的军事中心在并州，河东成为高氏进攻关中的重要通道。汾南、涑水流域是宇文氏的稳固地盘，东西政权遂展开汾北争夺战，高欢两次大举围攻玉壁，未果而卒；北齐将斛律光、段孝先等重兵经略汾北，几尽得其地；北周因北齐君臣猜忌而得以喘息。

第五，宇文氏多次大举东征皆以洛阳为目标，因高氏的并、邺军援而未果。北周吞并四川、灭后梁后，国力骤增，建德四年（575）再次大举东伐洛阳，仍然铩羽而归。建德五年（576）北周武帝乃以河东为基地，北伐晋、并，摧毁北齐之军事中心，才得以统一北方。

---

[1]《新唐书》卷一九九《柳冲传》载，柳芳云："关中亦号'郡姓'，韦、裴、柳、薛、杨、杜首之。"

第五篇

西魏府兵史论

一、前　言

　　有关府兵制度前期的研究，发轫于陈寅恪《府兵制前期史料试释》一文 [1]；岑仲勉《府兵制度研究》对于府兵之起源，《周书》《北史》《邺侯家传》史料之辨正，东魏、北齐府兵等，提出独到的观点 [2]；唐长孺《魏周府兵制度辨疑》提出南北朝军府皆影响府兵之说，并辨明《邺侯家传》郎将主府恐不正确 [3]；谷霁光《府兵制度考释》是颇具功夫之作，对于资料及名词之诠释，极为详尽 [4]。日人滨口重国《西魏の二十四軍と儀同府》纯于军制上做系统排列 [5]；谷川道雄《武川鎮軍閥の形成》更将宇

[1] 陈寅恪：《府兵制前期史料试释》，《"中央研究院"历史语言研究所集刊》7（3），1937；该文略增订后，复收入《隋唐制度渊源略论稿》六《兵制》，"中央研究院"历史语言研究所专刊之二十二，商务印书馆，1944。
[2] 岑仲勉：《府兵制度研究》，第一、二、三章，上海人民出版社，1957，页1—27。
[3] 唐长孺：《魏周府兵制度辨疑》，《魏晋南北朝史论丛》，三联书店，1955，页250—288。
[4] 谷霁光：《府兵制度考释》，第一、二、三章，上海人民出版社，1962，页1—95。
[5] 滨口重国：《西魏の二十四軍と儀同府》上，《东方学报》8，1938，页347—400；下，《东方学报》9，1939，页347—393。

文泰集团之源头上溯至六镇之武川[1]；菊池英夫《北朝軍制に於ける所謂郷兵について》指出府兵制与乡兵之关系[2]。中国学者自史料之考释、名词之界定，进而探索府兵制度之意义；日本学者则自府兵之武川源头、乡兵结合、兵制本身的系统等角度探索府兵制度之凝成。半个世纪以来，中日前辈学者对于府兵制度之轮廓与内涵已有相当程度之梳理。唯近年严耕望《唐代交通图考》之问世[3]，使中古交通路线及地理方位获得较清晰之脉络；王仲荦《北周地理志》重建西魏、北周地理志[4]，其中尤以《东西魏北齐北周侨置六州考略》最为扼要[5]；马长寿《碑铭所见前秦至隋初的关中部族》是运用石刻资料探讨关中居民结构的最佳范本[6]。这几部著作看起来与府兵制度并无直接关联，但由于对关中地区地理及部族之明了，开拓了史学研究领域。作者曾撰写《晋隋之际河东地区与河东大族》一文，即尝试结合地理、人群而探讨地方势力，今细细拜读前辈著作，发现可进一步研究关中地区，按关中乃西魏、北周朝廷所在地，性质上已非一隅之州郡，因而激起强烈的意志研究府兵制度。所以本文研究府兵制度仍非常重视地缘关系、居民结构、社会势力等因素；复由于府兵制是西魏、北周中央朝廷中的重要制度，故各主要军事集团在此制度中之结合也是关键所在。本文的主旨如下：宇文政权中的军事集团，西魏社会势力之分析，六柱国十二大将军之统属及其辖区，西魏府兵制

[1] 谷川道雄：《武川鎮軍閥の形成》，《名古屋大学东洋史研究报告》8，1982，页35—63。

[2] 菊池英夫：《北朝軍制に於ける所謂郷兵について》，《九州大学东洋史论丛：重松先生古稀纪念》，1957，页91—139。其后谷川道雄亦有《北朝末期の郷兵について》，《东洋史研究》20（4），1962，页60—91；《北朝郷兵再論》，《名古屋大学文学部研究论集》56，1972，页51—68。

[3] 严耕望：《唐代交通图考》，"中央研究院"历史语言研究所专刊之八十三，现已出版五册，第一册为京都关内区，1985。

[4] 王仲荦：《北周地理志》，中华书局，1980。

[5] 王仲荦：《东西魏北齐北周侨置六州考略》，《文史》5，1978，页23—29。

[6] 马长寿：《碑铭所见前秦至隋初的关中部族》，中华书局，1985。

度成立之分析等。

　　本文以研究西魏时期府兵制度及其相关之政治社会为主，凡历史事件需上溯至北魏末期或下及北周、隋、唐者，在章节中亦一并讨论。本文以研究西魏域内有关府兵制度之人、地、事为主，但若需要与东魏对应比较时，亦陈述两者间之异同，以阐明府兵制度之特性。

二、宇文泰政权中的军事集团

（一）宇文泰亲信

　　于谨。"河南洛阳人也。小名巨弥。曾祖婆，魏怀荒镇将。祖安定，平凉郡守、高平郡将。父提，陇西郡守，荏平县伯。"[1] 当破六韩拔陵首乱北境之时，于谨已从军平乱，其后征鲜于脩礼，南伐梁境，升为都督。讨葛荣，平邢杲，拜征虏将军。从尔朱天光破万俟丑奴，又随尔朱天光平宿勤明达，别讨夏州贼贺遂有伐等，授大都督。又从尔朱天光与高欢战于韩陵山，尔朱天光既败，于谨遂入关。贺拔岳以为咸阳郡守。于谨与宇文泰有较深厚的渊源，故"太祖临夏州，以谨为防城大都督，兼夏州长史"[2]。在众多资深将领之中，于谨是宇文泰未掌权之前唯一的追随者。其时贺拔岳为"都督二雍二华二岐豳四梁三益巴二夏蔚宁泾二十州诸军事、大都督"[3]。侯莫陈悦为"开府仪同三司、都督陇右诸军事，仍加秦州刺史"[4]。宇文泰本为贺拔岳关西大行台之左丞，领岳府司马[5]。贺

---

[1]《周书》卷一五《于谨传》。

[2]《周书》卷一五《于谨传》。于谨本姓万纽于，北魏勋臣八姓之一，见姚薇元：《北朝胡姓考》，中华书局，1962，页54。

[3]《周书》卷一四《贺拔胜传·附岳传》，魏孝武帝永熙二年（533）时。

[4]《周书》卷一四《贺拔胜传·附侯莫陈悦传》，魏孝武帝初。

[5]《周书》卷一《文帝纪上》太昌元年（532）。《资治通鉴》卷一五五《梁纪十一》武帝中大通四年（532）亦载："岳以泰为行台左丞，领府司马，事无巨细皆委之。"

拔岳扩张其势力，任命宇文泰为"使持节、武卫将军、夏州刺史"[1]。夏州即五胡入华时西夏国赫连勃勃之统万城，战略地位重要，唯四周部落复杂[2]，是一既危险又富于机会之所，从《周书·文帝纪》载"太祖至州，（纥豆陵）伊利望风款附"而言，夏州之派遣，宇文泰俨然成为当时关内的第三势力，而于谨是其第一副手。于谨向宇文泰进言定关中、迎魏帝之策，几乎与宇文泰向贺拔岳进言定关中、匡魏帝之策雷同[3]。在联系魏帝方面，当初贺拔岳曾派遣宇文泰诣阙请事[4]。宇文泰主持关中军政之后，于谨担负起这项联系任务，"会有敕追谨为阁内大都督，谨因进都关中之策，魏帝纳之。寻而齐神武逼洛阳，谨从魏帝西迁"[5]。按当时魏帝受逼于高欢，其行止有多种选择[6]，而建议西迁入关者，亦有多人[7]，唯于谨是宇文泰之第一副手，谨之建议对魏帝而言应该甚具影响。魏帝入关对于宇文泰声望的提高极为重要。魏廷立基关中，宇文泰得以顺利地发展中央禁旅——府兵制度。

---

[1]《周书》卷一《文帝纪上》。

[2]《周书》卷一《文帝纪上》："太祖还谓岳曰：'……今费也头控弦之骑不下一万，夏州刺史斛拔弥俄突胜兵之士三千余人，及灵州刺史曹泥，并恃其僻远，常怀异望。河西流民纥豆陵伊利等，户口富实，未奉朝风。今若移军近陇，扼其要害，示之以威，服之以德，即可收其士马，以实吾军。'"

[3]《周书》卷一《文帝纪上》："西辑氐羌，北抚沙塞，还军长安，匡辅魏室，此桓文举也。"卷一五《于谨传》："谨对曰：'关右，秦汉旧都，古称天府，将士骁勇，厥壤膏腴，西有巴蜀之饶，北有羊马之利。今若据其要害，招集英雄，养卒劝农，足观时变。且天子在洛，逼迫群凶，若陈明公之恳诚，算时事之利害，请都关右，帝必嘉而西迁。然后挟天子而令诸侯，奉王命以讨暴乱，桓、文之业，千载一时也。'太祖大悦。"

[4]《周书》卷一《文帝纪上》，宇文泰进言贺拔岳之后，"岳大悦，复遣太祖诣阙请事，密陈其状。魏帝深纳之。加太祖武卫将军，还令报岳"。

[5]《周书》卷一五《于谨传》。

[6]《资治通鉴》卷一五六《梁纪十二》武帝中大通六年（534）七月："魏主问计于群臣，或欲奔梁，或云南依贺拔胜，或云西就关中，或云守洛口死战，计未决。"

[7]《资治通鉴》卷一五六《梁纪十二》武帝中大通六年六月载，主张西迁入关者有中军将军王思政、散骑侍郎河东柳庆、阁内都督宇文显和、东郡太守河东裴侠等。

贺兰祥。《周书》卷二〇《贺兰祥传》载：

> 其先与魏俱起。……其后有以良家子镇武川者，遂家焉。父初
> 真，少知名，为乡间所重。尚太祖姊建安长公主。……祥年十一而
> 孤，居丧合礼。长于舅氏，特为太祖所爱。……太祖初入关，祥与
> 晋公护俱在晋阳，后乃遣使迎致之。……寻擢补都督，恒在帐下。
> 从平侯莫陈悦，又迎魏孝武。……从击潼关。……又攻回洛城，拔之。
> 还，拜左右直长。

宇文泰为贺兰祥之舅[1]，且祥自幼长于泰家，泰视祥为子侄，祥追随
泰参加大小战役。

宇文导，宇文泰长兄颢之子。《周书》卷一〇《邵惠公颢传·附导
传》载：

> 导字菩萨。少雄豪，有仁惠，太祖爱之。初与诸父在葛荣军中，
> 荣败，迁晋阳。及太祖随贺拔岳入关，导从而西，常从征伐。太祖
> 讨侯莫陈悦，以导为都督，镇原州。及悦败，北走出故塞，导率骑
> 追之，至牵屯山及悦，斩之，传首京师。……（大统）三年，太祖
> 东征，导入宿卫，拜领军将军、大都督。齐神武渡河侵冯翊，太祖
> 自弘农引军入关，导督左右禁旅会于沙苑，与齐神武战，大破之。
> 进位仪同三司。明年，魏文帝东征，留导为华州刺史。及赵青雀、
> 于伏德、慕容思庆等作乱，导自华州率所部兵击之，擒伏德，斩思
> 庆。进屯渭桥，会太祖军。事平，进爵章武郡公。……寻加侍中、
> 开府、骠骑大将军、太子少保。高仲密以北豫降，太祖率诸将辅魏
> 皇太子东征，复以导为大都督，华、东雍二州诸军事，行华州刺史。

---

[1] 参见谷川道雄：《武川鎮軍閥の形成》，页42之婚姻关系表。

导治兵训卒，得守捍之方。及大军不利，东魏军追至稠桑，知关中有备，乃退。

宇文导是宇文泰钟爱之侄，按宇文泰大部分时间长驻于华州一带，宇文导则在雍州一带，大统之初曾经宿卫，东魏兵至沙苑，导亦曾领禁旅参战。宇文泰出关东征，则将导调至华州。《周书》卷一〇《邵惠公颢传·附导传》末评曰："导性宽明，善于抚御，凡所引接，人皆尽诚。临事敬慎，常若弗及。太祖每出征讨，导恒居守，深为吏民所附，朝廷亦以此重之。"按宇文泰长子毓，永熙三年（534）生，母曰姚夫人[1]，毓即北周第二任皇帝明帝；唯宇文泰属意于第三子觉，觉生于大统八年（542），母曰元皇后[2]，觉即北周第一任皇帝孝闵帝。由于宇文觉年幼，宇文泰培养兄颢之子导、护扶助幼君。颢有三子，即什肥、导、护。什肥留晋阳为高欢所杀[3]。就年龄、声望、才能各方面而言，宇文导是宇文泰最信任者，宇文泰出征或巡防时，皆令宇文导领重兵居守。宇文导卒于魏恭帝元年（554）十二月，年四十四，乃弟护遂替代导之角色。

宇文护。《周书》卷一一《晋荡公护传》载：

> 太祖之兄邵惠公颢之少子也。……普泰初，自晋阳至平凉，时年十七。太祖诸子并幼，遂委护以家务。……从征侯莫陈悦，破之。……从太祖擒窦泰，复弘农，破沙苑，战河桥，并有功。迁镇东将军、大都督。（大统）八年，进车骑大将军、仪同三司。……十二年，加骠骑大将军、开府仪同三司。……十五年，出镇河东，迁大将军。与于谨征江陵。……太祖西巡至牵屯山，遇疾，驰驿召护。护至泾州见太祖，而太祖疾已绵笃。谓护曰："吾形容若此，必

---

[1]《周书》卷四《明帝纪》。
[2]《周书》卷三《孝闵帝纪》。
[3]《周书》卷一〇《邵惠公颢传·附什肥传》。

是不济。诸子幼小，寇贼未宁，天下之事，属之于汝，宜勉力以成吾志。"护涕泣奉命。行至云阳而太祖崩。护秘之，至长安乃发丧。时嗣子冲弱，强寇在近，人情不安。护纲纪内外，抚循文武，于是众心乃定。

宇文护于大统十二年（546）为开府，十五年（549）至征江陵间升为大将军。征江陵在西魏恭帝元年（554）[1]，是年乃兄导卒，按大统十六年（550）时未见护为大将军，所以护任大将军应在大统十七年（551）至恭帝元年之间。无论如何，护在大统十六年虽未名列大将军，但其权力迅速增大，恭帝三年（556）十月乙亥，宇文泰卒，护"寻拜柱国"[2]，是年十二月庚子，宇文护即扶助觉篡魏立周，并诛柱国大将军赵贵及其党羽，逼死独孤信等[3]，宇文护是北周初期真正的掌权者。

王盟。《周书》卷二〇《王盟传》载：

> 明德皇后之兄也。……父黑，伏波将军，以良家子镇武川，因家焉。……及尔朱天光入关，盟出从之。随贺拔岳为前锋，擒万俟丑奴，平秦陇。……太祖将讨侯莫陈悦，征盟赴原州，以为留后大都督，镇高平。悦平，除原州刺史。魏孝武至长安，封魏昌县公，邑一千户。大统初，复加车骑大将军、仪同三司。三年，征拜司空，寻转司徒。……加侍中，迁太尉。魏文帝东征，以留后大都督行雍州事，节度关中诸军。赵青雀之乱，盟与开府李虎辅魏太子出顿渭北。……赐姓拓拔氏。……迁太保。九年，进位太傅，加开府仪同三司。

王盟亦属武川军系，且是宇文泰之舅[4]。他在魏廷迁转于列公之间，

---

[1]《周书》卷四八《萧詧传》。

[2]《周书》卷一一《晋荡公护传》。

[3] 参见《周书》卷一六《赵贵传》《独孤信传》。

[4] 参见谷川道雄：《武川镇军阀の形成》，页42之婚姻关系表。

但其军阶比李虎为低，大统四年（538）时李虎为开府，王盟是仪同，王盟至大统九年（543）才加开府衔。王盟甚受魏帝之敬重，《周书》卷二〇《王盟传》又载：

> 盟姿度弘雅，仁而泛爱。虽位居师傅，礼冠群后，而谦恭自处，未尝以势位骄人。魏文帝甚尊重之。及有疾，数幸其第，亲问所欲。其见礼如此。大统十一年，薨。

王盟是魏主与宇文泰双方所信赖之人。王盟之子励曾领禁兵，"沙苑之役，励以都督领禁兵从太祖"[1]，伤重而亡。王盟另子懋，官至"开府仪同三司、侍中、左卫将军、领军将军。懋性温和，小心敬慎。宿卫宫禁，十有余年，勤恪当官，未尝有过。魏文帝甚嘉之。废帝二年，除南岐州刺史"[2]。这样的安排，维持了魏帝与宇文泰间十八年的和睦。

尉迟纲。《周书》卷二〇《尉迟纲传》载：

> 蜀国公迥之弟也。[3]少孤，与兄迥依托舅氏。太祖西讨关陇，迥、纲与母昌乐大长公主留于晋阳，后方入关。从太祖征伐，常陪侍帷幄，出入卧内。……大统元年，授帐内都督，从仪同李虎讨曹泥，破之。又从破窦泰。……仍从复弘农，克河北郡，战沙苑，皆有功。……太祖甚宠之，委以心膂。河桥之战，太祖马中流矢，因而惊奔。纲与李穆等左右力战，众皆披靡，太祖方得乘马。……八年，加……太子武卫率、前将军，转帅都督。东魏围玉壁，纲从太祖救之。九年春，太祖复与东魏战于邙山，大军不利，人心离解。

---

[1]《周书》卷二〇《王盟传·附励传》。
[2]《周书》卷二〇《王盟传·附懋传》。
[3] 按《周书》卷二一《尉迟迥传》载："代人也。其先，魏之别种，号尉迟部，因而姓焉。父俟兜……尚太祖姊昌乐大长公主，生迥及纲。"

纲励将士，尽心翊卫。迁大都督。十四年，拜车骑大将军、仪同三司。……俄迁骠骑大将军、开府仪同三司。……十七年，出为华州刺史。魏废帝二年，拜大将军，兼领军将军。及帝有异谋，言颇漏泄。太祖以纲职典禁旅，使密为之备。俄而帝废，立齐王，仍以纲为中领军，总宿卫。

尉迟纲兄弟是在宇文泰家中养育长大的外甥[1]，及长，常随宇文泰出征，亦曾任华州刺史，此乃宇文泰常居之地。大统十七年（551），李虎卒，义阳王元子孝继虎任柱国[2]。废帝二年（553）十一月，魏室有一次政变，元氏失败，起因为"安定公宇文泰杀尚书元烈"[3]，是年王盟之子王懋解领军将军，宇文泰更为亲信、视为子侄的尉迟纲受命新职"拜大将军，兼领军将军"，他的任务还有刺探魏帝之言行，"及帝有异谋，言颇漏泄。太祖以纲职典禁旅，使密为之备"。因此导致废帝，而纲自此总领宿卫，即所谓"俄而帝废，立齐王，仍以纲为中领军，总宿卫"。经过这次事件，纲必撤换禁卫军，元室剩余的一点力量也可能自此退出京闱，未三年而北周代西魏。

尉迟纲之兄迥，其母为宇文泰姊昌乐大长公主，迥本人则"尚魏文帝女金明公主，拜驸马都尉。从太祖复弘农，破沙苑，皆有功。累迁尚书左仆射，兼领军将军。迥通敏有干能，虽任兼文武，颇允时望。太祖以此深委仗焉。后拜大将军"[4]。迥任领军将军之时间未详，按行文推测，应在魏文帝大统年间。迥与王盟，盟子励、懋等相同，是宇文泰与魏文帝双方共同信任之人物。废帝二年以后，显然是乃弟尉迟纲任领军

---

[1] 参见谷川道雄：《武川镇军阀の形成》，页42之婚姻关系表。

[2] 据陈寅恪考证，见《隋唐制度渊源略论稿》六《兵制》，页95。

[3] 《北史》卷五《西魏废帝本纪》，废帝二年冬十一月。

[4] 《周书》卷二一《尉迟迥传》。

将军。迥在西魏之末，拜大将军之职，宇文泰赋予伐蜀之大任，"令迥督开府元珍、乙弗亚、俟吕陵始、叱奴兴、綦连雄、宇文昇等六军，甲士一万二千，骑万匹，伐蜀。以魏废帝二年春，自散关由固道出白马"[1]。平蜀是宇文政权之重大胜利，于是"诏迥为大都督、益潼等十八州诸军事、益州刺史。以平蜀功，封一子为公。自剑阁以南，得承制封拜及黜陟。……孝闵践阼，进位柱国大将军"[2]。

宇文泰之亲信还有叱列伏龟。《周书》卷二〇《叱列伏龟传》载：

> 代郡西部人也。世为部落大人。魏初入附，遂世为第一领民酋长。……嗣父业，复为领民酋长。……遂为齐神武所宠任，加授大都督。沙苑之败，随例来降。太祖以其豪门，解缚礼之，仍以邵惠公女妻之。大统四年，封长乐县公，邑一千户。自此常从太祖征讨，亟有战功。八年，出为北雍州刺史，加大都督。寻进位车骑大将军、仪同三司、散骑常侍。十四年，征拜侍中，加骠骑大将军、开府仪同三司，除恒州刺史。……十七年，卒。

又有阎庆。《周书》卷二〇《阎庆传》载：

> 河南河阴人也。曾祖善，仕魏，历龙骧将军、云州镇将，因家于云州之盛乐郡。祖提，使持节、车骑大将军、燉煌镇都大将。父进……正光中，拜龙骧将军。……（进）以功拜盛乐郡守。……（庆）以大统三年，自宜阳归阙。……邙山之战……拜抚军将军、大都督。……累迁使持节、车骑大将军、仪同三司、散骑常侍、骠骑大将军、开府仪同三司、云州大中正，加侍中，赐姓大野氏。孝闵帝践阼，出为河州刺史。……拜大将军……除云州刺史，转宁州刺史。……

---

[1]《周书》卷二一《尉迟迥传》。

[2]《周书》卷二一《尉迟迥传》。

晋公护母，庆之姑也。……庆第十二子毗尚帝（高祖）女清都公主。

叱列伏龟、阎庆[1]皆与宇文氏联姻，叱列伏龟在大统十七年（551）以前曾任恒州刺史，而阎庆在西魏末任云州大中正，在北周初任云州刺史，按恒州、云州是西魏、北周六侨州之一，安置北族部人，是禁旅之所出，很受宇文泰重视，于谨在大统九年（543）以前亦曾任"恒并燕肆云五州诸军事、大将军、恒州刺史"[2]之职。

宇文贵。《周书》卷一九《宇文贵传》载：

> 其先昌黎大棘人也。徙居夏州。……正光末，破六汗拔陵围夏
> 州，刺史源子雍婴城固守，以贵为统军救之。前后数十战，军中咸
> 服其勇。……元颢入洛，贵率乡兵从尔朱荣焚河桥，力战有功。……
> 除郢州刺史，入为武卫将军、阁内大都督。从魏孝武西迁，进爵化
> 政郡公。大统初，迁右卫将军。贵善骑射，有将率才。太祖又以宗
> 室，甚亲委之。……十六年，迁中外府左长史，进位大将军。

按夏州应有宇文族，宇文贵能救夏州刺史源子雍，应与宇文贵在该地率乡兵有关，其后宇文贵又率乡兵转河洛，与魏室接近，在魏孝武帝西迁以前任武卫将军、阁内大都督，大统初为魏帝之右卫将军。宇文泰在夏州时或与该地宇文鲜卑人同种，故宇文泰以宇文贵为宗室，甚亲委之。宇文贵亦是魏帝与宇文泰双方信任之人，故任禁卫军之右卫将军。

综上所述，宇文泰亲信有于谨、贺兰祥、宇文导、宇文护、王盟、尉迟纲、尉迟迥、叱列伏龟、阎庆、宇文贵等，以宇文泰为中心，包括宇文泰之宗室、姻亲及最亲信之部将。

---

[1] 参见谷川道雄：《武川镇军阀の形成》，页42之婚姻关系表。叱列伏龟妻邵惠公颢女，即宇文导、宇文护之姊妹，谷川表中未列。

[2]《周书》卷一五《于谨传》。

（二）贺拔胜集团

贺拔胜是武川军人系统中的重要人物，《周书》卷一四《贺拔胜传》载：

> 神武尖山人也。其先与魏氏同出阴山。有如回者，魏初为大莫弗。祖尔头，骁勇绝伦，以良家子镇武川。……父度拔，性果毅，为武川军主。……后随度拔与德皇帝（宇文泰之父，名肱）合谋，率州里豪杰奥珍、念贤、乙弗库根、尉迟真檀等，招集义勇，袭杀（贼伪署王卫）可孤。朝廷嘉之。

其后贺拔胜追随尔朱荣，破葛荣军，尔朱荣死后，贺拔胜与尔朱氏同谋，立节闵帝，拜右卫将军、车骑大将军、仪同三司、左光禄大夫。《周书》卷一四《贺拔胜传》继载：

> 太昌初，以胜为领军将军，寻除侍中。孝武帝将图齐神武，以胜弟岳拥众关西，欲广其势援，乃拜胜为都督三荆、二郢、南襄、南雍七州诸军事，进位骠骑大将军、开府仪同三司、荆州刺史，加授南道大行台尚书左仆射。

贺拔胜弟岳死后，魏孝武帝入关，贺拔胜本欲西赴关中，见阻于高欢，复败于东魏侯景，南奔萧梁，居南朝三年始得回长安[1]。时在大统二年（536），随贺拔胜自梁归国之人马不多[2]，故贺拔胜亲领军马甚少，但

---

[1]《资治通鉴》卷一五六《梁纪十二》武帝中大通六年（北魏永熙三年，534）九月，记贺拔胜兵败来奔。《资治通鉴》卷一五七《梁纪十三》武帝大同二年（大统二年，536），记贺拔胜于七月离梁。前后三年，实计二年。

[2]《资治通鉴》卷一五六《梁纪十二》武帝中大通六年九月，"胜兵败，帅数百骑来奔"。又《资治通鉴》卷一五七《梁纪十三》武帝大同二年七月："上许胜、宁及卢柔皆北还，亲饯之于南苑。……行至襄城，东魏丞相欢遣侯景以轻骑邀之，胜等弃舟自山路逃归（胡注：胜等舟行，盖自淮入颍，自颍入汝，溯流而西，入山路，自三鸦取武关也），从者冻馁，道死者太半。"

贺拔胜乃当时名将，成名甚早，《周书》卷一四《贺拔胜传》载：

> 初，胜至关中，自以年位素重，见太祖不拜，寻而自悔，太祖
> 亦有望焉。后从太祖宴于昆明池，时有双凫游于池上，太祖乃授弓
> 矢于胜曰：“不见公射久矣，请以为欢。”胜射之，一发俱中。因拜
> 太祖曰：“使胜得奉神武，以讨不庭，皆如此也。”太祖大悦。自是
> 恩礼日重，胜亦尽诚推奉焉。

《贺拔胜传》中虽云恩礼日重，然从种种事实观察，贺拔胜之地位
虽崇高，但并无实权。从太祖擒窦泰时，加授中军大都督；救玉壁时，
贺拔胜以前军大都督从太祖追高欢于汾北；战邙山时，宇文泰乃募敢勇
三千人配胜军。贺拔胜虽然参加大小战役，如弘农、沙苑之战，又与李
弼别攻河东，又参与河桥之役等，似乎皆非独当一面。在西魏庙堂之上，
贺拔胜自大统三年（537）五月以迄十年（544）卒，皆位居太师[1]。其时
大丞相是宇文泰，太宰是元欣，地位崇高。宇文泰之所以优渥贺拔胜，
一方面贺拔胜乃武川军系中之资深长者，一方面因为宇文泰阵营中有许
多出身荆州之军人，贺拔胜居梁三年，且追随北返之人甚少，但当初在
贺拔胜荆州刺史任内之军士，或直接进入关中，或先赴魏孝武帝再入关
中，其数甚多。在贺拔胜返入关中以后，这个军系的名义领袖是贺拔胜，
实际领导者是独孤信[2]、杨忠等人。

独孤信。《周书》卷一六《独孤信传》载：

> 云中人也。……祖俟尼，和平中，以良家子自云中镇武川，因
> 家焉。父库者，为领民酋长，少雄豪有节义，北州咸敬服之。……贺

---

[1]《北史》卷五《西魏文帝本纪》大统三年五月及大统十年五月。
[2]《资治通鉴》卷一五六《梁纪十二》武帝中大通六年（534）闰十二月，“魏贺拔胜之在
荆州也，表武卫将军独孤信为大都督”。

拔胜出镇荆州，乃表信为大都督。……迁武卫将军。及胜弟岳为侯莫陈悦所害，胜乃令信入关，抚岳余众。属太祖已统岳兵，信与太祖乡里，少相友善，相见甚欢。因令信入洛请事，至雍州，大使元毗又遣信还荆州。寻征信入朝，魏孝武雅相委任。……时荆州虽陷东魏，民心犹恋本朝。乃以信为卫大将军、都督三荆州诸军事，兼尚书右仆射、东南道行台、大都督、荆州刺史以招怀之。……东魏又遣其将高敖曹、侯景等率众奄至。信以众寡不敌，遂率麾下奔梁。居三载，梁武帝方始许信还北。……寻拜领军。仍从太祖复弘农，破沙苑。……（战）洛阳。……（大统六年）寻除陇右十州大都督、秦州刺史。

当贺拔岳被害时，贺拔胜命独孤信入关，抚岳余众，然宇文泰已安定关中局势，独孤信与宇文泰乃同乡里，少相友善。宇文泰命独孤信入洛阳请事，魏孝武帝甚为欣赏。及荆州沦陷，贺拔胜南奔梁，魏帝以"荆州虽陷东魏，民心犹恋本朝。乃以信为卫大将军、都督三荆州诸军事，兼尚书右仆射、东南道行台、大都督、荆州刺史以招怀之。……士庶既怀信遗惠，信临阵喻之，莫不解体。因而纵兵击之，（东魏刺史辛）纂大败，奔城趋门，未及阖，信都督杨忠等前驱斩纂。语在《忠传》。于是三荆遂定"[1]。独孤信在荆州所拜之官职，相当于稍前贺拔胜在荆州所拜之官职，独孤信虽恢复荆州之控制权，不久，"东魏又遣其将高敖曹、侯景等率众奄至。信以众寡不敌，遂率麾下奔梁。居三载，梁武帝方始许信还北"。独孤信在关东仍然有些影响力。大统三年（537），独孤信"率众与冯翊王元季海入洛阳。颍、豫、襄、广、陈留之地，并相继款附"[2]。如《周书》卷三六《郑伟传》载：

---

[1]《周书》卷一六《独孤信传》。
[2]《周书》卷一六《独孤信传》。

荥阳开封人也。……诏先护（伟父）以本官假骠骑将军、大都督，率所部与行台杨昱及都督贺拔胜同讨之（尔朱仲远）。……大统三年，河内公独孤信既复洛阳，伟乃谓其亲族曰："今嗣主中兴鼎业，据有崤、函。河内公亲董众军，克复瀍、洛，率土之内，孰不延首望风。况吾等世荷朝恩，家传忠义，诚宜以此时效臣子之节，成富贵之资。岂可碌碌为懦夫之事也！"于是与宗人荣业，纠合州里，建义于陈留。信宿间，众有万余人。遂攻拔梁州，擒东魏刺史鹿永吉及镇城令狐德，并获陈留郡守赵季和。乃率众来附。因是梁、陈之间，相次降款。

又《周书》卷三六《刘志传》：

弘农华阴人。……大统三年，太祖遣领军将军独孤信复洛阳。志纠合义徒，举广州归国。

《周书》卷三七《赵肃传》：

河南洛阳人也。……大统三年，独孤信东讨，肃率宗人为乡导。授司州治中，转别驾。监督粮储，军用不匮。太祖闻之，谓人曰："赵肃可谓洛阳主人也。"

《周书》卷三八《柳虬传》：

大统三年，冯翊王元季海、领军独孤信镇洛阳。于时旧京荒废，人物罕极，唯有虬在阳城，裴谳在颍川。信等乃俱征之，以虬为行台郎中，谳为都督府属，并掌文翰。时人为之语曰："北府裴谳，南省柳虬。"时军旅务殷，虬励精从事，或通夜不寝。季海尝云："柳郎中判事，我不复重看。"

《周书》卷四三《韩雄传》：

河南东垣人也。……遣雄还乡里，更图进取。雄乃招集义众，进逼洛州。东魏洛州刺史元湛委州奔河阳，其长史孟彦举城款附。俄而领军独孤信大军继至，雄遂从信入洛阳。

《周书》卷四三《陈忻传》：

宜阳人也。……及独孤信入洛，忻举李延孙为前锋，仍从信守金墉城。

按李延孙为伊川人，是当地豪族，"每以克清伊、洛为己任"[1]。朝士受其助得以西入者甚多。

《周书》卷四三《魏玄传》：

任城人也。……及独孤信入洛阳，隶行台杨琚防马渚。复与高敖曹接战。自是每率乡兵，抗拒东魏。

大统四年（538），在东魏大军的压力之下，独孤信等退出洛阳，但大统六年（540）"侯景寇荆州，太祖令信与李弼出武关。景退，以信为大使，慰抚三荆"[2]。所以在大统三年至六年之间，独孤信领导贺拔胜之余部，在关东与东魏鏖战于河南及荆州一带，至大统六年宇文泰有一次重大的军事调动，即任命独孤信为陇右十州大都督、秦州刺史。

杨忠。《周书》卷一九《杨忠传》载：

弘农华阴人也。……高祖元寿，魏初，为武川镇司马，因家于神武树颓焉。祖烈，龙骧将军、太原郡守。父祯，以军功除建远将军。……从独孤信破梁下溠戍，平南阳，并有功。及齐神武举兵内

---

[1]《周书》卷四三《李延孙传》。
[2]《周书》卷一六《独孤信传》。

> 侮，忠时随信在洛，遂从魏孝武西迁，进爵为侯。仍从平潼关，破
> 回洛城。……以东魏之逼，与信奔梁。……大统三年，与信俱归阙。
> 太祖召居帐下。……从擒窦泰，破沙苑。……河桥之役……力战守桥，
> 敌人遂不敢进。

杨忠属于贺拔胜、独孤信系统，荆州原是他们的地盘，其后与魏帝
有某些关系。荆州受逼于高欢，独孤信与杨忠曾南奔梁，居三年，回关
中，杨忠自此与宇文泰日密，除皆出身于武川以外，忠亦参加宇文泰之
大小战役，在河南及荆州一带功绩最多。可能因为杨忠对荆州熟悉之故，
曾被派遣为洛州刺史及都督三荆等十五州诸军事。

贺拔胜、独孤信部属之中有史宁者，《周书》卷二八《史宁传》载：

> 建康袁（表）氏人也。……宁少以军功，拜别将。迁直阁将军、
> 都督，宿卫禁中。……贺拔胜为荆州刺史，宁以本官为胜军司。……
> 及胜为大行台，表宁为大都督。……宁随胜奔梁。……大统二年，
> 宁自梁归阙。

贺拔胜、独孤信、杨忠、史宁等这一系军人自始与荆州地区有密切
关系。贺拔胜于大统二年（536）自梁入关以后，位高而无实权，至大统
十年（544）卒[1]。独孤信自大统六年（540）调至陇右以后，长期驻此西
疆，宇文泰对其是敬而远之。独孤信是府兵制度完成时八大柱国大将军
之一，史宁乃其手下之开府，宇文泰在世时尚能控制，及宇文泰卒，宇
文护当政，发生一次极大的政潮，"（柱国）赵贵诛后，信以同谋坐免。
居无几，晋公护又欲杀之，以其名望素重，不欲显其罪，逼令自尽于家。
时年五十五"[2]。

---

[1]《周书》卷一四《贺拔胜传》。
[2]《周书》卷一六《独孤信传》。

贺拔胜集团有贺拔胜、独孤信、杨忠、史宁等，由于贺拔胜位高权轻，实际领袖是独孤信，统领原荆州部队。

（三）侯莫陈悦集团余部

李弼。《周书》卷一五《李弼传》载：

> 辽东襄平人也。六世祖根，慕容垂黄门侍郎。……天光赴洛，弼因隶侯莫陈悦，为大都督。……太昌初，授清水郡守，恒州大中正。寻除南秦州刺史。随悦征讨，屡有克捷。及悦害贺拔岳，军停陇上。太祖自平凉进军讨悦。……弼知悦必败，乃谓所亲曰："宇文夏州才略冠世，德义可宗。侯莫陈公智小谋大，岂能自保。吾等若不为计，恐与之同至族灭。"会太祖军至，悦乃弃秦州南出，据险以自固。翌日，弼密通使太祖，许背悦来降。夜，弼乃勒所部云："侯莫陈公欲还秦州，汝等何不束装？"弼妻，悦之姨也，特为悦所亲委，众咸信之。人情惊扰，不可复定，皆散走，争趣秦州。弼乃先驰据城门以慰辑之，遂拥众以归太祖。悦由此遂败。

李弼是侯莫陈悦之部将，与侯莫陈悦有姻亲关系，"特为悦所亲委，众咸信之"。由于李弼之归向宇文泰，宇文泰顺利击败侯莫陈悦，"时南秦州刺史李弼亦在悦军，乃间道遣使，请为内应。其夜，悦出军，军中自惊溃，将卒或相率来降。太祖纵兵奋击，大破之。虏获万余人，马八千匹。悦与其子弟及麾下数十骑遁走"[1]。"太祖讨侯莫陈悦，以（宇文）导为都督，镇原州。及悦败，北走出故塞，导率骑追之，至牵屯山

---

[1]《周书》卷一《文帝纪上》北魏永熙三年（534）四月。《资治通鉴》卷一五六《梁纪十二》武帝中大通六年（534）略同。

及悦，斩之，传首京师。"[1] 宇文泰与侯莫陈悦之战，实际上双方死伤军士不多，侯莫陈悦部众大部分皆降于宇文泰，按当时关中主要军力，以贺拔岳最多，侯莫陈悦次之[2]，宇文泰又次之。贺拔岳卒后，其部众支持宇文泰以伐侯莫陈悦，及宇文泰并吞侯莫陈悦之大部，使关中部队得以保持元气。李弼成为侯莫陈悦部队之领导人，所以宇文泰在平定侯莫陈悦之后，谓李弼曰："公与吾同心，天下不足平也。"[3] 关中兵马在宇文泰之统领下，已形成一股比贺拔岳时代更为统一的强大力量，而"齐神武闻秦陇克捷，乃遣使于太祖，甘言厚礼，深相倚结。太祖拒而不纳。时齐神武已有异志，故魏帝深仗太祖"[4]。

豆卢宁。《周书》卷一九《豆卢宁传》载：

> 昌黎徒何人。其先本姓慕容氏，前燕之支庶也。高祖胜，以燕。皇始初，归魏，授长乐郡守，赐姓豆卢氏，或云避难改焉。父长，柔玄镇将，有威重，见称于时。……太祖讨悦，宁与李弼率众归太祖。……大统元年，除前将军。……迁显州刺史、显州大中正。……从太祖擒窦泰，复弘农，破沙苑，除武卫大将军，兼大都督。……拜北华州刺史。……七年，从于谨破稽胡帅刘平伏于上郡。及梁仚定反，以宁为军司，监陇右诸军事。贼平，进位……开府仪同三司。九年……战于邙山，迁左卫将军。……十六年，拜大将军。

[1]《周书》卷一〇《邵惠公颢传·附导传》。《资治通鉴》卷一五六《梁纪十二》武帝中大通六年（534）载："宇文泰使原州都督贺拔颖追之，悦望见追骑，缢死于野。"《周书》卷一《文帝纪上》："（宇文泰）乃令原州都督导邀其前，都督贺拔颖等追其后。导至牵屯山及悦，斩之。"
[2] 朱大渭估计贺拔岳有五万之众（包括宇文泰），侯莫陈悦有三万之众，见《北魏末年人民大起义若干史实的辨析》，页23—25。
[3]《周书》卷一五《李弼传》。
[4]《周书》卷一《文帝纪上》北魏永熙三年（534）四月。

李弼和豆卢宁二人之五、六世祖与慕容政权有密切关系，更重要的是，当贺拔岳与侯莫陈悦在关中时，李弼与豆卢宁皆隶属于侯莫陈悦，且为侯莫陈悦之重要部将，而当"太祖讨悦，宁与李弼率众归太祖"。

侯莫陈悦集团余部有李弼、豆卢宁，领有原侯莫陈悦剩余之部队。李弼是其首领。

（四）魏帝禁卫军

魏孝武帝入关，带来了一些禁卫军，而当府兵制度完成的前后，元氏宗室任柱国大将军者有元欣、元子孝；任大将军者有元廓、元赞、元育。入关的禁卫军很可能由这些人统领。然元欣其人"从容禁闱而已"，元子孝在大统十七年（551）继李虎为柱国大将军，亦"深自贬晦，日夜纵酒"[1]。元廓、元赞、元育可能是真正的统领者。

元廓。有关元廓之记载很少，《西魏书》卷一《帝纪》载（《北史》卷五略同）：

> 恭皇帝讳廓，文皇帝之第四子也。大统十四年，封为齐王。废帝三年正月，即皇帝位，改元。

"及齐氏称帝，太祖发关中兵讨之，魏文帝遣齐王廓镇陇右，征导还朝。"[2] 所以元廓应是实际的领兵者。

元赞。元赞的记载仅得自《西魏书》卷一《帝纪》中爬梳一些：

> （永熙元年十有二月）乙亥，以侍中广平王赞为骠骑大将军、开府仪同三司。……（大统三年六月）以司徒广平王赞为太尉。……（大统九年七月）以太尉广平王赞为司空。

---

[1]《北史》卷一七《阳平王新成传·附子孝传》。
[2]《周书》卷一〇《邵惠公颢传·附导传》。

元育。《西魏书》卷一二《长湖公定传·附育传》仅载一句：

> 育，大将军、淮安王。

元赞与元育应当是随魏帝自洛阳入关中之宗室，魏帝入关时极为狼狈，且损失很多军士，至关中后"遂入长安，以雍州公廨为宫"[1]。军士随魏帝入关之人数，据《隋书》卷二四《食货志》谓："是时六坊之众，从武帝而西者，不能万人。"坊是指军士居住之所，六坊是洛阳附近禁卫军居住之所。不满万人之数或可相信，因为魏帝入关之次月，"九月己酉，欢东还洛阳。帝亲督众攻潼关，斩其行台薛长瑜，又克华州"[2]。按魏帝对高欢大军自不可抗衡，不满万人之禁旅或可斩其潼关守将，及恢复华州，其中或许有宇文泰部队参加，史书既载魏帝有此项军事行动，自以魏帝之禁卫军为主，其后魏帝长居长安城宫内，这些军士自应亦在长安城内，或长安附近。八大柱国之中的元欣既然"从容禁闱而已"，并不领军士，这些禁卫军极可能分属十二大将军之"使持节、大将军、大都督、少保、广平王元赞；使持节、大将军、大都督、淮安王元育；使持节、大将军、大都督、齐王元廓"[3]。

（五）魏帝追随部队

王思政。王思政与其他关陇人物有许多地方不相同，他自始与魏皇室有关系，《周书》卷一八《王思政传》载：

> 太原祁人。……属万俟丑奴、宿勤明达等扰乱关右，北海王颢

---

[1]《北史》卷五《孝武帝本纪》永熙三年（534）八月。
[2]《北史》卷五《孝武帝本纪》永熙三年九月己酉。又《通鉴考异》《北齐书》《太平御览》引《后魏书》等对于薛长瑜有不同说法。
[3]《周书》卷一六卷末。

率兵讨之，启思政随军。军事所有谋议，并与之参详。时魏孝武在藩，素闻其名，颢军还，乃引为宾客，遇之甚厚。

王思政与魏孝武帝关系尤为密切，《北史》卷五《孝武帝本纪》载：

中兴二年……诸王皆逃匿，帝在田舍。……高欢使斛斯椿求帝。椿从帝所亲王思政见帝。……欢再拜，帝亦拜。……帝令思政取表，曰："视，便不得不称朕矣。"于是假废帝安定王诏策而禅位焉。

及元脩即位，甚受重用，帝与高欢争执之中，王思政忠心魏帝，《周书》卷一八《王思政传》载：

及登大位，委以心膂，迁安东将军。预定策功，封祁县侯。俄而齐神武潜有异图，帝以思政可任大事，拜中军大将军、大都督，总宿卫兵。

《北史》卷五《孝武帝本纪》：

（永熙三年，五月）帝内图高欢，乃以斛斯椿为领军，使与王思政等统之，以为心膂。

元脩西入关中，王思政也是建议人之一。入关不及半年，元脩因与宇文泰有隙，遇鸩而殂[1]。王思政既是元脩之支持者，此事自当影响其与宇文泰之关系，《周书》卷一八《王思政传》载：

大统之后，思政虽被任委，自以非相府之旧，每不自安。太祖曾在同州，与群公宴集，出锦罽及杂绫绢数段，命诸将樗蒱取之。

---

[1]《北史》卷五《孝武帝本纪》及《资治通鉴》卷一五六《梁纪十二》武帝中大通六年（534）皆载元脩与宇文泰有隙之原委。

物既尽，太祖又解所服金带，令诸人遍掷，曰："先得卢者，即与之。"群公将遍，莫有得者。次至思政，乃敛容跪坐而自誓曰："王思政羁旅归朝，蒙宰相国士之遇，方愿尽心效命，上报知己。若此诚有实，令宰相赐知者，愿掷即为卢；若内怀不尽，神灵亦当明之，使不作也，便当杀身以谢所奉。"辞气慷慨，一坐尽惊。即拔所佩刀，横于膝上，揽樗蒱，拊髀掷之。比太祖止之，已掷为卢矣。徐乃拜而受。自此之后，太祖期寄更深。

《王思政传》中云王思政出身"非相府之旧，每不自安"，这当然也是一项重要因素，但在大统之后，亦即魏孝武帝遇鸩之次年后，思政之"不自安"极可能与元脩事有关，不然不必为了樗蒱而以生死赌之，以博取宇文泰之信任。虽然"自此之后，太祖期寄更深"，而从其后种种事实而论，王思政奉命守河东地区之玉壁，"（大统）八年，东魏来寇，思政守御有备，敌人昼夜攻围，卒不能克，乃收军还。以全城功，受骠骑大将军"[1]。玉壁是东西魏交战点，东魏屡以大军相压[2]，思政亦以此功拜骠骑大将军，此职通常加"开府仪同三司"，亦即"开府"之意，仅次于"大将军"衔，"（大统）十二年，加特进、荆州刺史"[3]，而大统十三年（547）发生的一件重大事情，即侯景叛东魏，王思政接应侯景妥当，"思政分布诸军，据景七州十二镇。太祖乃以所授景使持节、太傅、大将军、兼中书令、河南大行台、河南诸军事，回授思政。思政并让不受。频使敦喻，唯受河南诸军事"[4]。按"河南诸军事"即都督河南诸军事之意[5]，应是责任之加重，并非地位之骤升。不过著者以为王思政在此时接

---

[1]《周书》卷一八《王思政传》。

[2] 参见本书第四篇《北朝东西政权之河东争夺战》。

[3]《周书》卷一八《王思政传》。

[4]《周书》卷一八《王思政传》。

[5]《资治通鉴》卷一六〇《梁纪十六》武帝太清元年（547）载："都督河南诸军事。"

受"大将军"衔[1]，或时已有"大将军"衔，亦未可知。王思政督河南诸军事，使其戍守地颍川更接近东西魏之前线。果然，在东魏一拨拨主力的进攻之下，"思政初入颍川，士卒八千人，城既无外援，亦无叛者"[2]，终于被俘。按东魏大举围攻颍川时在大统十四年（548）四月甲戌[3]。至大统十五年（549）春，宇文泰"遣大将军赵贵帅军至穰，兼督东南诸州兵以援思政。高岳起堰，引洧水以灌城，自颍川以北皆为陂泽，救兵不得至"[4]。是年六月，颍川陷。这是东西魏之争中的一件大事，缘由为"侯景之南叛也，丞相泰恐东魏复取景所部地，使诸将分守诸城。及颍川陷，泰以诸城道路阻绝，皆令拔军还"[5]。王思政虽降，但极获东魏之敬重[6]，史家评曰："作镇颍川，设萦带之险，修守御之术，以一城之众，抗倾国之师，率疲乏之兵，当劲勇之卒，犹能亟摧大敌，屡建奇功。"[7]综观王思政在西魏政权中之拜职，皆在关陇地区之外，如玉壁、荆州、颍川等地，而其军旅，乃"令募精兵"[8]，所以王思政所领之兵极可能是荆州、河南等地所募之兵及州郡兵，并非关陇集团军府之兵，《北史》卷六〇末载："每一团，仪同二人。自相督率，不编户贯。都十二大将军。十五日上，则门栏陛戟，警昼巡夜；十五日下，则教旗习战。无他赋役。每兵唯办弓刀一具，月简阅之。甲槊戈弩，并资官给。自大统十六年（550）以前，

---

[1] 万斯同，《西魏将相大臣年表》大统十三年（547）大将单项下载：王思政镇颍川。按王思政在侯景来归时才镇颍川。

[2]《周书》卷一八《王思政传》。

[3]《资治通鉴》卷一六一《梁纪十七》武帝太清二年（大统十四年，548）四月甲戌。《周书》卷二《文帝纪下》，只载年，无月。

[4]《周书》卷二《文帝纪下》大统十五年春。《资治通鉴》卷一六二《梁纪十八》武帝太清三年（549）系于四月。

[5]《资治通鉴》卷一六二《梁纪十八》武帝太清三年。

[6]《资治通鉴》卷一六二《梁纪十八》武帝太清三年六月。

[7]《周书》卷一八《王思政传》史臣曰。

[8]《周书》卷一八《王思政传》。

十二大将军外，念贤及王思政亦拜大将军。然贤作牧陇右，思政出镇河南，并不在领兵之限。"按大统十六年（550）公布之十二大将军之一贺兰祥之官衔是"使持节、大将军、大都督、荆州诸军事、荆州刺史"，显然王思政出镇河南并未列入之最大原因乃是：王思政所领之兵不是上述军府之兵。若如此，则王思政在关陇地区亦未辖有军府，又府兵系统大备于大统十六年，王思政于大统十五年（549）六月降东魏，原可不做解释，史书之所以有此解释，正因为王思政大将军不属于府兵系统之中也。

念贤。念贤出身于武川，可能是宇文泰之长辈，至少较泰年长，《周书》卷一四《贺拔胜传》载：

> （胜）后随度拔（胜父）与德皇帝（宇文泰父肱）合谋，率州里豪杰奥珍、念贤、乙弗库根、尉迟真檀等，招集义勇，袭杀（卫）可孤。

所以《周书》卷一四《念贤传》云：

> 贤于诸公皆为父党，自太祖以下，咸拜敬之。

但念贤一直在关东发展，先后"招慰云州高车、鲜卑""镇井陉"，为"黎阳郡守"，"尔朱荣入洛，拜车骑将军、右光禄大夫、太仆卿，兼尚书右仆射、东道行台"，其后又为"瀛州刺史"，"第一领民酋长，加散骑常侍，行南兖州事。寻进号骠骑大将军，入为殿中尚书，加仪同三司"[1]。按北魏之殿中尚书颇有参与调动军队之权[2]，所以念贤似乎与魏朝廷相当密切，而当魏孝武帝与高欢闹翻时，念贤是元脩之拥护者，"魏孝武欲讨齐神武，以贤为中军北面大都督，进爵安定郡公，增邑一千户，加侍中、开府仪同三司"[3]。所以念贤与其他关陇集团诸将不同，其他诸

---

[1]《周书》卷一四《念贤传》。

[2] 严耕望：《北魏尚书制度考》，《"中央研究院"历史语言研究所集刊》18，1948。

[3]《周书》卷一四《念贤传》。

将乃跟随尔朱天光、贺拔岳、侯莫陈悦等入关者，而念贤跟随尔朱荣，其后与魏孝武帝关系甚为密切，所谓"中军北面大都督"复因高欢军自北方晋阳而来，此职应甚受魏孝武帝重视。及魏孝武帝入关，不及半载即遭鸩杀，念贤心中之尴尬应该一如王思政，但念贤到底是武川集团的长者，在元脩死后七个月，被任命为太尉[1]，"出为秦州刺史，加太傅，给后部鼓吹"[2]，任秦州刺史之时间未详，但应在太傅之前，或与其同时。念贤自太尉转太傅在大统元年（535）十二月[3]，"（大统）三年，转太师、都督河凉瓜鄯渭洮沙七州诸军事、大将军、河州刺史。久之还朝，兼录尚书事。河桥之役，贤不力战，乃先还，自是名誉颇减"[4]。念贤转太师之月日不详，唯梁景叡于大统三年（537）六月自太尉转太傅，故万斯同将念贤自太傅转太师系月于大统三年五月[5]，并将念贤被任命为大将军等职亦系月于同时，颇为合理。又按河桥之役在大统四年（538）八月，念贤此时已经还朝。河桥之役时，"开府李虎、念贤等为后军，遇信等退，即与俱还。由是乃班师，洛阳亦失守"[6]。李虎与念贤引军还，可能与洛阳失守有重要关系，《周书·念贤传》形容为"贤不力战，乃先还，自是名誉颇减"。李虎与念贤同为后军，同引军还，李虎亦应被形容为"虎不力战，乃先还，自是名誉颇减"。唯唐人对李虎记载甚为简略，后人谢氏撰录《西魏书·李虎传》未载河桥之役事，李虎提早引军还长安，亦未能平赵青雀之乱。念贤于"（大统）五年，除都督秦渭原泾四州诸军事、秦州刺史。薨于州"[7]，该职不知起于大统五年（539）何月，然念贤卒于

[1]《资治通鉴》卷一五七《梁纪十三》武帝大同元年（535）秋七月甲戌。

[2]《周书》卷一四《念贤传》。

[3]《资治通鉴》卷一五七《梁纪十三》武帝大同元年十二月："魏以念贤为太傅，河州刺史梁景叡为太尉。"

[4]《周书》卷一四《念贤传》。

[5] 万斯同：《西魏将相大臣年表》，大统三年，太傅项下：五月迁大将军。

[6]《周书》卷二《文帝纪下》大统四年八月。

[7]《周书》卷一四《念贤传》。

大统六年（540）十一月 [1]，继任秦州刺史者即独孤信。

《北史》卷六〇末谓："念贤及王思政亦拜大将军。然贤作牧陇右，思政出镇河南，并不在领兵之限。"按独孤信自大统六年继念贤之后出牧陇右，一直至大统十六年（550）府兵制度完成之时，皆坐镇于陇右，并不因此有损于柱国大将军之位，况念贤出镇陇右在大统五年至六年，时值府兵制度发展时期，所以念贤不在十二大将军之列，出镇陇右并非真正原因，真正原因与王思政一样，念贤所领之兵非府兵之兵。按念贤自始在关东发展之时，与贺拔岳等早先入关中者关系日远，念贤入关前最后任魏孝武帝之中军北面大都督，很可能是追随魏孝武帝之关东人马。入关以后，念贤戍守地区是河州、秦州一带，这比王思政防守玉壁、弘农、荆州、颍川居于关东较具重要性，但仍不是宇文泰之核心区——雍州至华州一带。大统六年以前陇右一带仍未稳定，故借重念贤以镇压之，但念贤兵力可能并不雄厚；及念贤卒后，独孤信继任，独孤信所领是军府之兵，可能此时陇右已被纳入军府辖区之内，这个柱国辖区还包括雍州一带的宇文导及元廓，陇右的兵力自然雄厚多了。这种安排也表示宇文泰对陇右地区控制力之加强。

侯莫陈顺。《周书》卷一九《侯莫陈顺传》载：

> 从魏孝武入关。顺与太祖同里闬，素相友善，且其弟崇先在关中，太祖见之甚欢。……大统元年，拜卫尉卿，授仪同三司。……与赵贵讨破之（梁仚定），即行河州事。后从太祖破沙苑。……四年，魏文帝东讨，与太尉王盟、仆射周惠达等留镇长安。时赵青雀反，盟及惠达奉魏太子出次渭北。顺于渭桥与贼战，频破之，贼不敢出。

侯莫陈顺并非尔朱天光、贺拔岳、侯莫陈悦等之部属，他"初事尔

---

[1]《资治通鉴》卷一五八《梁纪十四》武帝大同六年（540）："冬，十一月，魏太师念贤卒。"

朱荣为统军，后从贺拔胜镇井陉。武泰初，讨葛荣，平邢杲，征韩娄，皆有功。拜轻车将军、羽林监。又从破元颢。……寻加……阁内大都督"[1]。侯莫陈顺随魏孝武帝入关后，因与宇文泰同乡，乃弟侯莫陈崇是宇文泰之支持者，所以与宇文泰日益亲善，他在大统之初曾征陇右羌人，并曾行河州事，这与贺拔胜集团之独孤信、史宁等人相似，当大统四年（538）长安赵青雀反乱，危及魏太子时，侯莫陈顺于渭桥奋战破敌，这也是其与魏室有密切关系之故。

魏孝武帝禁卫军将领有元欣、元廓、元育、元赞、元子孝等；魏孝武帝追随部队之将领有王思政、念贤、侯莫陈顺等。前者统领洛阳西迁之禁卫军；后者统领关东效忠西魏之部队；魏孝武帝是他们的领袖。

（六）贺拔岳余部

赵贵。《周书》卷一六《赵贵传》载：

> 天水南安人也。曾祖达，魏库部尚书、临晋子。祖仁，以良家子镇武川，因家焉。……从贺拔岳平关中。……及岳为侯莫陈悦所害，将吏奔散，莫有守者。贵谓其党曰："吾闻仁义岂有常哉，行之则为君子，违之则为小人。朱伯厚、王叔治感意气微恩，尚能蹈履名节；况吾等荷贺拔公国士之遇，宁可自同众人乎？"涕泣歔欷。于是从之者五十人。乃诣悦诈降，悦信之。因请收葬岳，言辞慷慨，悦壮而许之。贵乃收岳尸还，与寇洛等纠合其众，奔平凉，共图拒悦。贵首议迎太祖，语在《太祖纪》。

赵贵是贺拔岳之追随者，并随其讨曹泥，贺拔岳被侯莫陈悦所杀，赵贵在贺拔岳部将之中首倡拥护宇文泰。

---

[1]《周书》卷一九《侯莫陈顺传》。

侯莫陈崇。《周书》卷一六《侯莫陈崇传》载：

> 代郡武川人。其先，魏之别部……其后，世为渠帅。祖允，以良家子镇武川，因家焉。父兴，殿中将军、羽林监。……年十五，随贺拔岳与尔朱荣征葛荣。……别从岳破元颢于洛阳。……后从岳入关，破赤水蜀。……崇从岳力战破之（尉迟菩萨）。……破贼帅侯伏侯元进栅。……生擒（万俟）丑奴。……及岳为侯莫陈悦所害，崇与诸将同谋迎太祖。

李虎。《魏书》《周书》《北史》等皆无专传，《资治通鉴》卷一五六《梁纪十二》武帝中大通六年（534）载：

> 初，岳以东雍州刺史李虎为左厢大都督，岳死，虎奔荆州，说贺拔胜使收岳众，胜不从。虎闻宇文泰代岳统众，乃自荆州还赴之，至阌乡，为丞相（高）欢别将所获，送洛阳。魏主方谋取关中，得虎甚喜，拜卫将军，厚赐之，使就泰。虎，歆之玄孙也。

《新唐书》《旧唐书》本纪皆谓李虎乃李暠后裔，陈寅恪对此说法存疑，其症结在李虎祖熙与李暠之世系衔接是否恰当，但李熙属于武川集团应无疑问。李虎与贺拔岳之关系远在入关以前，入关后为贺拔岳之左厢大都督。这个职位实际职掌不详，应该是众将之中较为重要的督将，贺拔岳被侯莫陈悦所杀，李虎的第一个反应是至荆州请贺拔胜"收岳众"复仇，未成。李虎在洛阳为魏孝武帝所赏识，拜卫将军，此职在北魏末期乃从一品，魏孝武帝"使就泰"。

达奚武。《周书》卷一九《达奚武传》载：

> 代人也。祖眷，魏怀荒镇将。父长，沰城镇将。……岳征关右，引为别将，武遂委心事之。以战功拜羽林监、子都督。及岳为侯莫

陈悦所害，武与赵贵收岳尸归平凉，同翊戴太祖。

王雄。《周书》卷一九《王雄传》载：

> 太原人也。……永安末，从贺拔岳入关。

寇洛。《周书》卷一五《寇洛传》载：

> 上谷昌平人也。累世为将吏。父延寿，和平中，以良家子镇武川，因家焉。洛性明辨，不拘小节。正光末，以北边贼起，遂率乡亲避地于并、肆，因从尔朱荣征讨。及贺拔岳西征，洛与之乡里，乃募从入关。破赤水蜀，以功拜中坚将军、屯骑校尉、别将，封临邑县男，邑二百户。又从岳获贼帅尉迟菩萨于渭水，破侯伏侯元进于百里细川，擒万俟丑奴于长坑。洛每力战，并有功。加龙骧将军、都督，进爵安乡县子，累迁征北将军、卫将军。于平凉，以洛为右都督。侯莫陈悦既害岳，欲并其众。时初丧元帅，军中惶扰，洛于诸将之中，最为旧齿，素为众所信，乃收集将士，志在复仇，共相纠合，遂全众而反。既至原州，众咸推洛为盟主，统岳之众。洛复自以非才，乃固辞，与赵贵等议迎太祖。

梁御。《周书》卷一七《梁御传》载：

> 其先安定人也。后因官北边，遂家于武川，改姓为纥豆陵氏。高祖俟力提，从魏太祖征讨，位至扬武将军、定阳侯。……尔朱天光西讨，知御有志略，引为左右，授宣威将军、都将。共平关右，除镇西将军、东益州刺史。……后从贺拔岳镇长安。及岳被害，御与诸将同谋翊戴太祖。

若干惠。《周书》卷一七《若干惠传》载：

代郡武川人也。其先与魏氏俱起，以国为姓。父树利周，从魏广阳王深征葛荣，战没，赠冀州刺史。惠年弱冠，从尔朱荣征伐，定河北，破元颢，以功拜中坚将军。复以别将从贺拔岳西征，解岐州围，擒万俟丑奴，平水洛，定陇右。……及岳为侯莫陈悦所害，惠与寇洛、赵贵等同谋翊戴太祖。

怡峰。《周书》卷一七《怡峰传》载：

辽西人也。……高祖宽，燕辽西郡守。魏道武时，率户归朝，拜羽真，赐爵长蛇公。曾祖文，冀州刺史。……从贺拔岳讨万俟丑奴。……及岳被害，峰与赵贵等同谋翊戴太祖。

刘亮。《周书》卷一七《刘亮传》载：

中山人也。……祖祐连，魏蔚州刺史。父持真，镇远将军、领民酋长。……普泰初，以都督从贺拔岳西征，解岐州围，击侯伏侯元进、万俟道洛、万俟丑奴、宿勤明达及诸贼，亮常先锋陷阵。以功拜大都督。……侯莫陈悦害岳，亮与诸将谋迎太祖。

王德。《周书》卷一七《王德传》载：

代郡武川人也。……魏永安二年，从尔朱荣讨元颢，攻河内。……又从贺拔岳讨万俟丑奴，平之。……加龙骧将军、中散大夫。及侯莫陈悦害岳，德与寇洛等定议翊戴太祖。

贺拔岳余部有赵贵、侯莫陈崇、李虎、达奚武、王雄、寇洛、梁御、若干惠、怡峰、刘亮、王德等。在贺拔岳生前，事实上宇文泰本人也属于贺拔岳集团，贺拔岳卒后，众部将拥宇文泰为首领，上述贺拔岳余部皆是宇文泰之拥护者，其支持程度视人而异，所以贺拔岳卒后之余部并未产生新的小集团，这些部将渐为宇文泰吸收，编入府兵体系之中，本篇第四、五部分另有讨论。

三、西魏社会势力之分析

（一）西魏前期大战役参战者之分析

西魏府兵制度之形成与其兵源扩充有密切关系，"大统十六年籍民之材力者为府兵"[1]，征兵之出现当然使其军士人数增多，这是府兵制度完成之时。在此之前，西魏亦募兵，谷霁光认为："西魏大统八年初置六军，大统九年广募关陇豪右以增军旅，是府兵制度形成中的重大事件，也是研究府兵制初期阶段一个关键问题。"[2] 按大统八年（542）"初置六军"是府兵制度形成演进的重要阶段，而"广募关陇豪右以增军旅"却是府兵制度形成过程中实质成长的重要阶段。招募豪右加入军旅是府兵制度演进的重要因素，但招募豪右加入军旅在大统初期已经进行[3]。大统九年（543）或许只是加速推动罢了。兹从大统九年以前西魏几次大会战参加者观察之。

大统三年（537）至大统九年邙山之战，东西魏有六次较大规模战争，即大统三年正月潼关斩东魏大将窦泰之战、大统三年八月宇文泰领十二将东征、大统三年十一月沙苑之战、大统四年（538）七月洛阳河桥之战、大统八年十月玉壁之战、大统九年三月邙山之战。从史书中找出参与宇文泰方面之战将凡九十二人（见表5–1），除两人身份不详外，

---

[1]《玉海》卷一三七《兵制》引《后魏书》。

[2] 谷霁光：《府兵制度考释》，页27—28。

[3]《周书》卷一《文帝纪上》北魏永熙三年（534，宇文泰迎魏帝时）："太祖乃传檄方镇曰：'……其州镇郡县，率土人黎，或州乡冠冕，或勋庸世济，并宜舍逆归顺，立效军门。封赏之科，已有别格。凡百君子，可不勉欤！'"

其中五十一人系北镇人士，而三十九人非北镇人物。另外，在大统九年以前已加入宇文政权，虽未参加上述六大战役，但亦涉及军事者，又得二十六人，其中北镇人士五人，非北镇人士二十一人。如果将上述参与者相加，则北镇人士有五十六人，非北镇人士有六十人，非北镇人士大都是汉人豪族，及少部分方隅豪强。系出北镇者其军阶地位显然比较高，一般而论，绝大多数的仪同三司及开府仪同三司之阶皆属北镇人士，而非北镇人士军阶较低，绝大多数是都督或其他将军号。这些北镇人士及非北镇人士其后在西魏、北周政权中是重要人物。北镇人士是宇文政权之骨干，兹分析非北镇人士于下。

王罴。《周书》卷一八《王罴传》载：

> 京兆霸城人……世为州郡著姓。……属太祖征兵为勤王之举，请前驱效命，遂为大都督，镇华州。魏孝武西迁，拜骠骑大将军，加侍中、开府。尝修州城未毕，梯在外。齐神武遣韩轨、司马子如从河东宵济袭罴。……（罴）合战破之。轨众遂投城遁走。时关中大饥，征税民间谷食，以供军费。……唯罴信著于人，莫有隐者，得粟不少诸州，而无怨讟。沙苑之役，齐神武士马甚盛，太祖以华州冲要，遣使劳罴，令加守备。罴语使人曰："老罴当道卧，狐子安得过！"太祖闻而壮之。及齐神武至城下，谓罴曰："何不早降？"罴乃大呼曰："此城是王罴冢，生死在此，欲死者来。"齐神武遂不敢攻。时茹茹渡河南寇，候骑已至豳州。……（罴）谓其使曰："若茹茹至渭北者，王罴率乡里自破之，不烦国家兵马。"

韦孝宽。《周书》卷三一《韦孝宽传》载：

> 京兆杜陵人也……世为三辅著姓。……从擒窦泰，兼左丞，节度宜阳兵马事。仍与独孤信入洛阳城守。复与宇文贵、怡峰应接颍

州义徒，破东魏将任祥、尧雄于颍川。……又从战于河桥。……（大统）八年，转晋州刺史，寻移镇玉壁。

韦瑱。《周书》卷三九《韦瑱传》载：

京兆杜陵人也。世为三辅著姓。……从复弘农，战沙苑，加卫大将军、左光禄大夫。又从战河桥。……以望族，兼领乡兵，加帅都督。

王子直。《周书》卷三九《王子直传》载：

京兆杜陵人也。世为郡右族。父琳，州主簿、东雍州长史。……大统初，汉炽屠各阻兵于南山，与陇东屠各共为唇齿。太祖令子直率泾州步骑五千讨破之，南山平。……四年，从太祖解洛阳围，经河桥战。

王悦。《周书》卷三三《王悦传》载：

京兆蓝田人也。少有气干，为州里所称。……太祖初定关、陇，悦率募乡里从军，屡有战功。……（大统）四年，东魏将侯景攻围洛阳，太祖赴援。悦又率乡里千余人，从军至洛阳。将战之夕，悦罄其行资，市牛犒战士。及战，悦所部尽力，斩获居多。

梁昕。《周书》卷三九《梁昕传》载：

安定乌氏人也。世为关中著姓。其先因官，徙居京兆之鳌屋焉。……太祖迎魏孝武，军次雍州。昕以三辅望族上谒。太祖见昕容貌瑰伟，深赏异之。……从复弘农，战沙苑，皆有功。

杨宽。《周书》卷二二《杨宽传》载：

弘农华阴人也。祖恩，魏镇远将军、河间内史。父钧……累迁，历洛阳令、左中郎将、华州大中正、河南尹、廷尉卿、安北将军、七兵尚书、北道大行台、恒州刺史、怀朔镇将，卒于镇。……（宽）属钧出镇恒州，请从展效，乃改授将军、高阙戍主。……魏孝庄时为侍中，与宽有旧。……孝武与齐神武有隙，遂召募骑勇，广增宿卫。以宽为阁内大都督，专总禁旅。……大统初，迁车骑大将军……仪同三司。……五年，除骠骑大将军、开府仪同三司、都督东雍州诸军事、东雍州刺史，即本州也。

按弘农杨氏与尔朱氏、高欢等处于敌对状态[1]，杨宽及宽兄俭乃魏帝、宇文泰之支持者。《周书·杨宽传》中未载杨宽参加战役，但杨俭却参加了沙苑之战，《周书》卷二二《杨宽传·附俭传》：

> 孝武西迁，除侍中、骠骑将军。大统初，以本官行东秦州事，加使持节、当州大都督。从破齐神武于沙苑，封夏阳县侯，邑八百户。七年，领大丞相府咨议参军，出为都督东雍华二州诸军事、骠骑大将军、开府仪同三司、华州刺史。八年，卒于家。

东雍州、华州即杨氏之本州。这一支为越公房，与杨忠房支不同。李远。《周书》卷二五《李贤传》载：

> 其先陇西成纪人也。曾祖富，魏太武时以子都督讨两山屠各殁于阵。……祖斌，袭领父兵，镇于高平，因家焉。父文保，早卒。

李贤、李远兄弟，在原州一带颇具地方势力，《周书》卷二五《李远传》：

> 魏正光末，天下鼎沸，敕勒贼胡琮侵逼原州，其徒甚盛。远昆

---

[1] 参见竹田龙儿：《門閥としての弘農楊氏についての一考察》，《史学》31，1958，页634—635。

季率励乡人，欲图拒守。

因贼势太盛，乃潜至洛阳，《周书·李远传》继载：

> 魏朝嘉之，授武骑常侍。俄转别将，赐帛千匹，并弓刀衣马等。及尔朱天光西伐，乃配远精兵，使为乡导。天光钦远才望，特相引接，除伏波将军、长城郡守、原州大中正。

在平乱过程之中，"（李）贤间道赴雍州，诣天光请援。天光许之，贤乃返"[1]。所以李贤兄弟是尔朱天光入关平乱的东道主，尔朱天光也曾以精兵配之。

李远、李贤兄弟与宇文泰交往密切，始于贺拔岳死后，"太祖见远，与语悦之，令居麾下，甚见亲遇"[2]。另一弟李穆，"太祖入关，便给事左右，深被亲遇"[3]。

《周书》卷二五《李远传》载：

> 从征窦泰，复弘农，并有殊勋。授都督、原州刺史。太祖谓远曰："孤之有卿，若身体之有手臂之用，岂可暂辍于身。本州之荣，乃私事耳。卿若述职，则孤无所寄怀。"于是遂令远兄贤代行州事。沙苑之役，远功居最，除车骑大将军、仪同三司，进爵阳平郡公。……寻从独孤信东略，遂入洛阳。……及河桥之战，远与独孤信为右军，不利而退。……从太祖战于邙山。

田弘。《周书》卷二七《田弘传》：

> 高平人。……及太祖初统众，弘求谒见，乃论世事，深被引纳，

---

[1]《周书》卷二五《李贤传》。

[2]《周书》卷二五《李远传》。

[3]《周书》卷三〇《于翼传·附李穆传》。

即处以爪牙之任。……大统三年，转帅都督，进爵为公。……从太祖复弘农，战沙苑，解洛阳围，破河桥阵，弘功居多。

辛威。《周书》卷二七《辛威传》：

> 陇西人也。祖大汗，魏渭州刺史。父生，河州四面大都督。……初从贺拔岳征讨有功，假辅国将军、都督。及太祖统岳之众，见威奇之，引为帐内。……从擒窦泰，复弘农，战沙苑，并先锋陷敌，勇冠一时。……从于谨破襄城。又从独孤信入洛阳。

权景宣。《周书》卷二八《权景宣传》：

> 天水显亲人也。父昙腾，魏陇西郡守。……景宣少聪悟，有气侠，宗党皆叹异之。……景宣晓兵权，有智略。从太祖拔弘农，破沙苑，皆先登陷阵。……从开府于谨援洛阳，景宣督课粮储，军以固济。

梁台。《周书》卷二七《梁台传》：

> 长池人也。父去斤，魏献文时为陇西郡守。……从援玉璧，战邙山，授帅都督。

王杰。《周书》卷二九《王杰传》：

> 金城直城人也。……太祖奇其才，擢授扬烈将军、羽林监，寻加都督。……复潼关，破沙苑，争河桥，战邙山，皆以勇敢闻。

以上所举关陇人物曾参加大统元年（535）至九年（543）的战役，参与战役表示对宇文政权积极支持。此外，还有许多关陇人物虽然未直接参战，但在大统九年以前已加入宇文政权，如：

苏绰、苏椿。《周书》卷二三《苏绰传》：

武功人。……累世二千石。父协，武功郡守。

苏绰是文人，为宇文泰制定政典，有时亦参与军机，如擒窦泰之事。而苏绰弟椿"大统初，拜镇东将军。……四年，出为武都郡守。改授西夏州长史，除帅都督，行弘农郡事"[1]。

皇甫璠。《周书》卷三九《皇甫璠传》：

安定三水人也。世为西州著姓，后徙居京兆焉。父和，本州治中。……（璠）永安中，辟州都督。太祖为牧，补主簿。……大统四年，引为丞相府行参军。

韦祐（字法保）。《周书》卷四三《韦祐传》：

京兆山北人也。……世为州郡著姓。……及魏孝武西迁，法保从山南赴行在所。除右将军。……配兵数百人，以援延孙。……未几，太祖追法保与延孙率众还朝，赏劳甚厚。乃授法保大都督。四年，除河南尹。及延孙被害，法保乃率所部，据延孙旧栅。……九年，拜车骑大将军、仪同三司，镇九曲城。

令狐整。《周书》卷三六《令狐整传》：

燉煌人也。……世为西土冠冕。曾祖嗣、祖诏安，并官至郡守，咸为良二千石。父虬，早以名德著闻，仕历瓜州司马、燉煌郡守、郢州刺史。……魏孝武西迁，河右扰乱，（刺史元）荣仗整防捍，州境获宁。……太祖嘉其忠节，表为都督。……整以国难未宁，常愿举宗效力。遂率乡亲二千余人入朝，随军征讨。

---

[1]《周书》卷二三《苏绰传·附椿传》。

辛庆之。《周书》卷三九《辛庆之传》：

> 陇西狄道人也。世为陇右著姓。……大统初，加车骑将军，俄迁卫大将军、左光禄大夫。后太祖东讨，为行台左丞。时初复河东，以本官兼盐池都将。

李和。《周书》卷二九《李和传》：

> 其先陇西狄道人也。后徙居朔方。父僧养，以累世雄豪，善于统御，为夏州酋长。……（和）为州里所推。……至大统初，加车骑将军、左光禄大夫、都督，累迁使持节……骠骑大将军、开府仪同三司、夏州刺史。

其他如天水西人赵文表[1]、临洮子城刘雄[2]等皆参与宇文泰军旅，唯未能确定在大统九年（543）之前还是之后。

河东地区人士参加大统九年以前大战役者有薛端、裴侠、杨㩐、裴果等，而实际上参与宇文政权者甚多，这个地区人士大多倒向西魏，见本书第四篇《北朝东西政权之河东争夺战》。其中尤其值得注意的是西祖潠上五门薛氏大房之长子洪阼，《周书》卷三五《薛端传》载：

> 以隆兄洪阼尚魏文（成）帝女西河公主，有赐田冯翊，洪隆子麟驹徙居之，遂家于冯翊之夏阳焉。

另外有太原郭氏徙居冯翊者，《周书》卷三七《郭彦传》载：

> 太原阳曲人也。其先从宦关右，遂居冯翊。

---

[1]《周书》卷三三《赵文表传》。
[2]《周书》卷二九《刘雄传》。

河南地区人士参加大统九年以前之大战役者有阳雄、陈忻、赵刚、司马裔、冯迁、杨俭、王雅、泉元礼、泉仲遵、郑伟、韩雄等，其他参与宇文泰政权者有李延孙[1]、杨绍[2]、韩盛[3]、韩褒[4]、赵肃[5]等。其中有两例代表两种形态，一例是司马裔，《周书》卷三六《司马裔传》：

> 河内温人也，晋宣帝弟太常馗之后。……大统三年，大军复弘农，乃于温城起义，遣使送款。与东魏将高永洛、王陵等昼夜交战。众寡不敌，义徒死伤过半。及大军东征，裔率所部从战河桥。……六年，授河内郡守。……八年，率其义众入朝。太祖嘉之，特蒙赏劳。顷之，河内有四千余家归附，并裔之乡旧，乃授前将军、太中大夫，领河内郡守，令安集流民。

这是河南地区归附之典型。另有一种地方豪强，其归向何方影响东西势力之进退，如泉氏。《周书》卷四四《泉企传》载：

> 泉企……上洛丰阳人也。世雄商洛。……世袭本县令。……（企）服阕袭爵。年十二，乡人皇平、陈合等三百余人诣州请企为县令。州为申上……令企代之。……（孝昌初）及萧宝夤反，遣其党郭子恢袭据潼关。企率乡兵三千人拒之，连战数日，子弟死者二十许人，遂大破子恢。……及齐神武专政，魏帝有西顾之心，欲委企以山南之事，乃除洛州刺史、当州都督。未几，帝西迁，齐神武率众至潼关，企遣其子元礼督乡里五千人，北出大谷以御之。齐神武

---

[1]《周书》卷四三《李延孙传》。
[2]《周书》卷二九《杨绍传》。
[3]《周书》卷三四《韩盛传》。
[4]《周书》卷三七《韩褒传》。
[5]《周书》卷三七《赵肃传》。

不敢进。……（元礼）遂率乡人袭州城，斩（东魏刺史杜）窋，传
首长安。朝廷嘉之，拜卫将军、车骑大将军，世袭洛州刺史。从太
祖战于沙苑，为流矢所中，遂卒。……（企子）仲遵……十四，为
本县令。……及元礼于沙苑战没，复以仲遵为洛州刺史。仲遵宿称
干略，为乡里所归。及为本州，颇得嘉誉。东魏北豫州刺史高仲密
举成皋入附，太祖率军应之，别遣仲遵随于谨攻柏谷坞。仲遵力战
先登，擒其将王显明。柏谷既拔，复会大军战于邙山。

　　在河南西部一带地方豪族还有李延孙、韩雄、陈忻等，他们倾向于
宇文氏，增强了西魏在与东魏争夺洛阳地区时的力量，又影响了宇文氏
攫取荆州、汉中之地。由于地理环境之故，李延孙成为西魏初期接济关
东人士入关之重要角色。《周书》卷四三《李延孙传》：

　　　　伊川人也。……自魏孝武西迁之后，朝士流亡。广陵王欣、录
尚书长孙稚、颍川王斌之、安昌王子均及建宁、江夏、陇东诸王并
百官等携持妻子来投延孙者，延孙即率众卫送，并赠以珍玩，咸达
关中。齐神武深患之，遣行台慕容绍宗等数道攻之。延孙奖励所部
出战，遂大破之，临阵斩其扬州刺史薛喜。于是义军更振。乃授延
孙京南行台、节度河南诸军事、广州刺史。寻进车骑大将军、仪同
三司、大都督，赐爵华山郡公。延孙既荷重委，每以克清伊、洛为
己任。频以少击众，威振敌境。

　　山东大士族依附宇文政权者不多，立军功者有崔悦、崔猷、崔谦，
皆博陵安平崔氏第二房。崔悦、崔谦乃贺拔胜之追随者，而崔猷之父孝
芬为吏部尚书，被高欢所杀，子孙奔西魏[1]。崔彦穆是清河东武城崔氏，

---

[1] 参见拙文《中古山东大族著房之研究》，《"中央研究院"历史语言研究所集刊》54（3），
1983，页 22—28。

属郑州房[1]。史书载王思政乃太原人，房支不详。王思政军功甚巨，前节已有分析。

如上文所示，在大统九年（543）邙山之战以前，关陇地区参加宇文氏军旅者有京兆霸城王罴，京兆杜陵韦孝宽、韦瑱，京兆杜陵王子直，京兆蓝田王悦，京兆山北韦祐，安定乌氏徙居京兆螯屋梁昕，安定三水徙居京兆皇甫璠，武功苏绰、苏椿，河东徙冯翊薛氏，太原徙冯翊郭氏，陇西狄道辛庆之、辛威，陇西狄道李和，天水显亲权景宣，长池梁台，金城直城王杰，高平田弘，陇西成纪徙高平李远、李贤、李穆，燉煌令狐整，弘农华阴杨宽。而天水西人赵文表、临洮子城刘雄则未详其参与宇文泰军旅在大统九年之前还是之后。在《隋书》中有些官吏可能涉及军旅，而其参与宇文氏集团记载不详，可能在大统后半期加入者有：京兆杜陵韦世康[2]，京兆杜陵史万岁[3]，京兆长安刘方[4]，京兆万年张定和[5]，扶风苏武周[6]，冯翊下邦鱼俱罗[7]，冯翊下邦田式[8]，陇西狄道辛灵辅[9]，天水西人赵仲懿、赵演[10]，天水权袭庆[11]。

从地望方面观察，在西魏大统年间以武力支持宇文氏之地方豪族及豪杰大多数是雍州人士。按京兆霸城，魏、周皆属京兆郡霸城县[12]。京

---

[1]《新唐书》卷七二下《宰相世系表二下》清河崔氏郑州房表。

[2]《隋书》卷四七《韦世康传》："父敻，隐居不仕。"

[3]《隋书》卷五三《史万岁传》："父静，周沧州刺史。"

[4]《隋书》卷五三《刘方传》。

[5]《隋书》卷六四《张定和传》。

[6]《隋书》卷四六《苏孝慈传》："父武周，周兖州刺史。"

[7]《隋书》卷六四《鱼俱罗传》。

[8]《隋书》卷七四《田式传》。

[9]《隋书》卷七五《辛彦之传》："父灵辅，周渭州刺史。"

[10]《隋书》卷四六《赵煚传》："（煚）父仲懿，尚书左丞。"《赵芬传》："（芬）父演，周秦州刺史。"

[11]《隋书》卷六五《权武传》："父袭庆，周开府，从武元皇帝与齐师战于并州。"

[12]《魏书》卷一〇六下《地形志下》雍州京兆郡。《北周地理志》卷一，关中雍州京兆郡万年县，页5。

兆杜陵，魏属京兆杜县，周建德二年（573）省[1]。京兆山北，魏属京兆郡山北县，周天和三年（568）省[2]。京兆蓝田，魏、周属京兆郡[3]。京兆长安，魏、周属京兆郡[4]。京兆万年，周明帝二年（558）分长安为万年县[5]。京兆盩厔，魏属扶风郡，周京兆郡[6]。武功，魏属岐州武功郡，太和十一年（487）分扶风置，周扶风郡有武功县[7]。冯翊下邽，魏属冯翊郡莲芍县下封城，周属华州延寿郡夏封县[8]。高平，魏属原州高平郡，周属原州平高郡[9]。天水显亲，魏属秦州天水郡显亲县，周秦州天水郡显亲县[10]。陇西成纪，周属秦州略阳县[11]。金城，魏、周属河州金城郡[12]。狄

---

[1]《魏书》卷一〇六下《地形志下》雍州京兆郡杜县。《北周地理志》卷一，关中雍州京兆郡万年县，页7。

[2]《魏书》卷一〇六下《地形志下》雍州京兆郡山北县。《北周地理志》卷一，关中雍州京兆郡万年县，页6。

[3]《魏书》卷一〇六下《地形志下》雍州京兆郡蓝田县。《北周地理志》卷一，关中雍州京兆郡蓝田县，页21。

[4]《魏书》卷一〇六下《地形志下》雍州京兆郡长安县。《北周地理志》卷一，关中雍州京兆郡长安县，页5。

[5]《北周地理志》卷一，关中雍州京兆郡万年县引《周书·明帝纪》二年六月，分长安为万年县，并治京城。页5—6。

[6]《魏书》卷一〇六下《地形志下》雍州扶风郡盩厔县。《北周地理志》卷一，关中雍州京兆郡盩厔县，页19。

[7]《魏书》卷一〇六下《地形志下》岐州武功郡，太和十一年扶风置。《北周地理志》卷一，关中雍州扶风郡武功县，页34。

[8]《魏书》卷一〇六下《地形志下》雍州冯翊郡莲芍县。《北周地理志》卷一，关中华州延寿郡夏封县："《元和郡县志》：下邽县，本秦旧县，后魏避道武帝讳，改为夏封。隋大业二年复旧。《寰宇记》：下邽县，本秦旧县地。后魏改邽为封，以下为夏，讳道武帝讳也。"页54。

[9]《魏书》卷一〇六下《地形志下》原州高平郡。《北周地理志》卷一，关中原州平高郡，页88。《隋书·地理志》："平高，后魏置高平郡，后改为平高，开皇初郡废。"

[10]《魏书》卷一〇六下《地形志下》秦州天水郡显亲县。《北周地理志》卷二，陇右秦州天水郡显亲县，页141。

[11]《北周地理志》卷二，陇右秦州略阳郡成纪县，页146。

[12]《魏书》卷一〇六下《地形志下》河州金城郡。《北周地理志》卷二，陇右河州金城郡，页200。

道，魏、周属河州武始郡 [1]。临洮子城，魏河州临洮郡，周河州金城郡子城县 [2]。燉煌，周瓜州敦煌郡 [3]。

（二）"广募关陇豪右以增军旅"之分析

从以上分析，大统九年（543）邙山之战以前，构成西魏政权军事主体之人物大多已出现，在大统九年以后再出现于史书中之军事人物甚少。然则邙山败后，"广募关陇豪右以增军旅"这段记载之意义为何？主要应是在府兵制度发展过程中，对于中、下级军士之扩充。如表 2-1 中所示，北镇军士大都在军事系统中为上层阶级，非北镇人士为中上等阶级，中下级军士在战争中死伤甚多，广募以补充之，其重要性一如大统十六年（550）"籍民为兵"，将兵源再扩充到府兵，府兵系统才得以完成。广募豪杰在府兵制度形成中仍居非常重要之地位。

若将上述地望印证于地图上，则渭水自武功螯屋以迄于黄河，其南岸之地的地方豪强是宇文氏最有力的支持者。其他包括雍州京兆郡之全部、扶风郡之东部、冯翊郡渭水北岸之上邽至夏阳、东雍州华山郡（华阴）之全部。然而，在关中地区之中，渭水中下游以北，泾水、洛水流域一带，除泾水上游之高平以外，这一大片土地未见史书上记载有地方豪族、豪杰以武力支持宇文氏者，这是值得推敲的现象。按西魏政权以北镇军士为骨干，初以雍州至黄河之地区为基地，并获得此地区地方豪族、豪杰之支持，此从大统九年以前六次大战役之参加者可以证明。大统九年有邙山大败，于是广募关陇豪杰以充军旅，具体措施包括犒赏并扩大本已支持宇文

---

[1]《魏书》卷一〇六下《地形志下》河州武始郡。《北周地理志》卷二，陇右河州武始郡，页 199。

[2]《魏书》卷一〇六下《地形志下》河州临洮郡。《北周地理志》卷二，陇右河州金城郡子城县，页 200。

[3]《北周地理志》卷二，陇右瓜州敦煌郡，页 223。

泰之地方豪族之子弟及部曲，如《隋书》卷三七《李穆传》载：

> 初，芒山之败，穆以骢马授太祖。太祖于是厩内骢马尽以赐之，
> 封穆姊妹皆为郡县君，宗从舅氏，颁赐各有差。……穆以二兄贤、
> 远并为佐命功臣，而子弟布列清显，穆深惧盈满，辞不受拜。

此外，这一举措还有新的含义，虽无法从史书中找出很多新加入的地方豪族、豪杰的例子，但这含义可从关陇地区居民结构角度去观察。

西晋江统在五胡入华前十年左右，作《徙戎论》，有关关中者如下：

> 徙冯翊、北地、新平、安定界内诸羌，著先零、罕开、析支之
> 地；徙扶风、始平、京兆之氐，出还陇右，著阴平、武都之界。……
> 且关中之人百余万口，率其少多，戎狄居半。

在关中[1]之北、黄河之西，有匈奴之别种稽胡（一曰步落稽）[2]，在鲜卑族没有大举进入以前，黄河潼关以西的关陇地区，除汉族以外，以羌、氐、匈奴三族人数最多，当然，其间也杂有许多少数民族，但基本形态在中古没有太大改变。这个地区经过五胡入华，种族国家兴替无常，又经百余年来鲜卑拓跋氏之统治，关陇地区居民结构虽没有大的改变，但小幅度的改变仍有。降至西魏、北周之际，稽胡之居住地，如《周书》卷四九《异域上·稽胡传》载：

> 自离石以西，安定以东，方七八百里，居山谷间，种落繁炽。

严耕望考引《隋李和墓志》：

---

[1] 狭义的关中范围指函谷关、武关、散关、萧关四关之中。

[2]《周书》卷四九《异域上·稽胡传》："稽胡一曰步落稽，盖匈奴别种，刘元海五部之苗裔也。"

天和二年……（稍后）除大将军……出为延、绥、丹、银四州，大宁、安民、姚襄、招远、平独、朔方、武安、金明、洛阳原、启沧十防诸军事、延州刺史。总管之内遍杂稽胡……建德六年，群稽复动。……公……率众三万，所至皆平之。[1]

严耕望考其地望如下：

按此延、绥、丹、银，与前引《法苑珠林》同[2]。其十防亦有可考者：大宁，《元和志》一二隰州有大宁县，在州西南八十六里，周武帝置。安民，《元和志》三延州延水县，后魏置安人县、安人镇。姚襄，同书一二慈州有姚襄城，在州西五十二里，西临黄河，为姚襄所筑。朔方，按夏州自北朝至唐皆有朔方之名。……金明，同书延州金明县在州西北四十八里。洛阳原，盖衍阳字，即洛源。《元和志》三庆州洛原县，"东南至州二百七十里，本归德县，大业元年更名""因洛水所出为名"。《寰宇记》三三作洛源，云在州东北二百七十里是也，检洛水源头可知。其余四防地望无考，则就可考者而言，大抵在慈、隰、延诸州境，皆可与《法苑珠林》此条互证，且可窥知稽胡分布亦扩及洛水上源。

延、绥、丹、银四州以丹州居南，丹州及其南邻地区之种族情况如何，前秦《邓太尉祠碑》载：

大秦苻氏建元三年，岁在丁卯，冯翊护军、建威将军、奉车都

---

[1] 该墓志原刊于《陕西省三原县双盛村隋李和墓清理简报》，《文物》1，1966。本文引自严耕望：《佛藏所见之稽胡地理分布区》，《大陆杂志》72（4），1986。
[2] 严耕望引《法苑珠林》卷三一《潜遁篇·感应缘》"西晋慈州郭下安仁寺西刘萨何师庙"条："稽胡专直，信用其语……故黄河左右，慈、隰、岚、石、丹、延、绥、银八州之地，无不奉敬。"刊于《佛藏所见之稽胡地理分布区》。此条谓稽胡居于黄河以西者有丹、延、绥、银，时在西晋。

尉、城安县侯、华山郑能进……统和、宁戎[1]、鄜城、洛川、定阳五部，领屠各、上郡夫施黑羌、白羌、高凉西羌、卢水、白虏、支胡、粟特、吾（苦）水[2]杂户七千，夷类十二种。兼统夏阳治。

据马长寿研究，其一屠各与其二上郡夫施之黑羌、白羌情况如下[3]：

《苻生载记》云，羌帅姚襄到关中不久，便"招动鄜城、定阳、北地、芹川诸羌胡，皆应之，有众二万七千，进据黄洛"。以此知洛水以东的鄜城、定阳皆有屠各匈奴。前文叙述，苻坚把匈奴分置于贰城的东西，各二万多落，鄜城和定阳皆在贰城以东，这一带的匈奴在《姚泓载记》内称之为"定阳贰城胡"，可知定阳等地的屠各匈奴是很多的。贰城以东的匈奴共二万多落，即十万口以上，合鄜城、定阳、洛川三部的屠各言之，其户口数目，估计当有贰城以东匈奴总户口的一半，即一万多落或五万口以上。

"上郡夫施黑、白羌"，"夫施"即古肤施县，在今陕北绥德县东南五十里。此县汉时属上郡，前后秦时属长城郡，不属冯翊郡。以冯翊护军而统领上郡夫施之黑白羌者，乃指从上郡肤施县徙入冯翊之黑白羌而言。上郡之有羌始于东汉。……然在十六国以前，当西晋中叶以后，上郡的黑白羌已经扩展到冯翊、北地二郡北部之马兰

[1] "和、宁戎"，马长寿考作"和戎、宁戎"，见《碑铭所见前秦至隋初的关中部族》，二、前秦《邓太尉祠碑》和《广武将军□产碑》所记的关中部族，页14。

[2] "吾"，马长寿考作"苦"。本段所引种族马长寿亦有考证，见《碑铭所见前秦至隋初的关中部族》，二、前秦《邓太尉祠碑》和《广武将军□产碑》所记的关中部族，页15—22。

[3] 有关前秦《邓太尉祠碑》之研究，以前有陆增祥《八琼室金石补正》；沈曾植《寐叟题跋》二集上；瞿中溶《古泉山馆金石文编》卷一；吴士鉴《九钟精舍金石跋尾》甲编；唐长孺《魏晋杂胡考》，《魏晋南北朝史论丛》；闻宥《记有关羌族历史的石刻》（《考古与文物》2，1980）等；马长寿综其成，但马氏似未读闻宥文（见《碑铭所见前秦至隋初的关中部族》，页16），或已读闻宥文（见《碑铭所见前秦至隋初的关中部族》，页113—114），而对于闻宥文中对黑、白羌的解释从略。

山，史称之为"冯翊、北地马兰羌"。……直到后赵石勒末年，这些
羌族仍盘据马兰山而南攻北地、冯翊二郡。《石勒载记》下纪其事云：
"延熙元年，长安陈良夫奔于黑羌，招诱北羌四角王薄句大等扰北
地、冯翊，与石斌相持。石韬等率骑掎句大之后，与斌夹击，败之。
句大奔于马兰山，郭敖等悬军追北，为羌所败，死者十七八。"……
这些羌姓与西羌大姓显然是有区别的。[1]

屠各乃匈奴种，唐长孺已有考证，中古时期分布甚广，曾在太行山
东麓、凉州、秦陇区域、陕北之地[2]。在渭北也有，但闻宥认为"羌人
虽然只是渭北十二族之一，但在人口比例上超过了它族。这一点是肯定
的"[3]。碑文中黑羌、白羌之后再继列西羌，闻宥认为"黑羌、白羌，应
是东羌"[4]。

羌人势力在冯翊很盛，李润镇是羌人在冯翊郡之重要中心，北魏拓
跋焘太平真君六年（445）时，羌人参加卢水胡盖吴反魏，太平真君七年
（446）"二月……北道诸军乙拔等大破盖吴于杏城。……三月……车驾旋
轸，幸洛水，分军诛李闰叛羌"[5]。羌人势力稍阻，至北魏世宗宣武帝恪
景明初（500），华州刺史、安定王元燮叙述其治所李润堡时，将"羌魏
两民"并称[6]，李润堡之地望，马长寿认为唐贾耽《郡国县道记》之说最

----

[1] 马长寿：《碑铭所见前秦至隋初的关中部族》，二、前秦《邓太尉祠碑》和《广武将军□
产碑》所记的关中部族，页15—16。

[2] 唐长孺：《魏晋杂胡考》，《魏晋南北朝史论丛》，页382—396。

[3] 闻宥：《记有关羌族历史的石刻》，《考古与文物》2，1980，页114。

[4] 闻宥：《记有关羌族历史的石刻》，页113。

[5]《魏书》卷四下《太武纪》太平真君七年。

[6]《魏书》卷一九下《安定王休传·附燮传》："世宗初……（除）华州刺史。燮表曰：'谨
惟州治李润堡，虽是少梁旧地，晋、芮锡壤，然胡夷内附，遂成戎落。城非旧邑先代之名，
爰自国初，护羌小戍。及改镇立郡，依岳立州，因籍仓府，未刊名实。窃见冯翊古城，羌
魏两民之交，许洛水陆之际。'"

合理，在奉先县东北五十里 [1]，应离洛水不远。

在北魏末永熙二年（533）北雍州宜君郡黄堡县的《邑主俊蒙□娥合邑子卅一人等造像记》中，据马长寿研究，"以上皆为羌族的姓氏，共三十八人，占题名者全数的 66%，此外郭、朱、田、于、刘、成、杨等各一人，可能都是汉姓。另外还有姓氏被磨灭不清的八人，这八人大多数应系羌姓。总之，黄堡县的上述造像是由多数的羌姓妇女和少部分的汉姓妇女建立的。因此，可以推测黄堡县的这一村邑是以羌族为主，而又与少数汉族杂居的一个地区" [2]。

马长寿研究西魏、北周时期碑铭上姓氏，兹归纳于下。

（1）《合方邑子百数十人造像记》：碑在渭北下邽镇的正南二十余里、信义镇的正西二里之泰庄村。立于北周武成二年（560）。姓氏出于：第一，祖源系出匈奴而向北方鲜卑转化；第二，属于北方鲜卑者；第三，属于西方鲜卑；第四，属于高车部；第五，属于白部鲜卑；第六，属于东夷；第七，属于西域胡等 [3]。

本文按下邽东邻沙苑，即大统三年（537）高欢与宇文泰大战之战场，《水经注疏》称："（怀德县）在渭水之北，沙苑之南。（守敬按：《周书·文帝纪》，魏大统三年至沙苑，与齐神武战，大破之。《元和志》：沙苑，一名沙阜，在冯翊县南十二里，今以其处宜六畜，置沙苑监。《寰宇记》：沙苑监在同州冯翊、朝邑两县界。唐末废，周显德二年于苑内牧马。旧《同州志》：沙苑在州南洛、渭之间。）" [4] 冯翊、沙苑，乃至下

---

[1] 马长寿：《碑铭所见前秦至隋初的关中部族》，三、北朝前期的李润羌和北魏造像题名的四种方式，页 45。

[2] 马长寿：《碑铭所见前秦至隋初的关中部族》，三、北朝前期的李润羌和北魏造像题名的四种方式，页 49—50。

[3] 马长寿：《碑铭所见前秦至隋初的关中部族》，四、北朝后期鲜卑杂胡入关后的聚居和散居，页 55—65。

[4]《水经注疏》卷一九《渭水下》，页 875—876。

邽一带，似乎适宜牧马，除了该地区在洛、渭之间，具战略地位以外，宜乎北族人士麇集于此。

（2）《邑主同琋龙欢合邑子一百人等造像记》：在渭北，确切位置不详。立于保定二年（562）。首先，邑子中最多的姓氏为同琋氏，共六十七人，占题名全数的67%。荔非氏一人。以上二氏皆为羌姓。其次，公孙氏八人，陈、田、刘、吴、赵、张六姓各一人，似皆为汉姓。再次，吕、姜、杨、梁、齐五姓各一人，皆为氐姓。郝姓一人，可能是卢水胡的姓氏。最后还有一些特殊的姓，如吐卢姓一人，普六茹姓二人，大致都是鲜卑的姓氏[1]。

（3）《圣母寺四面造像碑》：在蒲城县东北二十里雷村，立于保定四年（564）。羌人姓氏共八十二人，占题名全数的67%以上。其他如羌姓姚氏二人，氐姓姜、蒲氏各一人，皆未计算在内[2]。

（4）《同琋氏造像记》：在渭河以北。立于保定四年。可省识者一百六十多人，其中同琋氏八十一人，占题名全数的一半，可知碑铭所在地是一同琋氏羌人的集居之区[3]。

（5）《昨和拔祖等一百二十八人造像记》：在蒲城县尧山乡，左同州而右白水。立于天和元年（566）。实际只有八十七人，羌姓占题名全数的85%以上。另外贺兰姓二人，为北族大姓；吕姓二人，似为一氐姓，其余皆为汉姓[4]。

---

[1] 马长寿：《碑铭所见前秦至隋初的关中部族》，五、渭河以北各州县的羌民和他们的汉化过程，页70。

[2] 马长寿：《碑铭所见前秦至隋初的关中部族》，五、渭河以北各州县的羌民和他们的汉化过程，页70—72。

[3] 马长寿：《碑铭所见前秦至隋初的关中部族》，五、渭河以北各州县的羌民和他们的汉化过程，页72—73。

[4] 马长寿：《碑铭所见前秦至隋初的关中部族》，五、渭河以北各州县的羌民和他们的汉化过程，页73。

（6）《邑子嘗^[1]仲茂八十人等造像记》：在铜川、白水之间。立于建德元年（572）。可省识者只九人，其中嘗姓八人，余一人为郭姓，嘗乃羌姓^[2]。

（7）《荔非明达等四面造像题名》：北周，确切时间不详，或在武成年间（559—560）。立处不详。十二人可省识者皆以荔非为姓，羌姓^[3]。

（8）《邑主雷惠祖合邑子弥姐显明等造像记》：似应在渭北。立于开皇二年（582）。题名六十三人内，弥姐姓三十五人，占题名全数的一半以上。雷姓十六人，为次多数。钳耳姓一人。以上三姓共五十二人，都是羌姓。此外，张姓四人，杨姓三人，刘、秦姓皆一人，可能都是汉姓^[4]。

（9）《邑主弥姐后德合邑子卅人等造像记》：似应在渭北。立于开皇六年（586）。在二十七个造像中，弥姐姓最多，共二十二人，占绝对多数。其次雷姓二人，为次多数，此外张、刘和分辨不清姓氏各一人^[5]。

（10）《雷明香为亡夫同琋乾炽造像记》：或在建忠郡的三原，或在宜州州治之耀州。立于天和元年（566）。是家族碑，主要包括雷明香母家和其亡夫同琋乾炽的两个家族。还提及联婚夫蒙氏。

---

[1] "嘗"即"党"之碑体字。

[2] 马长寿：《碑铭所见前秦至隋初的关中部族》，五、渭河以北各州县的羌民和他们的汉化过程，页74。

[3] 马长寿：《碑铭所见前秦至隋初的关中部族》，五、渭河以北各州县的羌民和他们的汉化过程，页74。

[4] 马长寿：《碑铭所见前秦至隋初的关中部族》，五、渭河以北各州县的羌民和他们的汉化过程，页75。

[5] 马长寿：《碑铭所见前秦至隋初的关中部族》，五、渭河以北各州县的羌民和他们的汉化过程，页75—76。

同琊、雷、夫蒙三姓皆羌族[1]。

(11)《郭羌四面造像铭》：可能在建忠郡和宜州之中。立碑时间上限不早于西魏废帝三年（554），下限不迟于隋开皇二年（582）。是家族碑，包括汉姓、羌姓、氐姓及可能为龟兹胡之白氏[2]。

(12)《钳耳神猛造像记》：应在渭北。立于开皇四年（584）。是家族碑，有钳耳、雷、罴、夫蒙，皆羌姓[3]。

马长寿得出的结论谓："在渭河以北同州、华州东部虽成为北族麇集之区，而蒲城、白水、宜君、同官（铜川县）、宜州（耀县）等地则仍为西羌诸姓的集中分布所在。但这些州县自古以来就有汉族分布其间，故当羌族徙入之时，汉羌二族分别居住，形成汉村和羌村的犬牙相错的状态。"[4]

在这些碑铭的题名之中，有都督、帅都督、大都督、柱国等官衔，在西魏、北周系统之中，这些名称皆府兵系统中的官职。如（编号同前）：

(1)《合方邑子百数十人造像记》碑中载：都督乙弗阿师、东面邑主都督擒拔庆、西面邑主师（当作帅）都督郃乡县开国子库汗宗、诸化主高陵县开国子大都督宇文永、先都督俟奴俟尼、都像主都督白停男普屯罼、像檀越主师（帅）都督六洋二州刺史永宁子贺兰娄、都邑主师（帅）都督三原县令华阴男屋引洛、都化主都督范县伯擒拔怡。立于北周武成二年（560）。

---

[1] 马长寿：《碑铭所见前秦至隋初的关中部族》，五、渭河以北各州县的羌民和他们的汉化过程，页76。

[2] 马长寿：《碑铭所见前秦至隋初的关中部族》，五、渭河以北各州县的羌民和他们的汉化过程，页77—78。

[3] 马长寿：《碑铭所见前秦至隋初的关中部族》，五、渭河以北各州县的羌民和他们的汉化过程，页78—79。

[4] 马长寿：《碑铭所见前秦至隋初的关中部族》，五、渭河以北各州县的羌民和他们的汉化过程，页79—80。

（7）《荔非明达等四面造像题名》碑中载：天宫主柱国参军□□□
　　　□、邑长大都督司铠□□□□。立于武成年间（559—560），该
　　　碑皆为羌族荔非姓。

（8）《邑主雷惠祖合邑子弥姐显明等造像记》碑中载：佛堂主都督弥
　　　姐珍、典录都督雷元俊。立于开皇二年（582）。

（9）《邑主弥姐后德合邑子卅人等造像记》碑中载：都督弥姐显祭。
　　　立于开皇六年（586）。

（10）《雷明香为亡夫同琦乾炽造像记》碑中载：开府外兵曹治都督
　　　雷显庆。立于天和元年（566）。

这表示在这个地区的人士亦参加西魏、北周之府兵体系。立于武成
二年的《合方邑子百数十人造像记》，其题名人有都督、帅都督、大都督
者，皆北族姓氏，如乙弗阿师、擒拔庆、库汗宗、宇文永、俟奴俟尼、
普屯置、贺兰娄、屋引洛、擒拔怡等。按武成二年为560年，大统九年
为543年，在正常情况下，这些人似应在大统九年以前加入军旅。北族
很早加入宇文政权，极易明了。然而在《荔非明达等四面造像题名》碑
中，立碑亦在武成年间，羌族荔非氏官位为柱国参军、大都督司铠等，
似应在大统九年后加入军旅较合理。另外，立于开皇六年之《邑主弥姐
后德合邑子卅人等造像记》、立于开皇二年之《邑主雷惠祖合邑子弥姐显
明等造像记》及立于天和元年之《雷明香为亡夫同琦乾炽造像记》，其中
羌姓弥姐珍、雷元俊、弥姐显祭、雷显庆等，皆为都督衔，故而假设这
些人在大统九年以后进入宇文氏之军旅，似应较为合理。

在大统九年以前，宇文泰与这个地区的地方豪强已渐获协调，下面
这段资料或可显示协调过程的蛛丝马迹，《周书》卷三七《韩褒传》：

　　出为北雍州刺史，加卫大将军。州带北山，多有盗贼。褒密访
　之，并豪右所为也，而阳不之知，厚加礼遇。谓之曰："刺史起自书

生，安知督盗，所赖卿等共分其忧耳。"乃悉诏桀黠少年素为乡里
患者，署为主帅，分其地界。有盗发而不获者，以故纵论。于是诸
被署者，莫不惶惧。皆首伏曰："前盗发者，并某等为之。"所有徒
侣，皆列其姓名。或亡命隐匿者，亦悉言其所在。襄乃取盗名簿藏
之。因大榜州门曰："自知行盗者，可急来首，即除其罪。尽今月不
首者，显戮其身，籍没妻子，以赏前首者。"旬日之间，诸盗咸悉首
尽。襄取名簿勘之，一无差异。并原其罪，许以自新。由是群盗屏
息。入为给事黄门侍郎。（大统）九年，迁侍中。

北雍州即宜州；宜州辖通川郡，有泥阳、土门，宜君郡有宜君、同
官，云阳郡有云阳[1]。大致上即本文所述地区。豪右之族属不详，唯这个
地区有汉羌等族，又将其首领们"署为主帅"，似应包括这些种族。这些
主帅在大统九年以前已编入名簿，这是广募这一地区豪右的准备工作。

所以，宇文泰在大统九年（543）广募关陇豪杰，除原本在大统初
年已加入之地方豪强（大多数是汉人），其宗亲部曲扩大参与之外，主要
应指羌氏部落之加入。在关中部分，主要是指渭水以北地区（除下邽外）
之羌族。

在西魏、北周政权之中，北镇军士是其最原始的支柱，所以在府兵
体系之中，最上层的柱国大将军、大将军等职，大部分都是由他们担任。
至府兵制度完成时，约在西魏、北周交替之际，是北镇军士权势最强之
时，而将府兵体系内之部属大批改为胡姓，是其权势高峰之标志。大统
之初汉人地方豪强亦纷纷加入宇文政权，在府兵制度完成时，他们担任
中等及中上层之职；由于参与的人数渐多，至北周时势力已渐渐抬头，
隋杨政权成立时，他们已略占上风，杨坚诏令改胡姓者恢复汉姓，也是

---

[1]《北周地理志》卷一，关中宜州，页65—70。

汉人势力抬头之标志，其间演变之蛛丝马迹，可由另文细论。假设大统九年（543）以后，关陇地区羌氏亦加入了宇文政权，由于他们加入稍迟，在西魏末期府兵制度完成之时，应仅占据下层职位，如柱国参军、大都督参军等，而在北周时，有人可达都督衔。

在泾水中下游一带，除汉羌以外，氐人已渐渐增多，《北史》卷四九《毛遐传》载：

> 北地三原人也。世为酋帅。……正光中，萧宝夤为大都督，讨关中诸贼，咸阳太守韦遥时为都督，以遐为都督府长史。宝夤败还长安，三辅骚扰。遐因辞遥还北地，与弟鸿宾聚乡曲豪杰，遂东西略地，氐、羌多赴之，共推鸿宾为盟主。既而贼帅宿勤买奴自号京兆王于北地，遐诈降之，而与鸿宾攻其壁。贼自相斫射，纵兵追击，七栅皆平。……鸿宾大鼻眼，多髯须，黑而且肥，状貌颇异，氐、羌见者皆畏之。加胆略骑射，倜傥不拘小节。……及贼起，乡里推为盟主，常与遐一守一战。

事在北魏末期。泾水上游的高平是山胡的势力范围，正光五年（524）四月"高平酋长胡琛反，自称高平王，攻镇以应拔陵"[1]。正光五年十月"胡琛遣其将宿勤明达寇幽、夏、北华三州"[2]。孝昌元年（525）四月宿勤明达、万俟丑奴联军与北魏中央军崔延伯、萧宝夤联军大战于泾川安定，延伯等有"甲卒十二万，铁马八千匹，军威甚盛"[3]。延伯战死。这股势力最盛时，达到泾水下游。泾水中游与汧水之间亦有胡人，《周书》卷二七《梁台传》："大统初，复除赵平郡守。又与太仆石猛破两山屠

---

[1]《魏书》卷九《肃宗纪》正光五年四月。

[2]《魏书》卷九《肃宗纪》正光五年十月。

[3] 系年出自《魏书》卷九《肃宗纪》孝昌元年四月，事迹见《魏书》卷七三《崔延伯传》。

各。"又《周书》卷三九《王子直传》:"大统初,汉炽屠各阻兵于南山,与陇东屠各共为唇齿。太祖令子直率泾州步骑五千讨破之,南山平。"赵平、陇东皆在泾水、汧水之间,安定之南。泾水的山胡与北魏处于对抗状态,但高平之李远、李贤兄弟站在中央方面,其后助尔朱天光等平定该地区,宇文泰引以为稳定该区之重要支柱,前文已有详述。

十六国时期,略阳临渭氐人苻氏,建立前秦王朝[1]。苻坚时"仇池氐杨世以地降于坚"[2]。当时氐人势力扩张及泾水下游、渭水中上游一带,但苻坚帝国势力膨胀以后,分遣大批氐人于关东各要地。《晋书》卷一一三《苻坚载记上》:

> 洛既平,坚以关东地广人殷,思所以镇静之,引其群臣于东堂议曰:"凡我族类,交胤弥繁,今欲分三原、九嵕、武都、汧、雍十五万户于诸方要镇,不忘旧德,为磐石之宗,于诸君之意如何?"皆曰:"此有周所以祚隆八百,社稷之利也。"于是分四帅子弟三千户,以配苻丕镇邺,如世封诸侯,为新券主。坚送丕于灞上,流涕而别。诸戎子弟离其父兄者,皆悲号哀恸,酸感行人,识者以为丧乱流离之象。

论者以为这是苻坚兵败淝水以后,退未能保有关中,而为姚氏所乘的最大原因。其后氐人势力在雍州大减,而三原、九嵕、并、略阳一带虽然仍有氐人居住,但羌人已与其分庭抗礼。

其后氐人以仇池为大本营,此在《宋书》[3]《魏书》[4]《南齐书》[5]《梁

---

[1]《晋书》卷一一二至一一五。
[2]《晋书》卷一一三《苻坚载记上》。
[3]《宋书》卷九八《氐胡传》。
[4]《魏书》卷一〇一《氐传》。
[5]《南齐书》卷五九《氐传》。

书》[1]《南史》[2]《周书》[3]《北史》[4]等书中皆有记载。而氐人的主导权大致常握在杨氏家族之手[5]。杨氏子孙又甚有分歧，在南北两大政权之间，或附北，或附南，或独立，变换多起。对北魏而言，杨氏大致以仇池（武都）为大本营，亦兼有武兴、上邽、骆谷、葭芦（武都县东南）、阴平（文县西北）之地[6]。当北魏之末期（世宗时），"建武将军傅竖眼攻武兴，克之，执（氐王武兴王杨）绍先送于京师，遂灭其国，以为武兴镇，复改镇为东益州"。这是北魏侵入该区最深之时，其后氐人又反，"绍先奔还武兴，复自立为王"[7]。纵观这一段史实，氐的势力一直未达岐州，更不论雍州矣！所以自苻坚迁移氐人至关东以后，从岐州、扶风、雍州一带的居民结构来看，氐人为数甚少。《周书》卷三五《郑孝穆传》：

> 大统五年，行武功郡事，迁使持节、本将军，行岐州刺史、当州都督。……先是，所部百姓，久遭离乱，饥馑相仍，逃散殆尽。孝穆下车之日，户止三千。留情绥抚，远近咸至，数年之内，有四万家。每岁考绩，为天下最。太祖嘉之，赐书曰："知卿莅职近畿，留心治术。凋弊之俗，礼教兴行；厌乱之民，襁负而至。昔郭伋政成并部，贾琮誉重冀方，以古方今，彼有惭德。"于是征拜京兆尹。

在大统五年（539）时，岐州、武功一带竟然只有三千户，郑孝穆在数年之内将之增为四万户。新增之户来源失载，但若是氐人，一则氐人和

---

[1]《梁书》卷五四《武兴国传》。

[2]《南史》卷七九《武兴国传》。

[3]《周书》卷四九《异域上·氐传》。

[4]《北史》卷九六《氐传》。

[5] 参见谷口房男：《晋代の氐族杨氏について》，《东洋大学文学部纪要》30，1976；《魏书》卷一〇一《氐传》。

[6]《魏书》卷一〇一《氐传》。

[7]《魏书》卷一〇一《氐传》。《魏书》卷七〇《傅竖眼传》略同。

西魏政权居于敌对立场，二则若是迁自武兴氐族，史书必有所载。按郑孝穆系荥阳开封郑氏大族，随魏孝武帝西迁，数年之内增至四万户，很可能是随魏帝入关之关东之民，这样才能应上"厌乱之民，襁负而至"之言。

《水经注疏》卷一九《渭水下》：

> 县北有蒙茏渠，上承渭水于郿县，东迳武功县为成林（国）渠，东迳县北，亦曰灵轵渠。……渭水又东迳槐里县故城南。……北背通渠。……渭水又东会成国故渠。渠，魏尚书左仆射卫臻征蜀所开也。号成国渠，引以浇田。（赵云：按《汉志》郿县成国渠，北至上林，入蒙茏渠。盖西京已有是渠，卫公振更修治之。会贞按：《汉志》系成国渠于郿，而《沟洫志·注》如淳曰，成国，渠名，在陈仓。盖就卫臻所开言也。《晋书·宣帝纪》，青龙元年穿成国渠，自陈仓至槐里。《食货志》同，即臻事。《魏志》本传失载。唐李石记成国渠见《汉志》，卫臻征蜀，复开以溉田。后魏大统十三年始筑堰，置六斗门以节水。贞观以后，屡经修治，其渠溉武功、兴平、咸阳、高陵等县田二万余顷。《长安志》，今涸。）其渎上承汧水于陈仓东，东迳郿及武功、槐里县北。

按成国渠自岐州陈仓至雍州咸阳，在渭水北岸，大统十三年（547）筑堰节水灌溉，似应安插徙来之农业居民，而这一段渭水之南岸空地，在稍后北周时安插徙来之侨民，此点下文另有讨论。

尔朱天光、贺拔岳、侯莫陈悦、宇文泰等军团入关之主要任务是平定泾水流域、渭水上游秦陇地区及岐州西南地区之叛乱。这个地区除汉人以外，杂胡、羌、氐是很重要的居民成分，从反叛情况观察，泾水上游、中游以杂胡、羌为主，秦陇以杂胡、羌、氐为主[1]，岐州西南地区以

---

[1] 参见唐长孺、黄惠贤：《二秦城民暴动的性质和特点——北魏末期人民大起义研究之三》，《武汉大学学报》4，1979。

氏族为主[1]，叛乱的原因甚为复杂[2]，汉人亦有参加者[3]，但魏末此区反叛者之主要人物及主要成分仍以杂胡、羌、氐为多。魏末此区的高平李远家族、安定梁氏[4]、陇西辛氏[5]、安定皇甫氏[6]是支持北魏、西魏政权的。所以这个地区的杂胡、羌、氐人与西魏政权的关系是敌对与羁縻，可能在战败时被编入西魏政权部队[7]，甚少见部队投靠者。大统九年（543）宇文泰广募关陇豪杰，这个地区恐怕是原来支持西魏政权之汉人大族继续扩充，秦陇一带的羌胡不会参加太多。但汧水西侧及岐州西南地区氐族之收编，确是一个成功的形态。

《周书》卷三三《赵昶传》：

> 天水南安人也。曾祖襄，仕魏至中山郡守，因家于代。……（昶）孝昌中，起家拜都督。……太祖平弘农，擢为相府典签。大统九年，大军失律于邙山，清水氐酋李鼠仁自军逃还，凭险作乱。陇右大都督独孤信频遣军击之，不克。太祖将讨之，欲先遣观其势，顾问谁可为。左右莫对。昶曰："此小竖尔，以公威，孰不听命。"太祖壮之，遂令昶使焉。昶见鼠仁，喻以祸福。群凶聚议，或从或否。其逆命者，复将加刃于昶。而昶神色自若，志气弥厉。鼠仁感悟，遂

---

[1]　参见张建昌：《氐族的兴衰及其活动范围》，《兰州大学学报》4，1982；李绍明、冉光荣：《论氐族的族源与民族融合》，《四川省史学会史学论文集》，四川人民出版社，1982，页176—184。

[2]　唐长孺、黄惠贤在《二秦城民暴动的性质和特点——北魏末期人民大起义研究之三》中提出："种族间的差别逐渐削弱，阶级矛盾成为当地的主要矛盾。"页64。此论似乎不能涵盖所有因素。

[3]　《魏书》卷五一《封敕文传》载："金城边冏、天水梁会谋反，扇动秦益二州杂人万余户，据上邽东城，攻逼西城。"按边冏，金城人，凉州著姓；梁会，天水人，乃安定大姓。时在世祖太平真君七年（446），北魏占领上邽不久。在魏末反叛的主要人物大多是杂胡、羌、氐人。

[4]　《周书》卷二七《梁台传》《梁椿传》，卷三九《梁昕传》。

[5]　杜斗城：《汉唐世族陇西辛氏试探》，《兰州大学学报》1，1985。

[6]　《周书》卷三九《皇甫璠传》。

[7]　《魏书》卷七五《尔朱天光传》："天光遂入关击破之，简取壮健以充军士，悉收其马。"

相率降。氐梁道显叛，攻南由。太祖复遣昶慰谕之，道显等皆即款附。东秦州刺史魏光因徙其豪帅四十余人并部落于华州，太祖即以昶为都督领之。……十五年，拜安夷郡守，带长蛇镇将。氐族荒犷，世号难治，昶威怀以礼，莫不悦服。期岁之后，乐从军者千余人。加授帅都督。时属军机，科发切急，氐情难之，复相率谋叛。昶又潜遣诱说，离间其情，因其携贰，遂轻往临之。群氐不知所为，咸来见昶。乃收其首逆者二十余人斩之，余众遂定。朝廷嘉之，除大都督，行南秦州事。时氐帅盖闹等反，昶复讨擒之。……昶自以被拔擢居将帅之任，倾心下士。虏获氐、羌，抚而使之，皆为昶尽力。太祖常曰："不烦国家士马而能威服氐、羌者，赵昶有之矣。"

《水经注疏》卷一七《渭水上》：

渭水又东南，出石门，度小陇山，迳南田县南，东与楚水合，世所谓长蛇水也，水出汧县之数历山，南流迳长蛇戍东，魏和平三年筑（守敬按：《魏书·陆真传》，高宗时初置长蛇镇，真率众筑城未讫而氐豪仇傉檀等叛，氐民咸应，真击平之，卒城长蛇而还。……《周书·赵昶传》，大统十五年，拜安夷郡守，带长蛇镇将，则魏始终以长蛇为重镇矣。）徙诸流民以遏陇寇。

按长蛇镇在渭水与大震关之间，其地是氐羌势力与宇文势力之重要界线。又赵昶是关键人物，赵昶祖乃天水人，其族属不详，但可确定者乃赵昶必然娴熟氐族之事，是一个"氐通"，因为他的才能，许多氐族部落被编入府兵系统之中，氐人虽然反顺不定，大体上对宇文政权不构成威胁。

晋江统《徙戎论》（五胡入华前十年左右）谓："徙冯翊[1]、北地[2]、

---

[1]《晋书》卷一四《地理志上》载：郡领临晋、下邽、重泉、频阳、粟邑、莲芍、郃阳、夏阳。

[2]《晋书》卷一四《地理志上》载：郡领泥阳、富平。

新平[1]、安定[2]界内诸羌，著先零、罕开、析支之地；徙扶风[3]、始平[4]、京兆[5]之氐，出还陇右，著阴平、武都之界。"及至西魏大统年间，关中居民结构已有改变，按上文分析，渭水下游以上、洛水以东，以及渭北下郢等地，北族已取代羌人，但洛水至泾水之间羌人仍为主要的少数民族。泾水上游杂胡甚多，中下游羌、氐势大，而渭水秦陇一带上游，羌、氐甚多，还有部分杂胡，汧水流域羌、氐甚多，而氐人已退出扶风、始平、京兆一带，武都、仇池是其主要地区。渭水自武功以下，渭南绝大多数是汉人，少数民族则以北族为主，上述各杂胡、氐、羌势大之地区，亦有汉人居住，各地区中汉人与少数民族之比例已不可知。

（三）关中侨州之分析

在西魏府兵制度的发展过程中，有两个重要地区，其一是心脏地带，其二是北族之侨州。按北族六州侨民在大统之初安置在何处，史书失载，自大统六年（540）以后，西魏陆陆续续在宁州西北地郡、赵兴郡、豳州新平郡界设立六侨州，其地理方位在泾水支流泥水流域，居于泾水上游与洛水上游之间，此区极可能是泾水上游杂胡与洛水上游稽胡之间的空闲之地，因此成为势力空隙之区，例如："夏，茹茹度河至夏州，太祖召诸军屯沙苑以备之。"[6]而在长安方面，"时茹茹渡河南寇，候骑已至豳州。朝廷虑其深入，乃征发士马，屯守京城，堑诸街巷，以备侵轶。左仆射周惠达召罴议之。罴不应命，谓其使曰：'若茹茹至渭北者，王罴率乡

---

[1]《晋书》卷一四《地理志上》载：郡领漆、汾邑。

[2]《晋书》卷一四《地理志上》载：郡领临泾、朝那、乌氏、都卢、鹑觚、阴密、西川。

[3]《晋书》卷一四《地理志上》载：郡领池阳、郿、雍、汧、陈仓、美阳。

[4]《晋书》卷一四《地理志上》载：郡领槐里、始平、武功、鄠、蒯城。

[5]《晋书》卷一四《地理志上》载：郡领长安、杜陵、霸城、蓝田、高陆、万年、新丰、阴般、郑。

[6]《周书》卷二《文帝纪下》大统六年夏。

里自破之，不烦国家兵马。何为天子城中，遂作如此惊动。由周家小儿恇怯致此。'罴轻侮权势，守正不回，皆此类也"[1]。茹茹自夏州、豳州南下，也就是沿泥水路线，竟然威胁长安地区，可见沿途阻碍甚少；王罴乃京兆豪族，声言率乡里自破之，亦可见至京兆地区才有强大势力，时在大统六年（540）。按西魏六侨州设立的时间与地点为[2]：

蔚州：大统六年，北地郡彭原洛蟠城。

朔州：大统十一年（545），弘化郡。

燕州：大统十六年（550），北地郡襄乐。

恒州：西魏时，设年失载，北地郡三水。

云州：西魏时，设年失载，北地郡彭原丰城。

显州：西魏时，设年失载，北地郡罗川。

就已知资料而言，设立最早的是大统六年，这应该与大统六年夏茹茹南侵有关，何况恒州此后自北地郡三水迁至弘化郡归德，在更北的泥水与洛水之源，地近夏州，其防茹茹之意更明矣！

六侨州在北周时迁至岐州、扶风一带，如下[3]：

燕州：北周天和元年（566），武功城。

云州：北周天和元年，鄠县。

恒州：北周天和二年（567），盩屋。

显州：北周天和三年（568），扶风郡陈仓县。

朔州：北周天和中，扶风虢县。

蔚州：《隋书·地理志》仅载后周废，迁地失载。

---

[1]《周书》卷一八《王罴传》。

[2] 参见王仲荦：《东西魏齐北周侨置六州考略》，页 27—28。

[3] 参见王仲荦：《东西魏齐北周侨置六州考略》，页 28—29。

北周天和时，将西魏六侨州自宁州、豳州一带迁至岐州、扶风一带，是由于外部形势之改变，以及北周发展重点之转移，但先决条件是岐州、扶风一带有空间。上文曾提及自从氏人势力退出岐州、扶风、雍州以后，该地区人口不多，雍州是北魏重镇、西魏首府，人口必然很快就补上。大统五年（539）郑孝穆任武功郡事及岐州刺史时，该地区初仅三千户，经数年招纳人民，众至四万户，实际上这一带亦是关中奥区之一，人口仍然未达到饱和，应有空地可资六侨州迁入。又按西魏时北方强敌是茹茹，茹茹与宇文氏处于敌对立场，其后北方突厥兴起，"恃其强盛，乃求婚于茹茹。茹茹主阿那瑰大怒，使人骂辱之曰：'尔是我锻奴，何敢发是言也？'（突厥主）土门亦怒，杀其使者。遂与之绝，而求婚于我。太祖许之。（大统）十七年六月，以魏长乐公主妻之。是岁，魏文帝崩，土门遣使来吊，赠马二百匹。魏废帝元年正月，土门发兵击茹茹，大破之于怀荒北。阿那瑰自杀，其子庵罗辰奔齐"[1]。北周保定三年（563）诏杨忠为元帅，两次率众绕道武川陉岭攻打北齐晋阳，突厥主以十万众来会[2]，两者邦交友善达到巅峰。另一方面，西魏废帝二年（553）尉迟迥领兵占领蜀地[3]，使宇文政权领地大增，为了控制经营蜀地，自必有所安置，及北境局势和缓，遂于天和年间（566—572）将六侨州南迁。按六侨州所迁至岐州、扶风一带，正当自陕入川的主要通道口[4]，尉迟迥行军路线"自散关由固道出白马"[5]，即严耕望先生《唐代交通图考》中"通典所记

---

[1]《周书》卷五〇《异域下·突厥传》。

[2] 参见《周书》卷五〇《异域下·突厥传》及《周书》卷一九《杨忠传》。

[3] 参见《周书》卷二《文帝纪下》，魏废帝二年三月，及《周书》卷二一《尉迟迥传》。

[4]《水经注疏》卷一七《渭水上》："渭水东入散关。（会贞按：《元和志》《寰宇记》并云，在陈仓县西南五十二里，《方舆纪要》在宝鸡县西南五十二里大散岭上，亦曰大散关，为秦蜀之嗫喉。）"

[5]《周书》卷二一《尉迟迥传》。

汉中通秦川驿道"[1]自陈仓沿故道川（后魏变文为固）南下。陈仓即北周侨州显州所在地；事实上，北周侨州云州所在地郿县，即《唐代交通图考》之"褒斜旧道"入口；燕州所在地武功县及恒州所在地鳌屋，皆在《唐代交通图考》之"骆谷道"入口；朔州所在地虢县在《唐代交通图考》中可南接"褒斜旧道"。

　　六侨州是禁旅之所出，天和元年（566）"筑武功、郿、斜谷、武都、留谷、津坑诸城，以置军人"[2]。北周皇帝对六侨州非常重视，天和元年"十一月丙戌，行幸武功等新城。十二月庚申，还宫"[3]。天和三年（568）"二月丁卯，幸武功。丁亥，还宫"[4]。天和三年"十二月丁丑，至自岐阳"[5]。天和六年（571）十一月"丁巳，行幸散关。十二月己丑，还宫"[6]。建德元年（572）"十二月壬申，行幸斜谷，集京城以西诸军都督已上，颁赐有差。丙戌，还宫"[7]。建德三年（574），废六侨州[8]，按北周武帝于建德四年（575）大举伐齐，攻向洛阳地区；建德五年（576）又

[1] 严耕望：《唐代交通图考》第三册，秦岭仇池区，《篇贰拾　通典所记汉中通秦川驿道：散关凤兴汉中道》，页764—776，及"图十二　唐代秦岭山脉西段诸谷道图"。

[2]《周书》卷五《武帝纪上》天和元年秋七月戊寅。王仲荦考证其地望为："筑武功（即燕州寄治之武功城）、郿、斜谷（即云州寄治之郿县及斜谷城）、武都（即朔州寄治之洛邑县武都城）、留谷（今陕西宝鸡市）、津坑诸城（津坑今地未详，当与留谷相近。蔚州寄治之所，当于此二城中之一城求之），以置军人。此所筑城，盖即六州侨置之州城也（恒州寄治鳌屋，显州寄治陈仓，皆有古城可居，故不别筑新城）。"《东西魏北齐北周侨置六州考略》，页29。

[3]《周书》卷五《武帝纪上》天和元年十一月丙戌。

[4]《周书》卷五《武帝纪上》天和三年二月丁卯。

[5]《周书》卷五《武帝纪上》天和三年十二月丁丑。

[6]《周书》卷五《武帝纪上》天和六年十一月丁巳。

[7]《周书》卷五《武帝纪上》建德元年十二月壬申。

[8] 云州、显州，据《太平寰宇记》，建德三年废。恒州，《隋书》卷二九《地理志上》京兆郡鳌屋："后周置周南郡及恒州，又有仓城、温汤二县，寻并废。"朔州，《隋书》卷二九《地理志上》扶风郡虢县："后周置朔州，州寻废。"又王仲荦谓"建德中，六州并废"，《东西魏北齐北周侨置六州考略》，页29。

大举伐齐，攻向并州，皆"帝总戎东伐"[1]，建德五年这一次终于击溃并
州齐军主力，以破竹之势下邺都，统一北方。所以建德三年废六侨州之
举，乃因六侨州为禁旅之所出，因伐齐而大量抽调侨州部人，卒至侨州
被废。这些被抽调的部人与先前已从军征战者，就是开皇十年（590）所
谓"南征北伐，居处无定"，而诏令"凡是军人，可悉属州县"[2]者。

四、六柱国十二大将军之统属及其辖区

《周书》卷一六末［《资治通鉴》卷一六三《梁纪十九》简文帝大宝
元年（550）］：

> 初，魏孝庄帝以尔朱荣有翊戴之功，拜荣柱国大将军，位在丞
> 相上。荣败后，此官遂废。大统三年，魏文帝复以太祖建中兴之业，
> 始命为之。其后功参佐命，望实俱重者，亦居此职。自大统十六年
> 以前，任者凡有八人。太祖位总百揆，督中外军。魏广陵王欣，元
> 氏懿戚，从容禁闱而已。此外六人，各督二大将军，分掌禁旅，当
> 爪牙御侮之寄。当时荣盛，莫与为比。故今之称门阀者，咸推八柱
> 国家云。今并十二大将军录之于左：
>
> 使持节、太尉、柱国大将军、大都督、尚书左仆射、陇右行台、
> 少师、陇西郡开国公李虎，[3]
>
> 使持节、太傅、柱国大将军、大宗伯、大司徒、广陵王元欣，
> （校勘记〔二九〕大宗伯大司徒广陵王元欣 《北史》卷六〇传末
> "大宗伯"作"大宗师"。按元欣是宗室，疑作"大宗师"是。）

---

[1]《周书》卷六《武帝纪下》。
[2]《隋书》卷二《高祖纪下》。
[3] 按《资治通鉴》李虎列于李弼之后。

使持节、太保、柱国大将军、大都督、大宗伯、赵郡开国公李弼，

使持节、柱国大将军、大都督、大司马、河内郡开国公独孤信，

使持节、柱国大将军、大都督、大司寇、南阳郡开国公赵贵，

使持节、柱国大将军、大都督、大司空、常山郡开国公于谨，

使持节、柱国大将军、大都督、少傅、彭城郡开国公侯莫陈崇。

右与太祖为八柱国。（后并改封，此并太祖时爵。）

使持节、大将军、大都督、少保、广平王元赞，

使持节、大将军、大都督、淮〔安〕王元育，

使持节、大将军、大都督、齐王元廓，

使持节、大将军、大都督、秦七州诸军事、秦州刺史、章武郡开国公宇文导，（校勘记〔三一〕大都督秦七州诸军事　《北史》殿本卷六〇传末"秦七州诸军事"作"北州诸军事"。《周书》卷一〇《邵惠公颢·附子导传》作"秦南等十五州诸军事"。）

使持节、大将军、大都督、平原郡开国公侯莫陈顺，

使持节、大将军、大都督、雍七州诸军事、雍州刺史、高阳郡开国公达奚武，

使持节、大将军、大都督、阳平公李远，

使持节、大将军、大都督、范阳郡开国公豆卢宁，

使持节、大将军、大都督、化政郡开国公宇文贵，

使持节、大将军、大都督、荆州诸军事、荆州刺史、博陵郡开国公贺兰祥，

使持节、大将军、大都督、陈留郡开国公杨忠，

使持节、大将军、大都督、岐州诸军事、岐州刺史、武威郡开国公王雄。

右十二大将军，又各统开府二人。每一开府领一军兵，是为

二十四军。[1]自大统十六年以前，十二大将军外，念贤及王思政亦作大将军。然贤作牧陇右，思政出镇河南，并不在领兵之限。此后功臣，位至柱国及大将军者众矣，咸是散秩，无所统御。六柱国、十二大将军之后，有以位次嗣掌其事者，而德望素在诸公之下，不得预于此列。

自魏永熙三年（534）七月魏孝武帝入关，宇文泰"乃奉帝都长安。披草莱，立朝廷，军国之政，咸取太祖决焉。仍加授大将军、雍州刺史，兼尚书令，进封略阳郡公，别置二尚书，随机处分"[2]。其年闰十二月，魏孝武帝崩，文皇帝元宝炬立。宇文泰之职权更为高涨。大统元年（535）春正月，"进太祖督中外诸军事、录尚书事、大行台，改封安定郡王。太祖固让王及录尚书事，魏帝许之，乃改封安定郡公"[3]。大统元年五月，加"宇文泰位柱国"[4]。大统三年（537）十月，沙苑大捷之后，"进太祖柱国大将军"[5]。这是西魏第一个柱国大将军，且都督中外诸军，在诸军之上，并不特别亲领某军。

魏广陵王元欣拜柱国大将军完全是安抚魏宗室之意，《北史》载元欣"性粗率，好鹰犬。……好营产业，多所树艺，京师名果皆出其

[1]《资治通鉴》卷一六三《梁纪十九》："泰始籍民之才力者为府兵，身租庸调，一切蠲之，以农隙讲阅战陈，马畜粮备，六家供之；合为百府，每府一郎将主之，分属二十四军。泰任总百揆，督中外诸军；欣以宗室宿望，从容禁闼而已。余六人各督二大将军，凡十二大将军，每大将军各统开府二人，开府各领一军。"

[2]《周书》卷一《文帝纪上》永熙三年七月丁未。

[3]《周书》卷二《文帝纪下》大统元年春正月己酉，卷末校勘记〔一〕载："张森楷云：'"督"上当有"都"字。'按《册府》卷六（七〇页）、卷七二（八一八页），《通鉴》卷一五七（四八六一页），'督'上并有'都'字，张所疑有据，但诸本皆同，今不补。"

[4]《北史》卷五《西魏文帝本纪》大统元年五月。《资治通鉴》一五七《梁纪十三》武帝大同元年（535）："五月，魏加丞相泰柱国。（胡注：即柱国大将军之官。）"

[5]《周书》卷二《文帝纪下》，大统三年冬十月；《北史》卷五《西魏文帝本纪》大统三年冬十月，同。

园。所汲引及僚佐咸非长者，为世所鄙”[1]。《魏书》虽亦谓其“性粗率，好鹰犬”，但在肃宗初（约516）为北中郎将，此职乃戍守大洛阳地区之北大门，需实际统领部队，又曾任荆州刺史、齐州刺史，“欣在二州，颇得人和”[2]，且当魏孝武帝与高欢决裂时，任洛阳地区包围战之“左军大都督”[3]。元欣在长安期间修葺园林，僚佐不才，正是历史上忧谗畏讥、明哲保身的一贯做法，连宇文泰也调侃他说“王三为太傅，再为太师，自古人臣未闻此例”，“欣逊谢而已”[4]。元欣“从容禁闱”，没有实际军权，或许可以从官职中看出，据《周书》卷一六末记载，其他六个柱国大将军、十二个大将军的官职之中，都有“大都督”之衔，唯独元欣没有。按大都督是府兵前期的重要督将，实际统军者都有各种“都督”之衔，《周书》列传中极为常见。元欣无“大都督”之衔似不应是《周书》之忽略记载。

八个柱国大将军之中，除宇文泰与元欣以外，其余六个柱国大将军，《周书》《资治通鉴》皆谓“各督二大将军”。唯哪一个柱国大将军督哪两个大将军，史书并无直接记载，亦未见学者有这方面之研究。又至大统十六年（550）时，府兵制度已成立百府，分布于宇文泰之控制地区，这百府层层上属，最后隶于十二个大将军与六个柱国大将军，究竟六大柱国与百府之地缘关系如何，史书并无直接记载，亦未见学者有这方面之研究。本文试着从史书零散的资料中，理出蛛丝马迹，对上述两个问题做初步的拟测。在资料缺乏的情况之下，本文仍从事此项艰难的研究，乃是因为这两个问题在中古史上有其重要性，即令初步架构的建立，对于西魏北周历史、府兵制度的实际运作、关陇集团的真正内涵，都极有帮助。

---

[1]《北史》卷一九《广陵王羽传·附欣传》。

[2]《魏书》卷二一上《广陵王羽传》。

[3]《魏书》卷一一《出帝平阳王纪》永熙三年（534）五月丙申。

[4]《北史》卷一九《广陵王羽传·附欣传》。

（一）于谨柱国大将军

《周书》卷一九《达奚武传》载：

> 从平悦，除中散大夫、都督，封须昌县伯，邑三百户。魏孝武
> 入关，授直寝，转大丞相府中兵参军。大统初，出为东秦州刺史，
> 加散骑常侍，进爵为公。……太祖欲并兵击窦泰，诸将多异议，唯
> 武及苏绰与太祖意同，遂擒之。……太祖复遣武觇之。……除大都督，
> 进爵高阳郡公，拜车骑大将军、仪同三司。……进至河桥，武又力
> 战，斩其司徒高敖曹，迁侍中、骠骑大将军、开府仪同三司，出为
> 北雍州刺史。复战邙山……久之，进位大将军。

贺拔岳被害以后，达奚武可能是宇文泰的积极支持者。达奚武和其
他将领一样，参加了击窦泰、沙苑、河桥、邙山等战役，其能击杀东魏
司徒高敖曹（昂）功绩甚大，显然是当时宇文泰之主力之一，其后出任
北雍州刺史，不知起讫年月。本传中关于其进位大将军时都督军事区不
详。唯《周书》卷一六末详细写明府兵体系完成时（大统十六年），达奚
武为"使持节、大将军、大都督、雍七州诸军事、雍州刺史、高阳郡开
国公"[1]，都督雍七州之其他六州名称不详，应当在雍州附近。

《周书》卷二〇《贺兰祥传》载：

> 沙苑之役，诏祥留卫京师。……四年，魏文帝东伐祥领军从战
> 河桥。……九年，从太祖与东魏战于邙山。……十四年，除都督三
> 荆南襄南雍平信江随二郢淅十二州诸军事、荆州刺史，进爵博陵郡
> 公。先是，祥尝行荆州事，虽未期月，颇有惠政。……寻被征还。

---

[1] 王仲荦在《北周地理志》中谓"雍"字之前可能漏一"北"字，按《周书》卷一六末此
条有两个"雍"字，不太可能两个"雍"字同时皆漏"北"字。《周书》卷一九《达奚武传》
载拜北雍州刺史之时间可能较早，而大统十六年时官职应如《周书》卷一六末所载。

十六年，拜大将军。太祖以泾渭溉灌之处，渠堰废毁，乃命祥修造富平堰，开渠引水，东注于洛。功用既毕，民获其利。魏废帝二年，行华州事。后改华州为同州，仍以祥为刺史。

贺兰祥任"都督三荆南襄南雍平信江随二郢浙十二州诸军事、荆州刺史"在大统十四年（548），任期"期月"即被征还。其后杨忠亦曾任"都督三荆二襄二广南雍平信随江二郢浙十五州诸军事"[1]，时在大统十五年（549）冬十一月[2]。大统十六年（550）府兵制度完成时，贺兰祥官拜大将军，其时贺兰祥已征还一年有余，所以大统十六年十二大将军项下贺兰祥官衔"使持节、大将军、大都督、荆州诸军事、荆州刺史"之中的"荆州诸军事、荆州刺史"衔是大统十四年事。贺兰祥被征还后修造富平堰，富平堰在今陕西富平县南[3]，其地在西魏时属雍州，在渭水北岸。又据"在渭南县渭河北岸所发现的北周武成二年（560）九月之《合方邑子百数十人造像记》……此碑在渭北下邽镇的正南二十余里、信义镇的正西二里之泰庄村……下封（邽）属于同州延寿郡，地当沙苑之西偏，正是宇文泰与高欢的鏖战所在，许多北方鲜卑和杂胡聚居于此"[4]。该碑有"北面像主统军贺兰宁"及其他贺兰氏共八人。由此可知，贺兰部落可能在这一带。碑立于武成二年，距大统十六年仅十年。贺兰祥稍后在"魏废帝二年，行华州事。后改华州为同州，仍以祥为刺史"。贺兰祥任职亦在这一地区，卒（保定二年，562）后赠"使持节、太师、同岐等十二州诸军事、同州刺史"[5]。

于谨曾追随宇文泰参加潼关、回洛城、弘农、沙苑、河桥、邙山等

---

[1]《周书》卷一九《杨忠传》。

[2]《周书》卷二《文帝纪下》："（大统十五年）冬十一月，遣开府杨忠率兵与行台仆射长孙俭讨之，攻克随郡。"

[3]《北周地理志》卷一，关中雍州冯翊郡富平。

[4] 马长寿：《碑铭所见前秦至隋初的关中部族》，四、北朝后期鲜卑杂胡入关后的聚居和散居，页55—56。

[5]《周书》卷二〇《贺兰祥传》。

战役，这些也是其他将领共同参与的重要战役，并无特别之处。唯于谨当魏帝西迁之初拜命为北雍州刺史，其后又拜大丞相府长史，兼大行台尚书，北雍州稍后改为宜州，在雍州略北，而大丞相府长史是宇文泰之第一副手。于谨"除大都督、恒并燕肆云五州诸军事、大将军、恒州刺史"[1]，该地区居住着北魏末北疆诸州入关者之部人，西魏统治阶层大部分皆包括在内[2]，其地约在夏州至幽州之间，可知管辖此地之职是一个很具影响的职位，也必然是宇文泰极为重视的职位，于谨拜命此职的确切时间不详，《周书·于谨传》记于大统九年（543）之前。在大统十二至十五年（546—549）间，于谨复兼大行台尚书、大丞相府长史，率兵镇潼关，又加授华州刺史。此华州在西魏废帝三年（554）改为同州[3]，即冯翊（大荔）之地。按西魏皇帝居长安，而大丞相宇文泰长期在华州[4]，《资治通鉴》胡三省注认为："以其地扼关、河之要，齐人或来侵轶，便于应接也。"[5] 按西魏时期，长安至华州一带是其政权最重要的地区，华州更是军事大本营，是宇文泰控制力最强的地方。拜命为华州刺史者，不是宇文泰之直属人物，便是其最亲密者，于谨长期担任宇文泰之第一副手，政策又雷同，在大统八年（542）建立六军前后，都督恒、并、燕、肆、云等侨州，并为恒州刺史，尤其在府兵制度即将完成之时，约大统十二年之后率兵镇潼关，加授华州刺史。魏恭帝元年（554），除雍州刺史。于谨卒（天和三年，568）后，其赠官为"加使持节、太师、雍

---

[1]《周书》卷一五《于谨传》。

[2] 并、肆不是西魏控制区，可能是侨州。恒、燕、云是侨州。

[3]《周书》卷二《文帝纪下》废帝三年春正月，改华州为同州。

[4] 如《周书》卷二《文帝纪下》：大统"四年春三月，太祖率诸将入朝。礼毕，还华州"。大统四年（538），（太祖平赵青雀之乱于长安后）"关中于是乃定。魏帝还长安，太祖复屯华州"。大统九年"冬十月，大阅于栎阳，还屯华州"。大统十四年（548）夏五月，"太祖奉魏太子巡抚西境……闻魏帝不豫，遂还。既至，帝疾已愈，于是还华州"。

[5]《资治通鉴》卷一六六《梁纪二十二》敬帝太平元年（西魏恭帝三年，556）十月"丙子，世子觉嗣位，为太师、柱国、大冢宰，出镇同州"。

恒等二十州诸军事、雍州刺史"[1]。凡此种种，显示于谨在六个柱国大将军之中与宇文泰关系最为亲密，也可能是宇文泰主力军团的统辖者，其所辖之军府，似应在雍州至华州一带，对恒州等侨州有影响力。

大统十六年（550）府兵制度完成之时，于谨这个柱国大将军统属之两个大将军可能是贺兰祥、达奚武。贺兰祥之军府辖区在渭水下游北岸一带，上文已有述及。达奚武居雍州，似应在渭水南岸，"（大统十七年）冬十月，太祖遣大将军王雄出子午，伐上津、魏兴；大将军达奚武出散关，伐南郑"[2]，与其辖区颇近，达奚武似是主力，武克南郑，"自剑以北悉平"[3]，按"南郑是川陕交通跟军事地理上唯一一可以休养停息之地。历史地理上九条著名的入川通道除'故道'外，其余如褒斜、子午、党骆都必须先集中南郑"[4]，奠定了以后伐蜀之基础，朝议初欲以武为柱国，武固辞不受，待孝闵帝践祚，拜柱国。

贺兰祥与于谨同属宇文泰亲信，"及贺兰祥讨吐谷浑也，谨遥统其军，授以方略"[5]。按西魏派军远征，常以联合军团出征，像于谨遥领贺兰祥，只有在同属一个军事集团、同一柱国时才可能如此调配。达奚武则属贺拔岳之余部，但可能是宇文泰之忠实支持者，当邙山之战"时大军不利，齐神武乘胜进至陕。武率兵御之，乃退。久之，进位大将军"，且"不持威仪"，天和五年（570）十月卒，赠"太傅、十五州诸军事、同州刺史"[6]。于谨柱国大将军统属两大将军及其军府辖区如下：

$$于\ 谨 - \left. \begin{array}{l} 达奚武 \\ 贺兰祥 \end{array} \right\} 渭水下游，雍州、华州一带$$

[1]《周书》卷一五《于谨传》。

[2]《周书》卷二《文帝纪下》大统十七年（551）冬十月。

[3]《周书》卷一九《达奚武传》。

[4] 黄盛璋：《阳平关及其演变》，《历史地理论集》，人民出版社，1982，页257。

[5]《周书》卷一五《于谨传》。

[6]《周书》卷一九《达奚武传》。

（二）独孤信柱国大将军

《周书》卷一六《独孤信传》载：

> （大统六年）寻除陇右十州大都督、秦州刺史。……邙山之战，大军不利。……十三年，大军东讨。时以茹茹为寇，令信移镇河阳。十四年，进位柱国大将军。……信在陇右岁久，启求还朝，太祖不许。……十六年，大军东讨，信率陇右数万人从军，至崤坂而还。

独孤信原随贺拔胜在荆州，后入朝，魏孝武帝甚为赏识，魏孝武帝西迁之初，又派往荆州，荆州沦陷后，奔梁三载，才得归关中，其后亦参加几次大战役，而自大统六年（540）始，奉命为陇右十州大都督、秦州刺史，一直到大统十六年（550）皆居此职。"西魏初年，秦州都督兼统陇坂左右，秦、渭（今巩昌县）、原（今固原县）、泾（今泾县）四州。自大统六年以后至周末皆以陇右为限，而督区向西扩大甚多，多则十州十二州或十五州，少亦六州。大约自陇以西黄河以南，秦、渭、河（今临夏县）、岷（今岷县）、洮（今临潭县西南七十里）诸州及其以西以南地区，且或逾河统凉（今武威）、甘（今张掖县）、瓜（今敦煌县）等州。以其辖地皆在陇右故或以陇右称之。"[1]按宇文泰的主要力量在关中，秦陇一带非其主力所在，而秦陇一带自正光五年（524）六镇大乱之时，就是一个屡起变乱之区，尔朱天光、贺拔岳、侯莫陈悦等将就是奉命入关平定此地区之变乱。其后侯莫陈悦管辖此区，宇文泰虽然平定了侯莫陈悦，但这个地区民族复杂，并不稳固，宇文泰派独孤信长期镇守秦陇，用其才华守看西门，独孤信似乎不辱使命，但亦由此而形成特殊势力，《周书·独孤信传》末评曰："信风度弘雅，有奇谋大略。太祖初启霸业，唯有关中

---

[1] 严耕望：《中国地方行政制度史》上编卷中，《魏晋南北朝地方行政制度》下册，页451，秦州总管府条。

之地，以陇右形胜，故委信镇之。既为百姓所怀，声振邻国。东魏将侯景之南奔梁也，魏收为檄梁文，矫称信据陇右不从宇文氏，仍云无关西之忧，欲以威梁人也。又信在秦州，尝因猎日暮，驰马入城，其帽微侧。诘旦，而吏民有戴帽者，咸慕信而侧帽焉。其为邻境及士庶所重如此。"

大统年间（535—551），尤其是大统后半期，任大将军而与秦陇有密切关系者尚有宇文导，《周书》卷一〇《邵惠公颢传·附导传》：

> 会侯景举河南来附，遣使请援，朝议将应之，乃征为陇右大都督、秦南等十五州诸军事、秦州刺史。及齐氏称帝，太祖发关中兵讨之，魏文帝遣齐王廓镇陇右，征导还朝。拜大将军、大都督、三雍二华等二十三州诸军事，屯咸阳。大军还，乃旋旧镇。

宇文导于大统后半期为陇右大都督、秦南等十五州诸军事、秦州刺史，十五州名称已不可考，应属陇右地区及其附近。可见此为独孤信的管辖区，时在府兵系统即将完成的阶段，独孤信这个柱国大将军的辖区是以陇右为主，但其府兵来源除陇右以外，应包含雍州略西地区之若干军府，按府兵之军府绝大部分集中在雍州至华州一带[1]，于谨、李虎柱国大将军其军府全数皆出于雍州至华州地区，其他柱国大将军辖下之军府皆包有部分雍州至华州地区军府在内，再配以其特定辖区之军府，后文将有详论。宇文导可能掌握雍州咸阳一带部分军府及陇右秦州一带军府，宇文导虽然是大将军衔，但其军力比柱国大将军衔之独孤信为强，因独孤信只拥有陇右一带军府；宇文导实力之强，可从另一例子看出，当赵青雀等在长安一带作乱，柱国大将军李虎只能拥魏皇太子北避[2]，而宇文导则"自华州率所部兵击之，擒伏德，斩思庆"[3]。独孤信这个柱国大将

---

[1] 本文第五部分将有分析。

[2] 参见《周书》卷二〇《王盟传》。

[3] 《周书》卷一〇《邵惠公颢传·附导传》。

军的主要任务似乎是看守宇文泰之大后方——陇右一带，宇文泰在调动主力，或其主力配合其他柱国出征之时，则将宇文导调来看守其华州根据地，故《周书·邵惠公颢传·附导传》末载："太祖每出征讨，导恒居守，深为吏民所附，朝廷亦以此重之。"宇文泰回到华州，则宇文导亦回陇右，宇文导英年早卒，其传末载："魏恭帝元年十二月，薨于上邽，年四十四。……赠本官，加尚书令、秦州刺史，谥曰孝。朝议以导抚和西戎，威恩显著，欲令世镇陇右，以彰厥德，乃葬于上邽城西无疆原。"另外，见于《周书·邵惠公颢传·附导传》，"及齐氏称帝，太祖发关中兵讨之，魏文帝遣齐王廓镇陇右，征导还朝"，故元廓可能与宇文导同属独孤信柱国大将军隶区，兼具咸阳及陇右一带，当宇文导调回京师时，则元廓被派遣至陇右。独孤信与元廓除军府之府兵以外，可能还带有部分随魏帝入关之部队，独孤信、宇文导、元廓三人之府兵军府可能部分在咸阳、长安一带，部分在陇右一带。

独孤信与宇文导皆为秦州刺史，按独孤信在大统六年（540）任秦州刺史，至"侯景来附，诏征陇右大都督独孤信东下，令导代信为秦州刺史、大都督、十五州诸军事。及齐氏称帝，文帝讨之，魏文帝遣齐王廓镇陇右，征导拜大将军、大都督、二十三州诸军事，屯咸阳。大军还，乃旋旧镇"[1]。《周书·文帝纪》将侯景来附系年于大统十三年（547）春正月[2]；齐文宣废其主元善见系年于大统十六年（550）夏五月，征导在是年七月，大军还，在大统十六年九月始出[3]，所以除了其间三个月由元廓代镇陇右之外，宇文导皆镇守陇右，并为秦州刺史。独孤信在大统十三年移镇河阳，不知何时还陇，至少在大统十六年时，《周书·独孤信传》载："大军东讨，信率陇右数万人从军，至崤坂而还。"独孤信与宇文导在大

[1]《北史》卷五七《邵惠公颢传·附导传》。
[2]《周书》卷二《文帝纪下》大统十三年春正月。
[3]《周书》卷二《文帝纪下》大统十六年。

统末都在陇右，独孤信的都督区为"陇右十州大都督"，宇文导的都督区是"秦南等十五州诸军事"，州名皆失载，唯独孤信是贺拔胜军团之主要人物，同集团另一位大将史宁，"（大统）十二年，转凉州刺史[1]。宁未至而前刺史宇文仲和据州作乱。诏遣独孤信率兵与宁讨之。……寻亦克之。加车骑大将军、仪同三司、大都督、凉西凉二州诸军事、散骑常侍、凉州刺史。十五年，迁骠骑大将军、开府仪同三司，加侍中，进爵为公"[2]。所以独孤信之军事区可能在陇右地区略西之地。宇文导都督"秦南等十五州诸军事"，"南"不应作南州解，或是秦州及其南部等十五州之意，若如此，则宇文导的军事区在陇右略东之地。宇文导为秦州刺史，卒于上邽，死后"赠本官，加尚书令、秦州刺史，谥曰孝。朝议以导抚和西戎，威恩显著，欲令世镇陇右，以彰厥德，乃葬于上邽城西无疆原"[3]。上邽在大震关略西，正是宇文泰之西门，其地氐、羌、休官、屠各等种族甚多[4]。又宇文导子广，《宇文广墓志铭》载："邵惠公之元孙，豳孝公之长子。……大周建国，宗子维城，设壝封人，分司典命，开国天水郡公，食邑二千户。元年授使持节骠骑大将军、开府仪同三司，其年四月，授都督秦州刺史。孝公久牧汧龙（陇），遗爱在人，今见抚我君之子。……春秋二十有九（卒）。……（天和）六年六月归葬于秦州之某原。"[5]

　　如果从上文宇文导久牧汧陇，及独孤信集团史宁督凉州来看，似乎宇文导在陇右地区之东部，独孤信在陇右地区之西部。

---

[1] 史宁之先世出于此地区。《周书》卷二八《史宁传》："建康袁（表）氏人也。曾祖豫，仕沮渠氏为临松令。魏平凉州，祖灌随例迁于抚宁镇，因家焉。"

[2]《周书》卷二八《史宁传》。

[3]《周书》卷一〇《邵惠公颢传·附导传》。

[4] 唐长孺、黄惠贤：《二秦城民暴动的性质和特点——北魏末期人民大起义研究之三》，《武汉大学学报》4，1979，页59—62。

[5]《宇文广墓志铭》刊于《陇右金石录》，在天水县境，今佚，张维按："此志亦庾信所作。《周书》广传……惟无周初即为都督秦州刺史事，可补志乘阙文。"本书按宇文导、导子广皆葬天水，其家族可能徙居于此。

　　独孤信柱国大将军包括贺拔胜军团、宇文泰亲信、魏帝禁卫部队等，其统属两大将军及府兵军府辖地为：

$$独孤信 \left\{\begin{array}{l} 宇文导 \\ 元　廓 \end{array}\right\} 渭水上游，雍州一带$$

（三）李虎柱国大将军

　　李虎据《周书》卷一《文帝纪上》载："（永熙三年）十一月，（宇文泰）遣仪同李虎与李弼、赵贵等讨曹泥于灵州，虎引河灌之。明年，泥降，迁其豪帅于咸阳。"《资治通鉴》卷一五六《梁纪十二》武帝中大通六年（534）亦载："十二月，魏丞相泰遣仪同李虎、李弼、赵贵击曹泥于灵州。"同书次年正月，"魏骁骑大将军、仪同三司李虎等招谕费也头之众，与之共攻灵州，凡四旬，曹泥请降"。这是西魏初期巩固北疆的大功绩，且史书提及李虎、李弼、赵贵时，皆将李虎名列于前。大统四年（538），魏帝与宇文泰亲征洛阳，有河桥之役，《周书》卷二《文帝纪下》载："（大统四年）八月……开府李虎、念贤等为后军，遇信等退，即与俱还。……及李虎等至长安，计无所出，乃与公卿辅魏太子出次渭北。"[1]《旧唐书·本纪第一》谓："虎，后魏左仆射，封陇西郡公。"《新唐书·本纪第一》谓："虎，西魏时，赐姓大野氏，官至太尉。"

　　大统之初，东西魏之间有许多次重要战役，正史中仅见李虎参加河桥之战，如果清人谢启昆《西魏书·李虎传》"从破沙苑"属实，仍未见李虎参加潼关、弘农、邙山等役，或言史家有意遗漏[2]，但战功是一件好事，唐朝史书作者提及唐室祖先时，似不应在这方面有意遗漏。《西

---

[1]《资治通鉴》卷一五八《梁纪十四》武帝大同四年（538）同。

[2] 唐长孺谓："上列十二将中李远位较低，可能不是一军主将，为了填李虎空隙而补上的。"《魏周府兵制度辨疑》，《魏晋南北朝史论丛》，页 262。按李远乃高平军队统帅，带领一支军队，在十二大将军之列，不应是填李虎空隙。

魏书》又载李虎曾讨梁仚定于河州，击杨盆生于南岐州，降莫折后炽于秦州，又曾击叛胡等，如果记载属实，是皆大统初期之事，河桥之役之前，李虎主要辖区应在雍州，且与长安魏帝在一起，《周书》卷二〇《王盟传》载：

> 魏文帝东征，（王盟）以留后大都督行雍州事，节度关中诸军。赵青雀之乱，盟与开府李虎辅魏太子出顿渭北。

在六个柱国大将军之中，李虎与魏室关系似乎比较近，从上文所示，李虎不但辖区在雍州，且可能辖长安皇城的禁旅。《周书》卷一六末所列七大柱国，以李虎为首，其头衔为"使持节、太尉、柱国大将军、大都督、尚书左仆射、陇右行台、少师、陇西郡开国公"。按李虎为陇右行台应为大统初年平梁仚定时事，大统后半期府兵系统日趋完备时，陇右已不属李虎，而是独孤信辖区，所以"陇右行台"云云，可能是《周书》撰者将前任官职加入。又《周书》将李虎列为七柱国之首，亦不甚合理。按《周书》卷一六末之行文，除宇文泰以外，元欣应列为七柱国之首。《资治通鉴》卷一六三《梁纪十九》简文帝大宝元年（550）载八柱国次序为：安定公宇文泰、广陵王欣、赵郡公李弼、陇西公李虎、河内公独孤信、南阳公赵贵、常山公于谨、彭城公侯莫陈崇。按《周书》撰者令狐德棻奉旨修史，其对于唐皇室之先世自必崇扬。司马光的记载必有所本，且较为合理。

从上述李虎之分析来看，在六个柱国大将军之中，元赞与元育两个大将军极可能隶属于李虎这个柱国大将军，这三人的辖区极可能是长安城内之禁卫军及雍州之若干军府。元赞与元育两大将军统领长安禁卫军之另一证据，是二人皆接近魏帝。《北史》卷五西魏废帝三年（554）春正月：

安定公宇文泰废帝而立齐王廓。帝自元烈之诛，有怨言。淮安王育、广平王赞等并垂泣谏，帝不听，故及于辱。

元烈之事，《周书》卷二《文帝纪下》载："（废帝二年）冬十一月，尚书元烈谋作乱，事发，伏诛。"这可能是废帝元钦与尚书元烈共谋杀宇文泰之政变，详情未载。元赞、元育可能是宗室中较温和者，二人谏帝，显示二人辖区在长安一带。

李虎柱国大将军统元赞、元育两大将军之另一证据，出现于李虎死后的继任柱国事件上。李虎于大统十七年（551）[1]卒。万斯同《西魏将相大臣年表》恭帝元年（554）甲戌条载：

> 少师（柱国大将军）（李）虎卒。
> 义阳王子孝，柱国大将军。

《周书》卷一九《达奚武传》载（《北史》卷六五《达奚武传》略同）：

> （大统）十七年，诏武率兵三万，经略汉川。……自剑以北悉平。明年，武振旅还京师。朝议初欲以武为柱国，武谓人曰："我作柱国，不应在元子孝前。"固辞不受。

陈寅恪先生指出："（达奚）武之让柱国于子孝，非仅以谦德自鸣，殆窥见宇文泰之野心，欲并取李虎所领之一部军士，以隶属于己，元子孝与元欣同为魏朝宗室，从容禁闼，无将兵之实，若以之继柱国之任，徒拥虚位，黑獭遂得增加一己之实力以制其余之五柱国矣！"[2]宇文泰有

---

[1]《资治通鉴》卷一六四梁简文帝大宝二年（551），即西魏大统十七年："五月，魏陇西襄公李虎卒。"陈寅恪先生指出万斯同《西魏将相大臣年表》及谢启昆《西魏书》载李虎卒于废帝元年（552）为误，甚是，见陈寅恪：《隋唐制度渊源略论稿》六《兵制》，页95。

[2] 陈寅恪：《隋唐制度渊源略论稿》六《兵制》，页95—96。

扩充势力的野心，及元子孝之深自贬晦[1]，诚是。但上述两条资料如果从柱国与大将军之关系及其辖区方面观察，可以获得另一种解释。按李虎随魏文帝东征时，王盟留在长安保护魏太子，时沙苑之降卒赵青雀等在长安城作乱，李虎即刻领兵赶回，竟然不能平乱，只能辅魏太子出顿渭北，其兵力非常单薄，可想而知，这也许可以解释为东征时抽调禁卫军过多所致。但戍守华州之宇文导却能引兵破赵青雀等，显然李虎军团不甚受宇文泰重视，其配备军士不会太多。而自大统中期以后，史书未载李虎再行出征，元赞、元育则从未见其参与任何战役，降至府兵系统完成时期，即大统十六年（550）左右，如果说李虎、元赞、元育这个军团是六个柱国之中兵力最弱的一个，恐不为过。再者，前文论及达奚武大将军属于于谨柱国，是宇文泰的主力部队，如果这个分析不差，则达奚武自主力军团大将军衔，调至最弱的军团担任柱国大将军，其辖下是元赞、元育两大将军，显然是明升暗降，以后将不易建功。退一步而论，即令达奚武是否属于于谨主力军团存疑，但不可否认，达奚武多次领兵出征，必然配有重兵，甚受宇文泰之重视，其继任李虎职位亦将不利于前途，所以达奚武谦让元子孝柱国之位，应从主力军团与弱势军团的形势分析，才能获得较为合理的解释。以元宗室之中地位较高的尚书令元子孝继任李虎柱国之位，其辖下是元赞、元育两大将军，这个柱国，仍然是六柱国之中最弱的一个，何况元子孝"美容仪，善笑谑，好酒爱士，缙绅归之，宾客常满，终日无倦。性又宽慈，敦穆亲族。乃置学馆于私第，集群从子弟，昼夜讲读。并给衣食，与诸子同"[2]，为官作风"深自贬晦，日夜纵酒"。这正是宇文泰所要求的最佳人选。如果大统十七年

---

[1]《北史》卷一七《阳平王新成传·附子孝传》："后历尚书令、柱国大将军。子孝以国运渐移，深自贬晦，日夜纵酒。后例降为公，复姓拓跋氏。未几，卒。"
[2]《北史》卷一七《阳平王新成传·附子孝传》。

（551）元子孝柱国配搭元赞、元育两大将军合理，则大统十六年李虎柱国配搭元赞、元育两大将军的可能性亦大大增加了。

李虎、元赞、元育等人的资料太少了，兹根据以上一鳞片爪，拟推测李虎柱国大将军之统属两大将军及其军府辖区为：

$$李\ 虎 \left\{ \begin{array}{l} 元\quad 赞 \\ 元\quad 育 \end{array} \right\} 京城及长安附近$$

（四）侯莫陈崇柱国大将军

在高平的李远，"从征窦泰，复弘农，并有殊勋。授都督、原州刺史。太祖谓远曰：'孤之有卿，若身体之有手臂之用，岂可暂辍于身。本州之荣，乃私事耳。卿若述职，则孤无所寄怀。'于是遂令远兄贤代行州事。沙苑之役，远功居最。……（从）入洛阳。……及河桥之战……除大丞相府司马。……授河东郡守。……从太祖战于邙山。……拜大将军"[1]。李贤曾屡次镇原州，一次在魏孝武帝西迁之时，"授左都督、安东将军，还镇原州"；"大统二年……迁原州长史，寻行原州事"；"（大统）八年，授原州刺史"；"（大统）十六年，迁骠骑大将军、开府仪同三司。太祖之奉魏太子西巡也，至原州，遂幸贤第，让齿而坐，行乡饮酒礼焉。其后，太祖又至原州，令贤乘辂，备仪服，以诸侯会遇礼相见，然后幸贤第，欢宴终日。凡是亲族，颁赐有差"；"高祖及齐王宪之在襁褓也，以避忌，不利居宫中。太祖令于贤家处之，六载乃还宫。因赐贤妻吴姓宇文氏，养为侄女，赐与甚厚"[2]。大统十六年（550）府兵制度完成之时，李远为大将军，李贤为骠骑大将军、开府仪同三司，李远为十二大将军之一，李贤为二十四开府之一，李氏兄弟以乡兵参加府兵，或许还有尔

---

[1]《周书》卷二五《李远传》。
[2]《周书》卷二五《李贤传》。

朱天光一部分余众。李远与李贤相代为原州刺史，另一人跟随宇文泰或驻雍州，这正是府兵调动之常态。因为府兵原是禁旅，这种调动常常实行在同一个柱国系统之内，后文综合分析时再予细论，而李氏兄弟之调动是府兵调动之典型。

李氏兄弟与侯莫陈崇交往密切，始于贺拔岳死后，"贺拔岳为侯莫陈悦所害，太祖西征。贤与其弟远、穆等密应侯莫陈崇。以功授都督，仍守原州"[1]。李远亦"以应侯莫陈崇功，迁高平郡守"[2]。

《周书》卷一六《侯莫陈崇传》：

> 时李远兄弟在城内，先知崇来，于是中外鼓噪，伏兵悉起，遂擒（侯莫陈悦之原州刺史）归，斩之。以崇行原州事。仍从平悦，转征西将军。又遣崇抚慰秦州。……大统元年，除泾州刺史，加散骑常侍、大都督，进爵为公，累迁车骑大将军、仪同三司、骠骑大将军、开府仪同三司。……三年，从擒窦泰，复弘农，破沙苑，增邑二千户。四年从战河桥，崇功居多。七年，稽胡反，崇率众讨平之。寻除雍州刺史，兼太子詹事。十五年，进位柱国大将军，转少傅。魏恭帝元年，出为宁州刺史，迁尚书令。

侯莫陈崇早年追随贺拔岳，亦是拥立宇文泰的将领之一，在平定侯莫陈悦时，侯莫陈崇与李氏兄弟建立了良好的关系。侯莫陈悦被讨平后，侯莫陈崇亦曾行原州事，大统元年（535）以后，他参加了许多重要战役，其任职有泾州刺史、雍州刺史、宁州刺史等。"保定三年，崇从高祖幸原州。"[3] 所以自雍州始，沿泾水流域一带，可能是其柱国大将军所辖军府之地区。

---

[1]《周书》卷二五《李贤传》。
[2]《周书》卷二五《李远传》。
[3]《周书》卷一六《侯莫陈崇传》。

从拜命州郡官职观察，侯莫陈崇与李贤、李远兄弟有若干重叠面，即原州、泾州、雍州、宁州等地，亦即泾水流域一带直至雍州。侯莫陈崇又与李贤、李远早年于困苦作战中相交，故侯莫陈崇这个柱国大将军极可能辖有李远大将军部。

《周书》卷一九《侯莫陈顺传》载：

> 加骠骑大将军、开府仪同三司，行西夏州事，安平郡公。十六年，拜大将军。

西夏州确切地点不详，应在关中之西北方，与侯莫陈崇等辖区方位相同。

侯莫陈崇这个柱国大将军统属之两大将军可能是李远、侯莫陈顺，其军府辖区可能在泾水流域至雍州一带。

$$侯莫陈崇 \longleftarrow \left\{ \begin{matrix} 李\ 远 \\ 侯莫陈顺 \end{matrix} \right\} 泾水流域，原州、泾州、宁州、雍州$$

（五）赵贵柱国大将军

《周书》卷一六末载府兵制度完成时之十二大将军，其中王雄官衔为"使持节、大将军、大都督、岐州诸军事、岐州刺史、武威郡开国公"。

王雄，《周书》卷一九《王雄传》载：

> 太原人也。……永安末，从贺拔岳入关，除征西大将军……（大统年间）出为岐州刺史。进爵武威郡公，进位大将军，行同州事。十七年，雄率军出子午谷，围梁上津、魏兴。明年，克之，以其地为东梁州。寻而复叛，又令雄讨之。

王雄"行同州事"似亦是军府区与雍州、同州上番调动的形态之一。王雄两度临东梁州，按岐州经子午谷入东梁州最便捷。

当侯莫陈悦害贺拔岳后，赵贵是宇文泰之支持者。《周书》卷一六《赵贵传》载：

> 太祖至，以贵为大都督，领府司马。悦平，以本将军、持节，行秦州事、当州大都督。……寻授岐州刺史。时以军国多务，藉贵力用，遂不之部。仍领大丞相府左长史，加散骑常侍。梁仚定称乱河右，以贵为陇西行台，率众讨破之。从太祖复弘农，战沙苑……除雍州刺史。从战河桥……又从援玉壁……与东魏人战于邙山。……围王思政于颍川，贵率军援之，东南诸州兵亦受贵节度。……寻拜柱国大将军。

赵贵当魏帝未入关前，曾任"行秦州事、当州大都督"，盖因赵贵是天水人也。其后秦州属独孤信柱国之辖区，前文已有分析。魏帝入关以后，赵贵被任命为岐州刺史，实际上并未至部，而"仍领大丞相府左长史"，按府兵制度之下，有辖区亦需上番，不至部而仍有岐州之拜，则岐州乃赵贵之辖区。赵贵参加了许多次重要战役，除雍州刺史，雍州与岐州皆在渭水中游线上，仍属府兵制度辖区与京畿之间调动之形态，赵贵之辖区延伸至雍州，亦因此常出援关中以外地区，如玉壁、邙山、颍川等地。

赵贵与王雄皆为贺拔岳之部将，其所领军士极可能是贺拔岳之余部，另一位与岐州有关之大将军是宇文贵。

宇文贵，《周书》卷一九《宇文贵传》载：

> 其先昌黎大棘人也。徙居夏州。……（贵）从（尔朱）荣擒葛荣于滏口，加别将。又从元天穆平邢杲，转都督。元颢入洛，贵率乡兵从尔朱荣焚河桥，力战有功。……除郢州刺史，入为武卫将军、阁内大都督。从魏孝武西迁，进爵化政郡公。……太祖又以宗室，甚亲委之。

宇文贵在魏帝入关以前已是颇为重要的将领，在魏帝入关后仍然被派遣至河南地区作战。《周书》卷一九《宇文贵传》载，大统年间：

> 历夏岐二州刺史。十六年，迁中外府左长史，进位大将军。……魏废帝初，出为岐州刺史。

在岷县有《宇文贵纪功碑》[1]，应是大统十六年（550）平渠株川梁仚定事[2]。

如果赵贵这个柱国大将军辖下的两个大将军是王雄及宇文贵，则其军府辖区可能是岐州、雍州至秦岭一带，亦即渭水中游以南之地。

赵　贵 —$\left\{\begin{array}{l}\text{王　雄} \\ \text{宇文贵}\end{array}\right\}$ 渭水中游，岐州、雍州至秦岭一带

（六）李弼柱国大将军

杨忠，《周书》卷一九《杨忠传》载：

> 以功除左光禄大夫、云州刺史，兼大都督。又与李远破黑水稽胡，并与怡峰解玉壁围，转洛州刺史。邙山之战，先登陷陈。除大都督……寻除都督朔燕显蔚四州诸军事、朔州刺史，加侍中、骠骑大将军、开府仪同三司。及东魏围颍川，蛮帅田柱清据险为乱，忠率兵讨平之。……授忠都督三荆二襄二广南雍平信随江二郢浙十五州诸军事，镇穰城。……魏恭帝初，赐姓普六如氏，行同州事。

在关内地区，杨忠曾任云州刺史，又曾都督朔燕显蔚四州诸军事、

---

[1]《陇右金石录》记有《宇文贵纪功碑》，在岷县，今佚。《周书》卷一九《宇文贵传》载："朝廷美其功，遂于粟坂立碑，以纪其绩。"

[2]《周书》卷四九《异域上·宕昌羌传》系是事于大统十六年。《资治通鉴》卷一六三《梁纪十九》简文帝大宝元年（550）系月于二月。

朔州刺史，此皆西魏侨州[1]，设在宁州一带，与洛水上游极近，此职之任命在邙山之战以后（大统九年，543）、平田柱清之乱以前（大统十一年，545）[2]，及派遣为都督三荆等十五州，时在大统十五年（549）十一月[3]，似是继贺兰祥而出任荆州。魏恭帝初（554）行同州事，此同州即华州，魏废帝三年（554）正月，改华州为同州[4]，在洛水下游。至北周时，杨忠曾两次北出沃野云代，与突厥联合，再南攻晋阳[5]，第一次出击后"高祖遣使迎劳忠于夏州。及至京师，厚加宴赐。高祖将以忠为太傅，晋公护以其不附己，难之，乃拜总管泾幽灵云盐显六州诸军事、泾州刺史"[6]。

从上述杨忠出任云州、朔州二侨州刺史，行同州事，又总管泾幽灵云盐显等州军事、泾州刺史，后自北绕道沃野武川再南攻高氏等活动范围观之，杨忠之府兵军府区应在泾水、洛水之间地区。再者，天和三年（568）杨忠卒，"赠太保、同朔等十三州诸军事、同州刺史"[7]。

豆卢宁在大统初曾"迁显州刺史、显州大中正"[8]，按此处显州乃侨州，在北地郡罗川[9]。豆卢宁亦参加宇文泰之大小战役，沙苑战后"拜北

---

[1]《隋书》卷二九《地理志上》："罗川（旧曰阳周，开皇中改焉。又西魏置显州，后周废。）"又参考王仲荦，《北周地理志》卷一，关中宁州阳周；及附录《东西魏北齐北周侨置六州考略》。朔蔚燕州亦参考王仲荦文。

[2]《周书》卷四九《异域上·蛮传》。

[3]《资治通鉴》系此事于卷一六二《梁纪十八》武帝太清三年（549），即大统十五年十一月，《周书》卷二略同。

[4]《周书》卷二《文帝纪下》魏废帝三年春正月。

[5]《周书》卷一九《杨忠传》："（保定）三年，乃以忠为元帅。……忠出武川……突厥木汗可汗、地头可汗、步离可汗等以十万骑来会。四年正月朔，攻晋阳。……是岁，大军又东伐，晋公护出洛阳，令忠出沃野以应接突厥。"

[6]《周书》卷一九《杨忠传》。

[7]《周书》卷一九《杨忠传》。

[8]《周书》卷一九《豆卢宁传》，本段以下所引内容出处同。

[9]《北周地理志》卷一，关中敷州，页71。

华州刺史"，北华州在洛水中游，显州与北华州甚近而居西。"（大统）七年，从于谨破稽胡帅刘平伏于上郡"，"（大统）十六年，拜大将军"。北周初，"孝闵帝践阼，授柱国大将军。武成初，出为同州刺史。复督诸军讨稽胡郝阿保、刘桑德等，破之"。"（保定）五年，薨于同州，时年六十六。赠太保、同鄜等十州诸军事、同州刺史。"鄜州即敷州、北华州。豆卢宁任职之地区以洛水流域为主。

李弼归于宇文泰以后，"仍令弼以本官镇原州，寻拜秦州刺史[1]"。其后即领军参加宇文泰之大小战役，如"攻潼关及回洛城""从平窦泰""从平弘农""战于沙苑""攻克河东""四年，从太祖东讨洛阳""战于河桥""（六年）与独孤信御之（侯景于荆州）""九年，从战邙山""（十三年）率军援（侯）景（来附）"，在大统初曾任雍州刺史，讫于何年则不详。《周书·李弼传》中大都记载其参加之战役，记载拜命刺史之职甚少，在府兵制度完成前后，"（大统）十四年，北稽胡反，弼讨平之。迁太保，加柱国大将军。魏废帝元年，赐姓徒何氏。太祖西巡，令弼居守，后事皆咨禀焉"，所谓居守即守同州也。

李弼与豆卢宁所统之军士应出于侯莫陈悦之余部，杨忠则属贺拔胜集团，上文第二部分曾述宇文泰与李弼、杨忠关系甚佳。如果李弼这个柱国大将军统属两大将军为豆卢宁、杨忠，则其军府辖区为洛水上、中、下游，云州、朔州、北华州及部分雍州一带，这个地区之重要性几与于谨柱国大将军辖区重要性相同。

李　弼 $\left\{ \begin{array}{c} 豆卢宁 \\ 杨　忠 \end{array} \right.$ 洛水上中下游，侨州、北华州、雍州

---

[1]《周书》卷一五《李弼传》，本段以下所引内容出处同。

五、西魏府兵制度成立之分析

有关府兵制度之成立，有大统三年（537）说、大统八年（542）说、大统十六年（550）说。唐长孺否定大统三年说与大统八年说，而肯定大统十六年说[1]。岑仲勉"以为府兵制既上承北魏，则鲜卑族宇文泰辖下的军队早已按这种组织而建置，依此来看，放在三年或八年都没有什么问题，只六柱国之扩充一点，须待至十五六年，却是事实"[2]。谷霁光认为从西魏大统八年到北周大象二年（580），一共三十八年的时间，府兵制度已经形成，属于府兵制发展的初期[3]。何兹全"同意唐长孺先生的意见，'就整个组织系统之建立而言，却只有在（大统）十六年'。……招募豪右、接纳乡兵参加六柱国系统，是府兵制形成时期的情况，这两种兵士来源是六柱国领兵初期的重要兵源，但府兵制之成为府兵制，应仍在设府取兵。二者是有密切关系的，又是有区别的。没有设府取兵，只有广招豪右，接纳乡兵，就只能产生军府，而不能产生府兵制"[4]。按"府兵之制起于西魏大统，废于唐之天宝，前后凡二百年，其间变易增损者颇亦多矣"[5]，而最主要精神乃征兵制度，即所谓"籍民为兵"也，这个制度之成立，应以大统十六年为最合理。但这个制度之成立，并非一张白纸黑字公告即可，在此之前有一段酝酿期，所以大统三年（537）、六年（540）、八年（542）、九年（543），甚至西魏小朝廷甫成立时之大统元年（535），都是府兵制度步步走向成立的重要阶段。本节则从府兵制度成立过程，讨论与府兵制度成立有密切关系的若干政治社会现象，

---

[1] 唐长孺：《魏周府兵制度辨疑》，《魏晋南北朝史论丛》，页 258—266。

[2] 岑仲勉：《府兵制度研究》。

[3] 谷霁光：《府兵制度考释》。

[4] 何兹全：《读〈府兵制度考释〉书后》，《历史研究》6，1962，页 164。

[5] 陈寅恪：《隋唐制度渊源略论稿》，六《兵制》卷首语。

即关陇军事集团之权力分配与府兵地区、府兵军府之社会背景、府兵从职业军人至征兵、府兵制度之中央辐射设计等。

（一）关陇军事集团之权力分配与府兵地区

1. 关中——宇文泰主力之层次安排

大统年间关陇地区的军事集团正如上述分析，宇文泰渐次发展府兵制度之时，如何组合人群？自武功以下至潼关，包括全部渭南及部分渭北，发展出于谨柱国大将军；于谨是六个掌实权柱国之中宇文泰最亲近者，此地区主要居民是汉人及北镇人士，是宇文泰政权的坚强支持者。自雍州以下渭北三原、富平、下邽、华州（大荔）以北，包括全部洛水流域，发展出李弼柱国大将军；李弼是六柱国之中宇文泰的第二号亲信，此地区主要居民，在洛水下游以东及下邽以汉人[1]、北镇人士[2]为主，泾水、洛水之间以汉人与羌人为主，洛水上游是稽胡。洛水以东的汉人与北镇人士是宇文政权的坚强支持者，而蒲城、白水、宜君、同官、宜州等地的羌人则可能在大统九年（543）以后大量接受宇文泰招募加入府兵。宇文泰常居华州，该地一方面是渭水、洛水交会处，是抵抗或进攻东魏之前线总部，一方面居于谨、李弼二大主力柱国之中线上，便于调动大军。整个泾水流域发展出侯莫陈崇柱国大将军，侯莫陈崇是六柱国之中宇文泰的第三号亲信，此地区在泾水上游以汉人、杂胡为主，中、下游以汉人、氐、羌为主。原州的李远家族是宇文泰之坚强支持者，李远也是十二大将军之一。判别各将与宇文泰之亲信程度，除了本文前节分析柱国大将军、大将军时指出的各将与宇文泰之关系以外，还有一个

---

[1] 如河东薛氏发展至夏阳一带的西祖瀵上五门薛氏大房长子洪祚支及二房洪隆支。

[2] 参见马长寿：《碑铭所见前秦至隋初的关中部族》，三、北朝前期的李润羌和北魏造像题名的四种方式，页39—51。

具体的指标，即当宇文泰死后，各柱国与宇文护之关系。按宇文泰生前必善于安抚、控制各柱国大将军，宇文泰虽传位于其子觉，但宇文觉时仅十四岁（生于大统八年，542；即位于魏恭帝三年，556）[1]，事实上权力交给宇文泰兄子护[2]，"孝闵帝（觉）践阼，拜（护）大司马，封晋国公，邑一万户。赵贵、独孤信等谋袭护，护因贵入朝，遂执之，党羽皆伏诛。拜大冢宰"[3]。《周书·赵贵传》载："初，贵与独孤信等皆与太祖等夷，及孝闵帝即位，晋公护摄政，贵自以元勋佐命，每怀怏怏，有不平之色，乃与信谋杀护。及期，贵欲发，信止之。寻为开府宇文盛所告，被诛。"[4]《周书·独孤信传》载："赵贵诛后，信以同谋坐免。居无几，晋公护又欲杀之，以其名望素重，不欲显其罪，逼令自尽于家。"[5]而《周书·于谨传》载："及太祖崩，孝闵帝尚幼，中山公护虽受顾命，而名位素下，群公各图执政，莫相率服。护深忧之，密访于谨。谨曰：'夙蒙丞相殊眷，情深骨肉。今日之事，必以死争之。若对众定策，公必不得辞让。'明日，群公会议。谨曰：'昔帝室倾危，人图问鼎。丞相志在匡救，投袂荷戈，故得国祚中兴，群生遂性。今上天降祸，奄弃庶寮。嗣子虽幼，而中山公亲则犹子，兼受顾托，军国之事，理须归之。'辞色抗厉，众皆悚动。护曰：'此是家事，素虽庸昧，何敢有辞。'谨既太祖等夷，护每申礼敬。至是，谨乃趋而言曰：'公若统理军国，谨等便有所依。'遂再拜。群公迫于谨，亦再拜，因是众议始定。"[6]《周书·李弼传》

---

[1]《周书》卷三《孝闵帝纪》。

[2]《周书》卷一一《晋荡公护传》："太祖之兄邵惠公颢之少子也。……太祖西巡至牵屯山，遇疾，驰驿召护。护至泾州见太祖，而太祖疾已绵笃。谓护曰：'吾形容若此，必是不济。诸子幼小，寇贼未宁，天下之事，属之于汝，宜勉力以成吾志。'护涕泣奉命。"

[3]《周书》卷一一《晋荡公护传》。

[4]《周书》卷一六《赵贵传》。

[5]《周书》卷一六《独孤信传》。

[6]《周书》卷一五《于谨传》。

载："及晋公护执政，朝之大事，皆与于谨及弼等参议。"[1] 于谨与李弼皆"以功名终"，"孝闵帝践阼……（于谨）与李弼、侯莫陈崇等参议朝政"[2]。但至保定三年（563），侯莫陈崇仍因出言不慎，而被"（宇文）护遣使将兵就崇宅，逼令自杀"[3]。李虎卒于宇文泰卒之前。渭水上游的秦陇一带，发展出独孤信柱国大将军，前节已有详论，然实权恐在大将军宇文导之手，秦陇一带居民除汉人以外，少数民族以羌、氐、杂胡为多，此地区之羌与渭北、洛水以西、泾水以东之羌已长期相隔[4]，秦陇之羌一直给宇文政权带来沉重负担。岐州之南及西南发展出赵贵柱国大将军，此地区居民除汉人以外，氐人势力最大，与宇文政权处于叛顺之间，上文赵昶事迹已有分析。

2. 长安——魏帝禁卫军与追随者之隔离

王思政与念贤皆与魏孝武帝关系甚密，在入关以前已是中原名将，元脩入居长安以后，王思政被派遣至关东地区发展，而念贤被派遣至陇右地区发展，前者所领之兵为关东招募及州郡之兵，后者所领之兵可能是关东追随魏帝之兵。总之，皆非军府之兵，即史书所谓"并不在领兵之限"之意也。然而，魏帝亦有禁卫军，此即《魏书·地形志上》所谓"自恒州已下十州，永安已后，禁旅所出"。按府兵亦称禁旅，唐长孺将府兵之禁旅与魏帝之禁卫军混作一谈[5]；谷霁光已指出其非[6]，这两种军种同时存在，但是这两种军种之军士出身却相同，西魏府兵军府中的军士，

---

[1]《周书》卷一五《李弼传》。
[2]《周书》卷一五《于谨传》。
[3]《周书》卷一六《侯莫陈崇传》。
[4] 马长寿：《碑铭所见前秦至隋初的关中部族》，二、前秦《邓太尉祠碑》和《广武将军□产碑》所记的关中部族，页35："羌人关中虽为时甚早，但一入关中便与湟中、南安的西羌隔绝。"
[5] 唐长孺：《魏周府兵制度辨疑》，《魏晋南北朝史论丛》，页263、280。
[6] 谷霁光：《府兵制度考释》，页19—20。

大部分皆六侨州（恒、燕、云、蔚、显、朔）之部人，属于恒州以下诸州。魏帝之禁卫军人数不多，从十二大将军名单观察，其后有的编入府兵之中，有的由王盟或盟子励率领，即领军将军辖下。编入府兵者应属元赞、元育、元廓三个大将军统领，卫戍之主要区域应该在长安城及其附近。从宇文导、元廓自雍州至陇右换防关系来看，宇文导与元廓皆可能属于独孤信柱国大将军之下，前文已有分析。李虎领有元赞、元育二军，此处可进一步说明。

"（大统四年）七月，东魏遣其将侯景、库狄干、高敖曹、韩轨、可朱浑元、莫多娄贷文等围独孤信于洛阳。齐神武继其后。先是，魏帝将幸洛阳拜园陵，会信被围，诏太祖率军救信，魏帝亦东。"[1] 这是东西魏大会战之一，双方主要大将都投入了战场，宇文泰一方有独孤信、李远居右，赵贵、怡峰居左，李虎、念贤为后军，李弼、达奚武为前驱，贺拔胜为中军大都督[2]。这次战役非常激烈，东魏损失大将莫多娄贷文、高敖曹，西魏宇文泰坠马，差一点被东魏兵追及，幸赖李穆将其救出。按常理，天子出征，应居于中军，但这次是宇文泰领军指挥，宇文泰必然居中军，《周书》记载战前"是夕，魏帝幸太祖营"[3]，可见魏帝不与宇文泰同营，最大可能是魏帝在后军。统领后军的李虎、念贤"遇信等退，即与俱还。由是乃班师，洛阳亦失守"[4]，其间必与魏帝有关，不然，后军这样调度，不应仅如《周书·念贤传》所谓"自是名誉颇减"，而李虎与念贤毫不受惩罚。当大军东征之时，长安城内沙苑之战东魏降卒反叛，李虎是最早赶至长安的大将，"李虎等至长安，计无所出，与太尉王盟、

---

[1]《周书》卷二《文帝纪下》大统四年（538）七月。

[2] 见本文附表5-1。

[3]《周书》卷二《文帝纪下》大统四年八月庚寅。

[4]《周书》卷二《文帝纪下》大统四年八月。

仆射周惠达等奉太子钦出屯渭北"[1]。此乱由镇守华州之宇文导率所部平之[2]，李虎亟亟赶回长安，显示李虎与长安有密切关联，而李虎无力平定降卒，充分表露出虎之本军不多或不强。

雍州至华州一带是宇文泰最重要的地区，华州是其长驻之地，魏帝居于长安，宇文泰对长安必有所安排，这种安排最好能符合魏帝与宇文泰之双方要求。王思政与念贤皆魏帝旧臣，王思政与宇文泰之关系最远，故王思政一直戍守关东地区；念贤乃武川人，但亦是当年魏帝之中军北面大都督，宇文泰将其安排在陇右一带。长安城内宇文泰则安排有李虎，李虎原为贺拔岳之大将，宇文泰之同僚，武川出身。另外，李虎自贺拔岳卒后，曾东奔贺拔胜，滞留于洛阳，受魏帝赏识，故李虎能被其接受。

3. 陇右——大将轮番镇压与独孤信之坐镇

按陇右一带，原为侯莫陈悦之势力，侯莫陈悦败后，宇文泰命"李弼镇原州，夏州刺史拔也恶蚝镇南秦州，渭州刺史可朱浑道元镇渭州，卫将军赵贵行秦州事"[3]。其中可朱浑元（字道元）乃忠于侯莫陈悦者，宇文泰之任命可朱浑元为渭州刺史，是妥协之道，"侯莫陈悦之杀贺拔岳也，周文帝率岳所部还共图悦。元时助悦，悦走，元收其众，入据秦州，为周攻围，苦战，结盟而罢"[4]。所以《资治通鉴》胡注云："为可朱浑道元奔高欢张本。"可朱浑元奔东魏之事，《资治通鉴》系年于梁武帝大同元年（535），即大统元年春正月。次年，又发生"魏秦州刺史万俟普与其子太宰洛、幽州刺史叱干宝乐、右卫将军破六韩常及督将三百人奔东魏"[5]

[1]《资治通鉴》卷一五八《梁纪十四》武帝大同四年（大统四年，538）八月。

[2]《周书》卷一〇《邵惠公颢传·附导传》。

[3]《资治通鉴》卷一五六《梁纪十二》武帝中大通六年（北魏永熙三年，534）四月。

[4]《北齐书》卷二十七《可朱浑元传》。

[5]《资治通鉴》卷一五七《梁纪十三》武帝大同二年（大统二年，536）五月。《北齐书》卷二七《万俟普传·附洛传》《破六韩常传》皆载此事，但无确切年月。

之事。宇文泰未能稳固控制陇右一带，所以大统三年（537）高欢西伐，宇文泰回军击高欢、窦泰时，"乃声言欲保陇右"[1]。除侯莫陈悦的残余势力以外，陇右还有氐人势力，北魏永熙三年（534）八月乙未"武兴王杨绍先为秦、南秦二州刺史"[2]。此时氐人与宇文泰仅为羁縻关系，"太祖定秦、陇，绍先称藩，送妻子为质。大统元年，绍先请其妻女，太祖奏魏帝还之"[3]。大统二年（536）以后，"魏文帝子宜都王式为秦州刺史，以（苏）亮为司马。……七年，复为黄门郎"[4]。"大统初，（梁仚定）又率其种人入寇。诏行台赵贵督仪同侯莫陈顺等击破之。"[5]《周书·赵贵传》署"贵为陇西行台"[6]，《西魏书》载李虎亦有同样经历："为陇右行台，讨（贼帅梁仚定）。"[7]此事谢启昆系年于沙苑之役后（大统三年十一月），似乎是西魏初诸将轮征陇右。李虎何时调离陇右不详，然应在独孤信大统六年（540）入陇以前。陇右地区一直处于不稳情况，直到大统六年宇文泰调独孤信镇守，才得以安定。史书载："先是，守宰暗弱，政令乖方，民有冤讼，历年不能断决。及信在州，事无壅滞。示以礼教，劝以耕桑，数年之中，公私富实。流民愿附者数万家。太祖以其信著遐迩，故赐名为信。"[8]独孤信在陇右十余年。与独孤信同一集团的史宁曾任行泾州事、东义州刺史，至大统十二年（546），又调入独孤信辖区，《周书》卷二八《史宁传》载：

---

[1]《资治通鉴》卷一五七《梁纪十三》武帝大同三年（大统三年，537）春正月。

[2]《资治通鉴》卷一五六《梁纪十二》武帝中大通六年（534）。

[3]《周书》卷四九《异域上·氐传》。

[4]《周书》卷三八《苏亮传》。

[5]《周书》卷四九《异域上·宕昌羌传》。

[6]《周书》卷一六《赵贵传》。另《周书》卷一九《侯莫陈顺传》："及梁仚定围逼河州，以顺为大都督，与赵贵讨破之，即行河州事。"

[7]《西魏书》卷一八《李虎传》。

[8]《周书》卷一六《独孤信传》。

十二年，转凉州刺史。宁未至而前刺史宇文仲和据州作乱。诏遣独孤信率兵与宁讨之……克之。加车骑大将军、仪同三司、大都督、凉西凉二州诸军事、散骑常侍、凉州刺史。十五年，迁骠骑大将军、开府仪同三司，加侍中，进爵为公。十六年，宕昌叛羌獠甘作乱……诏宁率军与宇文贵、豆卢宁等讨之。……大破之……并执巩廉玉送阙。

宇文贵、豆卢宁二人时均为大将军衔，而史宁是开府衔，且属独孤信派遣军。由几个柱国各派将领出征，这种形态在西魏、北周极为常见。师还后，"诏宁率所部镇河阳"[1]，而至"魏废帝元年，复除凉甘瓜三州诸军事、凉州刺史。初茹茹……抄掠河右。宁率兵邀击，获（阿那）瑰子孙二人，并其种落酋长。……三年，吐谷浑通使于齐，宁击获之，就拜大将军"[2]。史宁虽然被调遣他处，但河右需要之时，又被调入此区，其与独孤信有密切关系。按西魏、北周柱国大将军、大将军、开府将军等拥有本军，例如："（赵贵）拜侍中、骠骑大将军、开府仪同三司。……与东魏人战于邙山。贵为左军，失律，诸军因此并溃。坐免官，以骠骑、大都督领本军。寻复官爵，拜御史中尉，加大将军。"[3] 时尚未有柱国大将军，赵贵之领本军可能是剥夺其左军之指挥权，而仅领其开府之兵。开府可能是军之单位，谷霁光有二十四军之说[4]，但此时府兵体系仍未完备，开府之次仪同将军亦甚重要，如上列史宁之例，为车骑大将军、仪同三司、大都督亦是调动职位，此衔再拜凉州刺史，亦独当一面。府兵制度完备之时，一个柱国大将军在其辖区内不太可能编制齐全，如史书

[1]《周书》卷二八《史宁传》。
[2]《周书》卷二八《史宁传》。
[3]《周书》卷一六《赵贵传》。
[4] 谷霁光：《府兵制度考释》。

所指，拥有两个大将军、四个开府。其部属也会被派遣到军情需要之处作战或短期戍守，即令没有战争，宇文泰亦常会诸军于华州一带，此事史书中屡见不鲜。史宁是这种调动的最佳例子，别处需要时会调走，河右有事时又回河右，而以居河右时为多，独孤信这个柱国大将军辖下之两个大将军，据上文之分析，为宇文导及元廓，其辖区是陇右及京师附近，柱国必带有京师或同华一带之军府，此与府兵原为禁旅性质有关。按一个柱国大将军辖两个大将军、四个开府，宇文导是宇文泰之侄，这个大将军兵力完整，即拥有两个开府；独孤信柱国另有两个开府，一个是史宁，一个就可能是独孤信之本军了，这是柱国本军之推测。元廓似乎平素无实权，有一次宇文导调至华州时，元廓代宇文导镇陇右。

大统六年（540）独孤信调至陇右，长期戍镇西疆以后，贺拔胜、独孤信系统中参与关东经营者首推杨忠，如大统十一年（545），"东魏围颍川，蛮帅田柱清据险为乱，忠率兵讨平之"[1]。大统十五年（549），"侯景渡江，梁武丧败，其西义阳郡守马伯符以下溠城降。朝廷因之，将经略汉、沔，乃授忠都督三荆二襄二广南雍平信随江二郢浙十五州诸军事，镇穰城。以伯符为乡导，攻梁齐兴郡及昌州，皆克之。梁雍州刺史、岳阳王萧詧虽称藩附，而尚有贰心。忠自樊城观兵于汉滨……詧……惧而服焉"[2]。大统十五年"冬十一月，遣开府杨忠率兵与行台仆射长孙俭讨之（梁柳仲礼），攻克随郡。忠进围仲礼长史马岫于安陆"[3]。"（大统）十六年春正月，柳仲礼率众来援安陆，杨忠逆击于漴头，大破之，擒仲礼，悉虏其众。马岫以城降。"[4]大统十七年（551）春三月，"梁邵陵王

---

[1] 时间据《周书》卷四九《异域上·蛮传》。事迹录自《周书》卷一九《杨忠传》。

[2] 时间据《资治通鉴》卷一六二《梁纪十八》武帝太清三年（大统十五年，549）。事迹录自《周书》卷一九《杨忠传》。

[3]《周书》卷二《文帝纪下》大统十五年冬十一月。同书《杨忠传》事迹同。

[4]《周书》卷二《文帝纪下》大统十六年（550）春正月。

萧纶侵安陆，大将军杨忠讨擒之"[1]。魏恭帝元年（554）冬十月壬戌，"及于谨伐江陵，忠为前军，屯江津，遏其走路。……及江陵平，朝廷立萧詧为梁主，令忠镇穰城以为掎角之势。别讨沔曲诸蛮，皆克之"[2]。西魏晚期对荆州地区的经营成果甚为辉煌，后梁政权实际上是西魏之"附庸"[3]，使宇文泰势力大大地增加。当然，这并非杨忠一人之功，在经营荆州过程之中，先后有达奚武、于谨、宇文护、韦孝宽等参与，规模稍大的战役，宇文泰常自两个以上柱国中抽调军旅共同参加。无论如何，杨忠在荆州经营上是主要人物。北周初"孝闵帝（宇文觉）践阼，（史宁）拜小司徒，出为荆襄淅郢等五十二州及江陵镇防诸军事、荆州刺史"[4]。

4. 小结——从十二将至六柱国十二大将军

西魏府兵制度发展过程之中，关于军将之安排有三个标志，其一是大统三年（537）之宇文泰率十二将东征，其二是大统八年（542）之初置六军，其三是大统十六年（550）之成立六柱国十二大将军。"初置六军"今已不详。十二将为李弼、独孤信、梁御、赵贵、于谨、若干惠、怡峰、刘亮、王德、侯莫陈崇、李远、达奚武。如以本文第二部分宇文泰政权中的军事集团对照观察，出于宇文泰亲信者有于谨，出于贺拔胜集团者有独孤信，出于侯莫陈悦集团余部者有李弼，出于贺拔岳余部者有梁御、赵贵、若干惠、怡峰、刘亮、王德、侯莫陈崇、达奚武等八人，另有李远。魏帝禁卫军并没有出动，亦未见魏帝追随部队参加。由于贺拔岳余部有八将之多，所以大统三年时，宇文泰仍未脱离贺拔岳的军将架构。唐长孺以军阶高低判断不应有李远，或系史书对李虎之失载[5]，如

---

[1]《周书》卷二《文帝纪下》大统十七年春三月。

[2]《周书》卷一九《杨忠传》。时间据《周书》卷二《文帝纪下》魏恭帝元年冬十月。

[3]《周书》卷二《文帝纪下》魏恭帝元年十一月："擒梁元帝，杀之，并虏其百官及士民以归。没为奴婢者十余万，其免者二百余家。立萧詧为梁主，居江陵，为魏附庸。"

[4]《周书》卷二八《史宁传》。

[5] 唐长孺：《魏周府兵制度辨疑》，《魏晋南北朝史论丛》，页262。

以军阶考虑，当然轮不到李远，但十二将东征应以各部队领袖为考虑，尤其是在大统三年（537）之时，李氏兄弟是高平地区部队之首领，《周书》卷二五《李贤传》载：

> 魏孝武西迁，太祖令贤率骑兵迎卫。时山东之众，多欲逃归。帝乃令贤以精骑三百为殿，众皆惮之，莫敢亡叛。

李氏兄弟是一支独立部队，与北镇军士并不重叠，其军力当然不止三百骑，李氏兄弟先前曾支援尔朱天光马匹千余，又在宇文泰拉拢与培养之下，成为宇文政权之另一支柱，所以李远在大统十六年（550）时能获得大将军衔，这是北镇军士之外唯一的大将军。按上文分析，李虎或许与魏帝部队戍守长安。

大统十六年府兵制度成立之时，贺拔岳集团之梁御、若干惠、怡峰、刘亮、王德、寇洛，及魏帝追随部队之王思政、念贤等皆已不在。如果再以六柱国十二大将军与各军事集团对照看，则出于宇文泰亲信者有于谨、贺兰祥、宇文导、宇文贵等四人，出于贺拔胜集团者有独孤信、杨忠二人，出于侯莫陈悦集团余部者有李弼、豆卢宁二人，出于魏帝禁卫军者有元廓、元育、元赞三人（不计元欣），出于魏帝追随部队者有侯莫陈顺，另有李远，显然有很大变化。

在六柱国之中，于谨与李弼是宇文泰较信任者，"丞相泰爱杨忠之勇，留置帐下"[1]。杨忠似编入李弼柱国，大统十五年（549）前后，杨忠曾任都督朔燕显蔚四州诸军事、朔州刺史，这是六镇军士之侨州，这个职位很重要，因为西魏集团朝贵多其部人。《周书》卷三六《段永传》：

> 魏废帝元年，授恒州刺史。于时朝贵多其部人，谒永之日，冠

---

[1]《资治通鉴》卷一五七《梁纪十三》武帝大同三年（537）七月，独孤信与杨忠自梁奔长安时。

盖盈路。当时荣之。

杨忠获授此职，可见贺拔胜集团中的杨忠已是宇文泰之忠实支持者，同时这使得杨忠在关陇集团中的地位有所上升。

在泾水流域的侯莫陈崇柱国，其辖下李远是宇文泰之忠实支持者；而陇右之独孤信柱国，辖下有宇文导大将军，宇文导具有很强军力，是真正看守西门者；在岐州一带的赵贵柱国，其辖下有宇文贵，宇文贵被宇文泰视为宗室，从《宇文贵纪功碑》看，宇文贵亦甚有军力；李虎柱国在长安附近，终李虎有生之年，宇文泰得以与魏帝维持稳定关系，李虎死后才发生元烈事件。

如果六柱国十二大将军之统属及其辖区不误，再对照各军事集团看，宇文泰对关陇军事集团之权力分配与府兵地区安置，是极为妥当的。

（二）府兵军府之社会背景

宇文泰将其境内各种不同的社会势力，安排在其府兵制度架构之中。

府兵制度以军府为基石，陈寅恪指出：“府兵之制其初起时实摹拟鲜卑部落旧制，而部落酋长对于部内有直辖之权，对于部外具独立之势。”[1] 其后岑仲勉完全承袭陈寅恪之说[2]，唐长孺认为南北朝军制对府兵制度有影响，但亦非完全是南北朝军制之沿袭，所以他承认“这个组织系统（指府兵制度）正如陈寅恪所指出的乃是军事单位之部落化”[3]。谷霁光认为“封建兵制应该是府兵制的主要渊源和内容，鲜卑部落兵制只是某些遗留因素和影响，二者结合后形成为具有新的特点的府兵制”[4]。何兹全在

---

[1] 陈寅恪：《隋唐制度渊源略论稿》，六《兵制》，页96。

[2] 岑仲勉：《府兵制度研究》，页1。

[3] 唐长孺：《魏周府兵制度辨疑》，《魏晋南北朝史论丛》，页258。

[4] 谷霁光：《府兵制度考释》，页94。

评论谷霁光《府兵制度考释》时，同意谷霁光的意见 [1]。几乎所有学者都承认鲜卑部落制对府兵制度有影响，所不同的是有些学者认为魏晋发展之兵制亦是府兵制度的重要渊源之一，以及影响程度不同而已。

自破六韩拔陵起于沃野镇，没有多少时间，六镇纷纷沦陷，六镇军士南下，大都托庇于尔朱氏，于是尔朱氏遂拥有九州之军士，此九州即原并、肆、汾三州，加恒、燕、云、朔、蔚、显六侨州，复得元氏宗室元天穆之结合，当时权倾朝野，这些人是当时的统治阶级，其后魏分东西，东魏、西魏政权中的主要人物也源自此大集团 [2]。北镇六侨州设在并、肆、汾三州境内者称为九州 [3]，是所领州数量最多、力量最大之地区 [4]，侨设于其他州者，有"定州六州大都督、冀州六州大都督、沧州六州大都督、英雄城六州大都督，以统领驻防州镇之六州鲜卑" [5]。除此以外，北齐"分割六州鲜卑，更于陉北别立之六州" [6]，即北朔州、北燕州、北蔚州、北恒州、北显州、北灵州等。西魏恒州、燕州、云州、朔州、蔚州、显州等六侨州在"大统中侨置于宁州西北地郡、赵兴郡、豳州新平郡界内" [7]，在北周时迁至渭水上游一带。由于西魏、北周所获得之六镇侨民较少，故只有一组六州侨州；东魏、北齐所获得之六镇侨民较多，除在并、肆、汾内有一组六州侨州以外，还有陉北至桑干河未沦

[1] 何兹全：《读〈府兵制度考释〉书后》，页 159。

[2] 见本书第二篇《北魏、东魏、北齐之核心集团与核心区》，七、六镇动乱时期之尔朱氏集团。

[3]《魏书》卷五八《杨播传·附津传》："尔朱荣之死也，以津为都督并肆燕恒云朔显汾蔚九州诸军事、骠骑大将军兼尚书令、北道大行台、并州刺史。"《魏书》卷七五《尔朱天光传》："诏天光以本官兼尚书仆射，为并肆云恒朔燕蔚汾显九州行台，仍行并州，委以安静之。"

[4] 见本书第二篇《北魏、东魏、北齐之核心集团与核心区》，八、北魏末、东魏、北齐时期核心区之侨州。

[5] 王仲荦：《东西魏北齐北周侨置六州考略》，页 24。

[6] 王仲荦：《东西魏北齐北周侨置六州考略》，页 26—27。

[7] 王仲荦：《东西魏北齐北周侨置六州考略》，页 27—29。

陷之地之六州侨州，更有定州、冀州、英雄城、沧州之地合六州为都督府之军士，据资料所示，还在河阳、怀州、永桥、义宁、乌籍等地徙有六州军士并家。《魏书·地形志上》谓："自恒州已下十州，永安已后，禁旅所出。"以东魏、北齐而论，高欢大丞相府设在晋州，并、肆、汾及六侨州皆在其直接控制之下，而各州六州大都督及京畿大都督也在大丞相府控制之下，兵员充沛，这些六州军人成为高氏政权之骨干。西魏、北周只有一组六州侨州，但据上节分析，宇文氏尚吸收了部分魏孝武帝禁卫、随魏帝入关之关东部队、荆州部队等，这些人大部分亦属六州军人，但西魏军士总数就远不及东魏了。无论如何，自六镇乱起至东西魏成立，主宰北中国政局者乃这批六镇及并、肆、汾豪杰，这些人不论其血统是鲜卑人，还是其他胡人或汉人，其生活方式显然是北疆草原民族习惯，部落是其社会之单位。这些军士南迁以后，立有侨州，或居城 [1]，或居坊 [2]，仍然有变相部落而居之意。

　　在西魏的前半期，北镇人士取得绝对优势，为恢复并承袭北魏初三十六国、九十九部落，在府兵制度发展过程之中，将编入其兵制汉人，赐予胡姓 [3]，赐姓是北镇人士优势之标志。在西魏后半期，不仅北镇人士仍维持优势，宇文泰之权势也进一步高涨，在西魏后半期的赐姓之中，赐宇文氏者最多 [4]，值得注意的是被赐姓宇文氏的汉人有京兆杜陵韦瑱、韦孝宽，河东解人柳敏、柳庆，河东汾阴薛善、薛端（居冯翊），

[1] 谷霁光：《府兵制度考释》谓"军人城居是当时一种通例"，详见其文，页 57—61。

[2] 魏末禁卫军居所有"六坊之众"之说，见《隋书》卷二四《食货志》。

[3] 《周书》卷二《文帝纪下》魏恭帝元年（554）末载："魏氏之初，统国三十六，大姓九十九，后多绝灭。至是，以诸将功高者为三十六国后，次功者为九十九姓后，所统军人，亦改从其姓。"按赐姓虽记于恭帝元年，赐姓之举在西魏初即开始。

[4] 参见 Albert E. Dien，"The Bestowal of Surnames under the Western Wei-Northern Chou，" *T'oung Pao*，Vol. LXⅢ / 2-3，1977，P162；大川富士夫：《西魏における宇文泰の漢化政策について》，《立正大学文学部论丛》7，1957，页 78。

河东闻喜裴鸿，博陵安平崔谌、崔谦、崔猷，荥阳开封郑孝穆，顿丘临黄李昶，敦煌令狐整，梁郡下邑李彦，魏郡申徽，金城直城王杰，临洮子城刘雄，陇西狄道李和（徙朔方）等[1]，更显示宇文政权与汉士族、豪右之结合。而支持宇文政权的汉族，其社会形态自魏晋以降至北魏已发展成以士族、地方豪族为社会领袖之结构，论者多矣，于此不再赘述。每个豪族拥有宗亲、部曲，或聚族而居，或守壁堡而防，是当时常见之情况，宇文氏将这些势力纳入府兵体系，依其势力大小、功绩建树等命为都督、帅都督、大都督等职[2]，不仅使这些社会势力有加入中央政府之感[3]，且完全符合当时社会结构，各社会势力在不打碎社会建制之情况下尚有飞黄腾达之机会。所以府兵制度在大统年间渐次发展的过程中，未见有受阻之记载。

　　大统九年（543）宇文泰广募关陇豪杰，据本篇上文分析，最成功的应该是将渭水以北、泾水以东、洛水以西的羌族纳入府兵体系，这一带的羌人大多以部落形态定居，如前秦建元四年（368）《广武将军□产碑》中记载称呼少数民族领袖（尤其是羌族）为大人、部大、酋大等[4]，马长寿将其总括在部落系统的官中[5]。所以这一带的社会结构仍是部落形态，

---

[1] 以上诸人参考《周书》列传，并参考滨口重国：《西魏に於ける虏姓再行の事情》，《东洋学报》25（3），1938，页400—410。

[2] 见《周书》卷二三《苏绰传·附椿传》，卷三九《韦瑱传》，卷三三《王悦传》，卷一八《王罴传》，卷二五《李贤传》《李远传》，卷三一《韦孝宽传》，卷三六《令狐整传》，卷三二《柳敏传》，卷三六《司马裔传》，卷三七《郭彦传》等。

[3] 大统以来发展而成的府兵制度，都督、帅都督、大都督是其基层单位，皆为中央禁旅。

[4] 据《宋书》卷九八《氐胡传·大且渠蒙逊传》："羌之酋豪曰大。"《北史》卷九三《僭伪附庸·大沮渠蒙逊传》："羌之酋豪曰大，故以官为氏，以大冠之。"瞿中溶首考其说，见《古泉山馆金石文编》卷一跋。

[5] 马长寿：《碑铭所见前秦至隋初的关中部族》，二、前秦《邓太尉祠碑》和《广武将军□产碑》所记的关中部族，页27，云："部落系统的官，大人原是匈奴的官号，后来被北方、东北、西北各族沿用。碑铭中只有一人，即白平君为大人衔，白姓为龟兹人。酋大和部大之名前后凡六十余见，其中称酋大者，西羌的酋帅占绝对多数，前后约二十五人，另外另

这种形态很容易纳入以军府为单位的府兵制度之中。及至西魏、北周出现的碑铭，已不再称大人、部大、酋大，而称呼都督、帅都督、大都督等，上文已有分析。

赵昶在武都秦陇收编的氐羌，以及主动效忠宇文政权的上洛丰阳泉企[1]、安康李迁哲[2]、傥城兴势杨乾运[3]、上甲黄土扶猛[4]、上洛邑阳阳雄[5]、襄阳席固[6]、南安任果等[7]，皆方隅豪族，很容易纳入府兵之军府之中。

所以，宇文泰之设计府兵制度是与其社会背景相扣合的。

然而，东魏、北齐的主要统治者亦是北族军士，而关东社会亦林立着士族、地方豪强，也设有坞堡等单位，为何没有发展出府兵制度？除兵源的众寡原因以外，关东与关中之社会情况乃貌似而实不同。关中居民结构是否仍如江统所说"关中之人百余万口，率其少多，戎狄居半"[8]，不可确知。至西魏时即令汉人居多数，亦不会超过太多[9]。而东魏统治区内，除并、肆、汾外，相当于今河北省、山东省、河南省之地，就当时的居民结构而言，汉人显然占绝大多数，而居于上层统治阶层者

有一个龟兹人称酋大。称部大者多系氐酋和杂胡的酋帅，前后近三十人。《后汉书·西羌传》云：'强则分为酋豪。'《宋书·大且渠蒙逊传》云：'羌之酋豪曰大。'西羌酋帅之称酋大者以此。《晋书·石勒载记》称部大者二人，即羯胡张䍐督与莫突，此为杂胡称部大的先例。"

[1]《周书》卷四四《泉企传》。

[2]《周书》卷四四《李迁哲传》。

[3]《周书》卷四四《杨乾运传》。

[4]《周书》卷四四《扶猛传》。

[5]《周书》卷四四《阳雄传》。

[6]《周书》卷四四《席固传》。

[7]《周书》卷四四《任果传》。

[8]《晋书》卷五六《江统传》之《徙戎论》，时在五胡入华前十年左右。

[9] 江统《徙戎论》之后十年，五胡入华，关中大部分时间在非汉人政权统治之下，其后北魏拥有关中，亦属鲜卑族政权。关中各少数民族或有人数上之变动，但就与汉人之比例而言，汉人比例在这种政治形势之下而有大幅度增加，似乎不太可能。

却是人口中占少数的北族，这种悬殊比较形成高氏之心结，而终东魏、北齐之世，胡汉间的紧张关系一直困扰着统治者[1]。这个汉人占绝大多数的社会，自魏晋以迄北魏，数百年来已发展为成熟阶层性的士族社会，县有县姓，郡有郡姓，崔、卢、李、郑、王则是全国级的大姓[2]，五姓七望——清河崔氏、博陵崔氏、范阳卢氏、赵郡李氏、陇西李氏、荥阳郑氏、太原王氏[3]，皆在东魏、北齐区域之内[4]。除此以外，还有仅次于五姓的渤海高氏兄弟高乾、高昂，高昂曾"统七十六都督"[5]。在宇文泰府兵体系之中，八个柱国大将军皆是北族或与北族相同出身之汉人，十二个大将军之中，除李远一人以外，亦皆是北族或与北族相同出身之汉人。京兆韦氏，杜氏，河东薛氏、柳氏、裴氏，弘农杨氏等仅属郡姓，其中韦孝宽最受重视，在玉壁保卫战中立首功，玉壁解围后"授骠骑大将军、开府仪同三司"[6]，至大统十六年（550）府兵制度完成时仍未达大将军级，宇文泰在府兵体系之中保持其北镇人士在权力分配中的优势地位，高欢如果也实施府兵制度，在柱国大将军、大将军级要让出多少名额以满足这些全国级汉族大姓，而又如何不损及其北族之权力地位？

---

[1] 萧璠：《东魏北齐内部的胡汉问题及其背景》，《食货》6（8），1976。

[2]《资治通鉴》卷一四〇《齐纪六》明帝建武三年（496）春正月："魏主（孝文帝）雅重门族，以范阳卢敏、清河崔宗伯、荥阳郑羲、太原王琼四姓，衣冠所推，咸纳其女以充后宫。陇西李冲以才识见任，当朝贵重，所结姻娅，莫非清望。……时赵郡诸李，人物尤多，各盛家风，故世之言高华者，以五姓为首。（胡注：卢、崔、郑、王并李为五姓。）"

[3] 参见拙文《中古山东大族著房之研究》及《中古大族著房婚姻之研究》。

[4] 陇西李氏地望在陇右，但主支大部分已迁至关东，见拙文《从士族籍贯迁移看唐代士族之中央化》。清河崔氏、太原王氏有一部分迁至青齐一带，仍在高氏控制区内，见唐长孺：《北魏的青齐土民》，《魏晋南北朝史论拾遗》，中华书局，1983，页92～122。

[5]《北齐书》卷二一《高乾传·附昂传》。

[6]《周书》卷三一《韦孝宽传》："神武（高欢）苦战六旬，伤及病死者十四五，智力俱困，因而发疾。其夜遁去。后因此忿恚，遂殂。魏文帝嘉孝宽功，令殿中尚书长孙绍远、左丞王悦至玉壁劳问，授骠骑大将军、开府仪同三司，进爵建忠郡公。"

（三）府兵从职业军人至征兵

自来学者对府兵性质有两大看法，这两大看法皆根据史料，如下。《北史》卷六〇末载（《通典》卷二八《职官十·将军总叙》，卷三四《职官十六·勋官》略同）：

> 每大将军督二开府，凡为二十四员，分团统领，是二十四军。每一团，仪同二人。自相督率，不编户贯。都十二大将军。十五日上，则门栏陛载，警昼巡夜；十五日下，则教旗习战。无他赋役。每兵唯办弓刀一具，月简阅之。甲槊戈弩，并资官给。

《玉海》卷一三八《兵制三》引《邺侯家传》载：

> 初置府不满百，每府有郎将主之[1]，而分属二十四军，每军以开府一人将焉，每二开府属一大将军，二大将军属一柱国大将军，仍加号持节大都督以统之。时皇家太祖景皇帝（李虎）为少师陇右行台仆射陇西公，与臣（李繁）五代祖弼太保大司徒赵郡公，及大宗伯赵贵、大司马独孤信、大司寇于谨、大司空侯莫陈崇等六家主之，是为六柱国，共有众不满五万。……初置府兵，皆于六户中等以上家有三丁者，选材力一人，免其身租庸调，郡守农隙教试阅，兵仗衣驮牛驴及糗粮旨蓄六家共备，抚养训导，有如子弟，故能以寡克众。……自初属六柱国家，及分隶十二卫，皆选勋德信臣为将军。

《资治通鉴》卷一六三《梁纪十九》简文帝大宝元年（550）末：

> 泰始籍民之才力者为府兵，身租庸调，一切蠲之，以农隙讲

---

[1] 唐长孺认为"每府有郎将主之"是用隋代官制附会，是不正确的，见《魏周府兵制度辨疑》，《魏晋南北朝史论丛》，页266—274。但《邺侯家传》其他资料仍值得研究，事实上前辈学者研究府兵制度的重心是推敲《北史》《邺侯家传》《资治通鉴》等所引资料的准确性及其实际内涵。

阅战陈，马畜粮备，六家供之；合为百府，每府一郎将主之，分属
二十四军。

采信《邺侯家传》《资治通鉴》者，认为府兵乃兵农合一制度，如
《新唐书》卷五〇《兵志》："至于府兵，始一寓之于农。"司马光《资治
通鉴》认为开元十年（722）以前乃兵农合一之制[1]，受《北史》影响者，
易于认为府兵乃兵农分离之制，如叶适《习学记言》："宇文、苏绰患其
然也，始令兵农各籍，不相牵缀。"以上诸人之观点，陈寅恪曾首做分
析，见于《隋唐制度渊源略论稿》六《兵制》。陈氏对这个问题的看法，
曾有综合性说明，同书同篇末载：

> 府兵制之前期为鲜卑兵制，为大体兵农分离制，为部酋分属制，
> 为特殊贵族制；其后期为华夏兵制，为大体兵农合一制，为君主直
> 辖制，为比较平民制。其前后两期分画之界限，则在隋代。周文帝、
> 苏绰则府兵制创建之人，周武帝、隋文帝其变革之人，唐玄宗、张
> 说其废止之人，而唐之高祖、太宗在此制创建、变更、废止之三阶
> 段中，恐俱无特殊地位者也。

唐长孺大体上同意陈寅恪这方面的观点[2]。谷霁光认为："隋文帝于
开皇十年颁布了关于军人编入户贯的诏令，这是府兵制度中一项重大改
革。……前此府兵，一般是家属随营，列于军户、兵户而不见民户……
军户存在的时候，府兵由军户世袭和从民户中简选而来，军户取销了，

---

[1]《资治通鉴》卷二一二《唐纪二十八》唐玄宗开元十年，张说建议招募壮士充宿卫事，
以为"兵农之分，从此始"，此条陈寅恪首先指出。
[2] 唐长孺：《魏周府兵制度辨疑》，《魏晋南北朝史论丛》，页287，云："这样一个发展过程
最后是取消了军府统领，军民分治的旧传统；同时也取消了自相督摄的组织系统与部落及
部曲化，取消了以胡制汉的壁垒；简单地说变成与初建立时恰好相反的东西。这个发展在
周武帝时开始而完成于隋唐，陈寅恪先生业已指出。"

府兵的简补便在一般民户中进行。"[1] 谷氏的研究心得实际上是陈寅恪说法的进一步发挥，这种说法的优点是：行之二百年之久的府兵制度，其间不是不变的。自陈氏从兵制方面透视隋唐制度渊源，以迄谷氏功夫力作《府兵制度考释》，学界大部分人都接受这个看法。这个看法一方面符合制度会因时因地演变的现象，另一方面部分解决了《北史》与《邺侯家传》《资治通鉴》之矛盾，即《北史》所述是西魏、北周时府兵制度，而《邺侯家传》《资治通鉴》所述是隋唐时府兵制度，然而《邺侯家传》《资治通鉴》确是自府兵初建时即行描述，陈氏认为"《邺侯家传》作者李繁依唐代府兵之制，以为当西魏初创府兵时亦应如是，其误明矣。李延寿生值唐初，所纪史事犹为近真。温公作《通鉴》，其叙府兵最初之制，不采《北史》之文，而袭《家传》之误，殊可惜也"[2]。

按《北史》所谓"每一团，仪同二人。自相督率，不编户贯。都十二大将军。十五日上，则门栏陛戟，警昼巡夜；十五日下，则教旗习战。无他赋役。每兵唯办弓刀一具，月简阅之。甲槊戈弩，并资官给"，是指职业军人，这些人自尔朱天光以来一批批入关，尚无另一更好名词总括之，陈寅恪亦有一串字表示之："鲜卑及六镇之胡汉混合种类及山东汉族武人之从入关者。"[3]《邺侯家传》所载"是为六柱国，共有众不满五万"亦是指职业军人；而继载"初置府兵，皆于六户中等以上家有三丁者，选材力一人，免其身租庸调，郡守农隙教试阅，兵仗衣驮牛驴及糗粮旨蓄六家共备，抚养训导，有如子弟，故能以寡克众"，是指府兵制度中兵农合一制，乃隋唐时期府兵制度的主要内容，实则至少可溯及西魏大统十六年（550）"籍民之材力者为府兵"[4]，兵源因此大为扩充，当

[1] 谷霁光：《府兵制度考释》，页 101、102、107。

[2] 陈寅恪：《隋唐制度渊源略论稿》，六《兵制》，页 98。

[3] 陈寅恪：《隋唐制度渊源略论稿》，六《兵制》，页 97。

[4]《玉海》卷一三七《兵制》引《后魏书》。

此之时，职业军人与兵农合一之府兵同时存在。在军事装备方面，职业军人自备弓刀一具，甲槊戈弩并资官给；而兵农合一之府兵则兵仗衣驮牛驴及糇粮，六家共备，甚为合理。又训练方面，职业军人是十五日上，则门栏陛戟，警昼巡夜，十五日下，则教旗习战，无他赋役；而兵农合一之府兵乃郡守农隙教试阅，抚养训导，有如子弟，更为合理[1]。

关于职业军人部分，本篇前文已有论及，可包括恒、燕、云、朔、蔚、显六州出身之军士，及并、肆、汾三州出身之军士，以上有时合称为九州，此在东魏、北齐政权中屡见，在西魏、北周政权中以六州为主，仅尔朱天光少数余部可能出身于并、肆、汾三州，在西魏、北周史书中亦未见九州字样；职业军人包括追随魏孝武帝入关之山东军士及荆楚健儿，又包括关陇地区主动投效或招募而来之地方豪右等，在时机上是正光末年（524）间天下大乱后所产生。

出身于六州之军士是西魏、北周政权中军官及士兵之骨干，他们随着部队驻扎各地，由于宇文泰集军权于华州，所以大部分驻于华州至雍州一带；他们也随部队出征，其部人则居于六侨州。追随魏孝武帝入关之禁旅，如果出身于六州，则皆与上述相同。关陇地区主动投效或招募而来之地方豪右，自大统九年（543）以后，由于扩大增募汉羌豪右，从而在数量上逐渐增多，而影响西魏、北周至隋、唐统治阶层成分演变至大，当另文分析。至少在西魏、北周时期，六州出身之军士是其政权中之主要人物。六侨州在大统年间设立于幽宁一带，至北周天和时迁至岐州一带。建德年间六州并废。至隋开皇十年（590），有将军士编入户贯之诏令，《北史》卷一一《隋本纪上》载：

---

[1] 陈寅恪谓："盖农隙必不能限于每隔十五日之定期，且当日兵士之数至少，而战守之役甚繁，欲以一人兼兵农二业，亦极不易也。又《北史》谓军人'自相督率，不编户贯'，则更与郡守无关。"当是未分职业军人与兵农合一之府兵之故，见《隋唐制度渊源略论稿》，六《兵制》，页98。

诏曰："魏末丧乱，宇县瓜分，役军岁动，未遑休息。兵士军人，权置坊府，南征北伐，居处无定，家无完堵，地罕苞桑，恒为流寓之人，竟无乡里之号，朕甚愍之。凡是军人，可悉属州县，垦田籍帐，一同编户。军府统领，宜依旧式。"罢山东、河南及北方缘边之地新置军府。

这里提及之军人是指职业军人，因为他们从魏末丧乱开始征战，又提及权置坊府之事，被形容成没有乡里之流寓之人。除已配在军府之军士外，六侨州部人亦不断调入，至武帝建德四年、五年（575、576）大举伐北齐以前，将岐州一带侨州撤废，可能军士已抽调一空，这些都不是三丁取一、农隙训练之府兵，而山东、河南及北方缘边之地新置军府，除上述北周军士以外，还可能有北齐政权中新编之职业军人。如果这个说法合理，则开皇十年（590）是府兵制度中职业军人之整个结束。

综上所述，西魏大统十六年（550）以前府兵制度发展时期所建立的军府，其成员是职业军人；大统十六年府兵制度成立，《玉海》卷一三七《兵制》引《后魏书》大统十六年"籍民之材力者为府兵"，当是按簿册征召之意，自此有"兵农合一"者加入府兵；至隋开皇十年将职业军人悉数编入户贯。所以大统十六年至开皇十年是府兵制度中既有职业军人，又有"兵农合一"者的时代；而开皇十年至唐代废除府兵制度为止，是府兵制度"兵农合一"的时代。

东魏亦以北镇职业军人为其军旅之主干，但高氏政权之兵源似乎没有宇文氏那样短缺[1]，又关东地区居民结构以汉人为绝大多数，又有全国级士族，所以其兵制演变与西魏不同，兹叙述于下。

---

[1]《隋书》卷二四《食货志》："六镇扰乱，相率内徙，寓食于齐、晋之郊，齐神武因之，以成大业。"又《北史》卷六四末："论曰：高氏籍四胡之势，跨有山东，周文承二将之余，创基关右，似商、周之不敌，若汉、楚之争雄。……齐谓兼并有余，周则自守不足。"

《魏书》卷一〇六上《地形志上》载："自恒州已下十州，永安已后，禁旅所出。"除永安三年（530）时尔朱氏当政以外，其余皆高欢当政时期，《魏书·地形志》中侨州侨郡之设立，大都注明东魏年号，所以并、肆、汾及六侨州是其兵源所在，并、肆、汾是实州，也是东魏、北齐军事核心区[1]，而所谓六侨州除在并、肆、汾中之六侨州外，还有定州六州、冀州六州、沧州六州等，包括这些地方的侨居职业军人。高欢亦努力与其控制区内之人民与豪杰结合[2]，其对人民，希望百姓致力耕织，军士为其却敌作战，维持分工互依之关系[3]，并不像西魏大统十六年（550）"籍民为军"。高氏偶尔也"差简勇士"[4]，但基本上维持军民分离政策。

---

[1] 参见本书第二篇《北魏、东魏、北齐之核心集团与核心区》。

[2] 谷霁光谓："东魏、北齐军队的来源有五：一是高欢从北镇带来的军队以及收编尔朱荣的一些军队，这些都以北镇鲜卑人和汉人为主，估计达十万人。二是北魏遗留下来的军队，数目不少，原系京畿附近的羽林、虎贲及其他军队，以鲜卑为主体，也有汉族和其他各族人。在东、西魏分裂前夕，集中于河桥的便有十多万人。《隋书·食货志》称，'是时六坊之众，从武帝而西者不能万人，余皆北徙'，说明这十多万人大都跟高欢徙邺，西入关中的不到万人。三是继续招致为兵的北镇内徙人户，《隋书·食货志》所谓'六镇扰乱，相率内徙，寓食于齐晋之郊，齐神武因之成大业'。这部分人户以鲜卑为主，其中也包括曾徙居北镇的中原强宗子弟和其他各族人。四是河北、河南各道'差选勇士'，或'简发勇士'或'括民为兵'，即《隋书·食货志》所谓'简华人之勇力绝伦者谓之勇夫，以备边要'。这部分人当然以汉人为主，不过一般勇士不免包括内徙的山胡、奚、契丹以及茹茹等人户在内。五是各地豪宗强族私家武装即其'义众'，私兵或部曲之归附高欢的，也称'乡闾'、'乡曲'，有的豪强因而得到'立义大都督'、'静境大都督'等名号，其情况和西魏相似，只是不像西魏那样众多和普遍，这些亦以'华人'为主，鲜卑和其他部族内徙者也不少。"《府兵制度考释》，页249—250。本人对高氏军队来源大致从谷氏研究，但在军队人数及军士种族两方面存疑。

[3]《资治通鉴》卷一五七《梁纪十三》武帝大同三年（东魏天平四年，537）载："（高）欢每号令军士，常令丞相属代郡张华原宣旨，其语鲜卑则曰：'汉民是汝奴，夫为汝耕，妇为汝织，输汝粟帛，令汝温饱，汝何为陵之？'其语华人则曰：'鲜卑是汝作客，得汝一斛粟、一匹绢，为汝击贼，令汝安宁，汝何为疾之？'"

[4] 谷霁光：《府兵制度考释》，页249注3引《魏书》卷一二《孝静纪》，兴和元年（539），命令马子如和奚思业分别于山东、河南"差选勇士""简发勇士"，其例合理。但该注引《北齐书》卷二四《孙搴传》："大括燕恒云朔显蔚二夏州高平平凉之民以为军士。"显然应该属于《魏书》卷一〇六上《地形志上》所谓："自恒州已下十州，永安已后，禁旅所出。"

各地豪宗强族亦有被高氏吸收入军队者，但并不普遍，亦未见任何大规模招募之诏令。对于高氏兵制，谷霁光先生的结语颇为合理，其《府兵制度考释》云[1]：

> 东魏、北齐的军将，主要有开府将军、仪同将军、大都督、正都督、子都督或副都督。军将名号继承北魏末年旧制，这与西魏大体相同；但始终没有把京畿兵和地方兵以及所谓义众、部曲等统一于一个军事组织系统之下，所以没有像西魏、北周那样的军、府组织形式。

高氏政权之兵制，其发展之极致是从职业军人中再予精选，组成一支强大的军旅。《隋书》卷二四《食货志》载：

> 及文宣受禅，多所创革。六坊之内徙者，更加简练，每一人必当百人，任其临阵必死，然后取之，谓之百保鲜卑。又简华人之勇力绝伦者，谓之勇士，以备边要。

这种办法创设于北齐文宣帝受禅之年，即天保元年（550）。这一年正是西魏大统十六年，即府兵制度大备之年。东西政权原本同源之兵制，至此全然不同矣！

（四）府兵制度之中央辐射设计

府兵制度之中央辐射设计有两种内涵，第一种内涵在制度层次方面是自中央呈辐射状向地方伸张，将地方势力按其大小编入府兵体系之中。关于府兵是中央禁军，此点史书已有明文记载，学者也一致认可，本文不必赘述。唯在此中央军大框框之内，尚有可澄清者，兹叙述于下。

---

[1] 谷霁光：《府兵制度考释》，页251。

　　府兵制度是建立在都督制之上的，魏末都督有：子都督、副都督、都督、大都督等职，西魏府兵制则采用都督、帅都督[1]、大都督等级。按府兵制度之等级自上而下为：六柱国—十二大将军—二十四开府仪同三司，按滨口重国说法，其下为四十八团—九十六仪同三司[2]，谷霁光最后同意滨口重国之说法[3]。然而，若细查《周书》记载，整个大统年间诸将的升迁途径为大都督—仪同三司—开府仪同三司—大将军—柱国大将军[4]，无一例外，在仪同三司与开府仪同三司之间没有职级，所以滨口重国四十八团之说没有史实证明。本文拟订西魏府兵体系为：六柱国—十二大将军—二十四开府仪同三司—四十八仪同三司—九十六大都督，在大都督之下有帅都督—都督，各级都有其重要性，但"大都督"这一级最为重要[5]，因为它是府兵制度军府之单位，隋唐府兵制中军府之校尉相当于大都督[6]。以大都督为军府之单位，可与府兵制度成立时不满百府之说相合，因为自六柱国层层扩充至大都督时，其大都督数为九十六。

---

[1] 西魏时皆有"帅都督"职，北周自天和五年（570）四月至建德二年（573）正月之间曾省"帅都督"职，见《周书》卷五《武帝纪上》。

[2] 滨口重国：《西魏の二十四军と仪同府》。

[3] 谷霁光：《府兵制度考释》，页52："日人滨口重国认为一个军辖二个团，每一团仪同二人，就成为四十八团和九十六个仪同府，而有仪同将军九十六人，滨口这个解释，过去曾辩论其不确，经过反复考订，知道从前自己对整个府兵统领系统的演变研究不够，滨口之说，基本上是正确的，只是一军二团的分析，有待进一步研究。"汉光按："军"即二十四军之军。谷氏在此页注7称"但《北史》并不明言一军二团，其依据仍嫌不足"云云。

[4] 如《周书》卷一〇《邵惠公颢传·附导传》，卷一五《李弼传》《于谨传》，卷一六《赵贵传》《独孤信传》，卷一九《达奚武传》《侯莫陈顺传》《豆卢宁传》《宇文贵传》《杨忠传》《王雄传》，卷二〇《贺兰祥传》，卷二五《李远传》中为：都督—仪同三司—开府仪同三司……可能漏一"大都督"职。

[5] 谷川道雄亦认为府兵指挥系统为柱国大将军—大将军—开府仪同三司—仪同三司，而无军团一级，唯谷川氏并未认定"大都督"是开府之最重要单位，而其上各级之府乃大都督之加官。见谷川道雄：《府兵制国家と府兵制》，页431—432。

[6] 谷霁光认为"大都督仍应为团一级，隋唐府兵制中，团有校尉，相当于大都督。团之上有军，后来连称为'军团'"，见《府兵制度考释》，页53注1。谷氏亦察觉到隋唐府兵制度中军府之校尉相当于大都督，但仍然将"团""军团"名称混在一起。

但最重要的证据是拜命仪同三司、开府仪同三司、大将军甚至柱国大将军等高层级职位，仍保留其"大都督"衔，在《周书》卷一六末，大统十六年（550）府兵制度完成时，所列柱国大将军、大将军全衔中可以发现，在这榜文中仅元欣无大都督衔，记为"使持节、太傅、柱国大将军、大宗伯、大司徒、广陵王元欣"。本文怀疑元欣当时"从容禁闱而已"，未领有任何军府，故独无大都督衔。

《周书》卷二四《卢辩传》末载："（周制）授柱国、大将军、开府、仪同者，并加使持节、大都督。……其授总管刺史，则加使持节、诸军事。以此为常。"兵制是卢辩之六官之一，同书同卷谓："辩所述六官，太祖以魏恭帝三年始命行之。"即大统十六年府兵制度成立后之第六年，亦即北周代西魏之前一年。按"大都督"一职在西魏、北周府兵体系之中不是加官，而是实职，此在《周书》各柱国、大将军等列传中皆可查得。卢辩所谓"加使持节、大都督"，其义是仍带大都督之意，周制似将此条写成定制。又总管、刺史并不加"大都督"，这是因为总管、刺史虽然领兵，但并不一定领军府，故仅带"诸军事"而不带"大都督"。

府兵制度之中央辐射设计的第二种内涵是地缘关系的内外之分。按渭水自武功以下直至流入黄河，其南北两岸河谷之地是宇文政权的重要地区，北岸包括古白渠、郑国渠，长期灌溉冲洗，使泾洛之间的一大片盐碱地成为良田[1]，武功一带渭北有成国渠、灵轵渠[2]，南岸有沣、涡、潏、浐、涝、灞等水，源于秦岭而注入渭水，此皆可以灌溉之区。又按北镇军士自尔朱天光、贺拔岳以迄于宇文泰，乃至于入关之魏帝等，皆以此区为大本营，从西魏前期大战役参战者分析，此区之汉族豪强是宇文政权之坚强支持者，在西魏后期，渭北汉羌豪右亦成为宇文政权之支持

---

[1]　史念海：《古代的关中》，《中国史地论稿（河山集）》，弘文馆出版社，1986，页26—70文及地图。
[2]《水经注疏》卷一九《渭水下》。

者，所以渭水自武功以下以迄黄河的广阔河谷，成为宇文政权之心脏地区，在西魏时也是宇文泰统治地区之中人口最多的。《邸侯家传》谓"初置府兵不满百"，其军府分布情形已经失载，若参考唐代情况，合关中、陇右、陕北地区，共有军府约二百七十四个 [1]，而唐代京兆府有军府一百三十一个，华州华阴郡有二十个，同州冯翊郡有二十六个，此三者约略是武功以下之渭水南北两岸之广阔河谷地区，在唐代共有军府一百七十七个，占关、陇、河西总数之 65%，如果唐代军府分配比例承袭西魏，或与西魏比例相去不远，则西魏有三分之二军府集中在此心脏地区。如果西魏府兵制度成立时有九十六个军府 [2]，则可能有六十四个军府安置在此心脏地带。九十六个军府由六柱国均分，每柱国拥有十六个军府。按本篇"六柱国十二大将军之统属及其辖区"中分析，于谨、李虎两个柱国之军府皆在此心脏地区，共计三十二个军府 [3]。其他四柱国为：李弼柱国之军府一半（八个）在心脏地区，一半在华州（同州）、北雍州以北；侯莫陈崇柱国之军府一半在泾水流域，一半在心脏地区；独孤信柱国之军府一半在心脏地区，一半在陇右；赵贵柱国之军府一半在心脏地区，一半在南岐、武兴、南秦一带；如此则军府数目可

---

[1] 据《新唐书》卷三七《地理志一·关内道》及卷四〇《地理志四·陇右道》载，军府数如下：京兆府京兆郡 131，华州华阴郡 20，同州冯翊郡 26，凤翔府扶风郡 13，邠州新平郡 10，陇州汧阳郡 4，泾州保定郡 6，原州平凉郡 2，宁州彭原郡 11，庆州顺化郡 8，鄜州洛交郡 11，坊州中部郡 5，丹州咸宁郡 5，延州延安郡 7，灵州灵武郡 5，渭州陇西郡 4，秦州天水郡 6，以上共 274 个军府。

[2] 滨口重国（《西魏の二十四军と仪同府》上，页 398）主张之府兵系统为：
六柱国大将军—十二大将军—二十四开府仪同三司……九十六仪同三司
二十四军—四十八团……九十六仪同
谷霁光认为"滨口之说，基本上是正确的"，唯一军二团之说，尚未有具体证据，持保留态度，见《府兵制度考释》，页 52 文及注 7。

[3]《新唐书》卷五〇《兵志》："凡府三等：兵千二百人为上，千人为中，八百人为下。"西魏不详，然隋、唐承袭西魏、北周，似应有等级为合理，是以如果李虎柱国与于谨柱国军府数相同，其军力不一定相同。

以符合。而李远、李贤兄弟一在高平,一在相府;以及宇文导、元廓调动于雍州与秦陇之间,正是府兵内外相系的例子。调回心脏地区时,或如李弼之"居守"[1],或如于谨"兼大行台尚书、丞相府长史"[2],或如赵贵"授岐州刺史。……不之部。仍领大丞相府左长史"[3],或如宇文贵"迁中外府左长史"[4],或如杨忠"行同州事"[5],或如王雄"行同州事"[6],只有独孤信"在陇右岁久,启求还朝,太祖不许",此事被东魏谣传"信据陇右不从宇文氏"[7]。

宇文泰府兵制度柱国辖区之辐射设计,亦符合当时交通路线。李弼柱国之军府辖区延至洛水流域及泾水北支泥水之间,洛水流域有一条大道[8],泥水可走泾水道;侯莫陈崇柱国之军府辖区延至泾水流域,有邠、宁、庆、青刚川道,泾、原、萧关道[9];独孤信柱国之军府辖区延至陇右,有南北两道皆可与长安相通[10];赵贵柱国之军府辖区延至秦岭仇池区[11]。

西魏以心脏地区为重心,军府之设计以此向外呈辐射状,这正是隋唐府兵军府以关中为重心[12]的雏形。

---

[1]《周书》卷一五《李弼传》。

[2]《周书》卷一五《于谨传》。

[3]《周书》卷一六《赵贵传》。

[4]《周书》卷一九《宇文贵传》。

[5]《周书》卷一九《杨忠传》。

[6]《周书》卷一九《王雄传》。

[7]《周书》卷一六《独孤信传》。

[8] 严耕望:《唐代交通图考》第一册,京都关内区,《篇柒　长安北通丰州天德军驿道》《篇捌　长安东北通胜州振武军驿道》,页229—276及图六。

[9] 严耕望:《唐代交通图考》第一册,京都关内区,《篇陆　长安西北通灵州驿道及灵州四达交通线》,页181—206及图六。

[10] 严耕望:《唐代交通图考》第二册,河陇碛西区,《篇拾壹　长安西通安西驿道上:长安西通凉州两驿道》,页341—419及图八。

[11] 严耕望:《唐代交通图考》第三册,秦岭仇池区,《篇拾捌　骆谷驿道》,页687—700及图十二。

[12] 参见谷霁光:《府兵制度考释》,页153—157文、表、地图。

　　日人曾我部静雄认为宇文泰仿《周礼》以皇畿为中心，有内重外轻之观念[1]。按宇文泰之政制深受《周礼》影响[2]，兵制也不例外[3]，但一种制度之能够孕育成功，必须与其政治社会条件相配合。宇文泰很巧妙地将各种人安排在地理环境之中，府兵制度便是这种安排的最佳例子。

　　在心脏地区之内，也有两个中心，其一是长安，其二是华州（同州），双都或两个中心的现象在中古时期例子甚多[4]。西魏时由于大丞相宇文泰掌实际权力，且宇文泰长期居于华州，所以诸柱国在华州有住所，《大唐创业起居注》载李弼与李虎在华州之住所甚近[5]。

　　六镇乱后，出现许多行台、都督府，在这些行台、都督府之中已有独立"都督"之称号，其脉络可另外研究。据古贺昭岑之研究，行台之设立，在六镇动乱之前甚少，正光五年（524）至孝昌三年（527）大量增加，有五十五个；自永安元年（528）至永熙三年（534），数量达八十六个，此即尔朱氏当政时代；其后东魏（534—550）有三十二个，北齐（550—577）有三十五个；西魏（535—556）有二十六个，北周（557—581）仅两个[6]。西魏所设立之行台，除宇文泰本身之大行台以外，其余皆设在陇右、荆州、河南北道等距离其心脏地区较远之地[7]。按都督制在六

[1] 曾我部静雄：《西魏の府兵制度》，《集刊东洋学》21，1969，页89。

[2] 参见王仲荦：《北周六典》，中华书局，1979。

[3] 参见《周书》卷二四《卢辩传》。

[4] 作者曾与谷川道雄讨论这个问题，都认为北魏之平城、洛阳，东魏、北齐之晋阳、邺都（谷川道雄称为霸府与王都），西魏、北周之长安、同州，隋、唐之东都、西都等，是双都、两个中心的现象，政治、军事、经济、文化等原因不一。

[5]《大唐创业起居注》卷中，页11。

[6] 古贺昭岑：《北朝の行台について》三，《九州大学东洋史论集》7，1979，页52。

[7] 荆州、河南地区设行台，古贺昭岑：《北朝の行台について》二，《九州大学东洋史论集》5，1977，页106—109，其引用资料有：《周书》卷三四《赵善传》："魏孝武西迁，除都官尚书……顷之，为北道行台，与仪同李虎等讨曹泥，克之。"《周书》卷二六《长孙俭传》："时荆襄初附，太祖表俭功绩尤美，宜委东南之任，授荆州刺史、东南道行台仆射。"又据《周书》校勘记："《拓拔俭碑》云，大统'六年，以公为使持节都督三荆、二襄、南

镇叛乱后与行台同时盛行，行台原为行尚书台，除军旅之节度、监察外，还包括守宰之黜陟、军人之考课、征兵、催军、赈恤慰抚等权职[1]，而都督仅掌禁旅之事，但每个柱国大将军体系内之军府需要维持联系、训练、给养等，所以柱国、大将军、开府、仪同等各级督将必须有人兼领刺史才能使制度运行灵活，但大将军级以下督将之统属与辖区已不可查，本文无法做进一步推敲。

西魏府兵是中央军，大丞相之下有柱国、大将军、开府、仪同、大都督、帅都督、都督等，官制系统自上而下、自内而外、层层节制，如辐射网。在地缘方面，心脏地区是其核心，亦是重兵所在，各柱国军府自心脏地区向外发展，亦呈辐射状。将域内各种武力结合在辐射网中，由于督将内外调动，军府又以军事为主，虽有柱国辖区，而无藩镇割据之虞。

六、结　论

（1）西魏时期宇文泰亲信有于谨、贺兰祥、宇文导、宇文护、王盟、尉迟纲、尉迟迥、叱列伏龟、阎庆、宇文贵等，以宇文泰为中心，包括宇文泰之宗室、姻亲及最亲信之部将。

贺拔胜集团有贺拔胜、独孤信、杨忠、史宁等，由于贺拔胜位高权轻，实际领袖是独孤信，统领原荆州部队。

侯莫陈悦集团余部有李弼、豆卢宁，领有原侯莫陈悦剩余之部队，

雍、平、信、江、随、郢、浙（淅）一十二州诸军事，荆州刺史，东南道行台仆射'，又云：'十二年，除大行台尚书，仍为大丞相司马。'"《周书》卷一八《王思政传》："（大统十三年）太祖乃以所授景使持节、太傅、大将军、兼中书令、河南大行台、河南诸军事，回授思政。……唯受河南诸军事。"《北史》卷六二《王思政传》载："（大统）十二年，加特进，兼尚书左仆射、行台、都督、荆州刺史。"《魏书》卷一二《孝静纪》兴和二年（540）五月己酉："西魏行台宫延和、陕州刺史宫元庆率户内属。"疑此行台在陕州一带。

[1] 古贺昭岑：《北朝の行台について》三，页41—51。

李弼是其首领。

魏帝禁卫军有元欣、元廓、元育、元赞、元子孝等。魏帝追随部队之将领有王思政、念贤、侯莫陈顺等。前者统领洛阳西迁之禁卫军；后者统领关东效忠西魏之部队，魏帝是他们的领袖。

贺拔岳余部有赵贵、侯莫陈崇、李虎、达奚武、王雄、寇洛、梁御、若干惠、怡峰、刘亮、王德等。在贺拔岳生前，事实上宇文泰本人也属于贺拔岳集团，贺拔岳卒后，众部将拥宇文泰为首领，上述贺拔岳余部皆是宇文泰之拥护者，其支持程度视人而异，所以贺拔岳卒后之余部并未产生新的小集团，这些部将渐为宇文泰吸收，编入府兵体系之中。

（2）大统九年（543）以前，西魏与东魏间有六次大战役，在宇文泰阵营之中，史书记载参与将领凡九十二人，除二人史载不详外，其中五十一人系北镇人士，三十九人非北镇人士，非北镇人士大都是汉人豪族。另外，在大统九年以前已加入宇文政权，虽未参加上述六大战役，但亦涉及军事者，又得二十六人，其中北镇人士五人，非北镇人士二十一人，非北镇人士亦汉人豪族居多。如果将上述参与者相加，则北镇人士有五十六人，非北镇人士有六十人，未详者二人，总共一百一十八人。

大统九年西魏邙山大败，宇文泰"广募关陇豪右以增军旅"，除扩大吸收上述豪杰之子弟、部曲以外，最重要的是获得居住在渭水以北、泾洛之间羌族之支持，将其编入府兵系统，不但可扩充兵源，还有助于稳固雍州至华州之心脏地区。同时西魏又收编汧岐一带之降氐人，迁入华州一带以实军旅。

六侨州是禁旅之所出，亦是北镇部人居住之所，西魏六侨州设在泾水、洛水上游之间，具有攻守之作用，而北周将六侨州迁至岐州武功一带，以表示北疆稳固，及宇文氏南图之意。

（3）柱国大将军所统领两大将军，及柱国大将军府兵军府辖区拟定如下：

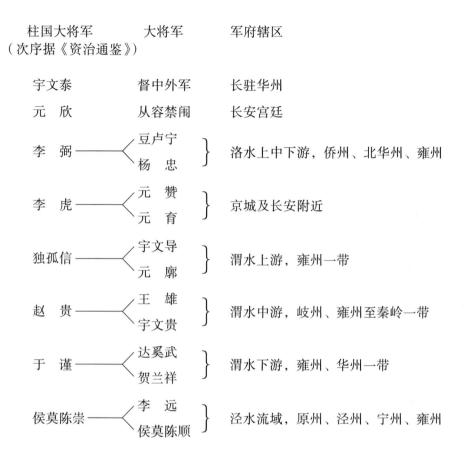

（4）于谨、李弼二柱国是宇文泰政权之主力，也就是说宇文泰亲信与侯莫陈悦集团余部已充分结合，此二柱国巩固了雍州至华州之心脏地区，其区内北镇人士、汉人、羌人等是宇文政权之积极支持者。

魏帝长年居长安，统禁卫军者可能是元赞、元育及元廓，李虎是宇文泰与魏帝共同信任者，李虎可能是这个地区之柱国，领军将军安排宇文泰之舅王盟等人，如此维持十八年和谐关系，至元烈事件才改变。魏帝追随部队王思政被派至河东、河南戍守，念贤被派至陇右等地，其所领之军士皆非府兵。陇右在大统六年（540）以后由独孤信柱国镇守，贺拔胜集团除杨忠调入李弼柱国以外，大都应仍在独孤信麾下，真正掌有重兵的是独孤信之大将军宇文导，宇文导乃宇文泰之侄，镇守关中陇右间之西门，当宇文泰东征时，宇文导又内调至雍州、华州一带镇守。另外，侯莫陈崇柱国中有李远大将军，是宇文泰之忠实支持者；赵贵柱国中宇文贵是宇文泰之亲信。大统三年（537）有十二将东征，八年（542）初置六军，十六年（550）有六柱国十二大将军。其中十二将中贺拔岳余部占八人，宇文泰亲信有于谨，侯莫陈悦集团余部有李弼，贺拔胜集团有独孤信，另一人是高平军李远；六军不详；至六柱国十二大将军时，出于宇文泰亲信者有于谨、贺兰祥、宇文导、宇文贵四人，出于侯莫陈悦集团余部有李弼、豆卢宁二人，出于贺拔胜集团者有独孤信、杨忠二人，出于魏帝禁卫军者有元廓、元赞、元育三人，出于魏帝追随部队者有侯莫陈顺一人，而贺拔岳余部则减为李虎、赵贵、侯莫陈崇、达奚武、王雄五人，另一人是李远，其间变化及调动甚大，也显示宇文泰权力之加强。

（5）不论是北镇军士，还是汉人豪族，抑或是羌氏豪右、荆洛一带之方隅豪杰，其社会组织大体上以城坊、坞壁、部落等为单位，所以便于建立军府，而且在宇文泰统治区内，无全国性大族，也使宇文泰安排柱国、大将军等高阶层时，不会失去北镇人士之优势，此乃府兵制度成立之社会背景。

（6）西魏大统十六年以前府兵制度发展时期所建立的军府，其成员是职业军人；大统十六年"籍民之材力者为府兵"，自此有"兵农合一"者加入府兵；至隋开皇十年（590），职业军人悉数编入户贯。所以大统十六年以前是职业军人时代，大统十六年至开皇十年是职业军人与"兵农合一"者同时存在的时代，而开皇十年至唐代废除府兵制度为止是"兵农合一"者的时代。《北史》与《玉海》之《邙侯家传》（《资治通鉴》采《邙侯家传》）皆属正确，唯《北史》叙述职业军人之权利义务，而《邙侯家传》则描述"兵农合一"者之权利义务。北齐高氏于天保元年（550）则精简北镇军士为"百保鲜卑"，华人为"勇士"，东西政权兵制自此分道扬镳。

（7）西魏府兵制度之中央辐射设计有两种内涵，第一种是制度层次方面自中央呈辐射状向地方伸张，将地方势力按其大小编入中央军。其等级为：六柱国—十二大将军—二十四开府仪同三司—四十八仪同三司—九十六大都督，在大都督之下有帅都督—都督等，大都督是军府之最重要单位。第二种是地缘关系之由内而外呈辐射设计，其心脏地区东西自渭水武功以下直至黄河，渭北包括富平堰、白渠、郑国渠，渭南至秦岭，府兵军府在成立时不满百府，其中三分之二集中在此区内。于谨与李虎二柱国之军府完全在心脏地区；宇文泰柱国军府辖区之辐射设计，符合当时交通路线；李弼柱国军府自心脏地区外延至洛水流域及泾水北支泥水一带；侯莫陈崇柱国军府自心脏地区外延至泾水流域；独孤信柱国军府自心脏地区外延至渭水上流之陇右；赵贵柱国军府自心脏地区外延至秦岭仇池区。这种内重外轻之设计或许是受到《周礼》以皇畿为中心之影响，是隋唐府兵军府以关中为重心之雏形。柱国、大将军等常常内外调动，部分督将在督区负责联系、训练、给养等事，而内调则柱国无藩镇割据之虞。

***

宇文泰以广阔的胸怀将先后入关之北镇军士、魏帝禁旅等编入府兵之上层；大统前半期将支持其政权之汉人豪族编入府兵之中上层；大统后半期除继续吸收汉人豪族宗人、部曲以外，复招募渭北羌人豪强及陇岐氐人豪右，加入府兵之中下层，大统十六年（550）府兵制度完成时更扩及征召府兵。府兵制度发展过程之中，又与其统治区内之政治社会条件配合[1]，所以府兵制度初期之设计甚具匠心，亦因此发挥出甚高的功效。

---

[1] 府兵制度亦与经济条件配合，陈寅恪提出《邺侯家传》"六家共之"指六柱国家供备之意，参见《隋唐制度渊源略论稿》，六《兵制》，页95—96；谷霁光亦肯定陈说，参见《府兵制度考释》，页45—46；何兹全也认为此说使初期府兵的给养问题得到了解决，参见《读〈府兵制度考释〉书后》，故本文不再从经济条件方面予以分析。

表 5-1

类别	姓名	官阶						资料来源	备考
		大统三年正月潼关之战	大统三年八月十二将东征	大统三年十一月沙苑之战	大统四年七月河桥之战	大统八年十月玉壁之战	大统九年三月邙山之战		
＊	于谨		开府	开府	开府		大将军	卷一五	洛阳人
＊	李弼	开府	开府	开府	开府		开府	卷一五	辽东襄平
＊	独孤信		开府	开府	开府			卷一六	家武川
＊	侯莫陈崇	开府	开府	开府	开府			卷一六	武川人
△	王罴		开府					卷一八	京兆霸城
＊	李虎			仪同	开府			《西魏书》一八	家武川
＊	赵贵		仪同	仪同	开府		开府	卷一六	家武川
＊	若干惠	仪同	仪同	仪同	开府		开府	卷一七	武川人
＊	怡峰	大都督	仪同	仪同	开府	开府		卷一七	辽西人
＊	念贤				开府			卷一四	家武川
＊	寇洛				开府			卷一五	家武川
＊	梁御		仪同	仪同				卷一七	家武川
＊	刘亮	仪同	仪同	仪同				卷一七	中山人，父领民酋长
＊	王德		仪同	仪同				卷一七	武川人
＊	达奚武	都督	都督		仪同		开府	卷一九	代人，祖怀荒镇将
＊	李远	征东大将军	征东大将军	都督	仪同		开府	卷一九	家高平[1]

---

[1] 李远兄弟是鲜卑拓跋氏的后裔，参见《宁夏固原北周李贤夫妇墓发掘简报》，刊于《文物》11，1985，页 16。

（续表 5-1）

类别	姓名	官阶						资料来源	备考
		大统三年正月潼关之战	大统三年八月十二将东征	大统三年十一月沙苑之战	大统四年七月河桥之战	大统八年十月玉壁之战	大统九年三月邙山之战		
＊	侯莫陈顺			仪同				卷一九	武川人
＊	梁椿		都督	都督	仪同			卷二七	代人
＊	宇文贵				仪同			卷一九	居夏州
＊	贺拔胜		中军大都督	中军大都督	中军大都督		前军大都督	卷一四	神武人
＊	宇文导			大都督				卷一〇	泰之侄
△	王思政				大都督	大都督		卷一八	太原祁人
＊	杨纂				大都督		大都督	卷三六	广宁人
△	田弘		帅都督	帅都督	帅都督			卷二七	高平人
＊	厍狄昌	征西	车骑	车骑	帅都督			卷二七	神武人
＊	宇文护	都督	都督	都督	都督			卷一一	泰之侄
＊	豆卢宁	都督	都督	都督			开府	卷一九	昌黎徒何人，父柔玄镇将
＊	杨忠	都督		都督	都督	大都督		卷一九	家神武树颓
＊	赫连达		都督	都督				卷二七	盛乐人
△	辛威	都督	都督	都督	都督			卷二七	陇西人
＊	宇文虬	都督	都督	都督	都督			卷二九	武川人
＊	李穆	都督	都督	都督	都督	开府		卷三〇	家高平
△	韦孝宽	都督			都督	大都督		卷三一	京兆杜陵人
＊	贺兰祥				都督		仪同	卷二〇	家武川
△	王杰	都督		都督	都督		都督	卷二九	金城人

（续表 5–1）

类别	姓名	官阶						资料来源	备考
		大统三年正月潼关之战	大统三年八月十二将东征	大统三年十一月沙苑之战	大统四年七月河桥之战	大统八年十月玉壁之战	大统九年三月邙山之战		
△	韦瑱		都督	都督	都督	都督		卷三九	京兆杜陵人
△	阳雄		都督	都督	都督	都督	都督	卷四四	上洛邑阳人
△	侯植			都督	都督			卷二九	上谷人，家北地
△	冯迁	√	√	√	都督			卷一一	弘农人
△	杨俭			大都督				卷二二	弘农华阴人
*	王励			都督				卷二〇	乐浪人，父盟
△	泉元礼			都督				卷四四	上洛丰阳人
*	达奚寔	都督		都督				卷二九	洛阳人
△	王雅	都督		都督			都督	卷二九	阐熙新固人
*	宇文盛		都督					卷二九	代人
△	崔悦		都督	都督				卷三五	博陵安平人
*	尉迟纲		帐内都督	帐内都督	帐内都督	帅都督	帅都督	卷三〇	代人
*	尉迟迥	帐内都督	帐内都督	帐内都督				卷二一	代人
*	王勇	帐内都督	帐内都督	帐内都督			帅都督	卷二九	武川人
△	陆通	帐内督	帐内都督	帐内督	帐内督	大都督	仪同	卷三二	吴郡人

（续表 5-1）

类别	姓名	官阶						资料来源	备考
		大统三年正月潼关之战	大统三年八月十二将东征	大统三年十一月沙苑之战	大统四年七月河桥之战	大统八年十月玉壁之战	大统九年三月邙山之战		
△	赵刚		帐内都督					卷三三	河南洛阳人
*	韩果	虞候都督	虞候都督	虞候都督	虞候都督			卷二七	武川人
△	陈忻		立义大都督				立义大都督	卷四三	宜阳人
*	李檦		帐内都督	帐内都督		帐内都督		卷一五	辽东襄平人
*	宇文测	子都督	子都督	子都督	子都督			卷二七	泰之族子
△	常善	平东	平东	平都	卫将军			卷二七	高阳人
*	窦炽	卫将军	卫将军	卫将军			车骑	卷三〇	家于代
△	蔡祐	宁朔	宁朔	宁朔	平东			卷二七	陈留圉人，居高平
△	权景宣		平西	平西				卷二八	天水人
△	耿豪	征虏	征虏	前将军			镇北	卷二九	巨鹿
*	元定	前将军	前将军	前将军	前将军		帅都督	卷三四	洛阳人
△	王子直				车骑			卷三九	京兆杜陵人
△	崔猷	中军	中军	中军				卷三五	博陵安平人
*	段永	平东	平东	平东	平东			卷三六	家高陆河阳
*	长孙澄					征东	征东	卷二六	洛阳人
△	司马裔		中军					卷三六	河内温人
△	郭贤				都督			卷二八	赵兴阳州人

（续表 5-1）

类别	姓名	官阶						资料来源	备考
		大统三年正月潼关之战	大统三年八月十二将东征	大统三年十一月沙苑之战	大统四年七月河桥之战	大统八年十月玉壁之战	大统九年三月邙山之战		
△	梁台					都督	都督	卷二七	长池人
△	梁昕		镇南	镇南				卷三九	安定乌氏迁京兆盩厔
*	高琳			平西	卫将军		卫将军	卷二九	高句丽人
△	崔谦	征西		征西	车骑大将军			卷三五	博陵安平人
△	裴侠			左中郎将		左中郎将		卷三五	河东解人
△	王悦				平东			卷三三	京兆蓝田人
*	阎庆				奉车都尉		前将军	卷二〇	家盛乐
△	韩雄				√		北中郎将	卷四三	河南东垣人
△	郑伟				龙骧	龙骧		卷三六	荥阳开封人
*	赵善						仪同	卷三四	赵贵之从祖兄
△	裴果				√	√	√	卷三六	河东闻喜人
*	于寔		√	√	主衣都统		都督	卷一五	洛阳人
*	窦毅	√	√	√				卷三〇	家于代
△	王庆		√					卷三三	太原祁人
*	侯莫陈凯	√		√				卷一六	武川人

（续表 5-1）

类别	姓名	官阶						资料来源	备考
		大统三年正月潼关之战	大统三年八月十二将东征	大统三年十一月沙苑之战	大统四年七月河桥之战	大统八年十月玉壁之战	大统九年三月邙山之战		
△	唐瑾			√	√			卷三二	父永
	尉兴庆						都督	《资治通鉴》一五八	
△	杨㩦						都督	卷三四	正平高凉人
△	泉仲遵						征东	卷四四	上洛丰阳人
	王胡仁						太子武卫率	《资治通鉴》一五八	
*	伊娄穆						√	卷二九	代人
△	薛端	√	√	√				卷三五	河东汾阴人
*	叱罗协				√			卷一一	
*	贺若敦				√			卷二八	代人
△	吕思礼	安东						卷三八	东平寿张人

附记："开府"即开府仪同三司；"仪同"即仪同三司；"宁朔"即宁朔将军，其他将军同；"√"符号代表低品军。"*"符号代表出于北镇者（不是以种族作为标准）；"△"符号代表非北镇人士；没有类别符号者表示未详。资料来源未标书名者均为《周书》。

据上表统计，大统九年（543）以前参战者出于北镇者有五十一人，非北镇人士有三十九人，未详者二人，共九十二人。另外在大统九年以前虽未参加上述六大战役，但已加入宇文政权且亦涉及军事者有北镇人士：王雄（《周书》卷一九，下同）、王盟（卷二〇）、史宁（卷二八，居抚宁镇）、李和（卷二九，居朔方）、叱列伏龟（卷二〇）五人；非北镇人士：周惠达（卷二二，章武文安人）、杨宽（卷二二，弘农华阴人）、柳庆（卷二二，解人）、苏椿（卷二三，武功人）、崔彦穆（卷三六，清河东武城人）、令狐整（卷三六，燉煌人）、郭彦（卷三七，太原阳曲人）、裴文举（卷三七，河东人）、韩褒（卷三七，颍川颍阳人）、赵肃（卷三七，洛阳人）、辛庆之（卷三九，陇西人）、杨绍（卷二九，弘农人）、刘雄（卷二九，临洮人）、韩盛（卷三四，南阳渚阳人）、裴宽（卷三四，河东人）、皇甫璠（卷三九，安定迁京兆）、李延孙（卷四三，伊川人）、韦祐（卷四三，京兆山北人）、柳敏（卷三二，河东人）、赵文表（卷三三，天水西人）、魏玄（卷四三，任城人）二十一人。如果将以上大统九年以前涉及军事者相加，则北镇人士计五十六人，非北镇人士计六十人，未详者二人，总共一百一十八人。

第六篇

五朝军权转移及其对政局之影响

一、绪　论

（一）前　言

　　所谓"五朝"，指东晋、宋、齐、梁、陈而言，始见于章炳麟先生的《五朝学》《五朝法律索隐》，继用于王伊同先生的《五朝门第》。缘因自东汉末年已还，下及唐初，政局变化万端，中国处于混乱之中，凡四百载。其间西晋永嘉乱作，怀、愍二帝被掳，东晋元帝乘时而起，在建业立下了基业。东晋虽屡次北伐，但版图所及，大概在秦岭淮水以南的半壁江山；宋武帝刘裕曾收复长安，可惜忙于篡位，疆土仅略大于东晋。自此以后，南北对峙之势确定。及至侯景之乱，南朝渐弱，陈霸先克定时局，其疆土略逊于前朝，亦能粗具规模。此五朝地理环境相同，兼以五朝改朝换代，皆出于禅让，前朝之贵戚，可能是后朝之功臣，法制人物，陈陈相袭，更增加其共同性。凡此种种，皆说明五朝适合于作为一个研究单元。本文欲以军权转移与政局变化为重心，观察时间推进过程中所呈现的事实，从大同中寻其小异，追溯共同点，比较相异点，不奢求得到当时社会动态的一般法则，而祈望对当时若干现象有更清晰的了解。

在家天下时代，军队是皇位的支柱，它的最大功能有二：其一是防御外敌；其二是镇压内部。所谓攘外安内者也。以五朝形势而言，对外始终有强敌压境，东晋时的苻秦，南朝时的北魏，是时刻威胁五朝存亡的劲敌。对内而言，篡弒频起，换朝者四，处于这种局面之下的君主，军队是否强大尤为重要。然而最遗憾者，厥为五朝所有的领土，其精华之区，在于长江流域，即上游的益州、中游的荆州及江州、下游的扬州。其形势如带，胡骑南下，颇有顾此失彼之感。隋薛道衡曾论江东形势曰："西自巫峡，东至沧海，分之则势悬而力弱，聚之则守此而失彼。"[1]带状形势，任何一点被突破，皆影响全局，因此五朝州刺史大都带有将军号。州刺史带将军号者类置府而有军权，其目的即在赋予州刺史御敌之力，不致陷入远水不及近火的困窘；不独此也，因一州之力有限，为更有力防御强敌计，五朝沿用曹魏以来的都督制，将数州置于一个都督的统辖之下，原则上都督是纯粹军事机构。为了防御强敌而增加地方州牧军权，地方军权的增加从而引起地方割据，地理形势使得五朝有一样的苦痛。在外重内轻的形势之下，都督刺史军权的转移，直接影响五朝政局与士族及其他阶层力量的增减。

（二）都督刺史与军权

探讨五朝军权问题，不能以将军作为研究之标准。盖自魏晋以降，尤其是五朝，喜用将军号作为加官，用以增加其地位及品级，实际上并未领兵，此在朝廷文官中更为普遍，故领兵者固有将军号，而有将军号者未必尽皆领兵，加将军号小者可能领兵少，加将军号大者未必领兵多，其制度混乱如此。若以有无将军号及将军号之大小论其军权之有无及强弱，与事实将有很大的出入。然则五朝时最能表明军力所在者究为

---

[1]《隋书》卷五七《薛道衡传》。

何职？曰都督，曰刺史。都督的设立，原为军事之目的，其拥有实际军权，殆无可疑。都督常统辖一州以上的兵力，五朝时常把全国划分为若干都督区，相当于若干军区，所以除中央外，都督是第一级拥兵者。都督区的划分关系军事力量之分配。严耕望先生在其《中国地方行政制度史》上编（三）书中，对都督的讨论特详，根据此书研究结果，东晋都督区有九：（1）扬州都督区，（2）荆州都督区，（3）江州都督区，（4）徐州都督区，（5）豫州都督区，（6）会稽都督区，（7）沔中都督区，（8）益州都督区，（9）广州都督区。宋、齐都督区有十五：（1）扬州都督区，（2）南徐都督区，（3）南兖都督区，（4）徐兖都督区，（5）青冀都督区，（6）会稽都督区，（7）南豫·豫州都督区，（8）荆州都督区，（9）湘州都督区，（10）雍州都督区，（11）梁秦都督区，（12）益州都督区，（13）江州都督区，（14）郢州都督区，（15）广州都督区。梁、陈都督区有十五：（1）扬州都督区，（2）南徐都督区，（3）南兖都督区，（4）徐兖都督区，（5）豫州都督区与司州都督区，（6）会稽东扬州都督区，（7）荆州都督区，（8）湘州都督区，（9）雍州都督区，（10）梁秦都督区，（11）益州都督区，（12）江州都督区，（13）郢州都督区，（14）广州都督区，（15）新都督区。又据严师同书论及东晋南朝州府僚佐时说："自东晋以下逮于梁陈，州刺史多加将军之号，州之佐吏除别驾治中之一系统外，又有将军府佐。故此一时代，单车刺史，仅置州吏，一如汉制。而刺史之加将军者，其佐吏则有州佐、府佐两系统。"（姑略其引证文）故州刺史可列为当时之第二级拥兵者。有若干重要郡守和县令，有时亦冠以将军之号，领有一些军旅，但这种现象不甚普遍，且一郡之力究竟有限，其对大局影响较微，兼以资料更加断缺，所以此类第三级拥兵者缺而不论。

然而，本文虽不依据将军号为研究标准，但仍然包罗实际带兵的将军在内，因为：第一，都督全部带有将军号；第二，东晋南朝刺史大都带将军号，单车刺史甚少，大州刺史尤然。而这些极少数的单车刺史虽不能开府，至少亦有相当力量的部曲。现将东晋南朝有将军号之人物找出，共计629人（东晋203人，宋144人，齐88人，梁117人，陈77人），其中571位将军同时领都督、刺史或太守县令职，占比约为十分之九；仅有将军号而不带任何地方长官职务者有58位，占比约为十分之一。所以大部分的将军与都督刺史合而为一，故依都督刺史研究军权有无与强弱，有相当充分的代表性；而若纯以将军号作为标准，反不如以都督刺史为标准之接近事实。为证明此点，兹分析该58位仅有将军号而不带任何地方长官职务者是否领兵，如下。

东晋：王恺拜龙骧将军、骁骑将军、射声校尉。王爽拜宁朔将军。王士文拜右卫将军。羊琇拜左卫将军。伏滔拜游击将军著作郎。杜潜拜右卫将军。徐邈拜太子前卫率。胡奕拜平东将军。殷颢拜南蛮校尉。顾淳拜左卫将军。朱伺拜绥夷校尉加威远将军。桓不才拜冠军将军。谢石拜中军将军、尚书令。谢混拜中领军。陆晔加卫将军。陆玩加奋武将军。范泰拜护军将军。王彪之拜护军将军。王席世拜骁骑将军。庾叔宣拜右卫将军。卞壶拜吏部尚书加中军将军、领军将军。王鉴拜驸马都尉。王恢拜右卫将军。陶舆拜武威将军。

宋：桓闳拜右卫将军。臧澄之拜太子左积弩将军。谢弘微拜右卫将军。殷淡拜步兵校尉。王宣侯拜左卫将军。王县首拜右卫将军。沈演之拜右卫将军。杜叔文拜长水校尉。

齐：刘景远拜前军将军。佼长生拜宁朔将军、宁蛮校尉。卜伯宗拜殿中将军。

梁：周舍拜太子右卫率。徐勉拜太子左、右卫率。傅映拜太子翊军校尉。裴子野领步兵校尉。顾协拜步兵校尉。朱异拜右卫将军。杨华拜太子右卫率。韦粲拜步兵校尉、太子左卫率。江子一拜戎昭将军、南津校尉。何澄之加骁骑将军。贺季加步兵校尉。孔子祛加步兵校尉。刘杳加步兵校尉。刘勰加步兵校尉。

陈：沈炯加明威将军。到仲举加贞毅将军金紫光禄大夫。张种拜贞威将军治中从事史。萧引加戎昭将军。周弘正授太傅长史加明威将军。周确拜太子左卫率、中书舍人、散骑常侍加贞威将军。蔡征加宁远将军。殷不佞拜戎昭将军武陵王咨议参军。郑灼拜威戎将军兼中书通事舍人。

上列将军可分为三类。其一是京师宿卫，如射声、步兵、长水、越骑校尉，虎贲中郎将，左右卫将军，太子左、右卫率，太子左、右积弩将军，太子翊军校尉，中军、护军、领军、前军将军。其二是加官，如陆晔加卫将军，陆玩加奋武将军，沈炯加明威将军；从列传事迹中得知文士如梁季的何澄之、贺季、孔子袪、刘杳、刘勰等所拜领的戎昭、骁骑将军及步兵校尉，亦显然是加官。其三是真正领兵者，如佽长生、卜伯宗、江子一等。京师宿卫及加官甚多，真正领兵者较少。加官者全不领兵，京师宿卫领兵极为有限，《晋书》卷六三《郭默传》中有云：

> 征（郭默）为右军将军。默乐为边将，不愿宿卫，及赴召，谓平南将军刘胤曰："我能御胡而不见用。右军主禁兵，若疆场有虞，被使出征，方始配给，将卒无素，恩信不著，以此临敌，少有不败矣。"

由上所论，研究五朝军权问题，毋宁以都督刺史为对象。

（三）估计军权之方法

吴廷燮撰《历代方镇年表》，其中与五朝相关者有《东晋方镇年表》及《宋齐梁陈方镇年表》。严耕望撰《中国地方行政制度史》，有关都督部分特详，许多都督区皆连年比列。两书是本文用以估计军事力量强弱的基本资料，其方法与原则如下。

1.单　位

本文以吴廷燮《历代方镇年表》及严耕望《中国地方行政制度史》中所列之主要刺史和都督任年为研究单位。每人任刺史一年，或任都督一州一年者，定为一任年，作为计算军事力量强弱的单位。这种办法，在假定各州力量相差不多的情况下才适用，故东晋时荆、扬二州特大，倍计之。梁、陈时小州林立，不予计。大体上胪列在《历代方镇年表》者，实力相差不远。本文不以都督刺史人数为单位而以各个都督刺史任年为单位，其理由有二。其一，若以都督刺史人数为单位，则一位任期十年之刺史与任期数月之刺史，对军事力量影响毫无区别，而事实上都督刺史任期之久暂，不但有不同之影响力，且因五朝兵制以拥有部曲多寡而定其强弱，任期愈久，其门生、故吏、部曲之数量及效忠程度，可成比例上升。东晋时桓氏世任荆州刺史，及桓氏灭后，荆州仍有效忠于桓氏的力量。其二，若以都督刺史人数为单位，则大州小州刺史无从甄别，实州侨州刺史极易淆混。由此可知，寻觅兵力所在，虽舍将军而就都督刺史，但对于都督刺史亦需观其是否确有军旅。以任年为单位而不以人数为单位，此乃研究军事实力与纯研究都督刺史之社会成分间的最大区别。

　　2. 刺史军权的估计

　　依据《历代方镇年表》，分州列表，计算各州刺史每人所任州年数。其中毫无实土的侨州不予计算。州刺史过于缺漏不全者该州亦不列入计算。梁、陈以后新立的小州不予计算。依这几项原则，列入计算的州，东晋得十二州，即：扬州、荆州、徐州、豫州、江州、兖州、梁州、雍州、益州、宁州、交州、广州。宋得二十州，即：扬州、南徐州、徐州、南兖州、兖州、南豫州、豫州、江州、青州、冀州、荆州、郢州、湘州、雍州、梁州、秦州、益州、广州、交州、东扬州。南齐得二十一州，即：扬州、南徐州、徐州、南兖州、兖州、南豫州、江州、青州、冀州、司州、荆州、郢州、湘州、雍州、梁州、秦州、益州、广州、交州、越州、宁州。梁得十九州，即：扬州、东扬州、南徐州、南兖州、江州、荆州、郢州、湘州、雍州、益州、梁州、秦州、广州、豫州、司州、徐州、兖州、青州、冀州。陈得八州，即：扬州、东扬州、南徐州、南豫州、江州、郢州、湘州、广州。

3. 都督军权的估计

据《中国地方行政制度史》，都督区有的督区数州，但有的为了特殊目的，只有数郡而已。本文以州级为最低单位，所以小都督区不及一州者概不计算。其详细计算方法如次：东晋有九个都督区，会稽都督区及沔中都督区属小都督区，豫州都督区所督皆扬州之郡，故该三个都督区不予计算。扬州及荆州都督区皆可参照《中国地方行政制度史》及《历代方镇年表》，得其每年都督者的姓氏及所督的州郡，其计算方法一如前述，唯一人都督七州或八州时，计算时乘七或八。余江州都督区大体皆督本州军事，且领江州刺史，故与刺史表同。徐州都督区其督区为徐、青、兖三州，缘因青州毫无实土，故实际上只有二州，而徐州都督大体上由徐州刺史领之，因此计算该都督区军权时，只需将徐州刺史各人的军权单位乘二。益州都督区大体上由益州刺史领之，其督区有梁、益、宁三州，故计算时只需将益州刺史军权单位乘三。广州都督以广州刺史领之，常督广、交两州，故计算时将广州刺史军权单位乘二。宋、齐、梁、陈都督军权的计算方法，比照东晋的方法。

4. 刺史社会成分之分类

本文所谓军权转移，系指各阶级拥有军权的改变与兴替。五朝是一个门第社会，当时社会上门第高下的意识非常浓厚，笔者为研究方便，曾将当时社会分为三级，即士族、小姓、寒素是也。其间标准的划分，详见《两晋南北朝主要文官士族成分之统计分析与比较》[1]。本文除这三种阶级以外，还有一种较为特殊的阶级，即宗室。

5. 分期

为研究各阶级军权变动的痕迹，本文分期以代（generation）为单

---

[1] 已收入拙著《中国中古社会史论》一书。

位，每代通常是 25 年至 30 年，但研究中国历史，需配合当时皇帝的更换与朝代的变动，因为这常引起内外大臣的更易，故略微依据朝代与建元要比硬性规定以一定的年数断代为实际。

从东晋元帝建武元年至陈后主祯明三年（317—589），共计 273 年，分为十期，每期的断年（表 6-1）如下：

表 6-1 317—589 年断年表

期别	起止年代	年数	朝代	年号
1	317—344	28	东晋	元帝建武、大兴、永昌，明帝太宁，成帝咸和、咸康，康帝建元
2	345—370	26	东晋	穆帝永和、升平，哀帝隆和、兴宁，废帝太和
3	371—396	26	东晋	简文帝咸安，孝武帝宁康、太元
4	397—419	23	东晋	安帝隆安、元兴、义熙，恭帝元熙
5	420—453	34	宋	武帝永初，少帝景平，文帝元嘉
6	454—478	25	宋	孝武帝孝建、大明，前废帝永光、景和，明帝泰始、泰豫，后废帝元徽，顺帝昇明
7	479—501	23	齐	高帝建元，武帝永明，明帝建武、永泰，东昏侯永元，和帝中兴
8	502—531	30	梁	武帝天监、普通、大通、中大通（三年）
9	532—556	25	梁	武帝中大通、大同、中大同、太清，简文帝大宝，元帝承圣，敬帝绍泰、太平
10	557—589	33	陈	武帝永定，文帝天嘉、天康，临海王光大，宣帝太建，后主至德、祯明

二、五朝军权之转移

（一）统 计

依上述方法，根据《历代方镇年表》及《中国地方行政制度史》，由刺史都督任年之统计（表 6-2、表 6-3），表示各统治阶层军事实力之消长。

表 6-2　五朝各统治阶级军权变迁表（一）——刺史任年统计表

（单位：任年）

期别	宗室		士族		小姓及酋豪		寒素及其他		总计
	年数	百分比（%）	年数	百分比（%）	年数	百分比（%）	年数	百分比（%）	
1	0	0	216	72.7	22.5	7.6	58.5	19.7	297
2	0	0	230	92.0	0	0	20	8.0	250
3	23	9.3	171	69.0	16	6.5	38	15.3	248
4	15.5	5.8	205.5	76.4	14（10）	5.2	34	12.6	269
5	252.5	51.4	157	32.0	9.5	1.9	72	14.7	491
6	190	46.9	152	37.5	8	2.0	55	13.6	405
7	196	48.6	131	32.5	10	2.5	66	16.4	403
8	227	53.8	82	19.4	48	11.4	65	15.4	422
9	199	67.5	50	16.9	11（3）	3.7	35	11.9	295
10	107	47.6	32	14.2	50（35）	22.2	36	16.0	225

表 6-3　五朝各统治阶级军权变迁表（二）——都督任年统计表

（单位：任年）

期别	宗室		士族		小姓及酋豪		寒素及其他		总计
	年数	百分比（%）	年数	百分比（%）	年数	百分比（%）	年数	百分比（%）	
1	0	0	307.5	70.2	91.5	20.9	39	8.9	438
2	0	0	357	94.9	0	0	19	5.1	376
3	31	8.9	256	73.1	33	9.4	30	8.6	350
4	43	9.6	363.5	81.3	23	5.1	17.5	3.9	447
5	697	65.7	305	28.7	18	1.7	41	3.9	1061
6	385	47.6	340	42.0	16	2.0	68	8.4	809
7	426	61.7	206	29.9	1	0.1	57	8.3	690
8	570	60.4	243	25.8	57	6.0	73	7.7	943
9	434	63.1	188	27.3	20（7）	2.9	46	6.7	688
10	183	46.6	66	16.8	90（63）	22.9	54	13.7	393

附记：（1）表 6-3 根据吴廷燮《历代方镇年表》及严耕望《中国地方行政制度史》。
　　　（2）括弧内系"酋豪"的任年数。

两表颇相类似，而都督虽有时督区多达七八州，但通常只兼领一个最大或最重要州的刺史，所以都督的军事指挥权虽可达七八州，但其基本兵力仍以其直辖州为基干，因此刺史表的意义较为重大，换言之，本文以下讨论，以刺史表为主，以都督表为辅。

（二）分　析

1. 士　族

五朝期间，士族军权强弱是变动的，如上列两表所示，第一期至第四期（即东晋），士族任都督刺史之任年占三分之二以上；第五、六、七期（即宋、齐）占三分之一以上；第八、九期（即梁）约占五分之一；第十期（即陈）占七分之一。这一系列比例，显示东晋为士族在军事力量上占绝对优势时期，自此以后，士族的军事力量渐渐衰退。宋齐两朝，士族虽未占绝对的力量优势，但仍有其影响力。梁朝士族已甚少涉及军旅。至陈朝士族几与军旅无缘了。

就士族整体而言，军权是递减的；就各士族而言，此消彼起，层层相继，呈现着动态现象，从无一个士族能从第一期至第十期掌握重兵。这点与文官有很大区别，士族任文官者每常有延绵整个两晋南北朝时代。且选择三十四个主要士族为例，以说明这项事实（表6-4）。

表6-4　主要士族任都督刺史变动表

（单位：任年）

姓氏	期别									
	1	2	3	4	5	6	7	8	9	10
颖川颖阴荀氏		15								
陈留尉氏阮氏	2.5	2								
太原祁县温氏	3	16								
汝南安城周氏	16.5	34	9.5							

（续表 6-4）

姓氏	期别									
	1	2	3	4	5	6	7	8	9	10
庐江灊县何氏	2	1.5		4.5						
渤海饶安刁氏	2		2	4						
荥阳阳武毛氏	2	6	12.5	19						
高平金乡郗氏	34	9	4.5	1.5						
谯国龙亢桓氏	14	67.5	62	24.5						
河南阳翟褚氏	3	9		3	2					
陈郡阳夏谢氏	4	16.5	28	2	2					
颍川鄢陵庾氏	37	16.5	9	3	6					
陈郡阳夏袁氏		9				3				
陈郡长平殷氏		6.5	4	3		7				
义阳朱氏	1.5		12.5	7.5		8				
东海郯县徐氏		2			16.5		3			
恒农华阴杨氏		2	8.5	4.5			1	2.5		
太原王氏		11	13	3	1	14	3	6		
陈留圉城蔡氏	8	3				5		3		
彭城刘氏	6	2		77.5	65*	51*	18	5		
琅琊临沂王氏	43.5	2	6	9.5	14.5	19.5	17	7		
京兆杜陵杜氏			21	17	5					
吴郡吴县张氏			1	12	11.5	8.5	3	5		
吴兴武康沈氏			3.5	1	22	11	2	1		8
兰陵萧氏				21.5	18	45*	39*	63*	7	
河东闻喜裴氏				1		2	8	2		
会稽山阴孔氏				5	2		4			
琅琊临沂颜氏				1	2	1				
东莞莒县臧氏				9	1	6				
吴郡吴县陆氏				12.5						

（续表6-4）

姓氏	期别									
	1	2	3	4	5	6	7	8	9	10
济阳考城江氏					4					
河东解县柳氏						2	11	10	2	
吴郡吴县顾氏						2				
京兆杜陵韦氏								11	3	

附记：（1）本表资料根据吴廷燮《历代方镇年表》。
　　　（2）符号 * 表示同时亦具有宗室身份之士族。

从表6-4中我们又可得到士族退出和加入军事舞台之频率（表6-5）。

表6-5　主要士族退出和加入军事舞台频率表

期间	士族总数变迁	退出士族		加入士族		变迁频率百分比（%）
		数量	百分比（%）	数量	百分比（%）	
1—2	15—19	2	9.5	6	28.6	38.1
2—3	19—12	9	42.9	2	9.5	52.4
3—4	12—17	1	5.6	6	33.3	38.9
4—5	17—17	8	32.0	8	32.0	64.0
5—6	17—16	7	30.4	6	26.1	56.5
6—7	16—12	7	36.8	3	15.8	52.6
7—8	12—12	3	20.0	3	20.0	40.0
8—9	12—6	6	50.0	0	0	50.0
9—10	6—2	4	66.7	0	0	66.7

变迁频率基本介于40%~60%之间，平均约50%的变迁频率。这种变动已不算小了。退出士族的比例逐期增加，加入的比例逐期减少，正表示该三十四个大士族渐渐退出军事舞台之痕迹。

且从这三十四个主要士族个别参与及退出军事舞台的时间久暂而论：

历八期者有：琅琊王氏，一族。

历七期者有：刘氏、沈氏、太原王氏，共三族。

历六期者有：萧氏、张氏，共二族。

历五期者有：谢氏、庾氏、杨氏，共三族。

历四期者有：桓氏、褚氏、郗氏、毛氏、殷氏、朱氏、蔡氏、裴氏、柳氏，共九族。

历三期者有：周氏、何氏、刁氏、徐氏、孔氏、颜氏、臧氏、杜氏，共八族。

历二期者有：阮氏、袁氏、韦氏、温氏，共四族。

历一期者有：荀氏、顾氏、陆氏、江氏，共四族。

其中历四期及以下者共有二十五族，占四分之三。即绝大部分的士族，皆历四期之内而退出，能经五期以上者盖鲜矣！以上所举系主要士族，若门望较低的士族，则其所历时间恐更短暂了。依本文分期年数标准，四期约百年，因此本节有两个值得注意的现象：第一，大部分士族在军事舞台上活动不超过百年；第二，没有一个士族在军事舞台上连续活动超过二百年。

再从地区研究，北方侨居士族与南方土居士族的消长，亦有一种趋向，如表6-6。

表6-6　北方侨居士族与南方土居士族对照表

期别	士族总数	北方侨居士族	南方土居士族	两者比例（北：南）	附记
1	15	13	2	100：15	
2	19	18	1	100：6	不计宗室
3	12	11	1	100：9	
4	12	11	1	100：9	
5	17	13	4	100：31	

（续表 6-6）

期别	士族总数	北方侨居士族	南方土居士族	两者比例（北：南）	附记
6	16	11	5	100：45	
7	11	9	2	100：22	
8	11	8	3	100：38	不计宗室
9	5	3	2	100：67	
10	2	1	1	100：100	

　　似乎随着时间的推进，南方土居士族之比例日渐升高。但以整个士族而论，前四期士族在军权地位上占绝对优势，自第五期始，士族军权渐渐没落，至第九期尤其第十期时已形同退出。所以南方土居士族虽在后几期之比例升高，但从整体局势看，已不见其重要性矣！

　　2. 小姓与酋豪

　　小姓与酋豪任都督刺史之年数，除第十期陈朝外，第一期至第九期的比例甚低，平均只占 4.9%。这项事实，不但表示此阶级在军事力量上影响轻微，而且因为小姓是寒素晋升士族身份之通道，所以亦表示寒素至士族之通道甚狭。至第十期时才有所改变，从未居重要地位的小姓与酋豪，一跃而占 22.7%，仅亚于宗室，而士族却落至 15.9%。这个变化，由侯景之乱引起。侯景叛乱，胡骑南下，饮马长江，自东晋元帝以来，外患之烈，莫此为甚。据《梁书》卷五六《侯景传》载，当时拥有兵权的都督刺史（大部分皆宗室及士族），均被侯景所败，梁武帝被囚，充分显示出京师及附近大州郡牧守都督军事上的彻底失败。侯景之势被各地（尤其是远州边郡）勤王英雄所遏，终于被王僧辩及陈霸先的联合势力所击溃。陈氏是最后成功者，而陈氏的力量是基于小姓、酋豪及小士族之流，其中以酋豪尤见重要，兹分析参与平定侯景之乱并支持建立陈朝之主要人物的身份如下。

　　侯安都，"始兴曲江人也。世为郡著姓。父文捍，少仕州郡，以忠谨称。……（安都）兼善骑射，为邑里雄豪。……侯景之乱，招集兵甲，至三千人。高祖（陈霸先）入援京邑，安都引兵从高祖"[1]。

周文育，"义兴阳羡人也。少孤贫，本居新安寿昌县，姓项氏，名猛奴"[2]，义兴人周荟养为己子。

周庆宝，文育之子。

余孝顷，新吴洞主[3]。

侯瑱，"巴西充国人也。父弘远，世为西蜀酋豪"[4]。侯瑱事梁益州刺史萧范，萧范委以将帅之任。

欧阳颋，"长沙临湘人也。为郡豪族。祖景达，梁代为本州治中。父僧宝，屯骑校尉。颋少质直有思理，以言行笃信著闻于岭表。父丧毁瘠甚至。家产累积，悉让诸兄。州郡频辟不应，乃庐于麓山寺旁，专精习业，博通经史。年三十，其兄逼令从宦，起家信武府中兵参军"[5]。

欧阳纥，颋之子。

吴明彻，"秦郡人也。祖景安，齐南谯太守。父树，梁右军将军"[6]。

吴起，明彻兄子。

程灵洗，"新安海宁人也。少以勇力闻，步行日二百余里，便骑善游。……侯景之乱，灵洗聚徒据黟、歙以拒景"[7]。

程文季，灵洗之子。

黄法𣰰，"巴山新建人也。少劲捷有胆力，步行日三百里，距跃三丈。颇便书疏，闲明簿领，出入郡中，为乡闾所惮。侯景之乱，于乡里

---

[1]《陈书》卷八《侯安都传》。

[2]《陈书》卷八《周文育传》。

[3]《陈书》卷八《周文育传》。

[4]《陈书》卷九《侯瑱传》。

[5]《陈书》卷九《欧阳颋传》。

[6]《陈书》卷九《吴明彻传》。

[7]《陈书》卷一〇《程灵洗传》。

合徒众"[1]。

淳于量，"其先济北人也，世居京师。父文成，仕梁为将帅，官至光烈将军、梁州刺史。量少善自居处，伟姿容，有干略，便弓马。梁元帝为荆州刺史。文成分量人马，令往事焉。起家湘东王国常侍"[2]。

章昭达，"吴兴武康人也。祖道盖，齐广平太守。父法尚，梁扬州议曹从事。……及侯景之乱，昭达率募乡人援台城"[3]。

徐度，"安陆人也。世居京师。少倜傥，不拘小节。及长，姿貌瑰伟，嗜酒好博，恒使僮仆屠酤为事。梁始兴内史萧介之郡，度从之，将领士卒，征诸山洞，以骁勇闻"[4]。

徐敬成，度之子。

杜棱，"吴郡钱塘人也。世为县大姓"[5]。

沈恪，吴兴武康人[6]。

徐世谱，"巴东鱼复人也。世居荆州，为主帅，征伐蛮、蜒。至世谱，尤敢勇有膂力，善水战。梁元帝之为荆州刺史，世谱将领乡人事焉。侯景之乱，因预征讨，累迁至员外散骑常侍"[7]。

鲁悉达，"扶风郿人也。祖斐，齐通直散骑常侍、安远将军、衡州刺史，阳塘侯。父益之，梁云麾将军、新蔡义阳二郡太守。……侯景之乱，悉达纠合乡人，保新蔡，力田蓄谷。时兵荒饥馑，京都及上川饿死者十八九，有得存者，皆携老幼以归焉。悉达分给粮廪，其所济活者甚众，仍于新蔡置顿以居之。招集晋熙等五郡，尽有其地。使其弟广达领兵随

[1]《陈书》卷一一《黄法氍传》。

[2]《陈书》卷一一《淳于量传》。

[3]《陈书》卷一一《章昭达传》。

[4]《陈书》卷一二《徐度传》。

[5]《陈书》卷一二《杜棱传》。

[6]《陈书》卷一二《沈恪传》。

[7]《陈书》卷一三《徐世谱传》。

王僧辩讨侯景。……悉达抚绥五郡，甚得民和，士卒皆乐为之用。……悉达勒麾下数千人，济江而归高祖"[1]。

周敷，"临川人也。为郡豪族。敷形貌眇小，如不胜衣，而胆力劲果，超出时辈。……侯景之乱，乡人周续合徒众以讨贼为名，梁内史始兴藩王毅以郡让续。……俄而续部下将帅争权，复反，杀续以降周迪。迪素无簿阀，恐失众心，倚敷族望，深求交结"[2]。

荀朗，"颍川颍阴人也。祖延祖，梁颍川太守，父伯道，卫尉卿。朗少慷慨，有将帅大略，起家梁庐陵王行参军。侯景之乱，朗招率徒旅，据巢湖间，无所属。台城陷后，简文帝密诏授朗云麾将军、豫州刺史，令与外藩讨景。……朗据山立寨自守……时京师大饥，百姓皆于江外就食，朗更招致部曲，解衣推食，以相赈赡，众至数万人。……梁承圣二年，率部曲万余家济江，入宣城郡界立顿"[3]。

荀法尚，朗之子。

周炅，"汝南安成人也。祖疆，齐太子舍人、梁州刺史。父灵起，梁通直散骑常侍、庐桂二州刺史，保城县侯。炅少豪侠任气，有将帅才"[4]。

华皎，"晋陵暨阳人。世为小吏。皎，梁代为尚书比部令史。侯景之乱，事景党王伟。高祖南下，文帝为景所囚，皎遇文帝甚厚。……文帝平杜龛，仍配以人马甲仗"[5]。

熊昙朗，"豫章南昌人也。世为郡著姓。……绍泰二年，昙朗以南川豪帅，随例除游击将军。寻为持节、飙猛将军、桂州刺史资"[6]。

[1]《陈书》卷一三《鲁悉达传》。

[2]《陈书》卷一三《周敷传》。

[3]《陈书》卷一三《荀朗传》。

[4]《陈书》卷一三《周炅传》。

[5]《陈书》卷二〇《华皎传》。

[6]《陈书》卷三五《熊昙朗传》。

周迪，"临川南城人也。少居山谷，有膂力，能挽强弩，以弋猎为事。侯景之乱，迪宗人周续起兵于临川，梁始兴王萧毅以郡让续，迪召募乡人从之，每战必勇冠众军。续所部渠帅，皆郡中豪族，稍骄横，续颇禁之，渠帅等并怨望，乃相率杀续，推迪为主，迪乃据有临川之地，筑城于工塘。梁元帝授迪持节、通直散骑常侍、壮武将军、高州刺史"[1]。

留异，"东阳长山人也。世为郡著姓。异善自居处，言语酝藉，为乡里雄豪。……侯景之乱，还乡里，召募士卒。……侯景平后，王僧辩使异慰劳东阳，仍纠合乡闾，保据岩阻，其徒甚盛，州郡惮焉。……以世祖长女丰安公主配异第三子贞臣。……世祖即位，改授都督缙州诸军事、安南将军、缙州刺史"[2]。

陈宝应，"晋安侯官人也。世为闽中四姓。父羽，有材干，为郡雄豪。宝应性反复，多变诈。梁代晋安数反，累杀郡将，羽初并扇惑合成其事，后复为官军乡导破之，由是一郡兵权皆自己出。侯景之乱，晋安太守、宾化侯萧云以郡让羽，羽年老，但治郡事，令宝应典兵。……高祖受禅，授持节、散骑常侍、信武将军、闽州刺史"[3]。

任忠，"汝阴人也。少孤微，不为乡党所齿。……侯景之乱，忠率乡党数百人，随晋熙太守梅伯龙讨景将王贵显于寿春"[4]。

樊毅，"南阳湖阳人也。祖方兴，梁散骑常侍、仁威将军、司州刺史，鱼复县侯。父文炽，梁散骑常侍、信武将军、益州刺史，新蔡县侯。毅累叶将门，少习武善射。侯景之乱，毅率部曲随叔父文皎援台。文皎于青溪战殁，毅将宗族子弟赴江陵，仍隶王僧辩"[5]。

---

[1]《陈书》卷三五《周迪传》。

[2]《陈书》卷三五《留异传》。

[3]《陈书》卷三五《陈宝应传》。

[4]《陈书》卷三一《任忠传》。

[5]《陈书》卷三一《樊毅传》。

樊猛，毅之弟。

孙场，"吴郡吴人也。祖文惠，齐越骑校尉、清远太守。父循道，梁中散大夫，以雅素知名。场少倜傥，好谋略，博涉经史，尤便书翰。起家梁轻车临川嗣王行参军"[1]。

钱道戢，"吴兴长城人也。父景深，梁汉寿令。道戢少以孝行著闻，及长，颇有干略，高祖微时，以从妹妻焉"[2]。

骆牙，"吴兴临安人也。祖秘道，梁安成王田曹参军。父裕，鄱阳嗣王中兵参军事"[3]。

以上三十五人中，士族约占七分之二，小姓约占七分之一，酋豪约占七分之三，寒素约占七分之一。所谓酋豪即郡著姓、郡豪族、洞主、县大姓等，含有浓厚的地方色彩。当中央力量薄弱时地方势力才表现出来，西汉末年天下大乱，东汉光武帝得地方豪族之拥护而得以延续汉祚[4]；西晋永嘉之乱时，北方地方上坞壁显示出极大的力量[5]；两晋南北朝有许多大士族是由地方豪族强化而成的（如河东薛氏），只是当这些地方豪族长期任官中央以后，渐渐失去地方色彩与地方势力。所以当另一个新的大动乱爆发时，地方上就有新的势力出现，如《陈书》卷三五史臣曰：

> 梁末之灾沴，群凶竞起，郡邑岩穴之长，村屯邬壁之豪，资剽掠以致强，恣陵侮而为大。

我们可以在上述例子中看到，许多酋豪因参与平定侯景之乱，率领

---

[1]《陈书》卷二五《孙场传》。

[2]《陈书》卷二二《钱道戢传》。

[3]《陈书》卷二二《骆牙传》。

[4] 参见杨联陞：《东汉的豪族》，《清华学报》11（4），1936；余英时：《东汉政权之建立与士族大姓之关系》，《新亚学报》1（2），1956。

[5] 参见金发根：《永嘉乱后北方的豪族》，学术著作奖助委员会，1964。

部曲和宗人，或三千或五千，最后成为重要的军事力量。相反的，成名于魏晋南北朝时的大士族却极少在军事上有出色表现。参与的士族其族望甚低，如长沙欧阳頠、秦郡吴明彻、吴兴章昭达、扶风鲁悉达、南阳樊毅等。由于侯景之乱的原因，第十期（陈朝）掌握军权者显然是变动的，其动态趋向是旧士族下降，酋豪上升。

3. 寒 素

有三项证据可以说明寒素在五朝军事舞台上从未扮演过主角。第一，依表6-2、6-3所示，寒素任都督任年比例最高者在第十期，占13.7%；最低者是第四、五期，占3.9%；各期平均是7.5%。寒素任刺史任年比例最高者在第一期，占19.7%；最低者是第二期，占8%；各期平均是14.4%。寒素中无论任都督还是任刺史，其任年比例无过20%者，可谓甚低。第二，寒素任刺史之平均任期短暂，五朝找出一百四十六个寒素刺史，共得四百七十九个任年。平均每人任期只有三年四个月，任期短则威望难立，不足以形成巨大实力。由于寒素大部分皆及身而止，子孙很少能达到父祖的地位，故寒素似乎是在总比例20%的幅度中变动着。整个寒素阶级未曾有重要性，寒素个人亦未见执当时军权之牛耳者。第三，五朝寒素任都督任年之比例远低于刺史之比例，而检阅吴廷燮《历代方镇年表》，更可以发现重要州郡甚少以寒素充任，寒素率牧边州及小州。若从正史列传中研究，则不难发现此辈皆属某士族或宗室之爪牙，才得拜命刺史之任，其本身似无独立的武力。

4. 宗 室

晋朝司马氏、宋朝刘氏、齐梁萧氏、陈朝陈氏，就其社会成分而言，可列为士族。因为宗室在士族群中地位颇为特殊，所以与士族分别讨论。皇帝对同族子弟之任命，常有亲疏之分，其兄弟及诸子常居重要州郡（晋以后的现象），远亲之任命地位较次。无论如何，这并非封建方式，而是君主谋求掌握全国主要军队之手段，在下节将有详细的讨论。

三、五朝政局

就上列刺史任年统计表而言，五朝军权各统治阶级所占的比例，有一条很明显的界线，即东晋朝四期中士族的比例在三分之二以上，而宋、齐、梁、陈四朝共六期中则以宗室比例居半。都督任年统计表的趋向亦大致相同。这个现象，对五朝政局产生了不同的影响，细论于下。

（一）东晋——军权之制衡时期

东晋一朝，自始至终，都是士族握有实际军权，这应从东晋立国时着手研究。琅琊王司马睿之所以能在南方立定基业，并非他有过人之才华，在众王之中，他并没有显得特殊，立国以后，他个人亦无新猷，《晋书》卷六《元帝纪》中说司马睿"时人未之识焉"，只是在他成功以后的恭维语而已；亦并非他分封时拥有甚大的兵权，在诸司马氏中，他的实力不如八王中任何一王的实力。在乱世的时候，爵位不是护身符，军权才是救命圈，司马睿散居京师的时候，徒有琅琊王的封号，却毫无实权，为了避祸，其出奔京师，狼狈至极，《晋书·元帝纪》中记载说：

> 帝惧祸及，将出奔。其夜月正明，而禁卫严警，帝无由得去，甚窘迫。有顷，云雾晦冥，雷雨暴至，微者皆弛，因得潜出。颖先令诸关无得出贵人，帝既至河阳，为津吏所止。从者宋典后来，以策鞭帝马而笑曰："舍长！官禁贵人，汝亦被拘邪？"吏乃听过。

及至下邳，东海王越假司马睿为辅国将军，寻加平东将军、监徐州诸军事，俄迁安东将军、都督扬州诸军事，当时其实际兵力，仍极有限。清人著作《晋书斠注》卷六《元帝纪》引《文选·劝进表》注中王隐《魏书·司马睿传》曰：

当镇寿阳，且留下邳。及越西迎惠帝，留睿镇后，平东府事当迁镇江东，属陈敏作乱，睿以兵少，因留下邳。永嘉元年春，敏死。秋，睿始到建业。

司马睿虽无过人才华，亦无强大兵力，但他终于在建业生根立基，最主要的原因，是士族的支持，当时有才华有兵力的大族子弟支持他，使其开创了东晋一百多年的天下。若论政治才华，自然首推王导，在王导的导演下，司马睿由配角一跃而为主角。《晋书》卷六五《王导传》中说：

导知天下已乱，遂倾心推奉，潜有兴复之志。帝亦雅相器重，契同友执。帝之在洛阳也，导每劝令之国。会帝出镇下邳，请导为安东司马，军谋密策，知无不为。及（琅琊王）徙镇建康，吴人不附，居月余，士庶莫有至者，导患之。会敦来朝，导谓之曰："琅邪王仁德虽厚，而名论犹轻。兄威风已振，宜有以匡济者。"会三月上巳，帝亲观禊，乘肩舆，具威仪，敦、导及诸名胜皆骑从。吴人纪瞻、顾荣，皆江南之望，窃觇之，见其如此，咸惊惧，乃相率拜于道左。导因进计曰："古之王者，莫不宾礼故老，存问风俗，虚己倾心，以招俊义。况天下丧乱，九州分裂，大业草创，急于得人者乎！顾荣、贺循，此土之望，未若引之以结人心。二子既至，则无不来矣。"帝乃使导躬造循、荣，二人皆应命而至，由是吴会风靡，百姓归心焉。自此之后，渐相崇奉，君臣之礼始定。

初建王朝，必须有军力作为后盾，元帝得王导为相，而有赖于王敦为将，王敦时为扬州刺史，加广武将军，寻进左将军、都督征讨诸军事、假节。扬州户口殷实，又最少受战乱波及，加以王敦善于驾驭部下，是拥有实力的人物，元帝、王导、王敦三人之炫耀威仪，原是一个不太伤感情的立威方式，于是才有部分人士"惊惧"，粗略形成以建业为政治中心的规模。

就当时形势而言，自怀、愍二帝被掳以后，南方地方官皆承奉元帝，但亦有几人为权势之争，不奉元帝令，如周馥、华轶等：

> （愍）帝还宫，出（周馥）为平东将军、都督扬州诸军事，代刘准为镇东将军，与周玘等讨陈敏，灭之，以功封永宁伯。馥自经世故，每欲维正朝廷，忠情恳至。……洛阳孤危，乃建策迎天子迁都寿春。……（司马）越大怒。先是，越召馥及淮南太守裴硕，馥不肯行，而令硕率兵先进。硕贰于馥，乃举兵称馥擅命，已奉越密旨图馥，遂袭之，为馥所败。硕退保东城，求救于元帝。帝遣扬威将军甘卓、建威将军郭逸攻馥于寿春。安丰太守孙惠帅众应之，使谢摛为檄。……旬日而馥众溃，奔于项，为新蔡王确所拘，忧愤发病卒。[1]
>
> 永嘉中，（华轶）历振威将军、江州刺史。虽逢丧乱，每崇典礼，置儒林祭酒以弘道训，乃下教曰："今大义颓替，礼典无宗，朝廷滞议，莫能攸正，常以慨然，宜特立此官，以弘其事。……"俄被越檄使助讨诸贼，轶遣前江夏太守陶侃为扬武将军，率兵三千屯夏口，以为声援。轶在州甚有威惠，州之豪士接以友道，得江表之欢心，流亡之士赴之如归。时天子孤危，四方瓦解，轶有匡天下之志，每遣贡献入洛，不失臣节。谓使者曰："若洛都道断，可输之琅邪王，以明吾之为司马氏也。"轶自以受洛京所遣，而为寿春所督，时洛京尚存，不能祗承元帝教命，郡县多谏之，轶不纳，曰："吾欲见诏书耳。"时帝遣扬烈将军周访率众屯彭泽以备轶，访过姑孰，著作郎干宝见而问之，访曰："大府受分，令屯彭泽，彭泽，江州西门也。华彦夏有忧天下之诚，而不欲碌碌受人控御，顷来纷纭，粗有嫌隙。

---

[1]《晋书》卷六一《周浚传·附馥传》。

今又无故以兵守其门，将成其衅。吾当屯寻阳故县，既在江西，可以捍御北方，又无嫌于相逼也。"寻洛都不守，司空荀藩移檄，而以帝为盟主。既而帝承制改易长吏，轶又不从命，于是遣左将军王敦都督甘卓、周访、宋典、赵诱等讨之。轶遣别驾陈雄屯彭泽以拒敦，自为舟军以为外援。武昌太守冯逸次于溢口，访击逸，破之。前江州刺史卫展不为轶所礼，心常怏怏。至是，与豫章太守周广为内应，潜军袭轶，轶众溃，奔于安城，追斩之，及其五子，传首建业。[1]

观此二例，元帝平定他们，并没有费力，耗时仅数旬而已，当然得力于王敦等大族力量。大族之所以如此拥护元帝，及其如此顺利而得有江北及江州之地，乃因为当时大部分地方长官，皆希望有一个政治中心和安定的局面。周馥的安丰太守孙惠率众应元帝及华轶属部属县的谏议，皆表现出此意向的普遍。这种拥护元帝的意向，是出于自保的心理，有一个安定的政治中心在乱世之中作为维系的力量，才是较佳的自保途径。这种心理在刘琨等上书劝进的表中更是流露无遗。《晋书》卷六《元帝纪》：

司空、并州刺史、广武侯刘琨，幽州刺史、左贤王、渤海公段匹磾、领护乌丸校尉、镇北将军刘翰，单于、广宁公段辰，辽西公段眷，冀州刺史、祝阿子邵续，青州刺史、广饶侯曹嶷，兖州刺史、定襄侯刘演，东夷校尉崔毖，鲜卑大都督慕容廆等一百八十人上书劝进，曰："……永嘉之际，氛厉弥昏，宸极失御，登遐丑裔，国家之危，有若缀旒。……愿陛下……以社稷为务，不以小行为先；以黔首为忧，不以克让为事；……方今蹑百王之季，当阳九之会，狡寇窥窬，伺国瑕隙，黎元波荡，无所系心，安可废而不恤哉？"

---

[1]《晋书》卷六一《华轶传》。

大族的自保运动，在不同的环境下表现出不同的方式。在北方胡骑纵横的土地上，司马氏的力量衰微到极点，豪族结坞堡以自固；南渡的北方大族及原居住在三吴的江南大族共同建立一个政权，此即东晋是也。若分析元帝建武初年南方州刺史的身份，可得下列现象：扬州刺史王导、荆州刺史王廙与王敦、徐州刺史蔡豹、豫州刺史祖逖、江州刺史王敦、兖州刺史郗鉴、梁州刺史周访、雍州刺史魏该、益州刺史应詹、宁州刺史王逊、湘州刺史甘卓、会稽内史诸葛恢、广州刺史陶侃，其中除王逊系寒素出身，魏该及陶侃属小姓，其他十人皆为大族，且此十个大族刺史所居皆当时最重要的州郡。东晋从平乱至立基都是基于这些力量的支持，表明了司马睿自己无实力，而以大族的实力为基础，也就是说，君主对军权的控制是薄弱的，大族间军权的均衡与兴替直接影响政局，这种现象垂东晋朝而不变。兹从士族军权之制衡观政局的发展。

1. 东晋朝军权第一次平衡——东晋政权建立之初

如上所述，琅琊王氏虽然拥有武力，但被拥上帝位者是司马氏而非王氏，此即表示当时有其他力量牵制也。此力量为何？以东晋初的刺史观之，除王导、王敦、王廙等据有扬州、江州、荆州三大州，其他的士族仍有相当的力量与王氏相制衡，如祖逖居豫州，甚有威势，王敦虽拥有荆江之地，但祖逖未死之前，王敦不敢举兵清君侧，因豫州祖逖抚其背也。《晋书》卷六二《祖逖传》云：

（祖逖卒）王敦久怀逆乱，畏逖不敢发，至是始得肆意焉。

高平金乡郗鉴之居兖州也，即因防王敦之故。《晋书》卷六七《郗鉴传》云：

时明帝初即位，王敦专制，内外危逼，谋杖鉴为外援，由是拜安西将军、兖州刺史、都督扬州江西诸军、假节，镇合肥。敦忌之。

汝南安城周访，为当时大族，且善武事，参与平定华轶、杜弢、杜曾，为中兴名将，亦为东晋初期制衡王敦之力量。《晋书》卷五八《周访传》云：

> 初，王敦惧杜曾之难，谓访曰："擒曾，当相论为荆州刺史。"及是（平曾）而敦不用。至王廙去职，诏以访为荆州。敦以访名将，勋业隆重，有疑色。其从事中郎郭舒说敦曰："鄙州虽遇寇难荒弊，实为用武之国，若以假人，将有尾大之患，公宜自领，访为梁州足矣。"敦从之。访大怒。敦手书譬释，并遗玉环玉碗以申厚意。访投碗于地曰："吾岂贾竖，可以宝悦乎！"阴欲图之。既在襄阳，务农训卒，勤于采纳，守宰有缺辄补，然后言上。敦患之，而惮其强，不敢有异。访威风既著，远近悦服，智勇过人，为中兴名将。性谦虚，未尝论功伐。或问访曰："人有小善，鲜不自称。卿功勋如此，初无一言何也？"访曰："朝廷威灵，将士用命，访何功之有！"士以此重之。访练兵简卒，欲宣力中原，与李矩、郭默相结，慨然有平河洛之志。善于抚纳，士众皆为致死。闻敦有不臣之心，访恒切齿。敦虽怀逆谋，故终访之世未敢为非。

其他如徐州刺史蔡豹、益州刺史应詹、湘州刺史甘卓、会稽内史琅琊诸葛恢等，皆当时大族，与王敦相均衡。

2. 第一次平衡的破坏——王敦之反

琅琊王氏在东晋初任扬、荆、江三州刺史，此三州为南方最大的实州，户口殷实，故实力强大，唯居扬州的王导采缓和态度，而王敦的军力在长江中游，所以在元帝时，各州大族尚可平衡。及豫州刺史祖逖死，继任的祖纳、祖约皆才华不及祖逖，豫州又被胡人蚕食，力量大减。而周访早卒，乃子周抚继之，抚与王敦友善，"王敦命为从事中郎，与邓岳俱为敦爪牙。甘卓遇害，敦以抚为沔北诸军事、南中郎将，镇沔中"[1]。至时王敦已无后顾之忧矣！兼以王敦加都督江、扬、荆、湘、交、广六州诸军事。《晋书·王敦传》云："敦始自选置，兼统州郡焉。"王敦的力量，似遍及南方之半。军权能激发个人野心，《晋书》卷九八《王敦传》云：

> 初，敦务自矫厉，雅尚清谈，口不言财色。既素有重名，又立大功于江左，专任阃外，手控强兵，群从贵显，威权莫贰，遂欲专制朝廷，有问鼎之心。

于是王敦借口清君侧，发兵东下，势如破竹，降石头城，威逼宫省。王敦首次破坏东晋朝士族间的军权平衡，使军权集中在一姓，皇帝成为傀儡。王敦把持了中央政治。《晋书》卷九八《王敦传》：

> （帝）以敦为丞相、江州牧，进爵武昌郡公，邑万户……（敦）还屯武昌，多害忠良，宠树亲戚，以兄含为卫将军、都督沔南军事、领南蛮校尉、荆州刺史，以义阳太守任愔督河北诸军事、南中郎将，敦又自督宁、益二州。及帝崩，太宁元年，敦讽朝廷征己，明帝乃手诏征之，语在《明帝纪》。又使兼太常应詹拜授加黄钺，班剑武贲二十人，奏事不名，入朝不趋，剑履上殿。敦移镇姑孰，帝使侍中阮孚赍牛酒犒劳，敦称疾不见，使主簿受诏。以王导为司徒，敦自为扬州牧。敦既得志，暴慢愈甚，四方贡献多入己府，将相岳牧悉出其门。徙含为征东将军、都督扬州江西诸军事，从弟舒为荆州，彬为江州，邃为徐州。

王敦安排自己的势力之后，有见于当时其他士族力量并未完全消灭，若有不时之变，此辈士族仍为其主要的牵制，故其谋臣钱凤建议以王应

---

[1]《晋书》卷五八《周访传》。

为继承人时，王敦说：

> 非常之事，岂常人所能！且应年少，安可当大事。我死之后，莫若解众放兵，归身朝廷，保全门户，此计之上也。退还武昌，收兵自守，贡献不废，亦中计也。及吾尚存，悉众而下，万一侥幸，计之下也。[1]

然而，权力既得，势如骑虎，欲就此放弃，非大智大贤者不能，是以王敦仍继续消灭其牵制力，最明显的例子厥为族灭义兴周氏。扬土豪右以武事而言，首推义兴周氏，最为王敦所忌，王敦打击周氏经过如下：

> 王敦举兵攻石头，（周）札开门应敦，故王师败绩。敦转札为光禄勋，寻补尚书。顷之，迁右将军、会稽内史。时札兄靖子懋晋陵太守、清流亭侯，懋弟莚征虏将军、吴兴内史，莚弟赞大将军从事中郎、武康县侯，赞弟缙太子文学、都乡侯，次兄子勰临淮太守、乌程公。札一门五侯，并居列位，吴士贵盛，莫与为比，王敦深忌之。后莚丧母，送者千数，敦益惮焉。及敦疾，钱凤以周氏宗强，与沈充权势相侔，欲自托于充，谋灭周氏，使充得专威扬土，乃说敦曰："夫有国者患于强逼，自古衅难恒必由之。今江东之豪莫强周、沈，公万世之后，二族必不静矣。周强而多俊才，宜先为之所，后嗣可安，国家可保耳。"敦纳之，时有道士李脱者，妖术惑众，自言八百岁，故号李八百。自中州至建邺，以鬼道疗病，又署人官位，时人多信事之。弟子李弘养徒灊山，云应谶当王。故敦使庐江太守李恒告札及其诸兄子与脱谋图不轨。时莚为敦咨议参军，即营中杀莚及脱、弘，又遣参军贺鸾就沈充尽掩杀札兄弟子，既而进军会稽，

---

[1]《晋书》卷九八《王敦传》。

袭札。札先不知，卒闻兵至，率麾下数百人出距之，兵散见杀。[1]

此时军权集中在王敦一身，唯王敦未及篡弑，疾笃，天子讨伐，王敦不能起，而兄弟才兼文武者，如世将、处季辈皆早死，王敦死，王氏旋败。

3. 东晋朝第二次平衡——王敦败后

东晋朝第一次士族间军权平衡为时极短，仅得六年而已，这显然因为琅琊王氏在当时势力过大，时人有语"王与马共天下"。东晋立国，在军事方面，王敦要论首功，其后王敦一直掌兵权。所以王敦迅速地打破了平衡，王敦虽能暂时打破这种平衡，但并未能消灭各士族的力量，也就是说这种平衡的局面，自王敦死后，又重建了起来。此即东晋朝军权第二次平衡。此次士族间军权平衡维持最久，自明帝太宁二年（324）王敦之死至废帝太和三年（368）桓温加殊礼止，前后有四十五年。这期间，在军事舞台上角逐的士族有十一，即太原晋阳王氏、陈郡长平殷氏、河南阳翟褚氏、陈郡阳夏袁氏、颍川鄢陵庾氏、陈郡阳夏谢氏、谯国龙亢桓氏、高平金乡郗氏、汝南安城周氏、太原祁人温氏、颍川颍阴荀氏，外加小姓陶氏。由于各士族间互相兴替，这四十余年可分四段讨论。

第一段，324—334年，明帝太宁二年至成帝咸和九年，共十一年。各族军权平衡的形势如下。琅琊临沂王导任扬州刺史。陶侃都督荆、雍、梁、交、广、益、宁七州诸军事，领荆州刺史，后加督江州并领刺史。郗鉴领徐州刺史，都督扬州八郡军事，都督徐、兖、青三州诸军事，领兖州刺史。庾亮都督扬州之宣城江西诸军事，假节，领豫州刺史。温峤都督江州诸军事，领江州刺史。桓宣为雍州刺史。咸和初，祖豹、苏峻反，郗鉴为徐州刺史，闻难便欲率所领东赴，诏以北寇不许，于是遣司

---

[1]《晋书》卷五八《周处传·附札传》。

马刘矩领三千人宿卫京师，寻而王师败绩，刘矩遂退还。可见当时实力在于各州刺史，其后苏峻之乱的平定，亦赖于庾亮、陶侃、郗鉴、温峤等的合力。似乎是各族共同维持域内的秩序。

第二段，335—344 年，成帝咸康元年至康帝建元二年，共十年。各族间的平衡形势如下。庾冰继王导为扬州刺史，都督扬、豫、兖三州诸军事，征虏将军，假节。庾亮为征西将军，假节，都督江、荆、豫、益、梁、雍六州诸军事，领江、豫、荆三州刺史。郗鉴仍为徐州刺史。蔡谟继郗鉴为征北将军，都督徐兖青三州、扬州之晋陵、豫州之沛郡诸军事，领徐州刺史，假节。庾亮、庾翼相继为豫州刺史。郗鉴为兖州刺史。庾怿为监梁、雍二州军事，转辅国将军、梁州刺史。桓宣为雍州刺史。周抚迁振威将军，监巴东诸军事，为益州刺史，假节，加督宁州诸军事。谢恕为抚夷中郎将、宁州刺史、冠军将军。这一时期庾氏势力较大，拥有江、豫、荆三州及扬州。王导曾云："元规尘污人。"[1]唯庾亮旋卒，士族间之均势亦未被破坏。

第三段，345—354 年，穆帝永和元年至十年，共十年。各族间军权平衡形势如下。殷浩为中军将军，都督扬、豫、徐、兖、青五州诸军事，领扬州刺史。桓温为安西将军，持节，都督荆、司、雍、益、梁、宁六州诸军事，领护南蛮校尉、荆州刺史。褚裒为都督徐、兖、青、扬州之晋陵诸军事，卫将军，徐、兖二州刺史，褚裒卒，荀羡继之。谢尚为安西将军，督扬州之六郡军事，领豫州刺史，假节。谢永、王羲之相继为江州刺史。司马勋为梁州刺史、征虏将军，领西戎校尉。桓冲为雍州刺史、宁朔将军。周抚为平西将军、益州刺史，督梁州之汉中、巴西、梓潼、阴平四郡。此段各士族间的力量最平衡，似乎没有一族实力较特殊。

第四段，355—364 年，穆帝永和十一年至哀帝兴宁二年，共十年。

---

[1]《晋书》卷六五《王导传》。

各士族间的均势形态如下。太原王述代殷浩为扬州刺史，加征虏将军，进都督扬州、徐州之琅琊诸军事，卫将军。桓温为安西将军，持节，都督荆、司、雍、益、梁、宁六州诸军事，领护南蛮校尉、荆州刺史，兴宁元年（363）加侍中、大司马，都督中外诸军事。荀羡、郗昙相继为北中郎将，持节，都督徐、兖、青、冀、幽五州诸军事，徐、兖二州刺史。谢尚、谢奕、谢万、袁真相继为西中郎将，都督司、冀、并、豫，豫州刺史。桓云、桓冲相继为南中郎将、都督江州、江州刺史。司马勋为征虏将军、梁州刺史，领西戎校尉。桓冲、桓豁相继为督荆州之南阳襄阳新野义阳顺阳、雍州之京兆、扬州之义成七郡军事，宁朔将军。周抚为平西将军、益州刺史，督梁州之汉中、巴西、梓潼、阴平四郡。在这一时期，桓氏已日渐强盛。桓温居荆州、桓云居江州、桓冲居雍州，已有不平衡的局面呈现。

4. 第二次平衡的破坏——桓温加殊礼及其废帝

军事上的成功，是军权集中的直接原因。桓温初继庾翼为都督荆梁四州诸军事、安西将军、荆州刺史时，不过是一个重要的刺史而已，及桓温平定李势，立勋西蜀，进位征西大将军、开府，实力大增，于是便想打破当时的均势而掌握局面，迫废殷浩。《晋书》卷九八《桓温传》云：

> （温平定西蜀）振旅还江陵，进位征西大将军、开府，封临贺郡公。及石季龙死，温欲率众北征，先上疏求朝廷议水陆之宜，久不报。时知朝廷仗殷浩等以抗己，温甚忿之，然素知浩，弗之惮也。以国无他衅，遂得相持弥年，虽有君臣之迹，亦相羁縻而已。八州士众资调，殆不为国家用。声言北伐，拜表便行，顺流而下，行达武昌，众四五万。殷浩虑为温所废，将谋避之，又欲以驺虞幡住温军，内外嚣喧，人情震骇。简文帝时为抚军，与温书明社稷大计，

疑惑所由。温即回军还镇。……时殷浩至洛阳修复园陵，经涉数年，屡战屡败，器械都尽。温复进督司州，因朝野之怨，乃奏废浩，自此内外大权一归温矣。

桓温北伐，初破苻健之子苻生，帝进桓温征讨大都督，督司、冀二州诸军事，委以专征之任。桓温第一次北伐归来，又被加为侍中、大司马、都督中外诸军事。初，朝廷以桓温遥领扬州刺史，但桓温并未实际到州，至兴宁三年（365），桓温以弟桓豁督扬州，时荆、扬、江、雍等州皆为桓氏，桓温又都督中外诸军事，军权均势之破坏，已甚明显。永和四年（348），桓温又上疏北伐，时平北将军郗愔以疾解职，又以桓温领平北将军，徐、兖二州刺史，率弟南中郎将桓冲（雍州刺史）及西中郎将袁真（豫州刺史）步骑五万北伐，桓温兵败枋头，归罪袁真，表废为庶人。

军权平衡既已破坏，政局随即发生变化，《晋书·桓温传》云：

温既负其才力，久怀异志，欲先立功河朔，还受九锡。既逢覆败，名实顿减，于是参军郗超进废立之计，温乃废帝而立简文帝。诏温依诸葛亮故事，甲仗百人入殿。

时桓温声势翕赫，多所废徙，诛庾倩、殷涓、曹秀等。侍中谢安为之遥拜，及桓温入朝欲陈废立本意，帝为之泣下数十行。桓温打破军权平衡局面之后，其野心一如王敦，并不以人臣极位为满足。《晋书·桓温传》云：

帝崩，遗诏家国事一禀之于公，如诸葛武侯、王丞相故事。温初望简文临终禅位于己，不尔便为周公居摄。事既不副所望，故甚愤怨。……讽朝廷加己九锡，累相催促。谢安、王坦之闻其病笃，密缓其事。锡文未及成而薨。

桓温破坏士族间军权均势，是在哀帝、废帝、简文帝时期，前后有十年，从都督中外诸军事、大司马始，至废除皇帝，进而欲加九锡，图谋篡位。以实力而言，时无人可抗，幸年祚不永，人亡事息。桓温死后，桓氏虽仍拥有强大军权，但已非独强。换言之，东晋再次步入士族间军权均势的局面。

5. 东晋朝军权第三次平衡——桓温死后

《晋书·桓温传》有云：

> 初，冲问温以谢安、王坦之所任，温曰："伊等不为汝所处分。"温知己存彼不敢异，害之无益于冲，更失时望，所以息谋。

桓氏不敢加害王氏及谢氏，可见王、谢当时有潜在的实力。及桓温死后，在孝武帝居位二十四年间，桓、王、谢、朱、王（太原）、杨、庾、周、毛诸氏及宗室是这一时期军权的主要平衡力量。这一时期可分为三小段，每段的制衡局面分述于下。

第一段：373—380年，孝武宁康元年至太元五年，共八年。各族实力分布如下。谢安为扬州刺史，督扬、豫诸军事。桓豁、桓冲相继为荆州刺史，都督荆、江、梁、益、宁、交、广七州诸军事。王坦之、桓冲相继为徐州刺史，都督徐、兖、青等州诸军事。桓冲、桓伊相继为豫州刺史。桓石秀、桓嗣相继为江州刺史，都督江州诸军事。朱序、谢玄相继为兖州刺史。毛穆之、朱序相继为梁州刺史。毛穆之为雍州刺史，监沔北沔南军事及益州刺史。

第二段：381—387年，孝武太元六年至十二年，共七年。各族实力分布如下。谢安为卫将军，都督扬、江、荆、司、豫、徐、兖、青、冀、幽、并、梁、益、雍、凉十五州诸军事，扬州刺史。桓冲、桓石民相继为荆州刺史，都督荆、江、梁、宁、益、交、广七州诸军事（桓石民仅督荆、益、宁三州）。谢玄为徐、兖二州刺史，都督徐、兖、青、司、冀、幽、并七州诸军事。桓伊、朱序相继为豫州刺史，督豫州、扬州五郡诸军事。桓冲、桓伊相继为江州刺史，都督江州诸军事。杨亮、周琼为梁州刺史。杨亮为西戎校尉、雍州刺史。

第三段：388—396年，孝武太元十三年至二十一年，共九年。各族实力分布为：司马道子为扬州刺史，后领徐州刺史；王忱（太原王氏）、殷仲堪相继为荆州刺史，都督荆、益、宁三州诸军事；庾准、庾楷相继为西中郎将、豫州刺史、假节；王凝之（琅琊王氏）为江州刺史、左将军，都督江州诸军事；王恭（太原王氏）都督青、兖、幽、并、冀五州诸军事，平北将军，兖、青二州刺史；周琼为梁州刺史、建武将军；朱序为都督雍、梁、沔中九郡诸军事，雍州刺史，征虏将军。

这一时期士族间的军权实力颇为平衡，其中桓氏及谢氏稍强。然桓温世子桓熙"才弱，使冲领其众。及温病，熙与叔秘谋杀冲，冲知之，徙于长沙"[1]。桓温次子桓济"与熙同谋，俱徙长沙"[2]。桓温四子桓祎"最愚，不辨菽麦"[3]，五子桓伟"平厚笃实，居藩为士庶所怀"[4]，直至桓温幼子桓玄出，桓氏力量并不足以打破平衡。陈郡阳夏谢氏在这一时期表现得最突出，主要是淝水之战立了大功。谢安因此被封为太保，都督扬、江、荆、司、豫、徐、兖、青、冀、幽、并、梁、益、雍、凉十五州诸军事。但谢安于太元十年（385）卒。谢氏的另一人杰谢玄亦在三年后卒。自此以后谢氏在军事实力上仅居次要地位。

6. 第三次平衡的破坏——桓玄自立为帝

打破第三次平衡的，不是立大功的谢氏，仍是谯国桓氏。桓温死后，

[1]《晋书》卷九八《桓温传》。
[2]《晋书》卷九八《桓温传》。
[3]《晋书》卷九八《桓温传》。
[4]《晋书》卷九八《桓温传》。

桓氏一时虽无特出人才，但桓氏部曲遍天下，尤以荆州为最。观桓玄之勃兴，与这点甚有关联。初，桓玄在兄弟辈中较有才干，胸有大志，且桓温曾有不臣之心，朝廷对桓玄亦颇有疑虑，不予重用。《晋书》卷九九《桓玄传》云：

> （玄）常负其才地，以雄豪自处，众咸惮之，朝廷亦疑而未用。年二十三，始拜太子洗马，时议谓温有不臣之迹，故折玄兄弟而为素官。太元末，出补义兴太守，郁郁不得志。尝登高望震泽，叹曰："父为九州伯，儿为五湖长。"弃官归国。

桓玄散居荆州，终因桓氏门生故吏多，乘时局动乱而拥有长江中游的盟主地位。《晋书》卷九九《桓玄传》云：

> 玄在荆楚积年，优游无事，荆州刺史殷仲堪甚敬惮之。及中书令王国宝用事，谋削弱方镇，内外骚动……（王恭、殷仲堪兵起）国宝既死，于是兵罢。……隆安初……王恭又与庾楷起兵讨江州刺史王愉及谯王尚之兄弟。玄、仲堪谓恭事必克捷，一时响应。……（事定）既而诏以玄为江州，仲堪等皆被换易，乃各回舟西还，屯于寻阳，共相结约，推玄为盟主。玄始得志……初，玄在荆州豪纵，士庶惮之，甚于州牧。仲堪亲党劝杀之，仲堪不听。及还寻阳，资其声地，故推为盟主，玄逾自矜重。

经过几番倾轧后，杨佺期兄弟及殷仲堪失败，《晋书》卷九九《桓玄传》云：

> 于是遂平荆雍，乃表求领江、荆二州。诏以玄都督荆司雍秦梁益宁七州、后将军、荆州刺史、假节，以桓脩为江州刺史。玄上疏固争江州，于是进督八州及杨豫八郡，复领江州刺史。玄又辄以伟

> 为冠军将军、雍州刺史。时寇贼未平，朝廷难违其意，许之。玄于
> 是树用腹心，兵马日盛……自谓三分有二，知势运所归。

自谢安、谢玄卒后，各族并无实力足以对抗桓氏者，所以桓玄虽无王敦、桓温的赫赫之功，但仍甚易掌握最强的军权。安帝元兴元年（402），桓玄终于起兵反，司马元显被任为大都督讨桓玄，但并不能与之抗衡，次年桓玄自立为帝。刘裕兵起，平定桓玄，士族间军权平衡自此结束。宋、齐、梁、陈的军权形态，又有一番不同的现象。

（二）宋、齐、梁、陈——军权集中时期

不论刺史还是都督，至宋、齐、梁、陈，士族在其中的比例大减，宗室被任命为刺史或都督的却占 50% 左右。这种改变表示，在军事实力上，士族已不再像在东晋时期那样占有举足轻重之地位，因此上述所谓制衡的现象亦不复出现。变化有自然演进的原因，但如此剧烈的改变，人为因素值得特别注意。南朝皇帝大量任命宗室子弟为州牧，有异于分封同姓诸侯，而是表示皇帝欲借此掌握军权。东晋皇帝并非不想用这些方法集中军权在自己手里，但由于东晋自立国以来，士族分掌军队，至东晋灭亡，皇帝对于军队始终无力直接驾驭。然而刘裕平定桓玄之后，以北府兵为其基干，在军事上并不依赖士族，于是实行其大量任用刘氏掌握实际兵权之计划，且看自晋安帝义熙元年（405，平定桓玄之年）至恭帝元熙二年（420，刘裕篡位之年）十六年中都督刺史之任命。

扬州，刘裕为刺史。

荆州，刘道规、刘道怜、刘义隆相继为刺史并都督荆、湘、益、秦、宁、梁、雍七州诸军事。

徐州，刘裕、刘义符、刘道怜相继为刺史并都督徐、兖、青等州诸军事。

豫州，刘毅、刘裕、刘义庆相继为刺史并都督豫州诸军事。

兖州，刘裕、刘藩、刘道怜、刘义符相继为刺史并都督青、兖二州诸军事。

北徐州，刘道怜、刘怀慎、刘裕相继为刺史并都督北徐、兖、青、淮北诸军事。

司州，刘裕、刘义真相继为刺史并都督司、雍、秦、并、凉五州诸军事。

东晋末期时，刘裕显然已完成其军权之集中；篡位以后，诸刘皆封王，雄踞重要州郡，只是这种政策的制度化而已。

军权集中时期的政局，其最大特色为皇帝能否控制军队与政局演变有密切关系。略述于下。

宋武帝刘裕平定桓玄后，集权于一身，篡位正是其实力最高峰的表现。他是结束士族军权时代及开创军权集中者，因此也最了解皇帝掌握军权之重要性，唯恐后来子孙不能驾驭军人与军队，临终时召太子诫之曰："檀道济虽有干略，而无远志，非如兄韶有难御之气也。徐羡之、傅亮当无异图。谢晦数从征伐，颇识机变，若有同异，必此人也。小却，可以会稽、江州处之。"又为手诏曰："朝廷不须复有别府，宰相带扬州，可置甲士千人。若大臣中任要，宜有爪牙以备不祥人者，可以台见队给之。有征讨悉配以台见军队，行还复旧。"[1]

对于都督刺史，由于客观环境不允许完全剥夺其军权，故对都督刺史的控制，成为南朝皇帝最棘手的问题，也因为如此，南朝皇帝对都督刺史的控制办法，似较东晋时更为严密与直接。例如《宋书》卷六《孝武帝纪》称：

---

[1]《宋书》卷三《武帝纪下》。

（大明七年五月）丙子，诏曰："自今刺史守宰，动民兴军，皆须手诏施行。唯边隅外警，及奸衅内发，变起仓卒者，不从此例。"

一般而论，南朝皇帝皆采用下列几项政策：

第一，大量任命宗室子弟充任重要州郡的牧守，因为宗室似乎在心理上较易获得皇帝之信任。但这并非封建，任期与继任者皆决于皇帝，其作用仅寄以爪牙之任。

第二，宗室亦非绝对可靠，又众建州郡以分其力。东晋有实州十一，领实郡九十六；自宋以后，不断增加，至梁武帝中大同元年（546）达到最高峰，有州一零四，郡五八六[1]。但由于北方强敌压境，都督区域仍然与东晋相仿[2]，故带领大州的都督，其军权仍然甚重。

第三，实行典签制度，据严耕望《中国地方行政制度史》云："宋以下又有典签帅，为府主左右之小吏，职本类于阁内；然实为皇帝所遣派以监视府主者，位微而势隆，州府上下无不侧目。……南朝诸君，无论贤否，皆威福自己，而以微臣执其机。宋、齐之世尤然，此班品低微之中书舍人所以权重宰相也。其在地方，亦循此规，方镇之重，不任大臣，而以皇子领其名，置上佐以行事，盖上佐位望未崇，易于遥制耳。宋末及齐，并上佐亦不任，而不登流品之典签实掌一州之政令。"[3]

皇帝谋集中军权于一身，不断地防范和控制都督刺史，对有威胁其军权的都督刺史，屡行诛杀，而有军权的都督刺史，亦常常因为自保或野心之故，举兵反叛。南朝皇帝与地方长官之间的关系，显然比东晋时

---

[1] 徐文范：《东晋南北朝舆地表》。严耕望：《中国地方行政制度史》上编卷中，《魏晋南北朝地方行政制度》上册，页14。

[2] 参见严耕望：《中国地方行政制度史》上编卷中，《魏晋南北朝地方行政制度》上册，页72—85。

[3] 严耕望：《中国地方行政制度史》上编卷中，《魏晋南北朝地方行政制度》上册，页211、215语。

期紧张得多。且看历史的记载。

宋少帝义符景平二年（424），废南豫刺史庐陵王刘义真并诛之。

宋少帝景平二年，中书监扬州刺史徐羡之、尚书仆射傅亮、南兖州刺史檀道济、领军将军谢晦等入宫废帝。

宋文帝元嘉三年（426），诛扬州刺史徐羡之及尚书令护军将军傅亮。

宋文帝元嘉三年，荆州刺史谢晦反，帝亲率中领军将军到彦之及征北将军檀道济讨诛之。

宋文帝元嘉十三年（436），诛江州刺史檀道济。

宋文帝元嘉三十年（453），皇太子刘劭及始兴王刘濬弑帝。江州刺史刘骏（孝武帝）、荆州刺史南谯王刘义宣、雍州刺史臧质、会稽太守随王刘诞并举义兵。

宋孝武帝孝建元年（454），豫州刺史鲁爽、车骑将军江州刺史臧质、丞相荆州刺史南郡王刘义宣、兖州刺史徐遗宝举兵反，讨平之。

宋孝武帝孝建二年（455），雍州刺史武昌王刘浑有罪，被废为庶人，自杀。

宋孝武帝大明三年（459），司空南兖州刺史竟陵王刘诞有罪贬爵，诞不受命，据广陵城反，杀兖州刺史垣阆，以始兴公沈庆之为车骑大将军、开府仪同三司、南兖州刺史讨诞，甲子武帝亲御六军，车驾出顿宣武堂。

宋孝武帝大明三年，司州刺史宁朔将军刘季之反叛，徐州刺史刘道隆讨斩之。

宋孝武帝大明五年（461），雍州刺史海陵王刘休茂杀司马庾深之，举兵反，义成太守薛继考讨斩之。

宋前废帝景和元年（465）八月癸酉，帝自率宿卫兵诛太宰江夏王刘义恭、尚书令骠骑大将军柳元景、尚书左仆射颜师伯、廷尉刘德愿。

宋前废帝景和元年九月辛丑，抚军将军南徐州刺史新安王刘子鸾免为庶人，赐死。

宋前废帝景和元年九月己酉，车驾讨征北将军徐州刺史义阳王刘昶，内外戒严，昶奔于索虏。

宋前废帝景和元年十一月戊午，南平王刘敬猷、庐陵王刘敬先、安南侯刘敬渊并赐死。时帝凶悖日甚，诛杀相继，内外百司，不保首领，先是讹言云，湘中出天子，帝将南巡荆、湘二州以厌之，先欲诛诸叔，然后发引，（明帝）太宗与左右阮佃夫、王道隆、李道儿密结帝左右寿寂之、姜产之等十一人共诛废帝。

宋明帝泰始元年（465），镇军将军江州刺史晋安王刘子勋举兵反，镇军长史邓琬为其谋主，雍州刺史袁顗率众赴之。

宋明帝泰始元年，后将军郢州刺史安陆王刘子绥进号征南将军，右将军会稽太守寻阳王刘子房进号安东将军，前将军荆州刺史临海王刘子顼进号平西将军，子绥、子房、子顼并不受命，举兵同逆。

宋明帝泰始二年（466）正月，以平北将军徐州刺史薛安都进号安北将军，安都不受命，甲午，中外戒严。

宋明帝泰始二年正月丙申，以征虏司马申令孙为徐州刺史、义阳内史庞孟虬为司州刺史，申令孙、庞孟虬及豫州刺史殷琰、青州刺史沈文秀、冀州刺史崔道固、湘州行事何慧文、广州刺史袁昙远、益州刺史萧惠开、梁州刺史柳元怙并同叛逆。丙午，车驾亲御六师，出顿中兴堂。

宋后废帝元徽二年（474），太尉江州刺史桂阳王刘休范举兵反，中外戒严。

宋后废帝元徽三年（475），征北将军南徐州刺史建平王刘景素据京城反。

宋后废帝元徽四年（476），豫州刺史阮佃夫、步兵校尉申伯宗、朱幼谋废帝，阮佃夫、朱幼下狱死，申伯宗伏诛。

宋顺帝昇明元年（477），车骑大将军荆州刺史沈攸之举兵反。

宋顺帝昇明二年（478），镇北将军南兖州刺史黄回有罪赐死。

齐武帝永明八年（490），荆州刺史巴东王萧子响有罪伏诛。

齐武帝永明十一年（493），大将军扬州刺史萧鸾废立郁林王及海陵王，萧鸾篡位，是为明帝。

齐东昏侯永元元年（499），扬州刺史始安王萧遥光据东府反，平之。

齐东昏侯永元元年十一月，太尉江州刺史陈显达举兵于寻阳，平之。

齐东昏侯永元二年（500），诏伐豫州刺史裴叔业。

齐东昏侯永元二年，都督平西将军崔慧景于广陵举兵袭京师，南徐州刺史江夏王萧宝玄以京城纳崔慧景，为豫州刺史萧懿所平。

齐东昏侯永元三年（501），雍州刺史梁王起义兵于襄阳，诏遣羽林兵征雍州，中外戒严。

梁武帝天监元年（502），江州刺史陈伯之举兵反，奔魏。

陈文帝天嘉二年（561），缙州刺史留异、王琳等反。

陈文帝天嘉三年（562），江州刺史周迪举兵应留异。

陈废帝光大元年（567），南豫州刺史宣毅将军余孝顷谋反伏诛。

陈废帝光大元年，湘州刺史安南将军华皎谋反。

陈宣帝太建元年（569），广州刺史左卫将军欧阳纥反。

陈宣帝太建十四年（582），扬州刺史始兴王陈叔陵反。

陈后主至德三年（585），丰州刺史章大宝举兵反。

在南朝一百七十年中，皇帝与都督刺史的冲突有四十起，除有外患意味的侯景之乱以外，这些冲突是南朝政局动乱的主要现象。依皇帝对都督刺史控制力之大小，可将南朝皇帝分为三类。第一类是强有力的皇帝，如宋武帝、宋文帝、宋孝武帝、宋明帝、齐高帝、齐武帝、齐明帝、梁武帝、陈武帝、陈文帝、陈宣帝等十一君。其中宋武帝、齐高帝、梁武帝、陈武帝四个开国之君在位时，很少有都督刺史反叛，这是因为他们在篡位以前已将异己除去，篡位正代表其权力之最高峰。其他七位非开国之君，虽能控制全局，但都有都督刺史反叛事件发生，起因有的是宗室兄弟任刺史者举兵争夺皇位，有的是皇帝继位以后为集中军权而清除具有威胁的都督刺史。前者如宋明帝继位时有镇军将军江州刺史晋安王刘子勋、后将军郢州刺史安陆王刘子绥、右将军会稽太守寻阳王刘子房、前将军荆州刺史临海王刘子顼等先后举兵反；后者如宋文帝继位后，逐渐铲平扬州刺史徐羡之、尚书令护军将军傅亮、荆州刺史谢晦、江州刺史檀道济。宋文帝自元嘉十三年（436）除去檀道济之后，实际上已能完全驾驭军权，故至元嘉三十年（453）无都督刺史反叛。第二类是不能控制军权的皇帝，有宋少帝、宋前废帝、宋后废帝、齐东昏侯等。这些皇帝亦非泛泛之辈，只因不幸失败而牺牲。如宋少帝为谋集中军权，曾在皇宫暗中训练军旅，但终敌不过徐羡之、谢晦、檀道济等联合势力。宋前废帝刘子业为图掌握军权，亦曾自率宿卫兵诛太宰江夏王刘义恭、骠骑大将军柳元景、尚书左仆射颜师伯、廷尉刘德愿，征讨徐州刺史义阳王刘昶，大诛诸王，并谋南巡荆湘，杀戮诸叔，遂引起群臣恐惧，被明帝等废黜。齐东昏侯亦曾一连串讨伐胜利，但最后败于雍州刺史萧衍。第三类是傀儡皇帝，如宋顺帝、梁简文帝、梁元帝、梁敬帝、陈废帝等。这类皇帝在位极短，只是暂时的名义元首，在军权转移方面并无特殊重要性。

（三）东晋与南朝之比较

第一，东晋时期，都督刺史多数都是士族子弟，军权由许多大士族分掌，皇帝对都督刺史的控制力极为薄弱，两者之间维持着松懈的关系。大士族间的力量并非完全相等，但互相间有一股很大的牵制力。南朝时期，皇帝为谋求军权集中，任命宗室子弟为都督刺史，寄以爪牙之任，并发展种种控制都督刺史的办法，加强统辖力，所以皇帝与都督刺史之间的关系比较紧张。

第二，东晋时政局安定与否，取决于大士族间军力是否平衡，士族间军力平衡则政局稳定，士族间军力不平衡则政局不稳定。南朝时政局稳定与否，取决于皇帝统辖驾驭都督刺史之能力如何。

第三，南朝时皇帝需直接控制军权，对于任何有力量的人物，不论其为士族、小姓、寒素，还是宗室，都必须予以清除，所以常常杀戮功臣，兄弟相残。例如宋前废帝、齐东昏侯。东晋时皇帝无力彻底消灭士族的势力，最忌一族一姓力量过强，故常培养较弱士族以与强族对抗，达到制衡目的，例如桓温平定西蜀李势之后，势力极盛，与中央政府之关系，名为君臣，实际上不受节制，朝廷培养素来以文事著名的殷浩，使其成为桓温的对抗力量。《晋书》卷七七《殷浩传》：

> 建元初，庾冰兄弟及何充等相继卒。简文帝时在藩，始综万几，卫将军褚裒荐浩，征为建武将军、扬州刺史。……时桓温既灭蜀，威势转振，朝廷惮之。简文以浩有盛名，朝野推伏，故引为心膂，以抗于温，于是与温颇相疑贰。……（浩）遂参综朝权。颍川荀羡少有令闻，浩擢为义兴、吴郡，以为羽翼。王羲之密说浩、羡，令与桓温和同，不宜内构嫌隙，浩不从。

第四，在东晋一百零四年中，打破制衡局面有三次，其中两次发生废立案。南朝共一百七十年，皇帝与都督刺史间冲突共四十起。以政局变动频率而论，南朝约八倍于东晋。

东晋与南朝之差异，不在性质上的不同，而在程度上的差别。严格地说，皇帝在东晋时并非全然不能影响士族所控制的军事力量，只是与南朝皇帝相比较时，其影响力便有大小之分了。士族在南朝时并非完全失去军权，宋、齐以来的吴兴武康沈氏，其中许多人都是当时军事上的强人，但与东晋时大士族在军事舞台上之叱咤风云，有天壤之别。制衡是士族掌军权时代的主要现象，在南朝握有军队的宗室子弟、小姓、酋豪、寒素等都督刺史之间，亦有制衡力存在。因为任何分州统治，州与州之间皆有制衡，但南朝州都督间制衡力远不如东晋，这一点正说明了地理的均衡不如人物均衡有维系力。

然而何以东晋士族间的制衡力远大于南朝宗室间的制衡力？此为必须解答之中心问题。缘自魏晋以还，社会上已出现了许多士族，士族子弟对本族的精神向心力极大，孝与悌成为当时道德的最高准绳，此一时期表彰孝悌事迹者不绝于书，正是同族感浓厚的注脚。社会上亦以家族为单位去评价一个人，无论"婚"还是"宦"，往往只求望族，不计个人。有权利者必有义务，士族子弟之义务为何？答曰连带责任。北朝崔浩之死，殃及姻族，清河崔氏所负的连带责任不言可知。故愈是族大的士族，其子弟愈每每谨慎恭敬，深恐获罪而延及同族。在私天下时代最忌讳者莫过于造反，触犯这项罪名者自来都遭族灭，一个在政治社会上已得若干地位与权益的士族，设非有绝对把握，虽握有强大兵力，亦不敢轻易尝试，成功固可喜，失败则整个家族俱灭。例如谯国龙亢桓温挟西征北伐之余威，军权极重，行废立，谋加九锡篡位未果而身先卒，其罪未彰，故桓氏受损极微。桓玄继其父野心，居外藩，自谓三分天下有其二，兴兵内向，而行篡位，一时成功，终被刘裕所破。《晋书·桓玄传》云："桓氏遂灭。"又琅邪临沂王敦之反，王氏在京师者几乎全部因此见害，幸赖王导忠谨得免。《晋书》卷六五《王导传》云：

> 王敦之反也，刘隗劝帝悉诛王氏，论者为之危心。导率群从昆弟子侄二十余人，每旦诣台待罪。帝以导忠节有素，特还朝服，召见之。

再举一例，事虽发生在北齐，但表示士族子弟连带负责之意则同。《北齐书》卷四三《羊烈传》中有言：

烈从兄侃为太守，据郡起兵外叛。烈潜知其谋，深惧家祸，与从兄广平太守敦驰赴洛阳告难。朝廷将加厚赏，烈告人云："譬如斩手全躯，所存者大尔，岂有幸从兄之败以为己利乎？"卒无所受。

士族子弟为京官者较多，尤以大士族为然。对该同族居外藩掌兵权者而言，前者不啻一种变相的人质。这一层心理上的顾虑，缓和并减少了许多动乱，促使各族间易于制衡。小姓、酋豪、寒素辈，在政治社会上无现存的权益，一旦有机可乘，无不蜂拥而起，只是五朝期间，此辈掌兵权者比例较少，其能得到的机会似乎只有侯景之乱而已。宗室子弟有至高的政治地位，却无因作乱而族灭的连带责任，其心理上不但无顾忌，且其生而具有的至高地位，益增其问鼎神器之心，心理上制衡之力极微，地理及实力上的制衡成为政局动乱的最后防线，故南朝军权集中时，一旦皇帝控制力衰弱，拥有强兵的方镇宗室子弟无不跃跃欲试，此所以综南朝各期，宗室掌兵之州牧都藩常为动乱政局之主角也。且举萧衍为例，以说明其理。据《梁书》卷一《武帝纪上》载：

（齐明帝永泰元年）七月，仍授（萧衍）持节、都督雍梁南北秦四州郢州之竟陵司州之随郡诸军事、辅国将军、雍州刺史。其月，明帝崩，东昏即位，扬州刺史始安王遥光、尚书令徐孝嗣、尚书右仆射江祏、右将军萧坦之、侍中江祀、卫尉刘暄更直内省，分日帖敕。高祖闻之，谓从舅张弘策曰："政出多门，乱其阶矣。《诗》云：'一国三公，吾谁适从？'况今有六，而可得乎！嫌隙若成，方相诛灭，当今避祸，惟有此地。勤行仁义，可坐作西伯。但诸弟在都，恐罹世患，须与益州图之耳。"时高祖长兄懿罢益州还，仍行郢州事，乃使弘策诣郢，陈计于懿曰："昔晋惠庸主，诸王争权，遂内难九兴，外寇三作。今六贵争权，人握王宪，制主画敕，各欲专威，睚眦成憾，理相屠灭。……若隙开衅起，必中外土崩。今得守外藩，幸图身计，智者见机，不俟终日。及今猜防未生，宜召诸弟以时聚集。后相防疑，拔足无路。郢州控带荆、湘，西注汉、沔；雍州士马，呼吸数万，虎视其间，以观天下。世治则竭诚本朝，时乱则为国翦暴，可得与时进退，此盖万全之策。如不早图，悔无及也。"懿闻之变色，心弗之许。弘策还，高祖乃启迎弟伟及憺，是岁至襄阳。于是潜造器械，多伐竹木，沉于檀溪，密为舟装之备。……永元二年冬，懿被害信至，高祖密召长史王茂、中兵吕僧珍、别驾柳庆远、功曹史吉士瞻等谋之。

这个例子，在客观形势及主观心理方面都可作为宗室子弟作乱的范例。当时的客观形势是东昏侯无力控制政权与军权，中央政治由六人分掌。这种现象在东晋时常常出现，都能平安无事地维持下去，但在军权集中时期，皇帝势弱，总有山雨欲来风满楼的感觉。就萧衍的主观心理方面而言，他是齐的同族，心理上所顾虑的只有在京师的几位兄弟（若系皇帝近亲，则波及更少），这种微小的顾虑，使得都督四州诸军事、雍州刺史的萧衍生逐鹿之心。这一类的动乱甚多，萧衍只是成功的例子之一。

四、结　论

五朝是一个阶级社会，士族在政治社会上享有至高的地位，是否在军事上亦如此呢？依本文分析，东晋时士族拥有绝对优势的军权，宋、齐时士族掌握约三分之一的兵力，梁朝降至五分之一，侯景之乱后，大部分士族似乎与军旅绝缘。宗室自宋朝始替代士族军事上的地位，但其力量并未占绝对优势，除士族在衰退的趋势中仍有部分实力外，小姓与酉豪的力量渐渐增强，梁末以后，州姓郡豪在军事地位上的重要性仅次于宗室而凌驾于士族与寒素之上。从任何一期看，寒素任都督刺史的年数皆低于五分之一的比例，这一阶级的人物在军事上似乎未扮演左右局势之主角。

军事阶级的变动较为敏感，在几乎静态（immobile）的五朝社会里，军权仍然时常转移。五朝时涉及军旅最长久而不断的家族，是琅琊临沂王氏，有二百年，一般士族是一百年左右。宗室、小姓与酋豪通常只绵延两代。至于寒素，大都及身而止，其变动率最大。

军权之转移与政局之变化有密切关系，此事实不证自明。然而，不同阶级拥有军权便有不同之特点，东晋时士族在军事上占尽优势，君主、宗室、小姓、酋豪、寒素等相比之下，黯然失色。士族不是一个，各族间为争权夺利，难免明争暗斗、钩心斗角，且士族子弟在京师位居大官的至亲甚多，形同人质，在种种心理牵制之下，使得居外藩而拥强兵的士族都督刺史不敢轻举妄动，易收平衡之效。军权平衡，政局稳定；均势破坏，政局波动。三平三乱，这是东晋一百年的政局。南朝在军事上士族、小姓、酋豪、寒素虽仍有其重要性，但大体以宗室居执牛耳之地位。宗室是皇帝喜欢任命为爪牙的势力，实际上权力在皇帝，故这一时期的重点在于皇帝能否控制各州郡军队。拥强兵的州牧都督（尤其是宗室州牧都督）虎视眈眈，于是皇帝个人控制力的强弱，决定了政局、皇位及其生命的状况如何。

第七篇

魏博二百年史论

一、绪　论

（一）前　言

　　嬴秦发迹于西方；西汉得天下以三秦，其初皆聚集战力于三辅[1]，居关中而临关东。东汉政权之建立与河南世家大姓有密切关系[2]，故以河南为中心。曹魏政权以谯沛集团与颍泗集团为骨干[3]，其重心在河南之东。西晋河内司马氏亦以关东为主体，士族自此兴焉[4]。元魏起于代北，结合胡姓与汉姓而获有北中国，迁都洛阳，关东士族更盛极一时[5]。魏分东西，西方地贫人寡，而卒能灭北齐、平南朝，一统中国，实因"关中本位政策"[6]之下，结合其社会势力所致。所以西魏、北周，垂杨隋及李唐

---

[1] 参见许倬云：《西汉政权与社会势力的交互作用》，《"中央研究院"历史语言研究所集刊》35，1964。

[2] 参见余英时：《东汉政权之建立与士族大姓之关系》，《新亚学报》1（2），1956。

[3] 参见拙著《中国中古社会史论》第五篇《三国政权的社会基础》。

[4] 参见拙著《两晋南北朝士族政治之研究》，学术著作奖助委员会，1966。

[5] 参见拙著《中国中古社会史论》。

[6] 参见陈寅恪：《唐代政治史述论稿》。

之初，其统治阶层皆以关中人物为先。唐"太宗列置府兵，分隶禁卫，大凡诸府八百余所，而在关中者殆五百焉。举天下不敌关中，则居重驭轻之意明矣"[1]。唐玄宗时，府兵废弛，安史乱起，唐室赖东南之赋[2]以苟延残局，当是时，由于中央控制力之衰退，中国各地区依其地理位置、自然资源、人物结合等条件，相互竞争。及黄巢辈起，大唐帝国走向名实皆亡之路，旧有的政治社会势力失去驾驭政治社会秩序的能力，在权力重心失衡之际，各地区的藩镇与各阶层的社会人物，皆惶惶恐恐地觅求新的组合，本文的主旨乃分析政治社会之新发展。由中古而观之，是问其何去何从；由近古而观之，在探索新组合的源流。本文研究之时间范围凡二百年，始自安史之乱而迄于赵宋之建国，实际上较偏重于紊乱的五代。为使行文便于观察与分析，举魏博地区为个案研究之单位。

（二）魏博地区地理沿革

《元和郡县图志》卷一六《河北道一·魏州》载：

> 今为魏博节度使理所。管州六：魏州，相州，博州，卫州，贝州，澶州。县四十三。……后汉封曹操为魏王，理邺。前燕慕容暐都邺，其魏郡并理于邺中也。后魏于今州理置贵乡郡，寻省。周宣帝大象二年，又于贵乡郡东界置魏州。隋炀帝大业三年，罢州为武阳郡。……武德四年讨平窦建德，改置魏州。……五年平黑闼，置总管府，七年改为都督府，贞观六年罢都督，复为州。

《元和郡县图志》卷一六《河北道一·相州》载：

---

[1]《资治通鉴》卷二二八《唐纪四十四》，建中四年（783）八月陆贽奏文。《唐会要》卷七二《府兵》。

[2] 参见全汉昇：《唐宋帝国与运河》，商务印书馆，1944。

魏文侯使西门豹守邺是也。……建安十七年，册命操为魏公，居邺。黄初二年，以广平、阳平、魏三郡为"三魏"，长安、谯、许、邺、洛阳为"五都"。……后魏孝文帝于邺立相州。……至东魏孝静帝又都邺城，高齐受禅，仍都于邺。……周武帝平齐，复改为相州。大象二年，自故邺城移相州于安阳城，即今州理是也。隋大业三年，改相州为魏郡。武德元年，复为相州。后或为总管，或为都督。

魏州与相州是本区的两大支柱，二者的理所、名称等屡有变更，且常相互统属。至唐代六州间辖县之分析与合并仍甚频繁。如下（按六州辖县总数，参见《旧唐书·地理志》《新唐书·地理志》及史念海《两唐书地理志互勘》，此处不赘述）。

《唐会要》卷七一《州县改置下·河北道·贝州》：

> 宗城县，武德四年废宗州来属。

《唐会要》卷七一《州县改置下·河北道·宗州》：

> 置在径城县，天祐三年八月割隶魏州。
>
> 永济县，大历七年正月以张桥行市为县，天祐三年八月割隶魏州。

《唐会要》卷七一《州县改置下·河北道·魏州》：

> 龙朔二年十二月二十六日改为冀州，仍置大都督府，咸亨三年九月二十五日仍旧。　元城县，贞观十七年六月十七日废，圣历二年三月二十一日又置，开元十三年十二月二日移于郭下也。　昌乐县，武德五年八月置。　朝城县，贞观十七年废，永昌元年又置，改名圣武，开元七年又改为朝城县。　莘县，贞观元年废莘州，以县来属。　顿邱县，贞观元年废澶州来属，大历七年又置澶州。

《唐会要》卷七一《州县改置下·河北道·澶州》：

> 观城县，大历七年正月析魏州顿邱县之观城店置观城县。 清
> 丰县，大历七年以清丰店置清丰县，并割魏州临黄县并隶。

《唐会要》卷七一《州县改置下·河北道·相州》：

> 汤阴县，武德四年置。 林虑县，武德元年置，五年废，贞观
> 十七年六月又置。 临河县、内黄县、洹水县，并天祐三年八月割
> 隶郓州。

《唐会要》卷七一《州县改置下·河北道·卫州》：

> 黎阳县，贞观十七年六月十七日废黎州来属，同日废清淇县，
> 至长安四年十二月二十三日于淇门置淇门县。

《唐会要》卷七一《州县改置下·河北道·博州》：

> 清平县，武德四年置。 博平县，贞观十七年废入聊城，天授
> 二年更置，天祐三年四月割隶郓州。 聊城县、武阳县、武水县、
> 高唐县，天祐三年四月并割隶郓州。

魏博地区被视为一个军事单位，在唐代初期太宗时代已有痕迹，时
称相州都督府，徐坚《初学记·州郡部》载魏王李泰《括地志·序略》，
凡都督府四十一，州三百五十八，据严耕望先生研究，相州都督府：

> 《旧·志》二《相州》条："武德元年，置相州总管府。……四
> 年，废总管府。……六年，复置总管府，管慈、洺、黎、卫、邢六
> 州。九年，废都督府。贞观……十年，复置都督，管相、卫、黎、
> 魏、洺、邢、贝七州。十六年，罢都督府。"《寰宇记》五五同。按

《通鉴》一九四，贞观十年二月乙丑，出诸皇子为都督，泰为相州都督。检太宗《册越王泰改封魏王文》（《全唐文》九）云："命尔为使特节都督相、卫、黎、魏、洺、邢、贝七州诸军事，相州刺史。"时间管区均与《志》同。十三年管州盖同。[1]

贞观时，"置府分布，边疆地区一概置府，且大底两层环绕，内地军事重地亦置之。所不置者，惟京畿地区，黄河以南至淮、汉南北，河东西南部，河北中部，剑南东部及苏杭地区，共约近九十州而已"[2]。从地图上看，设立都督府似有屏障外患之意，但其中洛州都督府与相州都督府颇为奇特。洛州乃唐之东都，应属京畿之地，天子直隶，故在贞观十八年（644）废都督府[3]。相州都督府在河北之南，而居于河北中部之镇、赵、深、冀、德、景、沧等州竟然不设都督府，似为设立都督府之特殊现象。

就北中国而言，贞观时的都督府与一百二十年后安史乱后的藩镇地理区分，有部分相似之处；而贞观时相州都督府在屏障外患观点上无法圆满解释，但在安史乱后，魏博节度使对内部政局之影响，却表露出其特殊的重要性。

睿宗景云二年（711），除畿内以外，全国重要地区的一百七十六州分为二十四个区，各区设都督府，纠察管内州县，魏州都督府亦为其一。

《唐会要》卷六八《都督府》亦云：

> 景云二年六月二十八日制，敕天下分置都督府二十四，令都督纠察所管州刺史以下官人善恶。

---

[1] 参见严耕望：《唐史研究丛稿》，第四篇《括地志序略都督府管州考略》，新亚研究所，1969，页246。

[2] 严耕望：《唐史研究丛稿》，第四篇《括地志序略都督府管州考略》，页270并图。

[3] 《旧唐书》卷三八《地理志一·河南府》。

魏州，管卫、相、洺、德、贝、博、豫等七州。

《旧唐书》卷三八《地理志一》谓："景云二年，分天下郡县，置二十四都督府以统之。议者以权重不便，寻亦罢之。"按景云都督府以纠察管内州刺史为主，贞观都督府则具有军管意义；景云都督府之废止理由是"权重不便"，则贞观都督府废止理由更应是"权重不便"无疑。

唐州郡数有三百余，若在州郡之上设立二三十个大行政区，则惧地方权重，若中央直隶三百余单位，又恐疏漏，其折中办法乃成立纯监察区。按唐太宗时已将天下分为十道，然十道仅为地理名称，中宗神龙二年（706），分十道巡察使，两周年一替，以廉察州郡，道自此始有监察区之性质。其后在景云、开元年间，渐析增至十六道[1]，道设采访处置使，或以所在州刺史兼之，时河北道采访处置使治地为魏州，偶尔亦在相州、幽州者，道监察区将河北视为一个大单位，魏州、相州是其重点也。

（三）魏博地区产业与人口

从古籍记载看，本区经战国时西门豹与西汉时史起整顿灌溉系统，农业产量倍增，人民有致富而歌颂者。当时工业以纺织最为重要，严耕望先生谓："南北朝末期及隋世纺织工业……大约言之，以河北之博陵、魏郡、清河最为发达，河南北其他诸郡及蜀郡次之。江南豫章诸郡绝非其比也。"[2]

《邺中记》描述石虎时代本区纺织情况如下：

> 织锦署在中尚方，锦有大登高、小登高、大明光、小明光、大博山、小博山、大茱萸、小茱萸、大交龙、小交龙、蒲桃文锦、斑

---

[1] 参见严耕望：《景云十三道与开元十六道》，《"中央研究院"历史语言研究所集刊》36（上），1965。

[2] 严耕望：《唐史研究丛稿》，第三篇《唐代方镇使府僚佐考》，页228等语。

文锦、凤凰朱雀锦、韬文锦、桃核文锦，或青绨，或白绨，或黄绨，或绿绨，或紫绨，或蜀绨，工巧百数，不可尽名也。

石虎中尚方御府中巧工、作锦、织成署皆数百人。

《元和郡县图志》卷一六《河北道一》载开元贡赋为：

（魏州）贡赋：开元贡：绵绸、平绸。赋：丝、绵、绝、绸。

（相州）贡赋：开元贡：纱……赋：绵、绢、丝。

（博州）贡赋：开元贡：平绸十四。赋：绵、绢。

（卫州）贡赋：开元贡：绢。赋：绵、绢。

（贝州）贡赋：开元贡：白毡。赋：绵、绢。

（澶州）贡赋：开元贡：平绸、绢。赋：绝、绵、绢、粟。

《旧五代史》卷六《梁书六·太祖纪第六》开平四年（910）十月己卯载：

以新修天骥院开宴落成，内外并献马，而魏博进绢四万匹为驵价。

按《旧五代史》卷三八《唐书十四·明宗纪第四》天成二年（927）三月丙辰（《五代会要》略同）谓：

宰臣判三司任圜奏："诸道藩府，请依天复三年已前许贡绫绢金银，随其土产折进马之直……"并从之。

时南方纺织渐盛，唯魏博在五代时仍是重要的纺织工业地区。北运河经过本区，亦使魏博经济更加繁荣。如《唐会要》卷八七《漕运》：

（开元）二十八年九月，魏州刺史卢晖开通济渠，自石灰窠引流至州城西，都注魏桥，夹州制楼百余间，以贮江淮之货。

但通济渠魏州段在安史乱后德宗之世被阻塞，这是战争所致。《旧唐书》卷一三四《马燧传》：

> （田）悦遣符璘、李瑶将五百骑送淄青兵还镇，璘、瑶因来降燧。魏州先引御河入城南流，燧令塞其领口，河流绝。

运河之阻塞当然影响河北地区与江淮一带互通有无。然陆路交通方面此地区仍居通往河北之咽喉，隋、唐征伐高句丽时的路线皆走安阳、邺、平棘、定州、幽州路线，中晚唐以迄五代之时魏博地位更显重要，此即下文论述之重点所在。

兹按《新唐书》卷三七及卷三九《地理志》所载开元二十八年（740）户数，比较关内道与河北道的户口总数如下（按《元和郡县图志》各道各州户口不甚齐全，无法用以比较）：

	州数	户数
关内道	21	796,701
河北道	25	1,526,623

河北道在开元末的户数几乎是关内道户数的两倍。如再以河北道之魏、相、博、卫、贝五州（开元时无澶州），与关内道的雍、华、同三州（即所谓京兆府）做一比较：

魏州	151,596				
相州	101,142		雍州	362,921	
博州	52,631	453,440	华州	33,187	457,036
卫州	48,056		同州	60,928	
贝州	100,015				

开元末，京兆府繁富一时，其户数亦仅与魏博地区相当。

二、安史乱后魏博田氏半独立时期

（一）安史乱时之魏博

当唐中央强大之时，各地区无形之中实力的演变与增减，并未能显露出特殊性，安史乱起，唐中央对地方的驾驭力一落千丈，论者多矣。南中国幸未波及，整个北中国陷于烽火之中，长安、洛阳沦入贼手，勤王军与安史部众鏖战多年，自劣势而优势，然终未能取得完全胜利，彻底控制北中国局势，亦未能再现乱前的太平盛世。按唐中央军收复两京，乾元元年（758）九月，"庚寅，大举讨安庆绪于相州，命朔方节度使郭子仪、河东节度使李光弼、关内潞州节度使王思礼、淮西襄阳节度使鲁炅、兴平节度使李奂、滑濮节度使许叔冀、平卢兵马使董秦、北庭行营节度使李嗣业、郑蔡节度使季广琛等九节度之师，步骑二十万，以开府鱼朝恩为观军容使。……十月……郭子仪奏破贼十万于卫州，获安庆绪弟庆和，进收卫州。……十一月壬申，王思礼破贼二万于相州。丁丑，郭子仪收魏州"[1]，是唐中央军最辉煌的时刻，也是安氏式微之时。就在当年十二月，安庆绪求助史思明，史思明复陷魏州，叛军转入史氏时代，乾元"二年春，正月己巳朔……史思明自称燕王于魏州，僭立年号。三月……壬申，相州行营郭子仪等与贼史思明战，王师不利，九节度兵溃，子仪断河阳桥以余众保东京。……九月……庚寅，逆史思明陷洛阳。……（乾元二年二月）戊寅，李光弼率河阳之军五万与史思明之众战于北邙，官军败绩，光弼、仆固怀恩走保闻喜，鱼朝恩、卫伯玉走保陕州，河阳、怀州共陷贼，京师戒严"[2]。及至代宗宝应元年（762）十月辛酉，诏天下兵马元帅雍王统河东、朔方及诸道行营回纥等兵十余万，讨史朝义，"会

[1]《唐书合钞》卷一〇《肃宗纪》乾元元年。

[2]《唐书合钞》卷一〇《肃宗纪》乾元二年（759）。

军于陕州，加朔方行营节度使大宁郡王仆固怀恩同中书门下平章事。……甲戌，战于横水，贼大败，俘斩六万计，史朝义奔冀州。乙亥，雍王奏收东京、河阳、汴、郑、滑、相、魏等州"[1]。唐大将郭子仪、李光弼在河朔之役先后失败，仆固怀恩引回纥军才获成功，然仆固怀恩之胜利并不彻底，史家或云是仆固怀恩"阴图不轨，虑贼平宠衰，欲留贼将为援"[2]，窃以为以当时唐室的军力财力，若不接受贼降将之条件，欲顺利平定河北，恐无必胜之把握，仆固怀恩之私心容或有之（仆固氏亦属胡人），形势迫人亦为重要原因。

无论如何，田承嗣、李怀仙、张忠志、薛嵩等四人分帅河北，其中尤以田承嗣节度魏博地区，直接影响八世纪中期至十世纪中期二百年间中国之政局。

司马光除同意仆固怀恩有私心的说法以外，亦认为唐中央业已厌兵，《资治通鉴》卷二二二《唐纪三十八》广德元年（763）春闰月癸亥："怀恩亦恐贼平宠衰，故奏留嵩等及李宝臣分帅河北，自为党援。朝廷亦厌苦兵革，苟冀无事，因而授之。"

《资治通鉴》卷二二三《唐纪三十九》广德元年八月（《旧唐书》卷一二一《仆固怀恩传》略同）载：

> 怀恩自以兵兴以来，所在力战，一门死王事者四十六人，女嫁绝域，说谕回纥，再收两京，平定河南、北，功无与比，而为人构陷，愤怨殊深，上书自讼，以为："……河北新附，节度使皆握强兵，臣抚绥以安反侧，五也[3]。"

---

[1]《唐书合钞》卷一一《代宗纪》宝应元年。《旧唐书》卷一二一《仆固怀恩传》。

[2]《旧唐书》卷一四一《田承嗣传》。

[3]《旧唐书》有"州县既定，赋税以时"之语。

（二）田承嗣与河北淄青诸镇

《旧唐书》卷一四一《田承嗣传》云：

平州人，世事卢龙军为裨校。祖璟、父守义，以豪侠闻于辽、碣。承嗣，开元末为军使安禄山前锋兵马使。……禄山败，史朝义再陷洛阳，承嗣为前导，伪授魏州刺史。……（代宗）屡行赦宥，凡为安、史诖误者，一切不问。时怀恩阴图不轨，虑贼平宠衰，欲留贼将为援，乃奏承嗣及李怀仙、张忠志、薛嵩等四人分帅河北诸郡，乃以承嗣检校户部尚书、郑州刺史。俄迁魏州刺史、贝博沧瀛等州防御使。居无何，授魏博节度使。承嗣不习教义，沉猜好勇，虽外受朝旨，而阴图自固，重加税率，修缮兵甲，计户口之众寡，而老弱事耕稼，丁壮从征役，故数年之间，其众十万。仍选其魁伟强力者万人以自卫，谓之衙兵。郡邑官吏，皆自署置，户版不籍于天府，税赋不入于朝廷。……（大历）十二年……承嗣有贝、博、魏、卫、相、磁、洺等七州，复为七州节度使。……悦勇冠军中，承嗣爱其才，及将卒，命悦知军事，而诸子佐之。悦初为魏博中军兵马使、检校右散骑常侍、魏府左司马。大历十三年，承嗣卒，朝廷用悦为节度留后。……寻拜……充魏博七州节度使。[1]

---

[1]《资治通鉴》卷二二二《唐纪三十八》广德元年（763）闰月癸亥，"以史朝义降将薛嵩为相、卫、邢、洺、贝、磁六州节度使，田承嗣为魏、博、德、沧、瀛五州都防御使"。《新唐书》卷六六《方镇表三·魏博》广德元年则谓："置魏博等州防御使，领魏、博、贝、瀛、沧五州，治魏州。是年，升为节度使，增领德州。以瀛、沧二州隶淄青、平卢节度，贝州隶洺相节度。未几，复领瀛、沧二州。"按魏博节度使之辖州初未固定，然广德元年田承嗣领魏博时则《旧唐书·田承嗣传》《新唐书·方镇表》《资治通鉴》等皆谓魏、博、德、沧、瀛五州。是年，相、卫、贝（该三州其后大部分时间皆属魏博）则为薛嵩所辖。《资治通鉴》卷二二五《唐纪四十一》大历十年（775），田承嗣袭取相、卫、洺、磁四州。自大历十年至十二年（777），藩镇间互有争夺，至大历十二年十二月，田承嗣据魏、博、相、卫、洺、贝、澶七州。

安史降将田承嗣初授命为郑州刺史，俄迁魏州刺史，贝、博、沧、瀛等州防御使。田承嗣是一位有野心的军人，其在内部招募军士之后，乘机扩大势力范围，先后得相州、卫州、洺州、磁州。唐中央初则派使宣慰，令各守封疆，不奉诏；唐室无力直接命将用兵，旋以其天子地位，运用藩镇相互制衡的策略，"委河东节度使薛兼训、成德军节度使李宝臣、幽州节度留后朱滔、昭义节度李承昭、淄青节度李正己、淮西节度李忠臣、永平军节度使李勉、汴宋节度田神玉等，掎角进军"[1]。这才使田承嗣安守境界，时田承嗣实际控制有贝、博、魏、卫、相、磁、洺等七州，约与以后的魏博节度使相当（魏博大部分时间拥有贝、博、魏、卫、相、澶），时在代宗大历十二年（777）。自此以还，河北地区的节度使似乎有固定的疆域，状如半独立王国。大历末至德宗建中时期，是河北淄青地区老藩帅谢世、新藩帅继承之秋，如：

大历十三年（778），魏博节度使田承嗣卒，朝廷用其从子田悦为节度留后；

建中二年（781），镇州李宝臣卒，子李惟岳求袭节钺；

建中二年，淄青李正己卒，子李纳亦求节钺。

其中魏博与镇州固为河北名镇，淄青节度使雄踞今山东省之地，气候良好，户口殷实，物产丰富，乃东方强藩[2]，其节度使李正己"为政严酷，所在不敢偶语。初有淄青、齐、海、登、莱、沂、密、德、棣等州之地……复得曹、濮、徐、兖、郓，共十有五州，内视同列，货市渤海名马，岁岁不绝。法令齐一，赋税均轻，最称强大"[3]。

大历末，田悦尚恭顺；待李惟岳、李纳在建中初要求留后时，唐

---

[1]《旧唐书》卷一四一《田承嗣传》。

[2] 参见筑山治三郎：《唐代政治制度の研究》，创元社，1967。

[3]《旧唐书》卷一二四《李正己传》。

中央不允，李惟岳与李纳同谋叛，此时田悦成为抗命中央的主力，在一连串中央军与藩镇军对抗之中，李惟岳被杀，田悦屡败日蹙。由于唐廷奖赏未能满足将领，结果田悦说服唐将反叛，然后大败中央军，其动人心弦的说辞是："如马燧、（李）抱真等破魏博后，朝廷必以儒德大臣以镇之，则燕、赵之危可翘足而待也。若魏博全，则燕、赵无患，田尚书（悦）必以死报恩义。合从连衡，救灾恤患，春秋之义也。"[1]于是燕赵之唐将朱滔、王武俊与田悦联合，大破唐将李怀光与马燧等。建中初战后的结果，河北淄青地区的分配如下。

朱滔称冀王，以幽州为范阳府。

田悦称魏王，以魏州为大名府。

王武俊称赵王，以恒州为真定府。

李纳称齐王，以郓州为东平府。

时淮西节度使李希烈拥有蔡、光、申、随等州劲旅，地居中州腹心之区[2]，"日遣使交通河北诸贼帅等。是岁长至日，朱滔、田悦、王武俊、李纳各僭称王，滔使至希烈，希烈亦僭称建兴王、天下都元帅"[3]，将汴州夹在中间，威胁东都[4]。

时在建中三年（782）十一月一日，筑坛于魏县中，推朱滔为盟主，因田悦感激朱滔救助也。自此以后，河北淄青地区虽然偶有不协，但在对抗唐中央压力之时，大致维持现状，相互攀缘，而魏博在安史乱后以迄唐末这一百三四十年的形势之中，是对抗中央的首要力量。

---

[1]《旧唐书》卷一四一《田承嗣传·附悦传》。

[2] 参见筑山治三郎：《唐代政治制度の研究》，页360。

[3]《旧唐书》卷一四五《李希烈传》。

[4] 参见日野开三郎：《支那中世の军阀》，三省堂，1942，页120。

（三）田氏与魏博职业军人

讨论藩镇者，传统说法皆归罪于藩帅的野心，实际上除了藩帅野心以外，职业军人实占重要因素。其中又以魏博地区尤为典型。

田承嗣任魏博节度使，自思是安史余孽，其藩帅之职，亦因唐中央间之矛盾与唐中央同地方之妥协而得之，魏博在河北四藩之中，居于首抗中央的形势，故田承嗣在节度使任内采取的办法，正如前述引文，"阴图自固，重加税率，修缮兵甲，计户口之众寡，而老弱事耕稼，丁壮从征役，故数年之间，其众十万。仍选其魁伟强力者万人以自卫，谓之衙兵"。魏博乃四战之地，生产事业极易被破坏，农工商民生命亦不安全，社会上不乏游民，再加上田氏以农民中之丁壮从役，遂建立一支强大军队，从其后发展观之，这支军队演变成职业军，因此农民与军人之间发展出一种职业变迁的通道。这种办法在经济上并非最为有利，因为丁壮从军，老弱务农，生产力要略受影响；但在战乱的时代，居于战乱的地区，做职业军人远比为农民任人宰割为强，何况职业军人还屡有财物报赏也。田氏又在此职业军人之中选取魁伟强力者万人为衙兵，这是魏博军的核心与精锐。

藩帅	籍贯	在任时期	任年	
田承嗣	平州	广德元年至大历十三年（763—778）	15	
田　悦	平州	大历十四年至兴元元年（779—784）	5	
田　绪	平州	兴元元年至贞元十二年（784—796）	12	57
田季安	平州	贞元十二年至元和七年（796—812）	16	
田弘正（兴）	平州	元和七年至元和十五年（812—820）	8	

在田氏为魏博节度使任内，我们很明显地看出藩帅如何驾驭这群职业军人，事关其权力、地位与生命，一个成功的藩帅在这方面的做法，有时充满了高度的艺术性。如《旧唐书》卷一四一《田承嗣传·附悦传》：

建中初，黜陟使洪经纶至河北，方闻悦军七万。经纶素昧时机，先以符停其兵四万，令归农亩。悦伪亦顺命，即依符罢之，既而大集所罢将士，激怒之曰："尔等久在军戎，各有父母妻子，既为黜陟使所罢，如何得衣食自资？"众遂大哭。悦乃尽出其家财帛衣服以给之，各令还其部伍，自此魏博感悦而怨朝廷。

《旧唐书》卷一四一《田承嗣传·附悦传》：

（兵败）悦持佩刀立于军门，谓军士百姓曰："悦藉伯父余业，久与卿等同事，今既败丧相继，不敢图全。然悦所以坚拒天诛者，特以淄青、恒冀二大人在日，为悦保荐于先朝，方获承袭。今二帅云亡，子弟求袭，悦既不能报效，以至兴师。今军旅败亡，士民涂炭，此皆悦之罪也。以母亲之故，不能自到，公等当斩悦首以取功勋，无为俱死也！"乃自马投地，众皆怜之。或前抚持悦曰："久蒙公恩，不忍闻此！今士民之众，犹可一战，生死以之。"悦收涕言曰："诸公不以悦丧败，犹愿同心，悦纵身死，宁忘厚意于地下乎！"悦乃自割一髻，以为要誓，于是将士自断其髻，结为兄弟，誓同生死。

田弘正（兴）是田氏之中既受衙兵拥戴，又倾心于唐中央的藩帅。《旧唐书》卷一四一《田弘正传》：

少习儒书，颇通兵法，善骑射，勇而有礼，伯父承嗣爱重之。当季安之世，为衙内兵马使。季安惟务侈靡，不恤军务，屡行杀罚，弘正每从容规讽，军中甚赖之。……季安卒，（子）怀谏委家僮蒋士则改易军政，人情不悦，咸曰："都知兵马使田兴可为吾帅也。"衙兵数千诣兴私第陈请。

田弘正为魏博节度使时，倾心于中央，当时宪宗宰相李绛看出职业军校的心意，力主行巨额赏赐，《资治通鉴》卷二三九《唐纪五十五》元和七年（812）十月条：

> 李绛又言："魏博五十余年不沾皇化，一旦举六州之地来归，刳河朔之腹心，倾叛乱之巢穴，不有重赏过其所望，则无以慰士卒之心，使四邻劝慕。请发内库钱百五十万缗以赐之。"……十一月，辛酉，遣知制诰裴度至魏博宣慰，以钱百五十万缗赏军士。

《李相国论事集》卷五谓：

> 及诏书到魏博，钱帛随路而至，军中踊跃，向阙拜泣。时田兴初受节旄，诸道专使数十人在魏州，成德、兖、郓使各十余辈，见制书钱帛到，皆垂手失色，惊叹曰："自艰难以来，未曾闻此处置，恩泽如此之厚，反叛有何益？"

"自弘正归国，幽、恒、郓、蔡有齿寒之惧，屡遣客间说，多方诱阻，而弘正终始不移其操。"[1] 抗中央的支柱既然动摇，故宪宗时期唐室复振，有中兴之势，但田弘正归附中央的代价很大，连年奉命征战，《旧唐书·田弘正传》：

> 元和十年，朝廷用兵讨吴元济，弘正遣子布率兵三千进讨，屡战有功。……俄而王承宗叛，诏弘正以全师压境，承宗惧，遣使求救于弘正，遂表其事，承宗遂纳二子，献德、棣二州以自解。十三年，王师加兵于郓，诏弘正与宣武、义成、武宁、横海等五镇之师会军齐进。十一月，弘正自帅全师自杨刘渡河筑垒，距郓四十里。师道遣大将刘悟率重兵以抗弘正，结垒相望。前后合战，魏军大捷。……十四年三月，刘悟以河上之众倒戈入郓，斩师道首，诣弘

---

[1]《旧唐书》卷一四一《田弘正传》。

正请降。淄青十二州平。

其对唐中央之输诚，在《旧唐书·田弘正传》中记载甚详。元和十五年（820）十月，镇州王承宗卒，新任皇帝穆宗做了一次后果不甚好的调动，"以弘正检校司徒兼中书令、镇州大都督府长史，充成德军节度、镇冀深赵观察等使。弘正以新与镇人战伐，有父兄之怨，乃以魏兵二千为卫从"[1]。田氏是魏博的地头蛇，不料田弘正却因此丧生于邻镇之中。《旧唐书》卷一四二《王廷凑传》云：

> 廷凑沉勇寡言，雄猜有断，为王承元衙内兵马使。初，承元上禀朝旨，田弘正帅成德军，国家赏钱一百万贯，度支辇运不时至，军情不悦。廷凑每抉其细故，激怒众心。会弘正以魏兵二千为衙队，左右有备不能间。长庆元年六月，魏军还镇。七月二十八日夜，廷凑乃结衙兵噪于府署，迟明，尽诛弘正与将吏家族三百余人。廷凑自称留后、知兵马使。

除田弘正被害事件外，其他诸役皆劳动军士，中央的赏赐已抵不过连年征伐，这群职业军人遂无斗志，继其后的田布虽挟国仇家恨，仍然不能令他们作战，最后军权为牙（衙）将史宪诚所夺，史氏以军士利益代表人自居，下文细论。

三、晚唐魏博职业牙校专政时期

（一）魏博职业军人与藩帅

初，藩镇之间相互勾结乃造成其跋扈与叛逆的重要因素[2]，淮西节度

---

[1]《旧唐书》卷一四一《田弘正传》。
[2] 参见王寿南：《唐代藩镇与中央关系之研究》，嘉新文化基金会，1969，页232。

使及淄青节度使与河北三镇之间互通消息，相互支援，使唐室大伤脑筋。及至宪宗元和十二年（817）乘淮西吴元济继任不稳，命将攻克蔡州，"三十余年，王师加讨，未尝及其城下。……光、蔡等州平，始复为王土矣"[1]。元和十四年（819），唐又攻克淄青节度使，诛李师道，"分其十二州为三节度，俾马总、薛平、王遂分镇焉"[2]。时魏博节度使田弘正又一心向唐，这是中央大好机会，及田弘正移镇而死，大唐中兴已呈昙花一现之势。中央势力回缩，河北地区恢复抗唐形势，这次事件显示出藩镇内职业军人的重要性，田弘正之死不仅表示五十七年田氏魏博节度使时代已近尾声，更表示魏博职业牙校主持军政大权时代之来临。按藩镇军的权力结构如下：

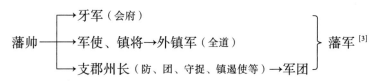

其后宪宗时略做修改为：

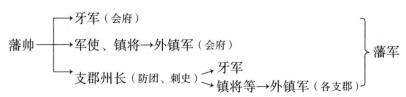

但河北三镇非唐中央能力所及，恐仍是修改前之权力结构。是以在藩镇军之中，牙军乃藩镇之中央军，而镇将等乃藩镇之地方军[4]。关于会

---

[1]《旧唐书》卷一四五《吴少诚传·附元济传》。

[2]《旧唐书》卷一二四《李正己传·附李师道传》。

[3] 本表引自日野开三郎：《支那中世の軍閥》，页191。

[4] 参见周藤吉之：《五代節度使の支配体制》，《史学杂志》61（6），1952。日野开三郎：《唐代藩鎮の跋扈と鎮将》，《东洋学报》26（4），27（1，2，3），1939—1940。日野开三郎：《五代鎮将考》，《东洋学报》25（2），1938。

府牙军部分，严耕望先生《唐代方镇使府僚佐考》曾有细述[1]，主要牙校有：都知兵马使，左右厢后院等兵马使，虞候、都虞候，押衙、都押衙，教练使、都教练使等。这些军校是藩帅以下最有权力的人物。魏博自田承嗣以"丁壮从征役，故数年之间，其众十万。仍选其魁伟强力者万人以自卫，谓之衙兵"起，牙军便成为田氏王朝之腹心[2]，也因此屡屡影响田氏王朝之军政大事，一如历代禁军影响朝廷情况。自田弘正卒后，魏博大权实际上落到牙校之手，藩帅之继承也以最有力量之军校代之。而在位之藩帅亦不敢违逆众牙军之意。藩帅之更替如下：

藩帅	籍贯	在任时期	任年	
李　愬	陇右	元和十五年至长庆元年（820—821）	1	
田　布	平州	长庆元年至长庆二年（821—822）	数月	
史宪诚	奚	长庆二年至大和三年（822—829）	7	
何进滔	灵武	大和三年至开成五年（829—840）	11	⎫
何弘敬	灵武	开成五年末至咸通七年（840—866）	26	⎬ 41
何全皞	灵武	咸通七年至咸通十一年（866—870）	4	⎭
韩允忠（君雄）	魏州	咸通十一年至乾符元年（870—874）	4	⎫ 13
韩　简	魏州	乾符元年末至中和三年（874—883）	9	⎬
乐彦祯	魏州	中和三年至文德元年（883—888）	5	
罗弘信	魏州	文德元年至光化元年（888—898）	10	⎫ 19
罗绍威	魏州	光化元年至天祐四年（898—907）	9	⎬

李愬，接替田弘正为魏博节度使，是田弘正"惧有一旦之忧"[3]，刻意移让，在河朔一百多年之中，罕有其例。按李愬是大将李晟之子，"平

---

[1] 严耕望：《唐史研究丛稿》，第三篇《唐代方镇使府僚佐考》，页211—236。

[2] 参见堀敏一：《藩鎮親衛軍の権力構造》，《东洋文化研究所纪要》20，1960。

[3] 《旧唐书》卷一四一《田弘正传》。

淮蔡……六迁大镇"[1]。当田弘正在镇州被害时，李愬亦激励魏博之士复仇，但"疾作，不能治军，人违纪律，功遂无成"[2]。李愬获病诚属事实，因不久病卒也；然李愬仅居魏博数月，是否能有效控制衙兵军校，亦属疑问。

　　田布，生长于魏博。其父田弘正节制魏博时，田布掌亲兵，讨淮蔡，破郾城，败贼将董重质；田弘正调至镇州时，田布亦调任河阳三城节度使。父子虽皆居藩，但失其根本，兼以"弘正孝友慈惠，骨肉之恩甚厚。兄弟子侄在两都者数十人，竞为崇饰，日费约二十万，魏、镇州之财，皆辇属于道。河北将卒心不平之"[3]。及田弘正被害于镇州，李愬病卒，唐中央"以魏军田氏旧旅，乃急诏布至，起复为魏博节度使"。田布上任，亦极力拉拢军士，"布乘传之镇。布丧服居垩室，去旌节导从之饰；及入魏州，居丧御事，动皆得礼。其禄俸月入百万，一无所取，又籍魏中旧产，无巨细计钱十余万贯，皆出之以颁军士"[4]，然已无法挽回其与魏博军校之脱节。其中最大的原因是田弘正父子对唐中央过度忠勤，唐室常令其四出征战，这与那群职业军人的利益不合。田承嗣发展而来的职业军人，目的是保持河北现状，军旅是其安身立命发财致富的行业，并不是真正希望在沙场上为国家立功，为家族门望增光，故对于离藩出征，意态阑珊，而田布衔君命家仇出征镇州，实非魏州军士所喜，《旧唐书》卷一四一《田弘正传·附布传》载：

　　　　（长庆元年）十月，布以魏军三万七千讨之，结垒于南宫县之南。十二月，进军，下贼二栅。时朱克融囚张弘靖，据幽州，与廷

---

[1]《旧唐书》卷一三三《李晟传·附愬传》。
[2]《旧唐书》卷一三三《李晟传·附愬传》。
[3]《旧唐书》卷一四一《田弘正传》末。
[4]《旧唐书》卷一四一《田弘正传·附布传》。

凑掎角拒命。河朔三镇，素相连衡，宪诚阴有异志。而魏军骄侈，怯于格战，又属雪寒，粮饷不给，以此愈无斗志，宪诚从而间之。俄有诏分布军与李光颜合势，东救深州，其众自溃，多为宪诚所有，布得其众八千。是月十日，还魏州。十一日，会诸将复议兴师，而将卒益倨，咸曰："尚书能行河朔旧事，则死生以之；若使复战，皆不能也。"布以宪诚离间，度众终不为用，叹曰："功无成矣！"即日，密表陈军情，且称遗表……乃入启父灵，抽刀自刺……言讫而绝。

史宪诚，其先出于奚虏，后为灵武建康人，父史周洛为魏博军校，事田季安至兵马大使。史宪诚始以才勇随父历军中右职。田布为魏博节度使，领兵讨伐，俾复父冤时，《旧唐书·田布传》谓宪诚为牙将，《旧唐书》卷一八一《史宪诚传》称："宪诚为中军都知兵马使，乘乱以河朔旧事动其人心，诸军即拥而归魏，共立为帅。"

何进滔，灵武人。"曾祖孝物，祖俊，并本州军校。父默，夏州衙前兵马使……进滔客寄于魏，委质军门"[1]，田弘正时已为衙内都知兵马使。《旧唐书》卷一八一《何进滔传》载：

> 大和三年，军众害史宪诚，连声而呼曰："得衙内都知兵马使何端公知留后，即三军安矣。"推而立之，朝廷因授进滔左散骑常侍、魏博等州节度观察处置等使。为魏帅十余年，大得民情，累官至司徒、平章事，卒。子弘敬袭其位。……咸通初卒，子全皞嗣之。……十一年，为军人所害。子孙相继，四十余年。

韩允忠，魏州人也，旧名君雄。父韩国昌，历本州右职。据《韩国

---

[1]《旧唐书》卷一八一《何进滔传》。

昌神道碑》（《山左金石志》卷一三）云：

> 曾祖□，魏博节度押衙。祖朝，魏博节度押衙兼临清镇遏都知
> 兵马使。烈考□，魏博节度使押衙□□□□都知兵马使。有子三人，
> 长曰君雄，魏博节度使。仲曰清，魏博节度押衙兼步从□。季曰楚，
> 魏博节度押衙兼刀斧将。

韩允忠与魏博军士关系颇深。《旧唐书》卷一八一《韩允忠传》载：

> 少仕军门，继升裨校。……咸通十一年，何全皞为军众所杀，
> 推允忠为帅。……乾符元年十一月卒，年六十一。……子简……允
> 忠卒，即起复为节度观察留后。……疽发背而卒，时中和元年十一
> 月也。

乐彦祯，魏州人也。父乐少寂，历澶、博、贝三州刺史。乐彦祯少
为本州军校。《旧唐书》卷一八一《乐彦祯传》载：

> 韩简之领节旄也，以彦祯为马步军都虞候，转博州刺史。……
> 有功，迁澶州刺史。简再讨河阳之败也，彦祯以一军先归，魏人遂
> 共立之。……彦祯志满骄大，动多不法。一旦征六州之众，板筑罗
> 城，约河门旧堤，周八十里，月余而毕，人用怨咨。……其子从
> 训……又召亡命之徒五百余辈，出入卧内，号为"子将"，委以腹
> 心，军人籍籍，各有异议。……又兼相州刺史。到任之后，般辇军
> 器，取索钱帛，使人来往，交午涂路，军府疑贰。彦祯危愤而卒，
> 众推都将赵文㻛知留后事。从训自相州领兵三万余人至城下，文㻛
> 按兵不出。众怀疑惧，复害文㻛，推罗弘信为帅。弘信以兵出战，
> 败之。……枭从训首于军门。

罗弘信，"魏州贵乡人。曾祖秀，祖珍，父让，皆为本州军校。弘

信少从戎役，历事节度使韩简、乐彦祯。光启末，彦祯子从训忌牙军，出居于外，军众废彦祯，推赵文玽权主军州事。众复以为不便，因推弘信为帅。……光化元年九月卒。……子威……袭父位为留后，朝廷从而命之"[1]。

藩镇军在当时极为骄纵，许多藩帅被其逐杀，日野开三郎自《资治通鉴》中胪列自开成元年（836）至乾符二年（875）四十年间骄兵逐杀藩帅事例，即获十九例之多，遍及全国[2]。故当时职业军人之嚣张，已蔚然成为风气，魏博又是其典型例子。

（二）魏博职业军人之性格

何进滔、何弘敬、何全皞、韩允忠等人为藩帅时（历文宗、武宗、宣宗、懿宗诸帝），中央无力，魏博的政局如同半独立王国状态。僖宗乾符元年（874），韩允忠卒，子韩简为留后，时盗贼群起，唐室愈衰，魏博在诸藩之中甲兵强盛，韩简亦颇有野心。如《旧唐书》卷一八一《韩允忠传·附简传》载：

> 贼巢之乱，诸葛爽受其伪命河阳节度使。时僖宗在蜀，寇盗蜂起，简据有六州，甲兵强盛，窃怀僭乱之志，且欲启其封疆，乃举兵攻河阳，爽弃城而走。简遂留兵保守，因北掠邢、洺而归，遂移军攻郓。郓帅曹全晸出战，为简所败，死之。郓将崔君裕收合残众，保郓州。简进攻其城，半年不下，河阳复为诸葛爽所袭。简因欲先讨君裕，次及河阳，乃举兵至郓，君裕请降。寻移军复攻河阳，行及新乡，为爽军逆击，败之。简单骑奔回，忧愤，疽发背而卒，时中和元年十一月也。

---

[1]《旧唐书》卷一八一《罗弘信传》。
[2] 参见日野开三郎：《唐末混乱史稿》，《东洋史学》10，1954，页24。

当中央力图中兴，欲收复藩镇之时，魏博是河北淄青的头关；当中央无力之时，魏博与诸藩长保边境；当中央极为衰微时，魏博强藩自然有扩张之意，这是自安史乱后以迄唐末河北淄青地区政局的演变趋势。魏博是强藩，当其图谋扩张之时，当然会遭受四周的抗拒，而最大的阻碍，厥为魏博职业军人对其主帅所发动的境外作战并不热心，故当韩简节节胜利之时，仍不免因魏牙军之奔回魏州而兵溃。《旧唐书》卷一八二《诸葛爽传》载：

> 时魏博韩简军势方盛。中和元年四月，魏人攻河阳，大败爽军于修武，爽弃城遁走。简令大将守河阳，乃出师讨曹全晸于郓州。十月，孟州人复诱爽，爽自金商率兵千人，复入河阳。乃犒劳魏人，令赵文玠率之而去。十一月，爽攻新乡，简自郓来逆战，军于获嘉西北。时简将引魏人入趋关辅，诛除巢孽，自有图王之志，三军屡谏不从。偏将乐彦祯因众心摇，说激之，牙军奔归魏州。爽军乘之，简乡兵八万大败，奔腾乱死，清水为之不流。明年正月，简为牙军所杀。

从以上藩帅兴亡事迹观察，魏博职业军人已实际控制了魏博节度使内的军政，涉及藩帅之拥立、保位等，藩帅都要与职业军校相处和谐，藩帅似乎仅是他们的代理人而已，如若行为与职业军校的利益有违，藩帅便不能随心所欲。田氏是主帅魏博最长久的家族，自田承嗣至田弘正凡五十七年，但承袭之间并不顺利，皆与职业军校拥戴有密切关联。自史宪诚以降，何氏次长，凡统治四十一年；韩氏十三年；罗氏讫唐末有十九年。似乎愈发展到唐末，职业军校权力愈大；被拥上帅位者所历无不惊心动魄，有的及身遭杀，有的子孙被杀，其结局大都非常悲惨。

这群职业军人并非志于为国献身之士，而仅是乱世中的产物，视军旅为寄身之处、发财之所，战争以利为主，所以与其他各藩镇中的职业军人具有相同性格，亦具有同样的利害观念，他们之间只希望互不侵犯，所以主帅或唐中央任何政策有违他们的利益，他们便废立藩帅，反抗中央。这群人都是由社会上强壮之士组成的，自从大士族在唐代渐渐官僚化和中央化[1]，原本拥有社会势力的大士族便渐渐退出地方舞台，以军镇为单位的职业军人成为强有力的社会势力。由士族构成的地方社会势力具有浓厚的血缘因素，它的发展走向文化型；新的社会势力有浓厚的地缘因素，它的发展走向职业军人型，凶悍的游民、强壮的农民等，不断被吸收进去，成为赤裸裸的权力拥有者。因为他们并无大家族的尊卑关系，亦不像士族具有文化因素，因此他们的上下关系一直不很稳固，对抽象的国家观念、民族意识、君臣之义等，感觉也不强烈。同一职业军人集团包含有不同的种族成员，似乎看不出有排斥现象。安史乱后出现的这一社会势力一直未被学者重视，传统的说法都认为藩帅违抗朝命、自署僚佐、自立留后，这是表面看法，藩帅亦有苦衷，即使自命其子为留后，亦必须军校牙将拥戴。有的藩帅想效忠中央而与牙军利益冲突时，其结果也不好，田弘正客死镇州，田布众叛自杀，史宪诚晚年谋忠于唐，不旋踵亦为部下所杀，凡此种种都显示出藩镇节度使即令有心唐室，亦不得不顾及这群职业军人；当然，有的藩帅本身与其牙军臭味相投，则更构成唐室之威胁。对于后者，固可以传统说法责其藩帅；对于前者，似应研究其根本原因之所在，方能得历史之真相也。

（三）魏博牙军第一次遭受打击

中唐以后，职业军人之动向，不但直接影响其藩帅，同时也是影响政局的重要因素。故当唐末魏博职业军人一连串废立其主帅以后，罗绍威袭父位而为留后，演变出一场罕有的奇特冲突。《旧唐书》卷一八一《罗弘信传·附威传》载：

---

[1] 参见拙著《中国中古社会史论》。

魏之牙中军者，自至德中，田承嗣盗据相、魏、澶、博、卫、贝等六州，召募军中子弟置之部下，遂以为号。皆丰给厚赐，不胜骄宠。年代浸远，父子相袭，亲党胶固。其凶戾者，强买豪夺，逾法犯令，长吏不能禁。变易主帅，有同儿戏，如史宪诚、何进滔、韩君雄、乐彦祯，皆为其所立，优奖小不如意，则举族被害。威惩其往弊，虽以货赂姑息，而心衔之。……天祐二年七月十三日夜，牙军裨校李公佺作乱，威仅以身免，公佺出奔沧州。自是愈惧，遣使求援于（朱）全忠，密谋破之。全忠遣李思安会魏博军，再攻沧州。全忠女妻威子廷规，先是卒，全忠遣长直军校马嗣勋选兵千人，密于舆中实兵甲入魏，言助女葬事。三年正月五日，嗣勋至，全忠亲率大军济河，言视行营于沧景。威欲因而出迎，至期，即假全忠帐下锐卒入而夹攻之。牙军颇疑，坚请不出。威恐泄其事，慰纳之。是月十四日夜，率厮养百十辈，与嗣勋合攻之。时宿于牙城者千人，迟明杀之殆尽，凡八千家，皆破其族。

据《旧五代史》载，对付牙军之举，魏博节度使乐彦祯之子乐从训曾做此图谋，唯未成功，父子反受其害。《旧五代史》卷一四《梁书·罗绍威传》（《旧唐书》卷一八一《罗弘信传·附威传》、《新唐书》卷二一〇《罗绍威传》）载：

光启末，彦贞子从训骄盈太横，招聚兵甲，欲诛牙军。牙军怒，聚噪攻之，从训出据相州。牙军废彦贞，囚于龙兴寺，逼令为僧，寻杀之。

《新唐书》卷二一〇《罗绍威传》载：

魏牙军，起田承嗣募军中子弟为之，父子世袭，姻党盘互，悍骄不顾法令，宪诚等皆所立，有不慊，辄害之无噍类。厚给禀，姑息不能制。时语曰："长安天子，魏府牙军。"谓其势强也。绍威惩曩祸，虽外示优假，而内不堪。俄而小校李公佺作乱，不克，奔沧州。绍威乃决策屠蔓，遣杨利言与全忠谋。全忠乃遣符道昭将兵合魏军二万攻沧州，求公佺，又遣李思安助战，魏军不之疑。绍威子，全忠婿也，会女卒，使马嗣勋来助葬，选长直千人纳盟器，实甲以入。全忠自滑济河，声言督沧景行营。绍威欲出迎，假锐兵以入，军中劝毋出而止。绍威遣人潜入库，断弦解甲，洎夜，将奴客数百与嗣勋攻之，军趋库得兵，不可战，因夷灭凡八千族，阗市为空。平明，全忠亦至，闻事定，驰入军。魏兵在行者闻变，于是史仁遇保高唐，李重霸屯宗县，分据贝、澶、卫等六州。仁遇自称魏博留后，全忠解沧州兵以攻高唐，仁遇引众走，为游骑所获，支解之，进拔博、澶二州。李重霸走，俄斩其首，相、卫皆降。绍威虽除其逼，然势弱，为全忠牵制，比州刺史矣。

《旧五代史》卷一四《梁书·罗绍威传》所载事迹与《旧唐书》略同[1]。

四、朱梁魏博强镇时期

（一）大唐末期北中国之形势与罗氏之动向

唐文德元年（888）四月，魏博牙军杀节度使乐彦祯父子后，推罗弘信为留后；次年，即唐昭宗龙纪元年（889），黄巢徒众中最大的一股力量——秦宗权，被降将朱全忠击溃；在关中的唐室自大顺二年（891）起

---

[1]《五代史纂误》卷中《杂传·罗绍威二事》载："'魏博自田承嗣始有牙军，牙军岁久益骄，至绍威时已二百年，父子世相婚姻，以自固结。绍威乃间遣使告梁乞兵，欲尽诛牙军，梁太祖许之。'今按《梁本纪》绍威与太祖谋诛牙军时天祐三年丙寅岁也；又按《唐本纪》代宗广德元年，史朝义将田承嗣以魏州降，自后田氏据有魏博者累世，广德元年岁在癸卯，至天祐三年实一百四十四年，尔谓之二百年，则误也。"

屡受李茂贞之钳掣[1]，已无力顾及关东之事，更重要的是长安关中之区已不如隋唐之际那样重要。北中国出现四大军事力量，以今日省区观之，即山西、河北、山东、河南皖北等四分，以当时的形势观之，唐昭宗大顺元年（890）时，其势力范围如下。

（1）最强盛的首推朱全忠的河南皖北军事集团，其势力发展过程如下。

中和三年（883）三月，僖宗制授朱全忠宣武军节度使，候收复京阙赴镇。

中和三年四月，收复长安，七月丁卯入于梁苑，略有汴、宋之地。

中和三年十二月，破黄巢众于鹿邑，引兵入亳，因是兼有谯郡之地（颍州）。

中和四年（884）四月，破贼将黄邺，遂入陈州。俄而与李克用合击贼于中牟，东至冤句。

光启二年（886）十一月，袭取滑州，遂有滑台之地。

光启三年（887）五月，合淄州朱珍、郓州朱瑄、兖州朱瑾，大破秦宗权主力，获郑。

文德元年（888）四月，破河南尹张全义与李克用联军，以大将丁会为河阳留后。

文德元年五月，兼有孟、洛之地。

文德元年十月，大败时溥于徐州吴康镇，连收丰、萧二邑，又陷宿州。

---

[1] 按李茂贞在大顺元年（890）功封凤翔陇右节度使、陇西郡王，二年即开始不甚恭顺。及至天复年间朱温西近昭宗，亦因唐室不堪李茂贞之压迫，李茂贞最兴盛时拥有岐、陇、泾、原、渭、武、秦、成、阶、凤、邠、宁、衍、鄜、坊、丹、延、梁、洋等二十州，至梁末仅余七州而已，并自始至终未能越河东、河中之地，局促一隅，未能与群雄逐鹿中原，详见《五代史记》卷四〇《李茂贞传》。

龙纪元年（889）二月，秦宗权为部下所执，降，蔡州平。

朱全忠拥有唐末宣武军节度使、武宁军节度使、忠武军节度使、淮西（蔡州）节度使、义成军节度使、东畿都防御使、河阳三城节度使等辖区[1]。

（2）河东地区的李克用军事集团，其势力发展过程如下。

中和三年（883）四月，收复长安，五月制以雁门以北行营节度，忻、代、蔚、朔等州观察处置等使，代州刺史，兼太原尹、北京留守，充河东节度、管内观察处置使[2]。

中和三年十一月，平潞州。

光启三年（887）七月，复泽州。

龙纪元年，下磁州。

大顺元年（890）元月，降邢、洺二州。

李克用于大顺年间拥有河东（太原）节度使、昭义军节度使等地区，而河中节度使王重荣及继任的王重盈是李克用的忠实盟友。

（3）平卢淄青地区在李正己至李师道统治的六十年间，拥有郓、曹十二州，是最盛的时期[3]。然至唐僖宗时，力量已经分散，如下。

朱瑄：光启初（885—887），魏博节度使韩允忠攻郓，郓帅曹全晸为其所害。朱瑄据城自固，三军推为留后。韩允忠败，唐以朱瑄为天平军节度使，拥有郓、濮、曹诸州[4]。

朱瑾：朱瑄之从父弟，光启中窃虏兖州节度使齐克让，自称留后，授兖州节度使，拥有兖、沂、海、密州[5]。

[1] 参见《旧五代史》卷一《梁书·太祖纪第一》。

[2]《旧唐书》卷一九下《僖宗本纪》。

[3] 参见筑山治三郎：《唐代政治制度の研究》，页367—375。

[4]《旧五代史》卷一三《梁书·朱瑄传》及《朱瑾传》。

[5]《旧五代史》卷一三《梁书·朱瑄传》及《朱瑾传》。

王师范：父王敬武，初为平卢牙将，广明元年（880）逐节度使安师儒，自为留后，龙纪元年（889）中王敬武卒，三军推王师范为帅，拥有淄、青、棣、莱、登诸州[1]。

（4）卢龙幽州地区拥有幽、涿、莫、瀛、妫、檀、蓟、平、营等州，是河北三镇中面积最广者。

> （光启元年春，牙将李全忠）率其余众掩攻幽州。（节度使李）可举死，三军推全忠为留后。……全忠卒，子匡威自袭父位，称留后。匡威素称豪爽，属遇乱离，缮甲燕蓟，有吞四海之志。赫连铎据云中，屡引匡威与河东争云、代，交兵积年。[2]

以上是唐昭宗龙纪、大顺（889—891）时，北中国的形势。魏博六州地居这四大势力之中心，地位举足轻重，尤其是河南的朱全忠及太原的李克用这两股最大的军事集团，都要极力争取魏博。魏博镇内复由于职业军人不喜出镇作战，以保持其特殊情况下之既得利益为首务，对于有野心的藩帅（如前述韩允忠）乘机扩张地盘并不支持，使得魏博并不像朱全忠、李克用辈具有对外侵略性，但魏博态度之定向，却影响各集团势力的消长及整个北中国政局之演变。文德元年（888，即龙纪元年的前一年），"魏军推小校罗弘信为帅。弘信既立，遣使送款于汴，帝（朱全忠）优而纳之"[3]。魏博的态度较接近汴州，但这种关系仅属羁縻而已，并非统辖部属。例如《旧五代史·梁书·太祖纪第一》载，大顺元年（890）十月乙酉：

> 帝（朱全忠）自河阳赴滑台。时奉诏将讨太原，先遣使假道于

---

[1]《旧五代史》卷一三《梁书·王师范传》。
[2]《旧唐书》卷一八〇《李全忠传·附匡威传》。
[3]《旧五代史》卷一《梁书·太祖纪第一》。

魏，魏人不从。先是，帝遣行人雷邺告籴于魏，既而为牙军所杀。罗弘信惧，故不敢从命，遂通好于太原。……二年春正月，魏军屯于内黄。丙辰，帝与之接战，自内黄至永定桥，魏军五败，斩首万余级。罗弘信惧，遣使持厚币请和。帝命止其焚掠而归其俘，弘信繇是感悦而听命焉。乃收军屯于河上。

昭宗乾宁（894—898）间，太原、汴州、郓兖等三大势力有了冲突，立刻将居中的魏博牵引进去。初，朱全忠伐徐州时，郓帅朱瑄出师援徐州，"太祖（朱全忠）深衔之。徐既平，太祖并兵以攻郓，自景福元年冬遣朱友裕领军渡济，至乾宁三年宿军齐、郓间，大小凡数十战"[1]，朱瑄愈来愈承受不起朱全忠的军事压力，求救于李克用。《旧五代史》卷一四《梁书·罗绍威传》中，详尽地记载其后多角关系的发展经过：

> 乾宁中，太祖急攻兖、郓，朱瑄求援于太原，时李克用遣大将李存信率师赴之，假道于魏，屯于莘县。存信御军无法，稍侵魏之刍牧，弘信不平之。太祖因遣使谓弘信曰："太原志吞河朔，回戈之日，贵道堪忧。"弘信惧，乃归款于太祖，仍出师三万攻李存信，败之。未几，李克用领兵攻魏，营于观音门外，属邑多拔。太祖遣葛从周援之，战于洹水，擒克用男落落以献，太祖令送于弘信，斩之，晋军乃退。是时太祖方图兖、郓，虑弘信离贰，每岁时赂遗，必卑辞厚礼。弘信每有答贶，太祖必对魏使北面拜而受之，曰："六兄比予有倍年之长，兄弟之国，安得以常邻遇之。"故弘信以为厚己。……光化元年八月，薨于位。绍威袭父位为留后。

---

[1]《旧五代史》卷一三《梁书·朱瑄传》。《旧五代史》卷一《梁书·太祖纪第一》略同。

（二）罗氏亲朱与梁朝之建国

魏博藩帅与魏博职业军人对多角关系的态度并不完全一致。罗弘信自出任藩帅始，便略倾向于朱全忠，而职业军人似乎想要站在中立立场，故朱全忠想索粮于魏时，使者反被魏博牙军所杀，使罗弘信极为尴尬，几乎被迫倒向太原李克用。朱全忠威恩并下，处理得当，魏博藩帅与军士似乎又恢复中间立场。及李克用军援朱瑄，假道于魏，军纪不佳，侵犯魏人，魏博藩帅与军士不满，遂有魏博与汴州联军之举，这是镇内保卫战，战况甚烈，李克用有洹水之败，长子落落被朱全忠军所擒，朱全忠将其送于罗弘信，斩之。至此魏博的态度已趋明朗。复由于魏博立场明确倾向于汴州，朱全忠得以全力对付郓、兖诸州。《旧五代史》卷一《梁书·太祖纪第一》载：

> （乾宁）四年正月，帝以洹水之师大举伐郓。辛卯，营于济水之次，庞师古令诸将撤木为桥。乙未夜，师古以中军先济，声振于郓，朱瑄闻之，弃壁夜走。葛从周逐之至中都北，擒瑄并其妻男以献，寻斩汴桥下。郓州平。己亥，帝入于郓，以朱友裕为郓州兵马留后。时帝闻朱瑾与史俨儿在丰沛间搜索粮馈，惟留康怀英以守兖州，帝因乘胜遣葛从周以大军袭兖。怀英闻郓失守，俄又我军大至，乃出降。朱瑾、史俨儿遂奔淮南。兖、海、沂、密等州平。

魏博阻挡河东军援郓、兖，卒致朱瑄、朱瑾败亡。不仅如此，魏博也阻挡了另一股势力的南下，幽州自刘仁恭为主帅，亦谋扩大势力，首当其冲者为成德地区，继则魏博。

> （光化元年）四月，沧州节度使卢廷彦为燕军所攻，弃城奔于魏，魏人送于汴。……
>
> （光化二年正月）幽州节度使刘仁恭大举蕃汉兵号十万以伐魏，

遂攻陷贝州，州民万余户，无少长悉屠之。进攻魏州，魏人来乞师，帝遣朱友伦、张存敬、李思安等先屯于内黄，帝遂亲征。三月，与燕军战于内黄北，燕军大败，杀二万余众，夺马二千余匹，擒都将单无敌已下七十余人。是月，葛从周自山东领其部众，驰以救魏。翼日乘胜，诸将张存敬以下连破八寨，遂逐燕军，北至于临清，拥其残寇于御河，溺死者甚众。仁恭奔于沧州。……

（光化）三年四月，遣葛从周以兖、郓、滑、魏之师伐沧州。五月庚寅，攻德州，拔之，枭刺史傅公和于城上。己亥，进攻浮阳。六月，燕帅刘仁恭大举来援，从周与诸将逆战于乾宁军老鸦堤，大破之，杀万余众，俘其将佐马慎交已下百余人。……

九月，帝以仁恭、进通之入寇也，皆籍镇、定为其囊橐，即以葛从周为上将以伐镇州。遂攻下临城，渡滹沱以环其城。帝领亲军继至，镇帅王镕惧，纳质请盟，仍献文缯二十万以犒戎士，帝许之。……

十一月，以张存敬为上将，自甘陵发军，北侵幽、蓟，连拔瀛、莫二郡，遂移军以攻中山。定帅王郜以精甲二万战于怀德亭，尽殪之。郜惧，奔于太原。迟明，大军集于城下，郜季父处直持印钥乞降，亦以缯帛三十万为献，帝即以处直代郜领其镇焉。是月，燕人刘守光赴援中山，寨于易水之上，继为康怀英、张存敬等所败，斩获甚众。由是河朔知惧，皆弭伏焉。[1]

魏博与汴州间的亲密关系，促使朱全忠在河北顺利发展。另河东与河南集团鏖战于昭义军，互有胜负。天复元年（901）平河中节度使。天复二年（902）取凤、陇、成、鄜州。天复三年（903）降王师范，得青、

---

[1]《旧五代史》卷二《梁书·太祖纪第二》。

登、莱、淄、棣州。河中落入朱全忠之手，对李克用是很大的打击，《旧五代史》卷二六《唐书·武皇纪下》谓"武皇（李克用）自是不复能援京师，霸业由是中否"。而唐昭宗复入朱全忠之手，形势犹如曹操之挟汉献帝。

　　前文曾论及魏博主帅与魏博职业军人对汴州的态度并不十分一致，魏帅罗氏与朱全忠关系较密，且有婚姻关系（《旧五代史·梁书·太祖纪》谓"帝之爱女适罗氏"），然魏博职业军人与朱全忠并不如此亲密，且曾杀朱全忠使者。故有罗氏援引朱全忠外力消灭魏博牙军之举。时在天祐三年（906）正月，前文曾有论述，"魏之大军方与帝军同伐沧州，闻牙军之死，即时奔还。帝之军追及历亭，杀贼几千，余众乃拥大将史仁遇保于高唐，帝遣兵围之。……四月癸未，攻下高唐，军民无少长皆杀之，生擒逆首史仁遇以献，帝命支解之。未几，又攻下澶、博、贝、卫等州，皆为魏军残党所据故也。……七月己未……收复相州。自是魏境悉平"[1]。在安史乱至五代的二百年历史之中，战伐频仍，主帅屡易，但藩帅与外力合作以消灭境内部属，尚属罕见，由此亦可见职业军人在魏博之特殊势力。镇内职业军人蒙受重大打击，当然影响主帅的实力，所以"（罗）绍威虽除其逼，然寻有自弱之悔"[2]。对朱全忠而言，打击魏境牙军的反对势力，使其与魏博节度使的关系由羁縻而达到对其更有效的控制，而魏博的财力亦予朱全忠重要的支援。《旧五代史》卷一四《梁书·罗绍威传》：

　　　　不数月，复有浮阳之役，绍威飞挽馈运，自邺至长芦五百里，叠迹重轨，不绝于路。又于魏州建元帅府署，沿道置亭候，供牲牢、酒备、军幕、什器，上下数十万人，一无阙者。

[1]《旧五代史》卷二《梁书·太祖纪第二》。
[2]《旧五代史》卷一四《梁书·罗绍威传》。

凡此皆增加朱全忠篡代唐祚的资本。天祐四年（907）"正月丁亥，帝回自长芦，次于魏州。节度使罗绍威以帝回军，虑有不测之患，由是供亿甚至，因密以天人之望切陈之。帝虽拒而不纳，然心德之"[1]。其年四月，朱全忠建国大梁，改天祐四年为开平元年（907）。

梁国建立后，魏博已没有中晚唐时期那样的独立性，在实力上的消长已如上文分析，在形式上亦见端倪。"先是，河朔三镇司管钥、备洒扫皆有阉人，绍威曰：'此类皆宫禁指使，岂人臣家所宜畜也。'因搜获三十余辈，尽以来献，太祖嘉之。"[2]但魏博的重要性仍然未减，其重要性仍体现在其特殊的职业军人集团、地缘因素及财富条件之上。前两项在后文陈述。梁开平年间，魏博对朱氏经济上的贡献非常重要，缘因朱梁兵多将广，最需要的是粮秣。

《旧五代史》卷一四《梁书·罗绍威传》：

> 开平中，加守太师、兼中书令，邑万户。绍威尝以临淄、海岱罢兵岁久，储庾山积，唯京师军民多而食益寡，愿于太行伐木，下安阳、淇门，斫船三百艘，置水运自大河入洛口，岁漕百万石，以给宿卫，太祖深然之。会绍威遘疾革，遣使上章乞骸骨，太祖抚案动容，顾使者曰："亟行语而主，为我强饭，如有不可讳，当世世贵尔子孙以相报也。"仍命其子周翰监总军府。

罗绍威卒于开平四年（910）五月，年三十四岁。次子周翰继之[3]，时年不详，但至多十余岁而已。在开平四年至乾化二年（910—912）这

---

[1]《旧五代史》卷三《梁书·太祖纪第三》。《资治通鉴》卷二六六《后梁纪一》开平元年，略同。

[2]《旧五代史》卷一四《梁书·罗绍威传》。

[3]《旧五代史》卷五《梁书·太祖纪第五》，开平三年（909）十一月己亥，"以罗周翰为天雄军节度副使，知府事，从邺王绍威请也"。《通鉴考异》引《梁功臣列传》云："周翰起复云麾将军，充天雄军节度留后，寻检校司徒，正授魏博节度使。"

三年之中，以一个十余岁的小孩与梁朱全忠相比，显然是梁中央权力最盛，而魏博力量最小的时刻。

《旧五代史》卷五《梁书·太祖纪第五》，开平四年（910）九月（即罗绍威卒后四月）辛丑：

> 敕："魏博管内刺史，比来州务，并委督邮。遂使曹官擅其威权，州牧同于闲冗，俾循通制，宜塞异端。并依河南诸州例，刺史得以专达。"

按严耕望先生之研究，谓"盖方镇擅权，不欲刺史预事，故特委此职，以便直接控制耳"[1]，是府院侵犯州府权力的迹象。缘因唐末之秋，中央无力控制河北三镇，府权甚高视为当然，此条用语当指朱全忠篡代后的开平年间事，最为适切。引文谓敕魏博依河南诸州例，按河南诸州乃朱氏最早的根据地，亦是最有效控制的地区，有此一敕，可见梁中央权力增强。梁中央是否真正做到将魏博依河南诸州例，不得而知。但两年以后，乾化二年（912）朱全忠卒，杨师厚取代了罗周翰，显然又出现了新的气象。

（三）杨师厚（魏博节度使）与朱梁政局

杨师厚是朱全忠的重要将领，罗绍威卒后，晋军曾大举南侵，梁军人马辎重损失惨重，河朔大震，自此复以杨师厚为北面招讨使，屯兵魏博附近，收集散兵[2]。时晋军甚盛，曾攻魏州、贝州，拔夏津、高唐，攻

---

[1] 严耕望：《唐史研究丛稿》，第二篇《唐代府州僚佐考》，页 134。

[2]《资治通鉴》卷二六七《后梁纪二》，乾化元年（911）正月丁亥，"梁之龙骧、神捷精兵殆尽，自野河至柏乡，僵尸蔽地。王景仁、韩勍、李思安以数十骑走。晋兵夜至柏乡，梁兵已去，弃粮食、资财、器械不可胜计。凡斩首二万级。李嗣源等追奔至邢州，河朔大震。……癸巳，复以杨师厚为北面都招讨使，将兵屯河阳，收集散兵，旬余，得万人"。

博州，拔东武、朝城，攻澶州，刺史弃城，又攻黎阳，拔临河、淇门，逼卫州，掠新乡、共城；会杨师厚自磁、相引兵救邢、魏，晋兵解去，邢州围亦解，杨师厚留屯魏州[1]。

《旧五代史》卷六《梁书·太祖纪第六》，乾化元年（911）六月：

> 乙卯，命北面都招讨使、镇国军节度使杨师厚出屯邢、洺。

乾化元年十月间，梁帝朱全忠至魏县及相州，阅校大军：

> 丙子，帝御城东教场阅兵，诸军都指挥、北面招讨使、太尉杨师厚总领铁马步甲十万，广亘十数里陈焉。士卒之雄锐，部队之严肃，旌旗之杂沓，戈甲之照耀，屹若山岳，势动天地，帝甚悦焉。

朱全忠并非易与之辈，当其巡居魏、相时，曾因细故而屡诛将领[2]，在魏博地区部署重兵，自有其用意。缘因自唐昭宗以来，北中国出现四大军事集团，朱全忠妥予结合魏博罗氏，其东并郓、兖、淄、青，北逐河东幽燕等役，得以顺利进行，梁国虽建，北方两大势力仍在，幽燕虽未必与河东结为一体，但对抗朱梁时则极为一致，此唇亡齿寒之势，其理甚明。然朱全忠最怕的还是太原李氏，临死尚不放心，据载："帝疾增甚，谓近臣曰：'我经营天下三十年，不意太原余孽更昌炽如此！吾观其志不小，天复夺我年，我死，诸儿非彼敌也，吾无葬地矣！'因哽咽，绝而复苏。"[3]初则安抚罗绍威，继则安置杨师厚，在对外方面朱全忠的策略颇有功效。然而以魏博强大的人力财力，亦时时影响梁中央的政局。

---

[1] 参见《资治通鉴》卷二六七《后梁纪二》，乾化元年二月乙丑。

[2]《旧五代史》卷六《梁书·太祖纪第六》，乾化元年十月癸丑，"阅武于州阌之南楼。左龙骧都教练使邓季筠、魏博马军都指挥使何令稠、右厢马军都指挥使陈令勋，以部下马瘦，并腰斩于军门。……丙辰，至魏县。先锋将黄文靖伏诛"。

[3]《资治通鉴》卷二六八《后梁纪三》，乾化二年（912）五月，闰月壬戌。

乾化二年（912）六月二日，朱全忠卒 [1]，朱友珪即位于西京洛阳。

另一子朱友贞为东京留守，行开封府尹，检校司徒。东京集团谋发动政变，拥立朱友贞为帝。杨师厚成为举足轻重的人物。初，朱全忠在世之时，杨师厚虽屯兵于魏博地区，尚不敢袭取魏州，朱全忠卒后的一个月内，杨师厚即取代天雄节度使罗周翰。司马光道破杨氏之心意。《资治通鉴》卷二六八《后梁纪三》乾化二年七月 [2]：

> 天雄节度使罗周翰幼弱，军府事皆决于牙内都指挥使潘晏；北面都招讨使、宣义节度使杨师厚军于魏州，久欲图之，惮太祖威严，不敢发。至是，师厚馆于铜台驿，潘晏入谒，执而杀之，引兵入牙城，据位视事。壬子，制以师厚为天雄节度使。

杨师厚清除了魏博不服从自己的牙军，建立了自己的职业军人集团。《旧五代史》卷二二《杨师厚传》：

> （太祖）车驾还，师厚屯魏州。及庶人友珪篡位，魏州衙内都指挥使潘晏与大将臧延范、赵训谋变，有密告者，师厚布兵擒捕，斩之。越二日，又有指挥使赵宾夜率部军擐甲，俟旦为乱。师厚以衙兵围捕，宾不能起，乃越城而遁，师厚遣骑追至肥乡，擒其党百余人，归斩于府门。友珪即以师厚为魏博节度使、检校侍中。……师厚纯谨敏干，深为太祖知遇，委以重兵剧镇，他莫能及。然而末年矜功恃众，骤萌不轨之意，于是专割财赋，置银枪效节军凡数千人，皆选摘骁锐，纵恣姿养，复故时牙军之态，时人病之。

拥护朱友贞的东京开封集团，说服了杨师厚，政变乃得成功。《旧五

---

[1]《旧五代史》卷八《梁书·末帝纪上》，谓朱全忠为子友珪所弑。《资治通鉴》前段谓病甚，后段亦谓为友珪所弑。

[2]《通鉴考异》引《梁功臣列传·杨师厚传》略同。

代史》卷八《梁书·末帝纪上》：

> 会赵岩至东京，从（末）帝私宴，因言及社稷事，帝以诚款谋
> 之，岩曰："此事易如反掌，成败在招讨杨令公之手，但得一言谕禁
> 军，其事立办。"岩时典禁军，洎还洛，以谋告侍卫亲军袁象先。帝
> 令腹心马慎交之魏州见师厚，且言成事之日，赐劳军钱五十万缗，
> 仍许兼镇。慎交，燕人也，素有胆辨，乃说师厚……师厚惊曰："几
> 误计耳！"乃令小校王舜贤至洛，密与赵岩、袁象先图议。

《旧五代史》卷二二《梁书·杨师厚传》[《资治通鉴》卷二六八《后
梁纪三》乾化三年（913）二月略同]：

> 末帝将图友珪，遣使谋于师厚，深陈款效，且驰书于侍卫军使
> 袁象先及主军大将，又遣都指挥使朱汉宾率兵至滑州以应禁旅。友
> 珪既诛，末帝即位于东京，首封师厚为邺王，加检校太师、中书令，
> 每下诏不名，以官呼之，事无巨细，必先谋于师厚，师厚颇亦骄诞。

（四）魏博银枪效节军之叛梁

乾化五年（即末帝贞明元年，915）三月，杨师厚卒于镇。由于百余
年来魏博皆很强盛，朱全忠时尚能驾驭安抚，朱友珪[1]时期及末帝朱友

---

[1]《旧五代史》卷二二《梁书·杨师厚传》载："是时师厚握河朔兵，威望振主，友珪患
之，诏师厚赴阙。帅厚乃率精甲万人至洛阳，严兵于都外，自以十余人入谒，友珪惧，厚
礼而遣之。"《资治通鉴》卷二六八《后梁纪三》乾化二年（912）十月："杨师厚既得魏博之
众，又兼都招讨使，宿卫劲兵多在麾下，诸镇兵皆得调发，威势甚重，心轻郢王友珪，遇事
往往专行不顾。友珪患之，发诏召之，云：'有北边军机，欲与卿面议。'师厚将行，其腹心
皆谏曰：'往必不测。'师厚曰：'吾知其为人，虽往，如我何！'乃帅精兵万余人，渡河趣洛
阳，友珪大惧。丁亥，至都门，留兵于外，与十余人入见。友珪喜，甘言逊词以悦之，赐与
巨万。癸巳，遣还。"

贞在位时，极有震主之感，汴州君臣以为杨师厚之死，乃天授良机，计议分魏博势力，遂有割相、魏为两镇之议。《旧五代史》卷八《梁书·末帝纪上》：

> 初，师厚握强兵，据重镇，每邀朝廷姑息，及薨，辍视朝三日，或者以为天意。租庸使赵岩、租庸判官邵赞献议于帝曰："魏博六州，精兵数万，蠹害唐室百有余年。罗绍威前恭后倨，太祖每深含怒。太祖尸未属纩，师厚即肆阴谋。盖以地广兵强，得肆其志，不如分削，使如身使臂，即无不从也。陛下不以此时制之，宁知后人之不为杨师厚耶！若分割相、魏为两镇，则朝廷无北顾之患矣。"帝曰："善。"即以平卢军节度使贺德伦为天雄军节度使，遣刘鄩率兵六万屯河朔。诏曰："分疆裂土，虽赏勋劳；建节屯师，亦从机便。比者魏博一镇，巡属六州，为河朔之大藩，实国家之巨镇。所分忧寄，允谓重难；将叶事机，须期通济。但缘镇、定贼境，最为魏、博亲邻；其次相、卫两州，皆控泽、潞山口。两道并连于晋土，分头常寇于魏封。既须日有战争，未若俱分节制。免劳兵力，因奔命于两途；稍泰人心，俾安居于终日。其相州宜建节度为昭德军，以澶、卫两州为属郡，以张筠为相州节度使。"

汴州君臣纯以藩帅的态度与战略地位分析，完全没有顾及魏博职业军人的态度与动向。职业军人是唐末五代的重要社会势力，分镇事件再次表露出此股社会势力影响政局至大且巨。《旧五代史》卷八《梁书·末帝纪上》对魏博职业军人的动乱有详细记载：

> 己丑，魏博军乱，囚节度使贺德伦。是时，朝廷既分魏博六州为两镇，命刘鄩统大军屯于南乐，以讨王镕为名，遣澶州刺史、行营先锋步军都指挥使王彦章领龙骧五百骑先入于魏州，屯于金波亭。

诏以魏州军兵之半隶于相州，并徙其家焉。又遣主者检察魏之帑廪。既而德伦促诸军上路，姻族辞决，哭声盈巷。其徒乃相聚而谋曰："朝廷以我军府强盛，故设法残破。况我六州，历代藩府，军门父子，姻族相连，未尝远出河门，离亲去族，一旦迁于外郡，生不如死。"三月二十九日夜，魏军乃作乱，放火大掠，首攻龙骧军，王彦章斩关而遁。迟明，杀德伦亲军五百余人于牙城，执德伦置之楼上。有效节军校张彦者，最为粗暴，胆气伏人，乃率无赖辈数百，止其剽掠。是日，魏之士庶被屠戮者不可胜纪。帝闻之，遣使赍诏安抚，仍许张彦除郡厚赐，将士优赏。彦等不逊，投诏于地，侮骂诏使，因迫德伦飞奏，请却复相、卫，抽退刘鄩军。帝复遣谕曰："制置已定，不可改易。"如是者三。彦等奋臂南向而骂曰："佣保儿，敢如是也！"复迫德伦列其事。时有文吏司空颋者，甚有笔才，彦召见，谓曰："为我更草一状，词宜抵突，如更敢违，则渡河掳之。"乃奏曰："臣累拜封章，上闻天听，在军众无非共切，何朝廷皆以为闲。半月三军切切，而戈矛未息；一城生聚皇皇，而控告无门。惟希俯鉴丹衷，苟从众欲，须垂圣允，断在不疑。如或四向取谋，但虑六州俱失。言非意外，事在目前。"张彦又以杨师厚先兼招讨使，请朝廷依例授之，故复逼德伦奏曰："臣当道兵甲素精，貔貅极锐，下视并、汾之敌，平吞镇、定之人。特乞委臣招讨之权，试臣汤火之节，苟无显效，任赐明诛。"诏报曰："魏、博寇敌接连，封疆悬远，凡于应赴，须在师徒。是以别建节旄，各令捍御，并、镇则委魏、博控制，泽、潞则遣相、卫枝梧。咸逐便安，贵均劳逸，已定不移之制，宜从画一之规。至于征伐事权，亦无定例。且临清王领镇之日，罗绍威守藩以来，所领事衔，本无招讨。只自杨师厚先除陕、滑二帅，皆以招讨兼权，因兹带过邺中，原本不曾落下，苟循事体，宁吝施行。况今刘鄩指镇、定出征，康怀英往邠、岐进讨，只令统帅师旅，亦无招讨使衔。切宜遍谕群情，勿兴浮议，倚注之意，卿宜体之。"诏至，张彦坏裂，抵之于地，谓德伦曰："梁主不达时机，听人穿鼻，城中扰攘，未有所依。我甲兵虽多，须资势援，河东晋王统兵十万，匡复唐朝，世与大梁仇雠。若与我同力，事无不济，请相公改图，以求多福。"德伦不得已而从之，乃遣牙将曹廷隐奉书求援于太原。彦使德伦告谕军城曰："可依河东称天祐十二年，此后如有人将文字于河南往来，便仰所在处置。"

引文中"效节军校"者，即杨师厚新编"银枪效节军"的军校，观其与"况我六州，历代藩府，军门父子，姻族相连，未尝远出河门，离亲去族"等连用，可知魏博之职业军人前后是一脉相承的，横向关系则姻族相连，其特性之一是不喜远离本地，亦不愿集团被拆散。效节军校张彦为魏军首领，与梁末帝多次谈判不成，转而要挟藩帅贺德伦举魏博以附太原。这是一个很大的变局，从此梁唐形势改变。

五、后唐邺都六州时期

（一）李存勖（庄宗）得魏博与得中原

梁末时代，当杨师厚雄居魏博之时，其在南北交兵中扮演极重要、极有成效的角色，下面有三场较大战役的记载：

（乾化二年）十一月，赵将王德明将兵三万掠武城，至于临清，攻宗城，下之。癸丑，杨师厚伏兵唐店，邀击，大破之，斩首五千余级。[1]

（乾化三年）五月乙巳，天雄军节度使杨师厚及刘守奇率魏、

---

[1]《资治通鉴》卷二六八《后梁纪三》乾化二年（912）十一月。

博、邢、洺、徐、兖、郓、滑之众十万讨镇州。……沧州……送款。[1]

（乾化四年）七月，晋王率师自黄泽岭东下，寇邢、洺，魏博节度使杨师厚军于漳水之东。晋将曹进金来奔，晋军遂退。[2]

第三场战役是杨师厚与晋王李存勖作战。时晋王于前一年（即乾化三年、天祐十年，913）十二月破执燕王刘仁恭父子，镇州王镕、定州王处直请降。李存勖"选日受册，开霸府，建行台，如武德故事"[3]，声势甚为强盛，亦是北中国由三大势力并为两大势力之始。晋王就在这一年（乾化四年、天祐十一年，914）七月举兵南下，为杨师厚逐退，亦可见魏博在两大势力交战时的重要性。

贞明元年（天祐十二年，915）三月杨师厚卒，是月二十九日魏军作乱，魏博六州降晋，《旧五代史》卷二八《唐书·庄宗纪第二》载当时受降经过：

> 魏军作乱……迫德伦归于帝（庄宗），且乞师为援。帝命马步副总管李存审自赵州帅师屯临清，帝自晋阳东下，与存审会。贺德伦遣从事司空颋至军，密启张彦狂勃之状，且曰："若不翦此乱阶，恐贻后悔。"帝默然，遂进军永济。张彦谒见，以银枪效节五百人从，皆被甲持兵以自卫。帝登楼谕之曰："汝等在城，滥杀平人，夺其妻女，数日以来，迎诉者甚众，当斩汝等，以谢邺人。"遽令斩彦及同恶者七人，军士股栗，帝亲加慰抚而退。翌日，帝轻裘缓策而进，令张彦部下军士被甲持兵，环马而从，命为帐前银枪，众心大服。

---

[1]《旧五代史》卷八《梁书·末帝纪上》。

[2]《旧五代史》卷八《梁书·末帝纪上》。

[3]《旧五代史》卷二八《唐书·庄宗纪第二》，天祐十一年。

梁将刘鄩闻帝至，以精兵万人自洹水趣魏县，帝命李存审帅师御之，帝率亲军于魏县西北，夹河为栅。六月庚寅朔，帝入魏州，贺德伦上符印，请帝兼领魏州，帝从之。[1]

李存勖不但得到魏博，且收服了魏博职业军团的主力银枪效节军，以为己用。朱梁的颓势，可从梁末帝赐其大将刘鄩诏书得知。《旧五代史》卷二三《梁书·刘鄩传》载：

> 末帝赐鄩诏曰："阃外之事，全付将军。河朔诸州，一旦沦没，劳师弊旅，患难日滋，退保河壖，久无斗志。"

继之梁唐两大势力爆发魏博争夺战，据《旧五代史》卷二八《唐书·庄宗纪第二》：

天祐十二年（915）六月庚寅，李存勖入魏州。

七月，梁澶州刺史王彦章弃城而遁。李存勖中梁刘鄩之伏，脱走于魏县郊。

七月，刘鄩潜趋晋阳，退还邢州，再驻贝州。梁唐大军对垒莘县。

八月，梁将贺瑰袭取澶州。

天祐十三年（916）二月，梁唐决战于莘县，梁步兵七万被歼亡殆尽。

三月，唐攻卫州，刺史米昭以城降。

四月，唐攻洺州，下之。

八月，唐进攻邢州，相州节度使张筠弃城遁去，邢州亦降。

九月，梁沧州节度使戴思远弃城遁去。是月，唐平贝州。

至是河朔悉为唐所有。梁末帝闻刘鄩兵败于莘县，王檀攻晋阳不克，

---

[1]《资治通鉴》卷二六九《后梁纪四》贞明元年（915）六月："庚寅朔，贺德伦帅将吏请晋王入府城慰劳。既入，德伦上印节，请王兼领天雄军。王固辞……德伦再拜……王乃受之。"

即曰吾事去矣。事实上，当时朱梁所统治的幅员仍比后唐为广[1]，且李氏北邻之契丹方兴未艾，天祐十三年（916）八月契丹入侵蔚州，唐大将振武节度使李嗣本陷于契丹。然而李存勖得魏博正如当年朱全忠之得魏博，朱全忠以此北胁幽、镇、河东，李存勖如今亦以此南侵郓、兖、汴、洛。很明显，李存勖兼领魏博天雄军节度使之后，大部分时间驻军于魏州，而当其至魏州时，亦正是游刃于河南之秋。据《旧五代史》卷二八《唐书·庄宗纪第二》：

天祐十三年七月，帝自晋阳至魏州。

八月，大阅师徒，进攻邢州、相州，皆下之。

九月，帝还晋阳，北御契丹。是月，帝自晋阳复至于魏州。

天祐十四年（917）十月，帝自魏州还晋阳。

十一月，复至魏州。

十二月，帝渡河破梁杨刘城。

天祐十五年（918）正月，帝徇地郓、濮。

六月，帝自魏州复至杨刘城，大破梁军于河。

八月，辛丑朔，大阅于魏郊，河东、魏博、幽、沧、镇定、邢洺、麟、胜、云、朔十镇之师，及奚、契丹、室韦、吐浑之众十余万，部阵严肃，旌甲照曜，师旅之盛，近代为最。

十二月，令军中老幼归魏州，悉兵以趣汴。帝与李存审总河东、魏

---

[1]《资治通鉴》卷二七二《后唐纪一》，同光元年（923）四月，庄宗称帝时，"时唐国所有凡十三节度、五十州"。今注：十三节度，蒲州河中、同州忠武、魏州天雄、邢州安国、镇州成德、定州义武、沧州横海、幽州卢龙、朔州振武、云州大同、代州雁门、并州河东、潞州安义，而安义附梁，但十二节度，庄宗又以符习为天平节度使，天平治郓州，时属梁，唐未能有也。五十州，蒲、同、魏、博、贝、澶、相、邢、洺、磁、镇、冀、深、赵、易、祁、定、沧、景、德、瀛、莫、幽、涿、檀、蓟、顺、营、平、蔚、朔、云、应、妫、儒、武、忻、代、岚、石、宪、麟、府、并、汾、慈、隰、泽、沁、辽，新州时陷契丹，潞州附梁，故不在五十州之中。按《五代史记》卷六〇《职方考》，减去魏博等十六州，朱梁实际控制的州尚有五十四个。

博之众居其中，周德威以幽、蓟之师当其西，镇、定之师当其东。梁将贺瑰、王彦章全军接战，帝以银枪军突入梁军阵中，斩击十余里。帝率军先登，银枪步兵继进，遂夺其山，梁军纷纭而下。银枪都将王建及呼士众曰："今日所失辎重，并在山下。"乃大呼以奋击，诸军继之，梁将大败。

天祐十六年（919）正月，帝还魏州。

四月，帝以重赂招募能破贼舰者。王建及选效节军勇士三百人立功。

七月，帝归晋阳。

十月，帝自晋阳至魏州，与梁军接战。

十二月，帝军于河南，破梁王瓒。

天祐十八年（921）十月，帝大破梁将戴思远于德胜北城。

十一月，帝至镇州。

天祐十九年（922）正月，帝至新城御契丹。闻德胜北城遭梁军攻，危急，自幽州倍道兼行以赴，梁人闻帝至，烧营而遁。

天祐二十年（923）三月，筑即位坛于魏州牙城之南。

四月，即皇帝位。改天祐二十年为同光元年。

四月，升魏州为东京兴唐府。袭取郓州。

初，朱梁政变，居汴州的朱友贞（即梁末帝）胜居洛州的朱友珪，朱友贞即位后自此长驻汴州。另外，李存勖自得魏博以后，大部分时间长驻魏州。自天祐十二年（915）至天祐二十年这九年之中，这两个敌对政权重心的地理距离甚近。居于两者之间的滑州一直在朱梁之手，相、澶、卫三州则呈拉锯状态，得而复失，失而复得，双方重兵相叠，进益甚为困难，李存勖获郓州后，自东向西南进行一次大规模的奇袭，避过朱梁滑州的军旅，下曹州，速破汴州，朱梁亡。

魏博及其职业军人在梁唐之争时的重要性，已如上文所述。后唐得霸主以后，庄宗似乎一度亦有魏博分镇的想法。《五代史记》卷二六《符

习传》(《旧五代史》卷五九《唐书·符习传》略同):

> (庄宗)乃以相、卫二州为义宁军,以习为节度使,习辞曰:
> "魏博六州,霸王之府也,不宜分割以示弱,愿授臣河南一镇,得自
> 攻取之。"

这仅是庄宗昙花一现的念头,当时客观条件仍需要如此强府,故并未真正实行分镇。所以从其后历史发展而观之,魏博对后唐中央的影响力及重要性,并不亚于杨师厚帅魏博时对朱梁之影响。

在天祐二十年(923)四月李存勖即皇帝位于魏州之时,兴唐府(即东京魏州)成为另一个朝廷,李存勖在名义上自不便再称天雄节度使,故唐庄宗同光元年(即天祐二十年)四月己巳,"以魏博节度判官王正言为礼部尚书,行兴唐尹"[1],然王正言恐仅为文职的府尹,天雄节度使的军政当仍属长驻兴唐府的庄宗直隶。同光元年十月己卯,梁亡[2];是月戊戌,"以开府仪同三司、检校太傅、北都留守、兴圣宫使、判六军诸卫事李继岌为检校太尉、同平章事,充东京留守"[3]。按唐庄宗诸子之中,皇子李继岌最受重视,当李存勖驻魏博与朱梁鏖战之末期,契丹大举入侵幽、定,即以李继岌充北都留守,北都即镇州。及李存勖入汴之初,又调李继岌为东京留守,从官衔可知其与王正言行兴唐尹不同,李继岌掌有军民政大权,是镇帅之任。十一月丁巳,命张宪为东京副留守,知留守事[4]。

---

[1]《旧五代史》卷二九《唐书·庄宗纪第三》。《资治通鉴》卷二七二《后唐纪一》,同光元年(923)四月己巳。

[2]《旧五代史》卷三〇《唐书·庄宗纪第四》。《资治通鉴》卷二七二《后唐纪一》,同光元年十月己卯。

[3]《旧五代史》卷三〇《唐书·庄宗纪第四》。《资治通鉴》卷二七二《后唐纪一》,同光元年十月戊戌。按吴廷燮《五季方镇年表》下,天雄节度条,谓"同光元年十一月戊戌,北京留守继岌为东京留守同平章事",误,应作十月。

[4]《资治通鉴》卷二七二《后唐纪一》,同光元年十一月丁巳。

次年（同光二年，924）三月庚申，"皇子继岌代张全义判六军诸卫事"[1]。

（二）李嗣源（明宗）与银枪效节军

魏博地区自李继岌西调入京以后，并无统一事权的大臣或大将居镇，其情况为：以王正言代张宪为兴唐尹，充邺都副留守，知留守事[2]，以武德使史彦琼居邺，以魏博指挥使杨仁晸驻贝州，澶州刺史则为朱建徽，实际上事权亦不统一，如《旧五代史》卷三四《唐书·庄宗纪第八》，同光四年（926）载：

> （二月甲午）以乐人景进为银青光禄大夫、检校右散骑常侍、守御史大夫。进以俳优嬖幸，善采访间巷鄙细事以启奏，复密求妓媵以进，恩宠特厚。魏州钱谷诸务，及招兵市马，悉委进监临。……正言年耄风病，事多忽忘，比无经治之才。武德使史彦琼者，以伶官得幸，帝待以腹心之任，都府之中，威福自我，正言以下，皆胁肩低首，曲事不暇。由是政无统摄，奸人得以窥图。

魏博的职业军人就在这种情况下，渐渐掀起动乱。《旧五代史》卷三四《唐书·庄宗纪第八》载：

> 上岁天下大水，十月邺地大震，自是居人或有亡去他郡者，每日族谈巷语云："城将乱矣！"人人恐悚，皆不自安。……洎郭崇韬伏诛，人未测其祸始，皆云："崇韬已杀继岌，自王西川，故尽诛郭氏。"先是，有密诏令史彦琼杀朱友谦之子澶州刺史建徽。史彦琼夜半出城，不言所往。诘旦，阍报正言曰："史武德夜半驰马而去，不知何往。"是日人情震骇，讹言云："刘皇后以继岌死于蜀，已行弑

---

[1]《资治通鉴》卷二七三《后唐纪二》，同光二年三月庚申。

[2]《旧五代史》卷六九《唐书·王正言传》，同光三年（925）冬代张宪为兴唐尹留守。

逆，帝已晏驾，故急征彦琼。"其言播于邺市，贝州军士有私宁亲于（邺）都下者，掠此言传于贝州。军士皇甫晖等因夜聚蒲博不胜，遂作乱，劫都将杨仁晸曰："我辈十有余年为国家效命，甲不离体，已至吞并天下，主上未垂恩泽，翻有猜嫌。防戍边远，经年离阻乡国，及得代归，去家咫尺，不令与家属相见。今闻皇后弑逆，京邑已乱，将士各欲归府宁亲，请公同行。"仁晸曰："汝等何谋之过耶！今英主在上，天下一家，从驾精兵不下百万，西平巴、蜀，威振华夷，公等各有家族，何事如此！"军人乃抽戈露刃环仁晸……仁晸曰："吾非不知此，但丈夫举事，须计万全。"军人即斩仁晸。裨将赵在礼闻军乱，衣不及带，将逾垣而遁，乱兵追及，白刃环之曰："公能为帅否？否则头随刃落！"在礼惧，即曰："吾能为之。"众遂呼噪，中夜燔劫贝郡。诘旦，拥在礼趋临清，剽永济、馆陶。五日晚，有自贝州来者，言乱兵将犯都城，都巡检使孙铎等急趋史彦琼之第，告曰："贼将至矣，请给铠仗，登陴拒守。"彦琼曰："今日贼至临清，计程六日方至，为备未晚。"孙铎曰："贼来寇我，必倍道兼行，一朝失机，悔将何及！请仆射率众登陴，铎以劲兵千人伏于王莽河逆击之，贼既挫势，须至离溃，然后可以剪除。如俟其凶徒薄于城下，必虑奸人内应，则事未可测也。"彦琼曰："但训士守城，何须即战。"时彦琼疑孙铎等有他志，故拒之。是夜三更，贼果攻北门，彦琼时以部众在北门楼，闻贼呼噪，即时惊溃。彦琼单骑奔京师。迟明，乱军入城，孙铎与之巷战，不胜，携其母自水门而出，获免。晡晚，赵在礼引诸军据官城，署皇甫晖、赵进等为都虞候、斩斫使，诸军大掠。兴唐尹王正言谒在礼，望尘再拜。是日，众推在礼为兵马留后，草奏以闻。……辛丑，元行钦至邺都，进攻南门，以诏书招谕城中，赵在礼献羊酒劳军，登城遥拜行钦曰："将士经年离隔父母，不取敕旨归宁，上贻圣忧，追悔何及！……"……庚戌，诸军大集于邺都，进攻其城，不克。

除魏博以外，"赵太据邢州，王景戡据沧州，自为留后，河朔郡邑多杀长吏"[1]，时李继岌大军阻兵于西，无法调回，后唐庄宗不得已，即派大将李嗣源赴魏博平反。李嗣源至邺都，为亲军、叛军及各路兵马所拥，成为一个新的领导中心，与洛阳后唐中央对抗，《旧五代史》卷三五《唐书·明宗纪第一》详载当时魏博诸军拥立之情形如下：

> （同光四年）三月六日，帝（李嗣源）至邺都，赵在礼等登城谢罪，出牲饩以劳师，帝亦慰纳之，营于邺城之西南，下令以九日攻城。八日夜，军乱。从马直军士有张破败者，号令诸军，各杀都将，纵火焚营，欢噪雷动。至五鼓，乱兵逼帝营，亲军搏战，伤痍者殆半，乱兵益盛。帝叱之，责其狂逆之状，乱兵对曰："昨贝州戍兵，主上不垂厚宥；又闻邺城平定之后，欲尽坑全军。某等初无叛志，直畏死耳。已共诸军商量，与城中合势，击退诸道之师，欲主上帝河南，请令公帝河北。"帝泣而拒之，乱兵呼曰："令公欲何之？不帝河北，则为他人所有。苟不见几，事当不测！"抽戈露刃，环帝左右。安重诲、霍彦威蹑帝足，请诡随之，因为乱兵迫入邺城。悬桥已发，共扶帝越濠而入，赵在礼等欢泣奉迎。是日，飨将士于行宫，在礼等不纳外兵，军众流散，无所归向。帝登南楼，谓在礼曰："欲建大计，非兵不能集事，吾自于城外招抚诸军。"帝乃得出，夜至魏县，部下不满百人，时霍彦威所将镇州兵五千人独不乱，闻帝既出，相率归帝。诘朝，帝登城掩泣曰："国家患难，一至于此！来日归藩上章，徐图再举。"安重诲、霍彦威等曰："此言非便也。国家付以阃外之事，不幸师徒逗桡，为贼惊奔。元行钦狂妄小人，彼

[1]《旧五代史》卷三四《唐书·庄宗纪第八》。

在城南，未闻战声，无故弃甲；如朝天之日，信其奏陈，何所不至！若归藩听命，便是强据要君，正堕谗慝之口也。正当星行归阙，面叩玉阶，谗间沮谋，庶全功业，无便于此者也。"帝从之。[1]

待李嗣源师次汴州，后唐庄宗亦引兵东向，然庄宗军士渐渐离散，卒被乱军所杀。李嗣源入洛即帝位，是为后唐明宗。

（三）魏博职业军人主力第二次遭受打击

后唐明宗因魏博而得帝位，对于魏博职业军人的势力，实不敢忽视，故即位后将魏博职业军人的主力银枪效节军北调卢台，一则可以防契丹，二则离其巢穴，然后又设计屠杀。《旧五代史》卷三八《唐书·明宗纪第四》，天成二年（927）四月[2]：

> 辛巳朔，房知温奏："前月二十一日，卢台戍军乱，害副招讨宁国军节度使乌震，寻与安审通斩杀乱兵讫。"帝闻之，废朝一日。……诏："卢台乱军龙晊所部邺都奉节等九指挥三千五百人在营家口骨肉，并可全家处斩。"龙晊所部之众，即梁故魏博节度使杨师厚之所招置也，皆天下雄勇之士，目其都为银枪效节，仅八千人。师厚卒，贺德伦不能制。西迎庄宗入魏，从征河上，所向有功。庄宗一统之后，虽数颁赉，而骄纵无厌。同光末，自贝州劫赵在礼，据有魏博。及帝缵位，在礼冀脱其祸，潜奏愿赴朝觐，遂除皇子从荣为帅，乃令北御契丹。是行也，不支甲胄，惟帜于长竿表队伍而

---

[1]《资治通鉴》卷二七四《后唐纪三》，同光四年（926）三月壬戌，略同。

[2] 司马光记载此一事件的缘由，亦带有职业军人经济索求之故。《资治通鉴》卷二七四《后唐纪三》，同光三年（925）十二月："初，帝（庄宗）得魏州银枪效节都近八千人，以为亲军，皆勇悍无敌。夹河之战，实赖其用，屡立殊功，常许以灭梁之日大加赏赉。既而河南平，虽赏赉非一，而士卒恃功，骄恣无厌，更成怨望。是岁大饥，民多流亡，租赋不充，道路涂潦，漕辇艰涩，东都仓廪空竭，无以给军士。"

已，故俯首遄征。在途闻李严为孟知祥所害，以为剑南阻绝，互相
煽动。及屯于卢台，会乌震代房知温为帅，转增浮说。震与房知温
博于东寨，日亭午，大噪于营外，知温上马出门，为甲士所拥，且
曰："不与儿郎为主，更何处去？"知温绐之曰："马军皆在河西，
步卒独何为也！"遂得跃马登舟，济于西岸。安审通戢骑军不动，
知温与审通谋伺便攻之，令乱兵卷甲南行。骑军徐进，部伍严整。
叛者相顾失色，列炬宵行，疲于荒泽。迟明，潜令外州军别行，知
温等遂击乱军，横尸于野，余众复趋旧寨，至则已焚之矣。翌日，
尽戮之，脱于丛草沟塍者十无二三，迫夜窜于山谷，稍奔于定州。
及王都之败，乃无噍类矣。

整个事件的缘起、发展与结果都与天祐时罗绍威杀魏博牙军极为类
似，银枪效节军虽然覆灭，但职业军人并未被消灭，因为职业军人在安
史乱至五代末成为一种社会阶层，且是社会上最有势力的阶层，各府各
镇皆有存在。就以魏博而言，牙军或银枪军仅是魏博职业军人中最嚣张
的一群而已，他们的势力影响政局的发展，同时亦引起政治权力拥有者
的猜忌，尤其以魏博地区的战略地位及其所占北中国地区的经济比重，
更引起政治中心的重视。

（四）权臣轮镇邺都与后唐之政局

自明宗即位以后至后唐灭亡这段时间，后唐中央任命坐镇魏博的人
选如下。

明宗天成元年（926）初，次子李从荣授邺都留守、天雄军节度使
（长子李从审已死）。天成二年（927）十二月末，李从荣移镇太原。天成
三年（928）正月十七日，帝幸邺都。

明宗天成三年四月，以石敬瑭为邺都留守，充天雄军节度使，加同

平章事。天成四年（929）六月，邺都仍为魏府。长兴元年（930）二月，天雄军节度使石敬瑭兼御营使。长兴二年（931）四月，天雄军节度使石敬瑭兼六军诸卫副使。

明宗长兴二年六月，以镇州节度使宋王李从厚（明宗第三子）为兴唐尹，镇邺。石敬瑭移镇河阳。长兴三年（932）五月，以天雄军节度使宋王李从厚兼中书令。长兴四年（933）十二月，迎李从厚为帝，是为后唐闵帝。

闵帝应顺元年（934）二月，以范延光权知邺都留守事。三月，范延光为检校太师，兼侍中，行兴唐尹，充天雄军节度使、北面水陆转运制置使。

以上四位都是后唐、后晋之际政坛上之重要人物。李从荣在明宗之末长兴四年任河南尹、天下兵马大元帅，俨然如皇位继承者，唯最后在政变中败死[1]。石敬瑭为明宗之婿，后为晋高祖。李从厚是乃兄李从荣之外的重要势力，明宗末居魏博，从荣败死，从厚自邺入京，是为闵帝。范延光事迹下文再论。

后唐闵帝不是征战而得天下，而是由大臣迎奉而登帝位的，兼以年事尚轻，甚难驾驭部属，职业军人的性格于中央禁卫军中表现突出，他们为财富而作战，见于与潞王之战时。《旧五代史》卷四五《唐书·闵帝纪》应顺元年三月：

> 帝召侍卫都将以下宣曰："……今据府库，悉以颁赐，卿等勉之。"乃出银绢钱厚赐于诸军。是时方事山陵，复有此赐，府藏为之一空。军士犹负赏物扬言于路曰："到凤翔更请一分。"其骄诞无畏如是。辛酉，幸左藏库，视给将士金帛。……乙亥，宣谕西面行营

[1]《旧五代史》卷五一《唐书·宗室列传·秦王从荣传》。

将士，俟平凤翔日，人赏二百千，府库不足，以宫闱服玩增给。

另一方凤翔节度使潞王李从珂，亦以财物给赏职业军人，李从珂卒胜，是为末帝。《旧五代史》卷四六《唐书·末帝纪上》应顺元年（934）三月载：

> 十七日，率居民家财以赏军士。是日，帝整众而东。二十日，次长安，副留守刘遂雍以城降，率京兆居民家财犒军。……（四月）丙子，诏河南府率京城居民之财以助赏军。丁丑，又诏预借居民五个月房课，不问士庶，一概施行。帝素轻财好施，自岐下为诸军推戴，告军士曰："候入洛，人赏百千。"至是，以府藏空匮，于是有配率之令，京城庶士自绝者相继。……癸未，太后、太妃出宫中衣服器用以助赏军。……壬辰，诏赐禁军及凤翔城下归明将校钱帛各有差。初，帝离岐下，诸军皆望以不次之赏，及从至京师，不满所望，相与谣曰："去却生菩萨，扶起一条铁。"其无厌如此。（案：……胡三省注云：闵帝小字菩萨。）[1]

闵帝将士不力战，轻骑出京，西北行至卫州，为石敬瑭截获，被杀。

---

[1]《资治通鉴》卷二七九《后唐纪八》清泰元年（934）四月庚寅："有司百方敛民财，仅得六万，帝怒，下军巡使狱，昼夜督责，囚系满狱，至自经、赴井。而军士游市肆皆有骄色，市人聚诉之曰：'汝曹为主力战，立功良苦，反使我辈鞭胸杖背，出财为赏，汝曹犹扬扬自得，独不愧天地乎！'是时，竭左藏旧物及诸道贡献，乃至太后、太妃器服簪珥皆出之，才及二十万缗，帝患之。李专美夜直，帝让之曰：'卿名有才，不能为我谋此，留才安所施乎！'专美谢曰：'臣驽劣，陛下擢任过分，然军赏不给，非臣之责也。窃思自长兴之季，赏赉亟行，卒以是骄；继以山陵及出师，帑藏遂涸。虽有无穷之财，终不能满骄卒之心，故陛下拱手于危困之中而得天下。夫国之存亡，不专系于厚赏，亦在修法度，立纪纲。陛下苟不改覆车之辙，臣恐徒困百姓，存亡未可知也。今财力尽于此矣，宜据所有均给之，何必践初言乎！'帝以为然。壬辰，诏禁军在凤翔归命者，自杨思权、尹晖等各赐二马、一驼、钱七十缗，下至军人钱二十缗，其在京者各十缗。军士无厌，犹怨望，为谣言曰：'除去菩萨，扶立生铁。'"

范延光是邺郡临漳人，少隶于郡牙，后唐明宗早年牧相州时收为亲校，明宗时为枢密使加同平章事。明宗长兴（930—933）中，皇子李从荣势盛，俨若太子，然日益趋向文质的李从荣与唐末五代行伍出身之大臣间有巨大的心理障碍[1]，洛阳政情不稳，朝廷大臣纷纷求居外职[2]，范延光亦请藩帅[3]，长兴四年（933）十月为镇州节度使。闵帝自邺入洛，应顺元年（934）二月以范延光权知邺都留后事，三月范延光行兴唐尹，充天雄军节度使、北面水陆转运制置使[4]。末帝清泰二年（935）二月，范延光移镇汴州，末帝加皇子李重美（原镇州节度使，兼河南尹，判六军诸卫事，左右街坊使）检校太尉、同平章事，充天雄军节度使[5]。不久，李重美内调，帝命刘后之弟刘延皓为邺都留守[6]，"延皓御军失政，为屯将张令昭所逐"，按"延皓始以后戚自藩邸出入左右，甚以温厚见称，故末帝嗣位之后，委居近密。及出镇大名，而所执一变，掠人财贿，纳人园宅，聚歌僮为长夜之饮，而三军所给不时，内外怨之，因为令昭所逐"[7]，这个外戚显然不能驾驭魏博的职业军人。末帝清泰三年（936）六

---

[1] 参见《五代史补》："秦王从荣，明宗之爱子，好为诗。判河南府，辟高辇为推官。辇尤能为诗，宾主相遇甚欢。自是出入门下者，当时名士有若张杭、高文蔚、何仲举之徒，莫不分庭抗礼，更唱迭和。时干戈之后，武夫用事，睹从荣所为，皆不悦，于是康知训等窃议曰：'秦王好文，交游者多词客，此子若一旦南面，则我等转死沟壑，不如早图之。'"《旧五代史》卷五一《唐书·宗室列传·秦王从荣传》，亦有类似记载。

[2]《旧五代史》卷四四《唐书·明宗纪第十》，长兴四年（933）八月，"辛未，秦王从荣以本官充天下兵马大元帅……（九月）戊戌，以枢密使赵延寿为汴州节度使，以襄州节度使朱弘昭为检校太尉、同平章事，充枢密使。时范延光、赵延寿相继辞退枢密务，及朱弘昭有枢密之命，又面辞诉，帝叱之曰：'尔辈皆欲离朕左右，怕在眼前，素养尔辈，将何用也！'弘昭退谢，不复敢言"。

[3]《旧五代史》卷九七《晋书·范延光传》："为枢密使，加同平章事。既而以秦王从荣不轨，恐及其祸，屡请外任，明宗久之方许，遂出镇常山。"

[4]《旧五代史》卷四五《唐书·闵帝纪》，应顺元年。

[5]《旧五代史》卷四七《唐书·末帝纪中》，清泰二年。

[6]《旧五代史》卷四七《唐书·末帝纪中》，清泰二年五月。

[7]《旧五代史》卷六九《唐书·刘延皓传》。《资治通鉴》卷二八〇《后晋纪一》，天福元年（936）五月。

月，复以范延光为天雄军四面招讨使，知行府事；七月，范延光收复邺都，壬子，"诏范延光诛张令昭部下五指挥及忠锐、忠肃两指挥。继范延光奏，追兵遣袭张令昭部下败兵至邢州沙河，斩首三百级，并献张令昭、邢立、李贵等首级。又奏，获张令昭同恶捧圣指挥使米全以下诸指挥使都头凡十三人，并磔于府门。……洺州奏擒获魏府作乱捧圣指挥使马彦柔以下五十八人。邢、磁州相次擒获乱兵，并送京师。彰圣指挥使张万迪以部下五百骑叛入太原"[1]。就在魏博多变不安的时候，清泰三年（936）五月石敬瑭叛于太原[2]，故有魏博残兵奔太原之事。

六、晋汉周邺都分镇时期

（一）石敬瑭（晋高祖）与范延光（魏博节度使）之争，及晋初魏博分镇

时契丹渐渐兴起，后唐末帝号令诸军加兵于石敬瑭，石敬瑭惧，求助契丹，若非雄踞幽州十余年的赵德钧父子"玩寇要君"[3]，则契丹、石敬瑭联军未必能战胜唐各藩镇之合军[4]；范延光亦未尽力[5]，晋"高祖入

---

[1]《旧五代史》卷四八《唐书·末帝纪下》，清泰三年七月。

[2]《旧五代史》卷四八《唐书·末帝纪下》，清泰三年五月。

[3]《旧五代史》卷九八《晋书·赵德钧传》中唐末帝语。《旧五代史》卷四八《唐书·末帝纪下》同。

[4]《资治通鉴》卷二八〇《后晋纪一》，天福元年（936）闰十一月："德钧见述律太后……太后问曰：'汝近者何为往太原？'德钧曰：'奉唐主之命。'太后指天曰：'汝从吾儿求为天子，何妄语耶！'又自指其心曰：'此不可欺也。'又曰：'吾儿将行，吾戒之云：赵大王若引兵北向渝关，亟须引归，太原不可救也。汝欲为天子，何不先击退吾儿，徐图亦未晚。汝为人臣，既负其主，不能击敌……何面目复求生乎？'德钧俯首不能对。"

[5]《旧五代史》卷四八《唐书·末帝纪下》，清泰三年十一月："以赵德钧为诸道行营都统……以范延光为河东道东南面行营招讨使……德钧曰：'既以兵相委，焉敢惜死！'德钧志在并范延光军，奏请与延光会合。帝以诏谕延光，延光不从。"《旧五代史》卷九七《晋书·范延光传》："高祖建义于太原，唐末帝遣延光以本部二万屯辽州，与赵延寿犄角合势，及延寿兵败，延光促还，故心不自安。"

洛，寻封临清王，以宽其反侧"[1]，在晋天福（936—944）初期，这股势力积极扩张人力并储备财力，与晋中央对抗之势日趋明显。

《旧五代史》卷九七《晋书·范延光传》载：

> 后延光擅杀齐州防御使秘琼，而聚兵部下，复收部内刺史入城，高祖甚疑之，乃东幸夷门。时延光有牙校孙锐者，与延光有乡曲之旧[2]，军机民政，一以委焉。故魏博六州之赋，无半钱上供，符奏之间，有不如意者，锐即对延光毁之，其凶戾也如此。

天福二年（937）六月，范延光正式叛晋，双方互有胜负，晋高祖因军事及漕运之故[3]，命禁军与藩镇军齐进，以期击溃魏博，解除汴、洛威胁，相持到天福三年（938）八月[4]，范延光以优厚条件投降[5]。

范延光移镇以后，晋高祖采取几项措施以加强控制魏博[6]。

---

[1]《旧五代史》卷九七《晋书·范延光传》。

[2] 按范延光是邺郡临漳人。

[3]《资治通鉴》卷二八一《后晋纪二》，天福二年三月："范延光聚卒缮兵，悉召巡内刺史集魏州，将作乱。会帝谋徙都大梁，桑维翰曰：'大梁北控燕、赵，南通江、淮，水陆都会，资用富饶。今延光反形已露，大梁距魏不过十驿，彼若有变，大军寻至，所谓疾雷不及掩耳也。'"

[4]《资治通鉴》卷二八一《后晋纪二》，天福二年七月谓："时魏、孟、滑三镇继叛，人情大震。"这给晋中央造成了极大威胁。

[5]《旧五代史》卷九七《晋书·范延光传》："因赐铁券，改封高平郡王，移镇天平。"《旧五代史》卷七七《晋书·高祖纪第三》，天福三年九月，"（延光）改授郓州刺史、天平军节度、郓齐等州观察处置等使，赐铁券，改封高平郡王，仍令择日备礼册命。以天雄军节度副使、检校刑部尚书李式检校尚书右仆射，充亳州团练使；以贝州刺史孙汉威检校太保、陇州防御使；以天雄军三城都巡检使薛霸为检校司空、卫州刺史；以天雄军马步军都指挥使王建为检校司空、赣州刺史；以天雄军内外马军都指挥使药元福为检校司空、深州刺史；以天雄军内外步军都指挥使安元霸为检校司空、随州刺史；以天雄军都监、前河阳行军司马李彦珣为检校司空、坊州刺史。李式，延光之旧僚也，其余皆延光之将佐也，故有是命"。

[6]《资治通鉴》卷二八一《后晋纪二》，天福三年十一月，"帝患天雄节度使杨光远跋扈难制，桑维翰请分天雄之众，加光远太尉、西京留守兼河阳节度使。光远由是怨望，密以赂自诉于契丹，养部曲千余人，常蓄异志。辛亥，建邺都于广晋府；置彰德军于相州，以澶、卫隶之；置永清军于贝州，以博、冀隶之"。

其一，升相州为彰德军，置节度观察使，以澶、卫二州为属郡，其澶州仍升为防御州，移于德胜口为治所。升贝州为永清军，置节度观察使，以博、冀二州为属郡[1]。分镇之议在梁末帝时已图实施，然当时魏博本镇内职业军人势力极盛，引起兵变，魏博倒向太原，成为后梁后唐之兴亡的关键。已如前文所述。如今地区性的职业军人势力似乎已不如以前强盛，银枪效节军瓦解，故晋高祖之措施未遇抗力。晋析魏博尤甚于后梁之二分，而分为三个军事单位[2]，即邺都、彰德军、永清军（永清军增补原属成德节度使之冀州），原本魏博集中六州（魏、博、贝、澶、相、卫）之人力物力的局面顿形改观。

其二，晋高祖石敬瑭曾于后唐长兴时任兴唐尹、邺都留守、天雄军节度使，深知"邺都繁富为天下之冠，而土俗犷悍，民多争讼"[3]，除分镇以分其力以外，时时调动邺帅，以避免居镇过久，晋天福三年（938）八月范延光降后的人事变迁如下。

天福三年九月丙寅，宣徽南院使刘处让权知魏府事。辛未，以魏府招讨使杨光远行广晋尹，充天雄军节度使。

十一月辛亥，以高行周为广晋尹、邺都留守。

天福五年（940）三月辛未，以侍卫亲军马步军都指挥使刘知远为邺都留守、广晋尹，典军如故。

天福六年（941）七月己巳，以北京留守李德珫为广晋尹，充邺都留守。

十二月丙戌朔，以开封尹郑王重贵为广晋尹、邺都留守。

---

[1]《旧五代史》卷七七《晋书·高祖纪第三》，天福三年（938）十一月辛亥。
《五代会要》卷二四《诸道节度使军额》：贝州：晋天福三年十二月升为永清军节度，以博、冀二州隶之。相州：晋天福三年十一月复升为彰德军节度，以澶、卫二州隶之。
[2]《旧五代史》卷八三《晋书·少帝纪第三》，开运元年（944）八月，"癸亥，升澶州为节镇，以镇宁为军额，割濮州为属郡"。是即魏博地区有四个军事单位。
[3]《旧五代史》卷七五《晋书·高祖纪第一》，唐明宗长兴元年（930）二月。

天福七年（942）九月己丑（晋少帝时期），以东京留守兼开封尹李德珫为广晋尹。

天福八年（943）二月甲戌，以东京留守张从恩为权邺都留守，三月为广晋尹。

开运元年（944）七月癸酉，以定州节度使马全节为邺都留守。

开运二年（945）六月，以恒州节度使杜重威为天雄军节度使，充邺都留守。

其三，石晋的政治中心有向东移的倾向，范延光降后更趋具体。《旧五代史》卷七七《晋书·高祖纪第三》，天福三年（938）十月戊寅：

> 郓州范延光奏到任内。庚辰，御札曰："为国之规，在于敏政；建都之法，务要利民。历考前经，朗然通论，顾惟凉德，获启丕基。当数朝战伐之余，是兆庶伤残之后，车徒既广，帑廪咸虚。经年之挽粟飞刍，继日而劳民动众，常烦漕运，不给供须。今汴州水陆要冲，山河形胜，乃万庾千箱之地，是四通八达之郊。爰自按巡，益观宜便，俾升都邑，以利兵民。汴州宜升为东京，置开封府，仍升开封、浚仪两县为赤县，其余升为畿县。应旧置开封府时所管属县，并可仍旧割属收管，亦升为畿县。其洛京改为西京，其雍京改为晋昌军，留守改为节度观察使，依旧为京兆府，列在七府之上，其曹州改为防御州。其余制置，并委中书门下商量施行。"……（十一月）辛亥，升广晋府为邺都，置留守。升广晋、元城两县为赤县，属府诸县升为畿县。

长安、洛阳、汴州、魏州等四个横列巨镇，长安地位日低，汴州、魏州重要性日增[1]。

---

[1] 按京兆府在五代时的地位，可由其名称之变更观察得知。

政治中心东移，石晋时的邺都犹似刘汉时的三辅，渐次纳入中央直隶的范围之内，上述魏博分镇与邺帅轮调等措施，正是整个发展中相互配合的现象。这种种演变乃中央集权的先驱，亦是二十年后赵宋帝国种种措施的雏形。然而，石晋时代的历史条件并没有赵宋时代那样成熟，当时藩镇力量仍然巨大，而来自幽燕方向的契丹势力（石晋原为契丹所立）有如泰山压顶之势。自安史之乱，北中国政治军事中心自关中东移以后，魏博在北中国多次战争和政潮中所占的枢纽地位，至此时仍未完全消失。晋高祖石敬瑭亦深刻了解这种形势，所以虽然在范延光降后将魏博分镇、邺帅轮调，改变以前魏博方面的大藩态势，但他仍然非常重视魏博，自天福六年（941）八月至七年（942）六月十三日，晋高祖长期驻邺都，并卒于邺[1]，以收亲自镇坐北中国战略枢纽之效[2]。

《五代会要》卷一九《京兆府》：梁开平元年（907）四月，改京兆府为大安府。后唐同光元年（923）十二月，废永平军额，复为西京京兆府。晋天福七年（942）十月敕，改西京为晋昌军，留守为节度观察使，仍依旧为京兆府。汉乾祐元年（948）三月，改晋昌军为永兴军。周广顺元年（951）六月，降京兆府同五府。

后唐是最顾恋唐代政制的五代政权，曾复西京之名。但自后梁始，五代皆以河南府为重心，后唐亦不例外，如《五代会要》卷二六《关》：梁开平元年七月敕，建国称都，俾新其制，况山川之险，表里为防。今二京俱在，关东为内，仍以潼关隶陕州，复置河潼军使，命虢州刺史兼领之。其月敕改武牢关为军（仍置虎牢军使）。

《五代会要》卷一九《河南府》：后唐长兴三年（932）四月，中书门下奏：本朝都长安以京兆府为上，今都洛阳应以河南府为上，从之。

《五代会要》卷一九《诸府》：后唐长兴三年四月，中书门下奏：案十道图，以关内道为上，遂以凤翔为首，河中、成都、江陵、兴元为次。中兴初，升魏州为兴唐府，镇州为真定府，皆是创业兴王之地，请北升二府于五府之上，合为七府，仍以兴唐为首，真定、凤翔、成都、江陵、兴元为次。从之。

一般而论，国家重心之东移已成为趋势，而至石晋则名实皆定。

[1]《旧五代史》卷八〇《晋书·高祖纪第六》，天福六年至七年。

[2] 有关邺都在当时的重要性，桑维翰之语剖析得明白。《资治通鉴》卷二八二《后晋纪三》，天福六年六月："时邺都留守、侍卫马步都指挥使刘知远在大梁；泰宁节度使桑维翰知重荣已蓄奸谋，又虑朝廷重违其意，密上疏曰：'……臣窃观契丹数年以来，士马精强，吞噬四邻，战必胜，攻必取，割中国之土地，收中国之器械；其君智勇过人，其臣上下辑睦，牛羊蕃息，国无天灾，此未可与为敌也。……我出则彼归，我归则彼至，臣恐禁卫之士疲于

（二）魏博力弱与契丹破晋

晋少帝即位于邺，但长居洛，晋高祖措施之缺点渐次暴露。又加以天福七年（942）以后，包括魏博地区在内的黄河流域天灾不绝，影响人民生计与石晋的实力[1]。在外交方面，晋少帝并没有像高祖石敬瑭那样顺从契丹，为契丹所不喜，故有寇边事件[2]。天福八年（943）十二月底，雄踞青、登、莱、沂、密等州的青州节度使东平王杨光远袭取淄州叛[3]；开运元年（944）正月，杨光远勾结契丹[4]，契丹大军南下，于是北中国四大地区的势力关系复现眼前。新局面的特点是石晋据有河东、河南及平卢之西南和魏博之地，杨光远据淄、青至海，契丹据有幽、燕及其本土，形势似乎是东方之两区域与西方之两区域对抗，魏博仍然是辐辕中心。魏博虽在石晋之手，但已非以前的六州强藩，何况契丹又有其关外腹地。故契丹大军立"陷贝州，知州吴峦死之"，"邺都留守张从恩遣人

奔命，镇、定之地无复遗民。……臣愿陛下训农习战，养兵息民，俟国无内忧，民有余力，然后观衅而动，则动必有成矣。又，邺都富盛，国家藩屏，今主帅赴阙，军府无人（此处"主帅赴阙，军府无人"按指刘知远入朝），臣窃思慢藏诲盗之言，勇夫重闭之义，乞陛下略加巡幸，以杜奸谋。'帝谓使者曰：'朕比日以来，烦懑不决，今见卿奏，如醉醒矣，卿勿以为忧。'"

[1]《旧五代史》卷八〇《晋书·高祖纪第六》，天福七年，"春，邺都、凤翔、兖、陕、汝、恒、陈等州旱，郓、曹、澶、博、相、洺诸州蝗"。《旧五代史》卷八一《晋书·少帝纪第一》，天福八年（少帝沿用天福七年、八年），"（春）河南府上言：逃户凡五千三百八十七，饿死者兼之"。同年四月，"河南、河北、关西诸州旱蝗，分命使臣捕之"；六月"丙辰，贝州奏逃户凡三千七百"。《旧五代史》卷八二《晋书·少帝纪第二》，天福八年（943）八月，"泾、青、磁、邺都共奏逃户凡五千八百九十"；九月"州郡二十七蝗，饿死者数十万"。

[2]《旧五代史》卷八二《晋书·少帝纪第二》，天福八年十二月癸丑，"诏河阳节度使符彦卿、宋州节度使高行周、贝州节度使王令温、同州节度使李承福、陈州梁汉璋、亳州李萼、怀州薛怀让并赴阙，分命使臣诸州郡巡检，以契丹入寇故也"。

[3]《旧五代史》卷八二《晋书·少帝纪第二》，天福八年十二月丁卯。《五代史补》："杨光远灭范延光之后，朝廷以其功高，授青州节度，封东平王，奄有登、莱、沂、密数郡，既而自负强盛，举兵反。"

[4]《旧五代史》卷八二《晋书·少帝纪第二》，开运元年正月"乙亥，沧、恒、贝、邺驰告，契丹前锋赵延寿、赵延昭引五万骑入寇，将及甘陵，青州杨光远召之也"。

夜缒城间行，奏契丹主以铁骑三四万建牙帐于元城，以赵延寿为魏博节度使，改封魏王，延寿日率骑军摩垒而退"，二月，"博州刺史周儒以城降契丹，又与杨光远潜约，光远引契丹于马家渡济河"[1]。元城是邺都的主要属县，契丹派部分军队在此与邺都对峙，邺都自保不暇，根本无力拯救旧魏博辖区的州郡。契丹与石晋之间的决战，仍在于契丹跳过邺都，契丹主亲率大军南下，与晋少帝亲率禁卫军及各路藩镇军大战于沿河[2]，双方死伤累累，然契丹亦不能再越雷池。不久，契丹北去，晋少帝险胜。魏博分镇，邺都力弱，契丹军南下，少帝直接迎敌，事后，"车驾还京，令高行周、王周留镇澶渊，近地兵马委便宜制置"[3]，以稍补河北防卫。杨光远于开运元年十二月降。自开运元年至三年（946），契丹与石晋鏖战于河朔，互有胜负。

开运三年冬，晋军与契丹又激战于河北，王师不利于中渡桥。杜重威尚石敬瑭妹，初镇恒州，继帅魏州，素拥强兵，乃少帝极为信任者也[4]，晋室赖以抗敌，奉旨伐契丹，不料军旅开拔不远，即与李守贞举众

---

[1]《旧五代史》卷八二《晋书·少帝纪第二》，开运元年（944）正月、二月。

[2]《旧五代史》卷八二《晋书·少帝纪第二》，开运元年三月癸酉朔："契丹主领兵十余万来战。时契丹伪弃元城寨已旬日矣，伏精骑于顿丘故城，以待王师。设伏累日，人马饥顿，赵延寿谋曰：'晋军悉在河上，畏我锋锐，不敢前进，不如径造城下，四面而进，攻夺其桥梁，天下定矣。'契丹主然之。是日，前军高行周在戚城之南，贼将赵延寿、赵延昭以数万骑出王师之西，契丹主自拥精骑出王师之东，两军接战，交相胜负。至晡时，契丹主以劲兵中央出而来，帝御亲军列为后阵，东西济河，为偃月之势，旗帜鲜盛，士马严整。契丹主望之，谓左右曰：'杨光远言晋朝兵马半已饿死，今日观之，何其壮耶！'敌骑往来驰突，王师植立不动，万弩齐彀，飞矢蔽空，贼军稍却。会有亡者告契丹主曰：'南军东面人少，沿河城栅不固，可以攻之。'契丹乃率精骑以攻东边，王师败走，敌骑追之。时有夹马军士千余人在堤间治水寨，旗帜之末出于堰埭，敌望见之，以为伏兵所起，追骑乃止。久之复战，王师又退，李守超以数百骑短兵直进击之，敌稍却。战场之地，人马死者无算，断箭残镞，横厚数寸。遇夜，贼击钲抽军而退，夜行三十里而舍焉。护圣指挥使协霸仞入贼中，夷其族。护圣第二军都指挥使安重怀、指挥使乌韩七、监军何彦超等临阵畏怯，手失兵仗，悉斩之。"

[3]《旧五代史》卷八二《晋书·少帝纪第二》，开运元年四月己酉。

[4]《资治通鉴》卷二八四《后晋纪五》，开运二年（945）五月："桑维翰言于帝曰：'威固

投降契丹[1]。相州节度使张彦泽亦相继投降，河东及各镇兵马救援不及，京师门户大开[2]，少帝亦非马上皇帝[3]，契丹遂轻易入京，晋少帝与大臣被掳，时为开运三年（946）十二月十七日。

（三）刘知远（汉高祖）与杜重威（魏博节度使）之争，及契丹再犯

次年（947）是一个紊乱时期。在契丹方面，"二月丁巳朔，契丹主具汉法服，御崇元殿受朝，制改晋国为大辽国"[4]，然契丹除河朔及两京

违朝命，擅离边镇。居常凭恃勋旧，邀求姑息，及疆场多事，曾无守御之意；宜因此时废之，庶无后患。'帝不悦。维翰曰：'陛下不忍废之，宜授以近京小镇，勿复委以雄藩。'帝曰：'威，朕之密亲，必无异志；但宋国长公主切欲相见耳，公勿以为疑！'维翰自是不敢复言国事，以足疾辞位。"《资治通鉴》卷二八五《后晋纪六》，开运三年（946）十月："杜威、李守贞会兵于广晋而北行。威屡使公主入奏，请益兵，曰：'今深入虏境，必资众力。'由是禁军皆在其麾下，而宿卫空虚。"

[1]《旧五代史》卷一〇九《汉书·杜重威传》："（开运）三年冬，晋少帝诏重威与李守贞等率师经略瀛、鄚。师至瀛州城下，晋骑将梁汉璋进与契丹接战，汉璋死焉。重威即时命回军，次武强，闻契丹主南下，乃西趋镇州，至中渡桥，与契丹夹滹水而营。十二月八日，宋彦筠、王清等率数千人渡滹沱，阵于北岸，为敌所破。时契丹游军已至栾城，道路隔绝，人情危蹙。重威密遣人诣敌帐，潜布腹心。契丹主大悦，许以中原帝之，重威庸暗，深以为信。一日，伏甲于内，召诸将会，告以降敌之意，诸将愕然，以上将既变，乃俯首听命，遂连署降表，令中门使高勋赍送敌帐，军士解甲，举声恸哭。……告契丹主曰：'臣等以十万汉军降于皇帝……'"《辽史》卷四《太宗本纪下》略同。

[2]《旧五代史》卷八五《晋书·少帝纪第五》，开运三年十二月，"壬申，始闻杜威、李守贞等以此月十日率诸军降于契丹。是夜，相州节度使张彦泽受契丹命，率先锋二千人，自封丘门斩关而入。癸酉旦，张彦泽顿兵于明德门外，京城大扰。前曹州节度使石赟死，帝之堂叔也。时自中渡寨隔绝之后，帝与大臣端坐忧危，国之卫兵，悉在北面，计无所出。十六日闻滹水之降，是夜，侦知张彦泽已至滑州，召李崧、冯玉、李彦韬入内计事，方议诏河东刘知远起兵赴难，至五鼓初，张彦泽引蕃骑入京"。

[3]《五代史补》卷三《少主不召桑维翰》："少主之嗣位也，契丹以不俟命而擅立，又景延广辱其使，契丹怒，举国南侵，以驸马都尉杜重威等领驾下精兵甲御之于中流渡桥。既而契丹之众已深入，而重威等奏报未到朝廷。时桑维翰罢相为开封府尹，谓僚佐曰：'事急矣！非大臣钳口之时。'乃叩内阁求见，欲请车驾亲征，以固将士之心，而少主方在后苑调鹰，至暮竟不召，维翰退而叹曰：'国家阽危如此，草泽遝客亦宜下问，况大臣求见而不召耶！事亦可知矣！'未几，杜重威之徒降于契丹，少主遂北迁。"

[4]《旧五代史》卷九九《汉书·高祖纪上》。又《辽史》卷四《太宗本纪下》。是年为会同十年，至二月丁巳朔，建国号大辽，即改元为大同。

（西京洛阳、东京汴州）附近以外，其余地区势力未及，故仍有开运四年
（947）之年号。而在同年二月辛未，刘知远"于太原宫受册，即皇帝位，
制改晋开运四年为天福十二年"[1]。两个月之内，各州郡纷纷击杀或驱逐
契丹所命的官员，形势极为紊乱，于是契丹有放弃直接统治的想法。

《旧五代史》卷九九《汉书·高祖纪上》，天福十二年（947）二月载：

> 契丹主初闻其变也，惧甚，由是大河之南无久留之意，寻遣天
> 雄军节度使杜重威归镇。

天福十二年四月丙子，契丹主耶律德光卒于镇州栾城。五月，契丹
军退出河南地。六月，刘知远入两京，是即后汉高祖也。刘知远曾于天
福五年（940）三月至天福六年（941）七月为邺都留守、广晋尹，深知
邺都对其王朝之重要性，必须将其置于直接有效的控制之下。在入京后
的七月，"丙申，以邺都留守、天雄军节度使、检校太师、守太傅、兼中
书令、卫国公杜重威为宋州节度使，加守太尉"；庚午，"新授宋州节度
使杜重威据邺都叛，诏削夺重威官爵，贬为庶人。以高行周为行营都部
署，率兵进讨"[2]。杜重威果然拒绝移镇，其形势犹如晋高祖之与范延光。
是年（947）十月，后汉高祖决定亲率大军征伐，战况甚为激烈。《旧五
代史》卷一〇九《汉书·杜重威传》载：

> 高祖车驾至阙，以重威为宋州节度使，加守太尉，重威惧，闭
> 城拒命。诏高行周率兵攻讨，重威遣其子弘遂等告急于镇州麻答，
> 乞师救援，且以弘遂为质，麻答遣蕃将杨衮赴之。未几，镇州诸军
> 逐麻答，杨衮至洺州而回。十月，高祖亲征，车驾至邺城之下，遣

---

[1]《旧五代史》卷九九《汉书·高祖纪上》。又《资治通鉴》卷二八六《后汉纪一》，开运
四年二月："辛未，刘知远即皇帝位。自言未忍改晋，又恶开运之名，乃更称天福十二年。"
《契丹国志》亦云，汉祖仍称天福年号曰："予未忍忘晋也。"
[2]《旧五代史》卷一〇〇《汉书·高祖纪下》，天福十二年七月。

给事中陈观等赍诏入城，许其归命，重威不纳。数日，高祖亲率诸
军攻其垒，不克，王师伤夷者万余人。高祖驻军数旬，城中粮尽，
屑曲饼以给军士，吏民逾垒而出者甚众，皆无人色。至是，重威牙
将诣行宫请降，复遣节度判官王敏奉表请罪，赐优诏敦勉，许其如
初。重威即遣其子弘遂、妻石氏出候高祖，重威继踵出降，素服俟
罪，复其衣冠，赐见，即日制授检校太师、守太傅、兼中书令。邺
城士庶，殍殣者十之六七。……高祖遣三司使王章、枢密副使郭威，
录重威部下将吏尽诛之，籍其财产与重威私帑，分给将士。

后汉高祖平定邺都杜重威以后，任命老臣大将高行周为邺都留守。
不二月，乾祐元年（948）正月，高祖卒，后汉隐帝即位。时契丹势力仍
威胁河朔，邺都与魏博他州分镇，后汉隐帝所面临的困扰与晋少帝类似。
《旧五代史》卷一〇二《汉书·隐帝纪中》，乾祐二年（949）十月（《资
治通鉴》卷二八八《后汉纪三》略同）：

庚午朔，契丹入寇。……契丹陷贝州高老镇，南至邺都北境，
又西北至南宫、堂阳，杀掠吏民。数州之地，大被其苦，藩郡守将，
闭关自固。遣枢密使郭威率师巡边，仍令宣徽使王峻参预军事。

（四）魏博力弱与中央军之北戍

藩郡守将闭关自固实因分镇力弱之故也，否则邺都留守高行周亦非
泛泛之辈，不至于不敢出师救援邻郡。后汉中央派枢密使郭威率军巡边，
缓解了魏博地区的危机。后汉中央君臣可能有见于后晋之前车之鉴，深
觉魏博地区需要强大的军事实体以对抗北面契丹的威胁，不然，待中央
军撤退，河朔又要告急。故在乾祐三年（950）二月班师后，于三月十七
日制授郭威为邺都留守，且打破当时藩臣不兼枢密使的惯例，其实权可

统一调度河北诸州事，枢密使仍为皇帝亲信大臣，其用意至明矣。《旧五代史》卷一一〇《周书·太祖纪第一》载：

> （乾祐二年）十月，契丹入寇，前锋至邢、洺、贝、魏，河北告急，帝受诏率师赴北边，以宣徽南院使王峻为监军。其月十九日，帝至邢州，遣王峻前军趋镇、定。时契丹已退，帝大阅，欲临寇境，诏止之。三年二月，班师。三月十七日，制授邺都留守，枢密使如故。时汉帝以北戎为患，委帝以河朔之任，宰相苏逢吉等议，藩臣无兼枢密使例。史弘肇以帝受任之重，苟不兼密务，则难以便宜从事。竟从弘肇之议，诏河北诸州，凡事一禀帝节度。

《旧五代史》卷一〇三《汉书·隐帝纪下》亦载：

> 以枢密使郭威邺都留守，依前枢密使。诏河北诸州，应兵甲、钱帛、粮草一禀郭威处分。

至此，郭威在河北的实权媲于旧魏博节度使。是年十一月，洛阳政变，郭威亦因此而能登上帝位。

（五）魏博职业军人作风之升级——郭威（周太祖）之黄袍加身

按后汉中央使相之争由来已久，其详情应另文细论。乾祐三年（950）十一月丙子，双方斗争白热化，郭威之同党枢密使杨邠、侍卫都指挥使史弘肇、三司使王章等，凡在京师者，一旦悉数遇害[1]，隐帝并密诏谋诛

---

[1]《旧五代史》卷一〇三《汉书·隐帝纪下》，乾祐三年十一月丙子，"诛枢密使杨邠、侍卫都指挥使史弘肇、三司使王章，夷其族。是日平旦，甲士数十人由广政殿出，至东庑下，害邠等于阁内，皆死于乱刃之下。又诛弘肇弟小底军都虞候弘朗、如京使甄彦奇、内常侍辛从审、杨邠子比部员外郎廷侃、右卫将军廷伟、左赞善大夫廷倚、王章侄右领卫将军旻、子婿户部员外郎张贻肃、枢密院副承宣郭颙、控鹤都虞候高进、侍卫都承局荆南金、三司都勾官柴训等。分兵收捕邠等家属及部曲僮从，尽戮之"。

邺都留守郭威及澶州王殷[1]，郭威等得知，遂率邺都之师进军京师，沿途河北诸军纷纷追随。《旧五代史》卷一一〇《周书·太祖纪第一》，乾祐三年（《旧五代史》卷一〇三《汉书·隐帝纪下》略同）：

> 十一月十四日，澶州节度使李洪义、侍卫步军都指挥使王殷遣澶州副使陈光穗至邺都，报京师有变：是月十三日旦，群小等害史弘肇等。前一夕，李业等遣腹心赍密诏至澶州，令李洪义杀王殷，又令护圣左厢都指挥使郭崇等害帝于邺城。十三日，洪义受得密诏，恐事不济，乃以密诏示王殷，殷与洪义即遣陈光穗驰报于帝。十四日，帝方与宣徽使王峻坐议边事，忽得洪义文字，遽归牙署，峻亦未知其事。帝初知杨、史诸公被诛，神情惘然；又见移祸及己，伸诉无所，即集三军将校谕之曰："予从微至著，辅佐国家，先皇登遐，亲受顾托，与杨、史诸公，弹压经谋，忘寝与食，一旦无状，尽已诛夷。今有诏来取予首级，尔等宜奉行诏旨，断予首以报天子，各图功业，且不累诸君也。"崇等与诸将校泣于前，言曰："此事必非圣意，即是左右小人诬罔窃发，假令此辈握重柄，国得安乎！宜得投论，以判忠佞，何事信单车之使而自弃，千载之下，空受恶名。崇等愿从明公入朝，面自洗雪，除君侧之恶，共安天下。"众然之，遂请帝南行，帝即严驾首途。十六日，至澶州，王殷迎谒恸哭。时隐帝遣小竖鸞脱侦邺军所在，为游骑所执，帝即遣回，令附奏隐帝赴阙之由，仍以密奏置鸞脱衣领中。……十七日，帝至滑州，节度使宋延渥开门迎纳。帝将发滑台，召将士谓之曰："主上为谗邪所

---

[1]《旧五代史》卷一〇三《汉书·隐帝纪下》，乾祐三年十一月丙子，"是日，帝遣腹心赍密诏往澶州、邺都，令澶州节度使李洪义诛侍卫步军都指挥使王殷，令邺都屯驻护圣左厢都指挥使郭崇、奉国左厢都指挥使曹英害枢密使郭威及宣徽使王峻。……丁丑，澶州节度使李洪义受得密诏，知事不克，乃引使人见王殷。殷与洪义遣本州副使陈光穗赍所受密诏，驰至邺都。郭威得之。"

惑，诛杀勋臣，吾之此来，事不获已，然以臣拒君，宁论曲直！汝等家在京师，不如奉行前诏，我以一死谢天子，实无所恨。"将校前启曰："国家负公，公不负国，请公速行，无迟久，安邦雪怨，正在此时。"

主帅说服将校及激发军士的斗志，是胜利的重要因素。唐末五代时职业军人集团的重要性格之一是为财货作战。时汉廷与邺都皆以财币诱使军士作战。《旧五代史》卷一〇三《汉书·隐帝纪下》[《资治通鉴》卷二八九《后汉纪四》乾祐三年（950）十一月略同]：

> 初议车驾幸澶州，及闻邺兵已至河上，乃止。帝大惧，私谓宰臣窦贞固等曰："昨来之事，太草草耳！"李业等请帝倾府库以给诸军，宰相苏禹珪以为未可。业拜禹珪于帝前，曰："相公且为官家，莫惜府库。"遂下令侍卫军人给二十缗，下军各给十缗，其北来将士亦准此。仍遣北来将士在营子弟各赍家问，向北谕之。

郭威在大战之前亦诱之以利，并因此得胜。《旧五代史》卷一一〇《周书·太祖纪第一》（《五代史记》卷一一《周本纪·太祖纪》）：

> 既而王峻谕军曰："我得公（郭威）处分，俟平定京城，许尔等旬日剽掠。"众皆踊跃。……二十日，隐帝整阵于刘子陂。二十一日，两阵俱列，慕容彦超率军奋击，帝（郭威）遣何福进、王彦超、李筠等大合骑以乘之。慕容彦超退却，死者百余人，于是南军夺气，稍稍奔于北军。慕容彦超与数十骑东奔兖州。吴虔裕、张彦超等相继来见帝，是夜侯益、焦继勋潜至帝营，帝慰劳遣还。二十二日旦，郭允明弑汉隐帝于北郊。

不及一个月，军校上演了一出黄袍加身，把郭威推上帝座，这是唐末魏博及若干藩镇职业军人集团拥立藩帅留后的中央化，亦是九年以后赵宋的先例。《旧五代史》卷一一〇《周书·太祖纪第一》后汉隐帝乾祐三年（950）十一月：

> 二十七日，帝（郭威）以嗣君未至，请太后临朝，会镇、定州驰奏，契丹入寇，河北诸州告急，太后命帝北征。十二月一日，帝发离京师。四日，至滑州，驻马数日。会湘阴公（嗣君）遣使慰劳诸将，受宣之际，相顾不拜，皆窃言曰："我辈陷京师，各各负罪，若刘氏复立，则无种矣。"或有以其言告帝者，帝愕然，即时进途。十六日，至澶州。是日旭旦，日边有紫气来，当帝之马首。十九日，下令诸军进发。二十日，诸军将士大噪趋驿，如墙而进，帝闭门拒之。军士登墙越屋而入，请帝为天子。乱军山积，登阶匝陛，扶抱拥迫，或有裂黄旗以被帝体，以代赭袍，山呼震地。帝在万众之中，声气沮丧，闷绝数四，左右亲卫，星散窜匿。帝即登城楼，稍得安息，诸军遂拥帝南行。……于是马步诸军拥至京阙。……时文武百官、内外将帅、藩臣郡守等，相继上表劝进。……广顺元年春正月丁卯，……即皇帝位。

乾祐三年冬，郭威入平内难，留柴荣守邺城[1]。待郭威即位，广顺元年（951）正月，以"侍卫亲军马步军都指挥使、检校太傅王殷加同平章事，充邺都留守，典军如故"[2]，王殷是郭威得帝位的重要功臣，故郭威有不得不给予其重镇的苦衷，王殷充邺都留守的权限略逊于郭威镇邺之时，但较晋汉其他藩帅任内权力为大，郭威起于邺都，当知权重震主的利害。《旧五代史》卷一二四《周书·王殷传》，后汉乾祐末（《五代史记》

---

[1]《旧五代史》卷一一四《周书·世宗纪第一》。
[2]《旧五代史》卷一一〇《周书·太祖纪第一》，广顺元年正月。

卷五〇略同）：

> 殷领兵屯澶州。及李业等作乱，汉隐帝密诏澶帅李洪义遣图殷，洪义惧不克，反以变告殷，殷与洪义同遣人至邺，请太祖赴内难。殷从平京师，授侍卫亲军都指挥使。太祖即位，授天雄军节度使，加同平章事，典军如故。殷赴镇，以侍卫司局从，凡河北征镇有戍兵处，咸禀殷节制。又于民间多方聚敛，太祖闻而恶之，因使宣谕曰："朕离邺时，帑廪所储不少，卿与国家同体，随要取给，何患无财。"……何福进在镇州，素恶殷之太横，福进入朝，摭其阴事以奏之，太祖遂疑之。是年（广顺三年）冬，以郊禋有日，殷自镇入觐，太祖令依旧内外巡警。殷出入部从不下数百人，又以仪形魁伟，观者无不耸然。一日，遽入奏曰："郊礼在近，兵民大集，臣城外防警，请量给甲仗，以备非常。"太祖难之。时中外以太祖婴疾，步履稍难，多不视朝，俯逼郊禋，殷有震主之势，颇忧之。太祖乃力疾坐于滋德殿，殷入起居，即命执之……杀之，众情乃安。

周太祖在病危之前诛王殷，与汉高祖临终之前杀杜重威的心理可能相似，担忧这位曾据邺都巨镇的大将之残余势力，而新即位之皇帝难以驾驭也[1]。

周太祖改广顺四年（954）为显德元年，正月戊寅废邺都依旧为天雄军，并以符彦卿进封卫王，移镇天雄军[2]。是月壬辰，太祖卒，柴荣继位为周世宗。

---

[1]《旧五代史》一〇九《汉书·杜重威传》："高祖不豫，既而大渐，顾命之际，谓近臣将佐曰：'善防重威。'帝崩，遂收重威，重威子弘璋、弘琏、弘璨诛之。诏曰：'杜重威犹贮祸心，未悛逆节，枭音不改，虺性难驯。昨朕小有不安，罢朝数日，而重威父子潜肆凶言，怨谤大朝，扇惑小辈。今则显有陈告，备验奸期，既负深恩，须置极法。其杜重威父子并处斩。'"

[2]《旧五代史》卷一一三《周书·太祖纪第四》，显德元年正月。

符彦卿与周世宗时已是翁婿关系[1]，宣懿皇后符氏卒后，世宗并又娶符彦卿女，宋称符太后也[2]，故终世宗之世，符彦卿长镇天雄军。显德六年（959）六月，周世宗病卒，幼君宗训继位，是为周恭帝，按恭帝乃世宗后宫所生，不知其母为谁[3]，并非符后所出。但在另一方面，符彦卿的另一女嫁给赵匡义，即宋之太宗懿德皇后也[4]，赵匡胤兄弟与符彦卿的关系可能胜过石守信等人，因为待宋太祖杯酒释兵权以后，尚欲委符彦卿兵权，卒因赵普苦谏而止[5]。由此推测，当周恭帝显德七年（960）二月陈桥兵变之时，符彦卿亦是赵氏支持者之一。

经过周世宗及赵匡胤兄弟的南征北伐，中国渐渐统一，魏博的地位与前两个世纪不尽相同。而宋之重文抑武，亦显示了政治阶层扬弃某一种社会势力而与另一种社会势力相结合。这种种改变的由来，要到二百年的历史发展中去寻找蛛丝马迹；能否摘取这种改变的果实，则端视客观的政治社会条件是否已经成熟。

---

[1]《旧五代史》卷一二一《周书·后妃列传》，宣懿皇后符氏："父彦卿，天雄军节度使，封魏王。后初适李守贞之子崇训。汉乾祐中，守贞叛于河中，太祖以兵攻之，及城陷，崇训自刃其弟妹，次将及后，后时匿于屏处，以帷箔自蔽，崇训仓皇求后不及，遂自刎，后因获免。太祖入河中，令人访而得之，即遣女使送于其父，自是后常感太祖大惠，拜太祖为养父。世宗镇澶渊日，太祖为世宗聘之。"

[2]《五代史记》卷二〇《周世宗家人传》，皇后符氏文末："后立皇后符氏，后妹也。国初，迁西宫，号周太后。"

[3]《五代史记》卷二〇《周世宗家人传》文末："恭皇帝……皆不知其母为谁氏。"

[4]《宋史》卷二五一《符彦卿传》。又《宋史》卷二四二《后妃传上》，懿德符皇后："魏王彦卿第六女也。周显德中，归太宗。……后姊，周世宗后也。"

[5]《宋史》卷二五〇《石守信传》："乾德初，帝因晚朝与守信等饮酒，酒酣……明日，皆称病，乞解兵权，帝从之，皆以散官就第，赏赉甚厚。已而，太祖欲使符彦卿管军，赵普屡谏，以为彦卿名位已盛，不可复委以兵权，太祖不从。宣已出，普复怀之，太祖迎谓之曰：'岂非符彦卿事耶？'对曰：'非也。'因奏他事。既罢，乃出彦卿宣进之，太祖曰：'果然，宣何以复在卿所？'普曰：'臣托以处分之语有侜僢者，复留之。惟陛下深思利害，勿复悔。'太祖曰：'卿苦疑彦卿，何也？朕待彦卿厚，彦卿岂负朕耶？'普对曰：'陛下何以能负周世宗？'太祖默然，事遂中止。"

七、结　论

（1）陈寅恪谓："武周统治时期不久，旋复为唐，然其开始改变'关中本位政策'之趋势，仍继续进行，迄至唐玄宗之世，遂完全破坏无遗，而天宝安史乱后又别产生一新世局，与此迥异矣！"[1]陈寅恪已察知安史之乱的前后形势截然不同，而将闻名的"关中本位政策"设立了下限，甚是。在此变迁的现象之中，陈寅恪强调新兴阶级中的士大夫，而对于国家重心部分则仅指出"中央政府与一部分之地方藩镇，已截然划为二不同之区域"[2]。实则纵观我国历史，关东地区自春秋战国以还，在经济文化诸方面皆凌驾于关中之上，秦与西汉居关中而临天下，实含有浓厚的政治人为因素；自孙吴开发南方，南方与关东接近，关东的重要性愈增；西魏、北周以地贫人寡而统一中国，证明强力人物的有效发挥，可产生巨大的力量；隋与唐初承继"关中本位政策"，其形势与秦、西汉酷似，但第七世纪关中与关东的对比，实更劣于秦汉之间关中与关东的对比，所以唐初以关中制关东的形势更显然是人为做法。安史之乱后，唐长安中央政府结合东南财赋，尚不能彻底击溃河北藩镇，显示出关中作为国家重心的形势已经改变；黄巢之起，进一步破坏中央与东南的联系，自此以往，在自然平衡的状态下，关东渐成为中国的重心。

（2）唐末僖、昭之季，帝国衰微，名存实亡，亦正是关东群雄争夺霸权的好时机。时关东有四大势力，即河东、河南、河北、淄青，魏博地属河北，实居四大势力的枢纽地区。及朱温以河南之地并吞淄青，复拉拢魏博节度使罗绍威，以北中国而论，天下已得十之六七，于是取唐而代之，是为后梁。

---

[1] 陈寅恪：《唐代政治史述论稿》，上篇《统治阶级之氏族及其升降》，页14。
[2] 陈寅恪：《唐代政治史述论稿》，上篇《统治阶级之氏族及其升降》，页14。

河东的李克用、李存勖父子，惨淡经营，以河北的幽州、成德为羽翼，与后梁相抗，魏博又成为此一南北对抗中的关键地区。罗绍威卒后，后梁以杨师厚节度魏博，置重兵以为北面招讨使；及杨师厚卒，后梁图将魏博分镇，激起兵变，魏博投向河东，是为后唐灭后梁之直接原因。

契丹起于晚唐，五代时转强，予后唐极大压力，石晋是依契丹而成立的政权，割燕云十六州以酬谢之。自此胡骑动辄纵横河北，其后历后晋、后汉、后周各朝，魏博成为新的南北对抗局势中的重镇。

自从国家重心移至关东，契丹成为最具威胁的外患，河北成为国防重心，魏博地区乃汴州、洛阳一带的安全屏障。此与隋唐之际首号外患来自正北，以长安为政治中心者以关中为国防重心的形势，已不复相同。

（3）晚唐时，政治中心在关中，经济中心在东南，军事中心渐移河朔，三者距离甚远，唐帝国失去稳定的重心；而长安与江南的轴心，又与河朔长期对抗不下，魏博在这种对抗局势中地位显著，魏博顺逆的程度是唐帝国声威的测量器。五代时，国家重心东移，魏博更显重要，不得不置重兵以镇之，若主帅拥此强兵，又屡屡对洛阳、汴州政权构成威胁，帅魏博者常影响中央政潮，本文予此点分析甚多；如若将魏博分镇，又惧其力弱而不足以屏障中原，这是五代各朝遭遇的最困惑之事，于是各朝君主倡议分镇者有之，设多都制者有之，长驻邺都者有之，频频调动其主帅者有之，将魏博纳入禁军防卫者有之，凡此种种皆影响赵宋之政策。

（4）安史乱后，史家常论及藩镇主帅跋扈，不常注意职业军人的性格，晚唐魏博牙军及五代魏博银枪效节军常常自拥藩帅，影响政局，其威势常凌驾于藩帅之上。唐末藩镇间的相互战伐与五代间的并吞，中央军常是当年一镇或数镇之地方军，故五代中央军实带有藩镇职业军人之性格。从魏博军士拥立主帅，发展到郭威、赵匡胤黄袍加身，似乎是同一形态之扩大。

　　（5）赵宋开国君臣皆为生长在五代时的人物，且属北中国统治集团的主流人物。他们承继了许多自晚唐五代发展出的政治传统，同时也矫正了若干他们认为的缺陷之处，无论如何，关中本位已不再出现，以汴州为核心的局势在紊乱的晚唐五代中渐渐形成。

第八篇

五代之政治延续与政权转移

一、前　言

　　有很多学者将五代视为唐宋变革期，本文在社会史部分亦将五代认定为中古型与近古型的转变期[1]，但在政治史部分有新的看法——将五代视为独立的单元。我们将太平盛世视为常态，而将动乱时刻视为过渡，这是具有浓厚政治理想或政治伦理的观念；缘因中国历史上动乱局面时常出现，理应将承平与乱世同样视为历史事实，赋予同等独立单元之地位研究之，才能不偏不倚，兼顾全貌。如果能将动乱时期做各种角度的个案研究，理出独特的形态，一方面，固然可便于对各个动乱时期做综合比较；另一方面，由于某些变动形态或许是某些承平时期小动乱之放大，亦能由此对承平时期的现象获得较清晰的了解。譬如历史上政治军事中心之转移问题，太平盛世难察其演变，往往在中央势力瓦解时才能寻找到蛛丝马迹；又如官僚体系与政治延续问题，承平时视为当然，在

---

[1] 在这一方面，日本学者中致力者颇多，如加藤繁、仁井田陞、宫崎市定、堀敏一等；历史学家王赓武亦持转变型之观点。

政权交替频仍的时代才能衬托出其历史意义。

五代乃中国历史上最紊乱的时代之一，本文举此为题，旨在探讨下列两个重点：（1）在政权不稳的局面下，文职官吏与政治延续关系为何？（2）在紊乱的五代中，职业军人形成的集团为何？其与朝代转移的关系为何？关于五代时期的社会架构，以及人物的地理分布等问题，孙国栋与西川正夫曾撰文陈述，故本文不列专章讨论，然对于社会变动与"关中本位政策"诸方面，若有不同看法或补充见解，则随行文所需，在恰当的章节中予以进一步论述。本文量化与分析并重，由于动乱时代较承平时期不易捉摸，故在量化时许多脉络不像承平时那样规律，使分析时显得枝节稍多，有千头万绪之感。此乃主流暗潮激荡之故，也是本文困难之处。

二、五代职业文官与政治延续

研究中国历史的中外学者[1]最喜欢讨论的课题之一，就是中国的官僚政治。这的确是一个重要的课题，然而由于中国的历史发展较一般国家更为悠久，几经重大的动乱，因此从其政治、经济、社会等诸方面来看，不可将数千年视为一个模式；又由于国家幅员广大，各地区有其特殊的生态环境，虽然其整个发展的方向可能是基本一致的，但亦不能忽略殊途同归中"殊途"的历史意义，因此任何新的支流都可能改变或修正主流文化的实质内容。白乐日将中国官僚政治数千年的历史发展视为不变之体，引为中国政治、社会之重要特点；艾森斯塔特在比较历史上

---

[1] 中国学者如萨孟武、陶希圣、劳榦、严耕望等；日本学者如宫崎市定、矢野主税、越智重明、宫川尚志等；欧美学者如艾森斯塔特（S. N. Eisenstadt）、柯睿格（E. A. Kracke）、白乐日（E. Balazs）、杜希德（D. C. Twitchett）、魏特夫（K. A. Wittfogel）。

各大帝国政治制度时，亦将数千年视为一个模式；我们研究国史时不可如此笼统，我们要通过各个时代的个案研究，理出哪些因素不变，哪些因素改变，甚或增加了哪些因素，这中间是错综复杂的，也许正因增加或改变某些部分才使得整个架构更适应新的政治、社会之需要，而不被淘汰，制度与人物一样，江山代出英豪，不断更新才能长青。

本文选择将五代时期做个案研究，这是一个政治上动荡的时代，短短六十年之中，北中国经历大唐、后梁、后唐、后晋、后汉、后周、北宋等朝代，在变乱中求其延续性与安定时求其一贯性同样重要，甚或更加重要；这个时代在社会史上介于中古与近古之间，我们要观察当时扬弃了哪些因素，新增了哪些因素，才使得政治、社会的活力复苏，从而增长并延续政治发展及社会进展的气势。

文职官吏与武职官吏有若干重要的差异，仍需分别讨论，本节专研究文职部分，第一部分先观察人物在朝代之间的延续现象。

一般而论，一个从中央权臣经由篡弑而改朝换代者，其人事变更较少；一个由地方兴起或凭战争推翻前朝的政权，其人事变更较多。下列因素也具有巨大的影响，如：前朝与后朝统治阶层的社会阶级是否相同、种族是否相同、地区差异是否巨大、前后朝仇视之程度是否严重、统治阶层文化之差异是否巨大，甚或宗教因素、学派因素及政策因素、主义因素之差别程度如何。大唐与后梁之间的关系如何呢？

（一）大唐、后梁间文职之禅代

朱全忠（温）出身为一介平民，"昆仲三人，俱未冠而孤，母携养寄于萧县人刘崇之家"[1]。其非官宦之家，甚至连自耕的产业都没有，他

---

[1] 引文录自《旧五代史》卷一《梁书·太祖纪第一》。又《五代史记》卷一《梁本纪》云："其父诚，以五经教授乡里。……诚卒，三子贫，不能为生，与其母佣食萧县人刘崇家。"

们可能是农村中游离出来的人力。在太平盛世，他们可能过着帮闲生活，在灾难的岁月，他们最先承受饥寒的压迫，也是动乱的火苗，故"唐僖宗乾符中，关东荐饥，群贼啸聚。黄巢因之起于曹、濮，饥民愿附者凡数万。帝（朱温）乃辞崇家，与仲兄存俱入巢军，以力战屡捷，得补为队长"[1]。从这些记载观察，朱温及其家庭与大唐的统治阶级处于两种极端不同的环境，而其在青少年阶段，对于大唐政府不会具有好感。当时参加农民运动的徒众迫于饥馑，大部分并没有崇高的政治理想，所以内部意见不甚一致，利害关系与投机心理是若干头目的行事准则，尤其当有外力诱惑之时更为明显。所以当黄巢军露出败迹时，朱温接受大唐之招安，赐名全忠。他从河中行营副招讨使晋升为宣武军节度使，并由一个节度使发展成兼领四个节度使后继续扩张。从种种迹象来看，朱全忠并不是一个对大唐中央恭顺的藩镇节度使，但毕竟他还打着大唐的旗号，与大唐维持一定程度的关系，和黄巢军与大唐截然对立的态势有极大差异。朱全忠与唐中央的这层关系使其在发展过程中招揽文职官吏时有若干方便，因为担任朱全忠之文职官吏并不会全然被指控为叛逆。天祐元年（904）闰四月，朱全忠迫昭宗迁都洛阳，而河南之地乃朱氏直隶势力的大本营，故与朱全忠对抗的李克用泣谓其下曰："乘舆不复西矣。"[2]这项行动的成功，使朱全忠从强藩一跃而兼具中央权臣的身份。他走的是曹操挟天子以令诸侯的老路，虽然安史乱后唐中央不振几达一百五十年，唐帝的利用价值已显然不及汉帝，然而朱全忠的收获并不小：朱氏由于出身寒微，虽然武力节节扩充，但对于建立帝国所需的官僚体系，

《五代史记》卷一三《梁家人传》："太祖启曰：'朱五经平生读书，不登一第，有子为节度使，无忝于先人也。'"又《北梦琐言》卷一七："祖信，父诚，皆以教授为业。……语及家事，谓母曰：'朱氏辛苦业儒，不登一命，今有子为节度使，无忝先人矣。'"
[1]《旧五代史》卷一《梁书·太祖纪第一》。
[2]《新唐书》卷二一八《沙陀列传》。

尤其文职官吏的任免与运作，尚极生疏，迁唐帝于洛阳正是给了其学习的机会。若从政权转移观点而论，因为有这种种微妙的关系存在，在朱梁暴戾性格（对大唐统治阶级而言）之中，仍有和平继承的部分。所谓暴戾性格，充分表现在天祐元年（904）八月壬寅弒昭宗[1] 于椒殿，及天祐二年（905）六月戊子杀许多士族于白马驿[2]；至于和平继承部分，形式上大唐与后梁政权之转移通过禅让方式，而梁太祖即位之制，其中有曰："凡曰轨仪，并遵故实。姬庭多士，比是殷臣；楚国群材，终为晋用。历观前载，自有通规，但遵故事之文，勿替在公之效。应是唐朝中外文武旧臣，见任前资官爵，一切仍旧。凡百有位，无易厥章，陈力济时，尽瘁事我。"[3] 这些话可能是官样文章，大唐旧臣在天祐年间被朱全忠更替不少，然而这总比整个推翻为好，后梁在官僚体系方面仍需依赖大唐旧臣，我们应从实际统计数字（表 8-1）中探寻。

表 8-1　大唐旧臣仕后梁统计表（文职）[4]

	数量 / 人	百分比 / %[5]
大唐旧臣仕后梁	35	53.0
后梁新仕者	31	47.0
后梁文职总数	66	100

上项统计显示：大唐旧臣仕后梁与后梁新仕者比例为 53∶47，并没有如梁太祖制诰所言"唐朝中外文武旧臣，见任前资官爵，一切仍旧"，

---

[1]《旧唐书》卷二〇上《昭宗本纪》，天祐元年八月。

[2]《旧唐书》卷二〇下《哀帝本纪》，天祐二年六月。

[3]《旧五代史》卷三《梁书·太祖纪第三》，开平元年（907）正月。

[4] 人物取自《旧五代史》《宋史》。

[5] 下文中"数量 / 人"本文下均略写为"N"，"百分比 / %"均略写为"%"。

因为朱全忠并非在大唐旧臣之外大量任命忠于他的大臣，而是先降叙、斥退或杀戮一些大唐旧臣而后代之以忠后梁者，所以 53∶47 可代表更换率。若从朱全忠迁昭宗于洛阳时开始观察其人事变动，如下：

朱全忠先击杀朝廷中掌有实权而可能不利己者：

> （天复三年十二月丙申）汴州扈驾指挥使朱友谅杀胤及元规、皇城使王建勋、飞龙使陈班、阁门使王建裒、客省使王建乂、前左仆射上柱国河间郡公张濬。全忠将逼车驾幸洛阳，惧胤、濬立异也。[1]

而代之以无实权但在唐廷稍具人望者、投其所好者（柳璨曾草制敕胤死）：

> （天复三年十二月）辛巳，制以礼部尚书独孤损为兵部侍郎、同平章事。……天祐元年春正月丁酉朔，以翰林学士、左拾遗柳璨为右谏议大夫、同平章事，赐紫金鱼袋。己亥，制以兵部尚书崔远为中书侍郎、同平章事、集贤殿大学士。[2]

将入洛之前，朱全忠先坑杀昭宗之内官及侍卫：

> （天祐元年）闰四月……从上东迁者，唯诸王、小黄门十数，打球供奉内园小儿共二百余人。全忠在陕，仍虑此辈为变，欲尽去之，以汴卒为侍卫。……因会设幄，酒食次并坑之，乃以谋逆闻。由是帝左右前后侍卫职掌，皆汴人也。[3]

至此内廷已完全掌握在朱全忠之手。天祐元年（904）八月十二日，

---

[1]《旧唐书》卷二〇上《昭宗本纪》。崔胤时为唐室执事宰相，并负责东迁事。郑元规是太子宾客，守刑部尚书，兼京兆尹，六军诸卫副使，时掌诸卫军。

[2]《旧唐书》卷二〇上《昭宗本纪》。

[3]《旧唐书》卷二〇上《昭宗本纪》。

朱全忠令亲信左龙武统军朱友恭、右龙武统军氏叔琮及投机大臣枢密使蒋玄晖等弑昭宗；翌日，蒋玄晖矫宣遗诏扶李柷（昭宗第九子）即皇帝位，是为哀帝。按朱全忠自迁帝至洛阳，便得到了调整中央官僚体系的机会以及任命亲己官吏的时间，他利用投机者与唐室旧臣间之矛盾，先清除唐室中不明确支持他的大臣，再清除投机者，其次第行动甚为明显。投机者与唐室旧臣间之矛盾，以柳璨、蒋玄晖、张廷范等人所掀起的白马驿之祸最为著名。

《旧唐书》卷一七九《柳璨传》：

> 以谏议大夫平章事，改中书侍郎。任人之速，古无兹例。同列裴枢、独孤损、崔远皆宿素名德，遽与璨同列，意微轻之，璨深蓄怨。昭宗迁洛，诸司内使、宿卫将佐，皆朱全忠腹心也，璨皆将迎，接之以恩，厚相交结，故当时权任皆归之。……蒋玄晖、张廷范谋杀衣冠宿望难制者，璨即首疏素所不快者三十余人，相次诛杀，班行为之一空，冤声载路。

白马驿之祸遇害者有："（宰相贬）陇州司户裴枢、（宰相贬）琼州司户独孤损、（宰相贬）白州司户崔远、（前宰相、吏部尚书贬）濮州司户陆扆、（工部尚书贬）淄州司户王溥、（特进检司待守太保贬）曹州司户赵崇、（兵部侍郎贬）濮州司户王赞等。""'委御史台差人所在州县各赐自尽。'时枢等七人已至滑州，皆并命于白马驿，全忠令投尸于河。"又"敕：密县令裴练贬登州牟平尉，长水令崔仁略淄州高苑尉，福昌主簿陆珣沂州新泰尉，泥水令独孤韬范县尉，并员外置，皆裴枢、崔远、陆扆宗党也"。[1]

狡兔死而走狗烹。接着，朱全忠清除投机不稳者："（天祐二年十一

---

[1]《旧唐书》卷二〇下《哀帝本纪》。

月）全忠怒蒋玄晖、张廷范、柳璨等谋延唐祚，而欲郊天改元。……

（十二月）乙未，敕：枢密使蒋玄晖宜削在身官爵，送河南府处斩。丰

德库使应顼、尚食使朱建武送河南府决杀。……（癸丑）柳璨责授朝

议郎，守登州刺史。又敕：太常卿张廷范，太常少卿裴涧、温瓒，祠

部郎中知制诰张茂枢等，蒋玄晖在枢密之时，与柳璨、张廷范共为朋

扇。……柳璨……斩于上东门外。又敕：张廷范……以五车分裂。温瓒、

裴涧、张茂枢并除名，委于御史台所在赐自尽。柳璨弟瑀、瑊，送河南

府决杀。"[1]

　　从以上分析可知，白马驿之祸虽然是部分人对清流士族的报复行为，

但同时也是朱全忠清除异己、换代官僚体系的计划行动之一部分。朱全

忠的行为法则一如历代其他篡位者，以忠于自己为标准，而非以出身背

景为标准。兹统计后梁文职官吏身份如下（表 8-2）[2]：

---

[1]《旧唐书》卷二〇下《哀帝本纪》。

[2] 有关五代时期官吏家庭背景之标准划分，远较魏晋南北朝隋唐时期困难，因为依据作
者以及若干日本学者之看法，五代乃中国中古期与近古期的转变阶段，有些人物从旧架构
中游离出来，有些以前并不重要的人物已渐渐可立为新类。本文仍以当时社会实情与研究
便利两大原则为五代官吏身份分类之准则。即便如此，五代文武进职的分类方式亦并非完
全一致。以文职官吏而言，本文将当时社会分为三大层次，即士族类、小姓类、平民类，
基本上与作者以前几篇研究中古时期的三大类相似，如此可以前后比较，并观察士族类之
消融情况，但在小姓类方面亦小有差异，主要是为了配合五代政治、社会实情而定。说明
如下：

士族类：（1）旧族——指魏晋南北朝以来的旧有大士族。

　　　　（2）新族——指隋唐形成的大族，或三世五品官以上之士族。

小姓类：（1）累世低品——三世六品以下之家族，或累世地方豪强。

　　　　（2）一世官宦——父祖之一任官者。

平民类：魏晋时期史籍记载将平民称为寒素，以与大士族对称，五代时期大士族已失去绝
对优势，寒素一词已渐消失，故称为平民类，包括吏、商、农、僧、道、医、阉、儒等，
本文将儒、吏划出，其他数量过少而合为一项。

本文以后诸统计表中有关于文职官吏出身背景者，沿用上项划分标准。

表 8-2　后梁文职官吏身份统计表

士族	旧族	N	24
		%	36.4
	新族	N	11
		%	16.7
	小计	N	35
		%	53.0
小姓	累世低品	N	2
		%	3.0
	一世官宦	N	8
		%	12.1
	小计	N	10
		%	15.2
平民	儒	N	13
		%	19.7
	吏	N	2
		%	3.0
	其他	N	1
		%	1.5
	不详	N	5
		%	7.6
	小计	N	21
		%	31.8
合计		N	66
		%	100

以文职官吏而言，后梁士族类仍占 53.0%，这是五代诸朝士族类占比最高者，其中旧族占 36.4%，与拙作《中国中古社会史略论稿》中，大唐末期的趋势相契合，而较其后诸朝占比为高。平民类升高，但亦未超过三分之一。凡此皆说明后梁文职官吏并未以身份标准替换，士族成分占比仍高。

经过约三年时间的清理与调整，朱全忠大约保留 53.0% 的大唐旧臣，他的收获则是不太激烈地接收了官僚体系，文职官吏部分尤其是朱全忠建立帝国时较为陌生与欠缺的方面，这些大唐旧臣实际上担负起了政治延续的工作。

（二）后唐文职之膨胀

后唐以河东节度使为其发轫地，且一直保留为一个小独立单位，当后梁极盛时，一度仅有太原附近地区，战无宁岁，且代晋尚武，故文职官吏记载在初期极少，待其势力伸张至魏博河北之地，始渐渐吸收文士为其理财治事。

后梁与后唐之间的换朝，远较大唐与后梁之间为突然。河南朱氏与河东李氏经数十年鏖战，后唐庄宗李存勖在一次孤注一掷的军事突袭中覆后梁，双方仇怨较深，其间亦没有经过政权转移的缓冲时期。史书上虽无大量诛杀文职官吏的记载，然高阶层文职官吏的替换以及后梁臣不被信任，乃极易理解之事。解决其中困难的方法是大量引进新人。后梁、后唐文职官吏通朝仕宦的人数与比例统计于下（表 8-3）：

表 8-3　后梁、后唐文职官吏通朝仕宦统计表

	后梁		后唐	
	N	%	N	%
始于大唐	35	53.0	31	20.0
始于后梁	31	47.0	29	18.7
始于后唐	—	—	95	61.3
合计	66	100	155	100

后唐新任文职官吏占 61.3%，与后梁不足半数有很大差别。事实上，在文职官吏部分，后唐灭后梁后并未大量免除官吏，只是大量引用新的

文职官吏，此点将在下文细论。后唐虽亦开科举，但所录人数甚少，文官之主要来源为荐举、荫任及恩幸特任，此三途新进者甚多，已近泛滥。就以铨叙之弊而言，如：

《旧五代史》卷三二《唐书·庄宗纪第六》，同光二年（924）九月戊申：

> 侍中郭崇韬奏："应三铨注授官员等，内有自无出身入仕，买觅鬼名告敕；今将骨肉文书，揩改姓名；或历任不足，妄称失坠；或假人荫绪，托形势论属，安排参选，所司随例注官。如有人陈告，特议超奖；其所犯人，检格处分；若同保人内有伪滥者，并当驳放。应有人身死之处，今后并须申报本州，于告身上批书身死月日分明付子孙。今后铨司公事，至春末并须了毕。"从之。铨综之司，伪滥日久，及崇韬条奏之后，澄汰甚严，放弃者十有七八，众情亦怨之。

《旧五代史》卷六七《唐书·韦说传》：

> 或有言于崇韬，铨选逾滥，选人或取他人出身衔，或取父兄资绪，与令史囊橐罔冒，崇韬乃条奏其事。其后郊天，行事官数千人，多有告敕伪滥，因定去留，涂毁告身者甚众，选人号哭都门之外。议者亦以为积弊累年，一旦澄汰太细，惧失维新含垢之意。时说与郭崇韬同列，不能执而止之，颇遭物议。

原来李克用父子在朱氏统治中原时期仍旧袭用大唐昭宗天祐年号，天祐二十年（923）李存勖奄有中原，即帝位，国号仍称唐，改元同光，视大唐为"王室""国朝"，是故后唐以"中兴"自许，文物亦以继大唐为准则，但大唐末期中央已极紊乱，复经后梁一朝，袭荫之事真假莫辨，前资真伪亦甚不明，后唐立国后有此类官员大量冒进，郭崇韬稍阻遏其势，未必能理清。从《旧五代史·唐书·韦说传》所载之言，时阻力甚大，故后唐明宗再次提及同一问题。《旧五代史》卷四二《唐书·明宗纪第八》，长兴二年（931）五月乙酉：

> 诏："应见任前资守选官等，所有本朝及梁朝出身历任告身，并仰送纳，委所在磨勘，换给公凭，只以中兴已来官告，及近受文书叙理。其诸色荫补子孙，如非虚假，不计庶嫡，并宜叙录；如实无子孙，别立人继嗣，已补得身名者，只许叙荫一人。其不合叙使文书，限百日内焚毁须绝。此后更敢将合焚文书参选求仕，其所犯之人并传者，并当极法。应合得资荫出身人，并须依格依令施行。"

明宗此次似乎较前严格施行，《旧五代史》卷四二《唐书·明宗纪第八》长兴二年五月载：

> 鸿胪卿柳膺将齐郎文书卖与同姓人柳居则，伏罪，大理寺断当大辟，缘经赦减死，追夺见任官，终身不齿。

诸道使相推荐人数亦见增加，如长兴二年七月乙未诏[1]。

后唐庄宗喜任幸佞之人为官，《旧五代史》卷三二《唐书·庄宗纪第六》，同光二年（924）夏五月壬寅：

> 以教坊使陈俊为景州刺史，内园使储德源为宪州刺史，皆梁之伶人也。初，帝平梁，俊与德源皆为宠伶周匝所荐，帝因许除郡，郭崇韬以为不可，伶官言之者众，帝密召崇韬谓之曰："予已许除郡，经年未行，我惭见二人，卿当屈意行之。"故有是命。

《旧五代史》卷三二《唐书·庄宗纪第六》同光二年十二月壬申：

> 以教坊使王承颜为兴州刺史。

---

[1]《旧五代史》卷四二《唐书·明宗纪第八》。

《旧五代史》卷三四《唐书·庄宗纪第八》，同光四年（926）二月丙申：

> 武德使史彦琼者，以伶官得幸，帝待以腹心之任，都府之中，威福自我,（王）正言已下，皆胁肩低首，曲事不暇。由是政无统摄，奸人得以窥图。

伶官本是宫中人物，今皆走出宫门而入官僚体系，有的甚且掌权，有的更因此左右用人，如《旧五代史》卷三四《唐书·庄宗纪第八》，同光四年二月甲午：

> 以乐人景进为银青光禄大夫、检校右散骑常侍、守御史大夫。进以俳优嬖幸，善采访闾巷鄙细事以启奏，复密求妓媵以进，恩宠特厚。魏州钱谷诸务，及招兵市马，悉委进监临。孔谦附之以希宠，常呼为"八哥"。诸军左右无不托附，至于士人，亦有因之而求仕进者。

后唐新进的文职官吏占 61.3%，在行政方面可能产生衔接问题，而在短时期内大量引入的新人，有的水平并不是很好，吏治可想而知，垂后唐之末，这也成为其重要弊端。《旧五代史》卷四七《唐书·末帝纪中》，清泰二年（935）三月：

> 太常丞史在德上疏言事，其略曰："朝廷任人，率多滥进。称武士者，不闲计策，虽披坚执锐，战则弃甲，穷则背军。称文士者，鲜有艺能，多无士行，问策谋则杜口，作文字则倩人。所谓虚设具员，枉耗国力。逢陛下惟新之运，是文明革弊之秋。臣请应内外所管军人，凡胜衣甲者，请宣下本部大将一一考试武艺短长，权谋深浅。居下位有将才者便拔为大将，居上位无将略者移之下军。其东班臣僚，请内出策题，下中书令宰臣面试。如下位有大才者便拔居

大位，处大位无大才者即移之下僚。"其疏大约如此。……中书覆奏亦驳其错误。帝召学士马裔孙谓曰："史在德语太凶，其实难容。朕初临天下，须开言路，若朝士以言获罪，谁敢言者！尔代朕作诏，勿加在德之罪。"

后梁与后唐改朝换代时，宰相级人物变更甚多，如《旧五代史》卷三〇《唐书·庄宗纪第四》，同光元年（923）冬十月丙戌：

> 伪宰相郑珏等一十一人，皆本朝簪组，儒苑品流。……而全亏名节，合当大辟，无恕近亲。……乃贬梁宰相郑珏为莱州司户，萧顷为登州司户，翰林学士刘岳为均州司马，任赞房州司马，姚颢复州司马，封翘唐州司马，李怿怀州司马，窦梦徵沂州司马，崇政院学士刘光素密州司户，陆崇安州司户，御史中丞王权随州司户，并员外置同正员。……敬翔、李振，首佐朱温，共倾唐祚，屠害宗属，杀戮朝臣。……其余文武职员将校，一切不问。……赵岩、张希逸、张汉杰、张汉伦、张汉融、朱珪、敬翔、李振及契丹撒剌阿拨等，并其妻孥，皆斩于汴桥下。

后唐自建立王朝，有若干官吏为新进，有若干官吏为调升或超升，其官僚体系的运作有时显得紊乱，同光之初的部分宰相即属此例。《旧五代史》卷六七《唐书·豆卢革传》云：

> 天祐末，庄宗将即位，讲求辅相，卢质以名家子举之，征拜行台左丞相。同光初，拜平章事。及登廊庙，事多错乱，至于官阶拟议，前后倒置，屡为省郎萧希甫驳正，革改之，无难色。庄宗初定汴、洛，革引荐韦说，冀谙事体，与己同功。说既登庸，复事流品，举止轻脱，怨归于革。……革自作相之后，不以进贤效能为务，唯事修炼，求长生之术，尝服丹砂，呕血数日，垂死而愈。

《旧五代史》卷六七《唐书·卢程传》云：

> 庄宗将即位，求四镇判官可为宰辅者。时卢汝弼、苏循相次沦没，当用判官卢质。质性疏放，不愿重位，求留太原，乃举定州判官豆卢革，次举程，即诏征之，并命为平章事。程本非重器，骤历显位，举止不恒。时朝廷草创，庶物未备，班列萧然，寺署多缺。程、革受命之日，即乘肩舆，驺导喧沸。庄宗闻呵导之声，询于左右，曰："宰相担子入门。"庄宗骇异，登楼视之，笑曰："所谓似是而非者也。"

官僚体系运作未成熟的另一现象是升迁紊乱，如《旧五代史》卷三九《唐书·明宗纪第五》，天成三年（928）五月辛酉：

> 诏曰："……近代已来，文臣官阶稍高，便授柱国，岁月未深，便转上柱国。武资初官，便授上柱国。今后凡加勋，先自武骑尉，十二转方授上柱国，永作成规，不令逾越。"

又因官吏任命过多，薪俸虚折。如《旧五代史》卷七三《唐书·孔谦传》载：

> 以谦为租庸使。谦以国用不足，奏："诸道判官员数过多，请只置节度、观察、判官、书记、支使、推官各一员，留守置判官各一员，三京府置判官、推官，余并罢俸钱。"又奏："百官俸钱虽多，折支非实，请减半数，皆支实钱。"并从之。未几，半年俸复从虚折。

在五代各朝中，有关文官体系紊乱的现象，后唐的记载显然是数量最多、程度较为严重的，这也符合本文统计所示：后唐新任者较多也。然而，其中仍有近40%的官吏属于前朝官宦者（包括大唐及后梁），政治延续方面虽有裂痕，但并未中断。如《旧五代史》卷三二《唐书·庄宗纪第六》，同光二年（924）八月丁亥：

中书门下侍郎奏："请差左丞崔沂，吏部尚书崔贻孙，给事中郑韬光、李光序，吏部员外郎卢损等，同详定选司长定格、循资格、十道图。"从之。[1]

《五代会要》卷二○《选事上》：

后唐同光二年八月，中书门下奏："吏部三铨下省南曹废置甲库格式流外铨等司公事，并系长定格、循资格、十道图等格式。前件格文，本朝创立，检制奸滥，伦叙官资，颇谓精详，久同遵守。自乱离之后，巧伪滋多，兼同光元年八月，车驾在东京，权判南曹工部员外郎卢重《本司起请》一卷，益以兴复之始，务切怀来，凡有条流，多失根本，以至冬集赴选人，并南郊行事官，及陪位宗子，共一千三百余人，铨曹检勘之时，互有援引，去留之际，不绝争论，若又依违，必长讹滥，望差权判尚书省铨左丞崔沂，吏部侍郎崔贻孙，给事中郑韬光、李光序，吏部员外郎卢损等，同详定旧长定格、循资格、十道图，务令简要，可久施行。"从之。

文中"本朝"系指大唐，盖后唐自认继承大唐，其国号本名"唐"，史家冠以"后"字，以与大唐分别。按"循资格"这一办法在大唐以裴光庭最闻名。《新唐书》卷一○八《裴行俭传·附光庭传》："初，吏部求人不以资考为限，所奖拔惟其才，往往得俊乂任之，士亦自奋。其后士人猥众，专务趋竞，铨品枉桡。光庭惩之，因行俭长名榜，乃为循资格，无贤不肖，一据资考配拟。"每当滥进、冒进、破格任用等现象大量

---

[1]《旧五代史》卷六八《唐书·崔沂传》载，崔沂仕大唐、后梁、后唐。《旧五代史》卷六九《唐书·崔贻孙传》载，崔贻孙仕大唐、后唐。《旧五代史》卷九二《晋书·郑韬光传》载，郑韬光仕大唐、后梁、后唐、后晋。《旧五代史》卷一二八《周书·卢损传》载，卢损仕后梁、后唐、后晋、后汉、后周。

出现时，就有人建议循资格，使政治不致过分紊乱。此虽不能阻遏后唐大量用人之政策，但对部分冒进现象稍有限制。后唐文职官吏之膨胀，使新进人员占多数比例，新局面下文职官吏之地域分布状况（表8-4），值得予以注意。

表8-4　后梁、后唐文职官吏所在地域分布统计表[1]

	河东		河北		河南		平卢徐淮		关中陇西		其他		合计	
	N	%	N	%	N	%	N	%	N	%	N	%	N	%
后梁	11	16.7	14	21.2	16	24.2	4	6.1	13	19.7	8	12.1	66	100
后唐	20	12.9	52	33.5	22	14.2	16	10.3	26	16.8	19	12.3	155	100

后梁乃河南政权，河南文职官吏占24.2%，不足为怪；河北、关中陇西皆在20%上下；河东虽偏低，但亦有16.7%。大体而言，各地区尚称均衡，这可能是后梁延用许多大唐中央政府文士的结果。然后唐发迹于河东，河东文职官吏反而降为12.9%，关中陇西降至16.8%，河南骤降至14.2%，独河北升至33.5%，呈一枝独秀，颇值得重视。这是"关中本位"瓦解以后，河北优势的滥觞。

以上对大唐与后梁、后梁与后唐换代时之分析，乃基于这两个时期之特点值得特别注意之故。本文的重点为文职官吏与政治延续性之关系，这一点需要透过通朝仕宦的实际情况才能获得全貌。

---

[1] 地域之划分以当时政治地理为标准，将北中国分为若干大地区，以资观察与比较（本文其后内容有关地域划分亦依此标准）。

河东：河东（太原）、河中、振武等节度使。

河北：魏博、昭义、河阳、成德、义武军、卢龙军节度使。

河南：河南府、义成、宣武、淮西、襄阳、陕虢等节度观察使。

平卢徐淮：青、淄、齐、郓、兖、濮、沂、密、登、莱等州。淮南、武宁军节度使。

关中陇西：关中、陇西之地。

其他：包括江南与未详者。

（三）后晋、后汉、后周职业文职官吏之延续

五代职业文职官吏的延续，从表 8-5 中更能看得适切。

表 8-5　五代文职官吏通朝仕宦比例统计表[1]

	后梁		后唐		后晋		后汉		后周	
	N	%	N	%	N	%	N	%	N	%
始于大唐	35	53.0	31	20.0	8	6.3	2	2.0	2	1.8
始于后梁	31	47.0	29	18.7	20	15.9	10	10.2	10	9.1
始于后唐	—	—	95	61.3	67	53.2	41	41.8	31	28.2
始于后晋	—	—	—	—	31	24.6	27	27.6	25	22.7
始于后汉	—	—	—	—	—	—	18	18.4	17	15.5
始于后周	—	—	—	—	—	—	—	—	25	22.7
合计	66	100	155	100	126	100	98	100	110	100

[1] 本文统计五代文职官吏人数以《旧五代史》为主体。《新五代史》(《五代史记》) 立传，《旧五代史》未见立传者（人物出处在后括号内简写为"新 + 所在卷数"），有：张源德（新 33）、翟进宗（新 33）、孔循（新 43）、刘景岩（新 47）、王弘贽（新 48）、娄继英（新 51）、王景崇（新 53）、* 何瓒（新 28）、* 石昂（新 34）、* 杨涉（新 35）、* 裴迪（新 43）、* 皇甫晖（新 49）、* 崔居俭（新 55）、* 何泽（新 56）、* 王松（新 57）。以上十五人补入《旧五代史》人物，合并统计（* 符号者为文职）。韦震（新 43），卒于后梁建国以前，不予计入。
敬新磨、景进、史彦琼、郭从谦，皆《伶官传》(新 37) 人物，不予计入。
卢光稠、谭全播，皆羁縻节度使 (新 41)，不予计入。
郑遨、李自伦，皆《一行传》(新 34) 人物，未仕，不予计入。
取自《宋史》者凡八十二人。本文中出自《宋史》之传者后括号内标注时简写为"宋 + 所在卷数"。如下：范质（宋 249）、王溥（宋 249）、魏仁浦（宋 249）、赵普（宋 256）、李崇矩（宋 257）、吴廷祚（宋 257）、潘美（宋 258）、张美（宋 259）、曹翰（宋 260）、张锡（宋 262）、张铸（宋 262）、刘温叟（宋 262）、昝居润（宋 262）、王易简（宋 262）、窦贞固（宋 262）、李瀚（宋 262）、李穀（宋 262）、李涛（宋 262）、赵上交（宋 262）、边归谠（宋 262）、刘涛（宋 262）、边光范（宋 262）、刘载（宋 262）、程羽（宋 262）、张昭（宋 263）、窦俨（宋 263）、窦仪（宋 263）、窦偁（宋 263）、吕余庆（宋 263）、刘熙古（宋 263）、李穆（宋 263）、薛居正（宋 264）、卢多逊（宋 264）、宋琪（宋 264）、李昉（宋 265）、杨昭俭（宋 269）、陶毅（宋 269）、扈蒙（宋 269）、王著（宋 269）、王祐（宋 269）、鱼崇谅（宋 269）、

表 8-5 所示，后唐新进文职官吏占 61.3%，自此以后，这批后唐引进的文职官吏在后晋、后汉、后周诸朝皆占较大比例，后唐文职官吏虽然在后晋、后汉、后周诸朝以 10% 左右的幅度骤降，但即使在后周亦占 28.2%。从另一角度而言，后晋新进文职官吏占 24.6%，其余 75.4% 系承自大唐、后梁、后唐者。后汉新进文职官吏仅占 18.4%，其余 81.6% 承自前列诸朝。前朝有大批的文职官吏在新朝继续任职，构成后唐、后晋、后汉、后周之特殊现象。其政治具有高度的承袭力，自不言而喻。魏晋南北朝时的南朝，贰臣极为普遍。五代时由于朝代存在极短，仕宦超过两个朝代者甚多，又较南朝更进一层了。为了明确政治之延续与人物之通宦朝仕，且观察表 8-6 所示。

表 8-6 中明显表示出绝大多数文职官吏皆任职两朝或两朝以上。907—960 年这五十四年间，纵贯有大唐、后梁、后唐、后晋、后汉、后周、宋七个朝代，身历六个朝代者凡得七人。其中两人历大唐、后梁、后唐、后晋、后汉、后周：

> 杨凝式，华阴人也。……唐昭宗朝，登进士第，解褐授度支巡官，再迁秘书郎，直史馆。梁开平中，为殿中侍御史、礼部员外郎、三川守……充留守巡官。……奏为集贤殿直学士，改考功员外郎。唐同光初，授比部郎中、知制诰。……改给事中、史馆修撰，判馆事。明宗

张澹（宋 269）、高锡（宋 269）、剧可久（宋 270）、赵逢（宋 270）、边珝（宋 270）、段思恭（宋 270）、颜衍（宋 270）、苏晓（宋 270）、高防（宋 270）、王明（宋 270）、许仲宣（宋 270）、杨克让（宋 270）、侯陟（宋 270）、董枢（宋 270）、冯瓒（宋 270）、李谦溥（宋 273）、张保续（宋 274）、张延通（宋 274）、王赞（宋 274）、田钦祚（宋 274）、梁迥（宋 274）、丁德裕（宋 274）、赵玭（宋 274）、孔承恭（宋 276）、刘蟠（宋 276）、刘保勋（宋 276）、雷德骧（宋 278）、赵安仁（宋 287）、田敏（宋 431）、崔颂（宋 431）、聂崇义（宋 431）、尹拙（宋 431）、郑起（宋 439）、赵邻几（宋 439）、梁周翰（宋 439）、和岘（宋 439）、冯吉（宋 439）、高頔（宋 440）、韩溥（宋 440）、李度（宋 440）、鞠常（宋 440）。其中窦贞固、李瀚、颜衍等三人虽列传于《朱史》，但官于五代，未见仕宋。

表 8-6　五代文职官吏通朝仕宦统计表

大唐	后梁	后唐	后晋	后汉	后周	说明	宋
15 →						大唐、后梁	
蜀越2 →						（蜀越）后梁	
0						后梁	
14	14 →					大唐、后梁、后唐	
	9 →					大唐　　　后唐	
9	9					后梁、后唐	
	蜀幽3 →					（蜀幽）后唐	
	25 →					后唐	
4	4	4 →				大唐、后梁、后唐、后晋	
	2	2 →				大唐　　　后唐、后晋	
10	10	10 →				后梁、后唐、后晋	
	契丹1	1 →				（契丹）后唐、后晋	
	25	25 →				后唐、后晋	
		4 →				后晋	
	10	10	10 →			后唐、后晋、后汉	
		2	2 →			后晋、后汉	
			1 →			后汉	
2	2	2	2	2 →		大唐、后梁、后唐、后晋、后汉、后周	
10	10	10	10	10 →		后梁、后唐、后晋、后汉、后周	5 → 宋
	前蜀1	1	1	1 →		前蜀、后唐、后晋、后汉、后周	
	30	30	30	30 →		后唐、后晋、后汉、后周	15 → 宋
		25	25	25 →		后晋、后汉、后周	22 → 宋
			17	17 →		后汉、后周	15 → 宋
				25 →		后周	22 → 宋
66	155	126	98	110			79

即位，拜中书舍人。……长兴中，历右常侍、工户二部侍郎……改秘书监。清泰初，迁兵部侍郎。……晋天福初，改太子宾客，寻以礼部尚书致仕。……晋开运中……奏除太子少保。……汉乾祐中，历少傅、少师。……（周）广顺中……寻以右仆射得请。显德初，改左仆射，又改太子太保，并悬车。元年冬，卒于洛阳，年八十五。[1]

---

[1]《旧五代史》卷一二八《周书·杨凝式传》，《周书》卷一九《杨凝式传》。

　　裴羽，字用化，唐僖宗朝宰相赞之子也。羽少以父任为河南
寿安尉。入梁，迁御史台主簿，改监察御史。唐明宗时，为吏部郎
中。……晋初，累迁礼部侍郎、太常卿。（周）广顺初，为左散骑常
侍，卒。[1]

历后梁、后唐、后晋、后汉、后周、宋六朝者凡五人，皆见于《宋
史》。如下[2]：

　　王易简……梁乾化中……举进士……辟观察支使……著作
郎……右拾遗……邓州节度推官。后唐同光中……为（招讨使）巡
官，改魏王都督府记室参军。明宗即位……辟为掌书记。……召为
祠部员外郎，改水部郎中、知制诰，拜中书舍人。晋初，赐金紫，
判弘文馆、史馆事。……又拜御史中丞，历右丞、吏部侍郎、左丞、
判史部铨。……（周）广顺初，迁礼部尚书。……显德四年，告老，
以太子少保致仕，归乡里。宋初，召加少傅。……建隆四年四月，
无疾卒，年七十九。[3]

　　张锡，福州闽县人。梁末……辟为军事判官。……（后唐）同
光末……锡权知州事……后为淄川令……召为监察御史，出为陕、
虢观察判官。晋开运二年，拜右补阙，历起居郎、刑部员外郎、开

---

[1]《旧五代史》卷一二八《周书·裴羽传》，《周书》卷一九《裴羽传》。
[2] 另有一位可能历后梁、后唐、后晋、后汉、后周、宋六朝者："田敏，淄州邹平人。少
通《春秋》之学。梁贞明中登科，调补淄州主簿，不令之任，留为国子四门博士。后唐
天成初，改《尚书》博士，赐绯。满岁，为国子博士。……转屯田员外郎……兼太常博
士。……清泰初，迁国子司业。晋天福四年授祭酒，仍检校工部尚书，俄兼户部侍郎。开
运初，迁兵部侍郎，充弘文馆学士、判馆事。……改授检校右仆射，复为祭酒。汉乾祐中，
拜尚书右丞，判国子监。周广顺初，改左丞。……世宗即位，真拜太常卿、检校左仆射，加
司空。……迁工部尚书。……改太子少保致仕。……恭帝即位，加少傅。开宝四年，卒，年
九十二。"《宋史》卷四三一《儒林列传》。
[3]《宋史》卷二六二《王易简传》。按后汉朝时间仅四年，时有漏记现象。

封府判官、浚仪令、司门驾部二郎中。……周显德中……授右谏议大夫致政。宋初，改给事中。……建隆二年六月，卒于穰下。[1]

　　张铸字司化，河南洛阳人。……梁贞明三年举进士，补福昌卫、集贤校理，拜监察御史，迁殿侍御史。仕后唐，历起居郎、金部员外郎，赐绯，改右司员外郎。明宗初，转金部郎中，赐金紫。……少帝即位，改河南令。开运二年，召为太常少卿……逾年，转右庶子，分司西京。周广顺初，入为左谏议大夫、给事中，使朗州。显德三年，授检校礼部尚书、光禄卿……改秘书监、判光禄寺。宋初，加检校刑部尚书。建隆四年，卒，年七十三。[2]

　　张保续字嗣光，京兆万年人。父洪，唐左武卫上将军，保续以荫补太庙斋郎。梁贞明中，调补临济尉，选充四方馆通事舍人。后唐天成初，领瓜州官告国信副使。郊祀，改右赞善大夫。晋天福中，历太府、光禄二少卿，职同正，领通事舍人。开运二年……充西上阁门副使。……汉乾祐初，出为陇州防御使。周祖革命，召为东上阁门副使……世宗即位，授西上阁门使。……就迁容省使。……宋初，迁卫尉卿。……历事六朝。……建隆三年，卒，年六十四。[3]

　　尹拙，颍州汝阴人。梁贞明五年举三史，调补下邑主簿，摄本镇馆驿巡官。后唐长兴中，召为著作佐郎、直史馆，迁左拾遗……加朝散大夫。应顺初，出为宣武军掌书记、检校虞部员外郎兼殿中侍御史。清泰初，加检校驾部员外郎兼御史大夫。二年，改检校虞部郎中、忠武军掌书记。晋天福四年，入为右补阙。明年，转侍御史。……汉初，召为司马郎中、弘文馆直学士。周广顺初，迁库部

[1]《宋史》卷二六二《张锡传》。
[2]《宋史》卷二六二《张铸传》。
[3]《宋史》卷二七四《张保续传》。

郎中兼太常博士。……显德初，拜检校右散骑常侍、国子祭酒……宋初，改检校工部尚书、太子詹事……迁秘书监、判大理寺。……开宝四年卒，年八十一。[1]

连续仕宦五个朝代者凡二十一人，四朝者四十一人，三朝者五十五人，两朝者八十九人。长乐老冯道实际只宦四朝，但品位极高，"三入中书，在相位二十余年"[2]，所以被视为代表人物。其他官历四朝而品位高者尚有：卢文纪、和凝、苏禹珪、马裔孙等，皆见于《旧五代史》卷一二七。

一个人仕宦多个朝代，并不意味着其子孙必然亦可世代仕宦，这就是五代与魏晋南北朝之间最大的差别。魏晋南北朝时一个人不但自己通朝任官，并且按门第之高下，其子孙亦任高官，于是形成了一种以血缘为基础的阶级，构成独特的社会阶层。五代及身通朝的现象非常普遍，已如上述，是否因此造成累世官宦呢？兹统计如表8-7。

由"五代文职官吏身份比较统计表"观之，士族类自后梁之53.0%，骤降为后唐之34.8%，自此以后屡屡滑落，至后周则仅占20.9%，可谓低矣！五代的五个王朝共五十四年，只能以两个代（generation）计，从其初期与末期比较而观之，士族没落的迹象甚为明显，士族占统治阶层二分之一的现象至此全然改变，这是中古型社会架构的下坡面。一方面，士族类之中的旧族系指魏晋南北朝已存在的大士族，在后梁朝尚有36.4%，至后周仅6.4%矣！另一方面，新族的比例一直在15%左右跳动，没有迹象显示新族不断增加。故五代士族比例之下降乃整个社会阶层的变动，而非个别家族之更动。表8-7显示，小姓类中的一世官宦自后梁之12.1%，缓缓上升至后周之27.3%，这表示有一部分家族出现两代兴衰

---

[1]《宋史》卷四三一《儒林列传》。

[2]《旧五代史》卷一二六《周书·冯道传》。

表 8-7　五代文职官吏身份比较统计表 [1]

		士族		小姓		平民				合计
		旧族	新族	一世官宦	累世低品	儒	吏	其他	不详	
后梁	N	24	11	8	2	13	2	1	5	66
	%	36.4	16.7	12.1	3.0	19.7	3.0	1.5	7.6	100
	小计	53.0		15.2		31.8				
后唐	N	36	18	23	12	29	17	7	13	155
	%	23.2	11.6	14.8	7.7	18.7	11.0	4.5	8.4	100
	小计	34.8		22.6		42.6				
后晋	N	23	19	25	11	28	8	5	7	126
	%	18.3	15.1	19.8	8.7	22.2	6.3	4.0	5.6	100
	小计	33.3		28.6		38.1				
后汉	N	8	14	24	8	30	7	3	4	98
	%	8.2	14.3	24.5	8.2	30.6	7.1	3.1	4.1	100
	小计	22.4		32.7		44.9				
后周	N	7	16	30	7	34	7	5	4	110
	%	6.4	14.5	27.3	6.4	30.9	6.4	4.5	3.6	100
	小计	20.9		33.6		45.5				
总计	N	98	78	110	40	134	41	21	33	555
	%	17.7	14.1	19.8	7.2	24.1	7.4	3.8	5.9	100
	小计	31.7		27.0		41.3				

---

[1] 孙国栋在《唐宋之际社会门第之消融》中，将晚唐、五代、北宋初分为三大段落，比较其社会门第之消融，见《新亚学报》4（1），1959。西川正夫在《華北五代王朝の文臣官僚》一文中，曾将文臣家世分为三大类统计：（1）祖先曾任唐代高级官吏；（2）祖先曾任唐代下级官吏，如县令、主簿等；（3）祖先未载曾任官唐代者。此与本文标准不同，本文除重视祖先官品以外，还重视官宦世系，且旧族与新族同等胪列，不限于仕大唐者也，见《东洋文化研究所纪要》27，1962。

又西川正夫合得五代文臣一百七十九人，本文凡得二百四十六人，见表 8–5 注。

的循环现象，个别的小姓家族变动加大。整体而言，平民的比例较大唐时期为高，尤其后汉、后周时期已达45%左右。

由上列分析可见，五代官吏通朝仕宦的现象，与五代政治延续之关系较为密切。

三、五代军人集团与政权转移

（一）黄河以南军人集团之分类

大唐僖宗中和四年（884）是历史上的一个重要年份，黄巢在这年败亡，而破黄巢的两大军事集团——河东节度使李克用及宣武军节度使朱全忠，亦随即决裂。自此以后，李克用集团成为黄河以北的最大势力，而朱全忠集团成为黄河以南的盟主，这两大势力的竞争，构成五代史的主要景象。朱全忠在五代初期扮演强势角色，他虽然在中和三年（883）已制授宣武军节度使，实际上要到次年中和四年黄巢军瓦解以后才坐稳地盘，然后徐徐发展。从《旧五代史·梁书》诸列传看，后梁朝的许多武职核心分子都是在中和三年至四年这段时间依附朱全忠的。另外，朱全忠亦非常重视初期根据地时代的班底，例如，大唐昭宗天复三年（903）派将兼并青州时，敌对大将刘郡受召愿降，但需青州本使（王师范）归降然后才以城池还纳。朱全忠义之，对刘郡颇为优容。《旧五代史》卷二三《梁书·刘郡传》载："授元从都押牙。太祖牙下诸将，皆四镇旧人，郡一旦以羁旅之臣，骤居众人之右，及与诸将相见，并用阶庭之礼，太祖尤奇重之。未几，表为鄜州留后。"元从人物成为其势力之核心，深受重视，为提高刘郡地位，朱全忠将其视为元从，且居元从辈之首，无怪乎刘郡其后为梁室鞠躬尽瘁，死而后已。缘因朱全忠于中和二年（882）受召归大唐以后，其所接受的旗号皆属大唐，在名义上朱全忠集团上上下下皆为大唐之臣，要待开平元年（907）禅让之刻，才全体变为梁臣，如以此官样形式为准，将无法研究政权转移与人物变迁之关系。故要以当时实情为准。当时在朱全忠麾下的武职官吏实际上以忠于朱氏为主，这才构成朱全忠顺利篡位的本钱。朱氏集团是渐渐扩大的，渐次吞并其他地区，吸收人才，如果将开平元年视为后梁政权正式挂出招牌之际，则中和之末乃后梁政权实际成立之始。也就是说，将中和四年（884）以前参加朱全忠者视为原始梁臣，自此以后，由大唐中央抑或其他节度使处归依朱氏者，视为转朝官宦（初仕即在梁室者，虽在中和四年之后、开平元年之前，当属梁臣）。若比较这两者人物之转移，不但可以看出政权转移的实情，抑且可以便于分析军人集团结合的情况，亦即军事权力核心之形成。计算武职官吏归属梁的年代，以中和四年为标准，下距后梁之正式受禅有二十四年之久，这一时期后梁的实权真正存在于黄河以南，且具备黄河以南职业军人集团的特质。《旧五代史·梁书》之编撰者薛居正等，似乎也认为这二十四年中，朱氏之核心人物已变为梁朝人物，因为在《梁书》中有许多列传人物实际上在后梁开平元年以前已经物故。这一点与文职官吏有很大的差别，列传中文职官吏大都属中央政府人物，大唐与后梁之间中央级官吏蜕变期在朱全忠迁唐昭宗于洛阳以后，亦即天祐年间，此在上节已有论及。

兹从《旧五代史·梁书》所载武职人物分析朱全忠军事集团之特性，带"△"符号者表示该员在后梁开平元年开国以前已卒：

1. 初期追随者（中和四年以前元从班底）

徐怀玉，亳州人，始随太祖（中和时），与太原战，卒。（卷二一）

王彦章，郓州寿张人，少随朱温，后梁亡被后唐所杀。（卷二一）

△庞师古，曹州南华人，太祖起义，以中涓从。（卷二一）

△朱珍，徐州丰县人，太祖起义，以中涓从。（卷一九）

△氏叔琮，尉氏人，中和时应庞师古募。（卷一九）

△朱友恭，寿春人，总角事太祖。（卷一九）

李思安，陈留张享里人，中和三年随太祖。（卷一九）

王重师，颍川长社人，中和随太祖。（卷一九）

△张存敬，谯郡人，中和从太祖赴汴。（卷二〇）

刘捍，开封人，父乃大将，中和随太祖。（卷二〇）

寇彦卿，大梁人，祖父宣武军牙校，中和镇汴时随太祖。（卷二〇）

王檀，京兆人，士族，中和随太祖。（卷二二）

△郭言，太原人也，家于南阳新野，少以力穑养亲，乡里称之。唐广明（880）中，黄巢拥众西犯秦、雍，郭言为巢党所执，后从太祖赴汴。（卷二一）

△刘康乂，寿州安丰县人也。以农桑为业。唐乾符中关东群盗并起，江淮间遍罹其苦，因为巢党所掠，刘康乂沉默有膂力，善用矛槊，然不乐为暴，中和三年从太祖赴镇，委以心腹。以战功迁元从都将。（卷二一）

胡真，江陵人也。少为县吏，及在巢寇中，寇推为名将。随巢涉淮、浙，陷许、洛，入长安。及太祖以众归唐，胡真时为元从都将（《资治通鉴》卷二五五《唐纪七十一》，中和二年：“温见巢兵势日蹙，知其将亡，亲将胡真、谢瞳劝温归国。”）从至梁苑。（卷一六）

邓季筠，宋州下邑人也。少入黄巢军，隶于太祖麾下，及太祖镇汴，首署为牙将，主骑军。（卷一九）

范居实，绛州翼城人。事太祖，初为队将，从讨巢、蔡有功。（卷一九）

△赵犨，其先天水人，代为忠武牙将。曾祖赵宾、祖赵英奇、父赵叔文皆历故职。郡守闻而擢为牙校。天子下诏以赵犨守陈州刺史。中和三年乞师于太祖。（卷一四）

△赵昶。（卷一四）

△赵玥。（卷一四）

"中涓"原义是指内侍官，不过《梁书》所谓中涓显然是指亲信军官，他们对朱全忠的贡献可从下例窥其一二。《旧五代史》卷一九《朱珍传》：

> 朱珍，徐州丰县雍凤里人也。太祖初起兵，珍与庞师古、许唐、李晖、丁会、氏叔琮、邓季筠、王武等八十余人，以中涓从，推坚陷阵，所向荡决。及太祖镇汴，兼领招讨使，署珍为宣武右职，以总腹心。于是简练军伍，裁制纲纪，平巢破蔡，多珍之力也。

另胡真、邓季筠、刘康乂、郭言等虽隶黄巢军（按朱温亦原属黄巢军），或原居于朱温麾下，或朱温归唐时即追随，亦即元从是也。

2. 巢将归附者（中和四年）

△霍存，洺州曲周人，中和四年太祖大破巢军于王满渡时，霍存与葛从周、张归霸皆自巢军来降，太祖宥而纳之。（卷二一）

葛从周，濮州鄄城人，自巢军来降。（卷一六）

张归霸，清河人，祖县令，父亦有宦绪。乾符中寇盗蜂起，张归霸率昆弟三人弃家投黄巢。昆仲与葛从周、李谠等相率来降，寻补宣武军剧职。（卷一六）

张归厚。（卷一六）

张归弁。（卷一六）

△李谠，河中临晋人。黄巢陷长安，李谠遂得仕于其间。巢军既败，李谠乃束身归于太祖，署为左德胜骑军都将。（卷一九）

△李唐宾，陕州陕县人。太祖破（巢军于）瓦子寨，李唐宾与王虔裕来降。（卷二一）

△王虔裕，琅琊临沂人也，家于楚丘。依诸葛爽（诸葛爽于中和四年曾一度归巢），及诸葛爽归顺，乃以王虔裕隶于宣武军。（卷二一）

谢彦章，许州人也。幼事葛从周为养父，随葛从周事太祖。（卷一六）

黄文靖，金乡人，少附于黄巢党中，巢败，归于太祖。（卷一九）

张慎思，清河人，自黄巢军来归。（卷一五）

△李重允，宋州下邑人。初在黄巢党中推为刚鸷，唐中和四年五月率众来降，太祖素识之，拔用不次，署为先锋步军都头。（卷一九）

3. 发展中之归附者

李振，河西人，李抱真之曾孙，祖、父皆至郡守。李振仕唐，自金吾将军改台州刺史，会盗据浙东，不克之任，因西归过汴，以策略干太祖，辟为从事。（卷一八）

△高劭，幽州人，从父骈，淮南节度使；父泰，黔中观察使。年十四，高劭遥领华州刺史，光启中，达于汴，太祖以客礼遇之，寻表为亳州团练副使，知州事。（卷二〇）

贺德伦，其先河西部落人。父怀庆，隶滑州军为小校，贺德伦少为滑之牙将。太祖领四镇，贺德伦以本军从。（卷二一）

△马嗣勋，濠州钟离县人。世为军吏。初为州客将。景福元年（892），刺史张遂俾马嗣勋持州印籍户口以归于太祖。（卷二〇）

王敬荛，颍州汝阴人。世为郡武吏。唐乾符初，王敬荛为本州都知兵马使。俄真拜刺史。乾宁二年（895），太祖署为沿淮上下都指挥使。（卷二〇）

孙德昭，盐州五原县人，世为州校。父惟晟有功于唐朝，遥领荆南节度使，分判右神策军事。孙德昭以父荫，累职为右神策军都指挥使、检校太保、静海军节度使、同平章事。助太祖迁唐昭宗于洛，以本部兵几千人献于太祖。（卷一五）

冯行袭，武当人，历本郡都校，授均州刺史，戎昭军节度使。天复末归。（卷一五）

韩建，许州长社人，父叔丰世为牙校。初，秦宗权之据蔡州，招合
　　亡命，建隶为军士。后为蜀郡刺史。田令孜密遣人诱韩建，啖
　　以厚利，乃率所部归。寻兼同州节度使，册拜太傅，乞降太祖，
　　时在天复元年（901）。（卷一五）

司马邺，其先河内温人（士族），司马邺资荫出身，官至大列。（天
　　复时与韩建）同降太祖。（卷二〇）

以上为大唐中央暨地方武职官吏归附朱全忠者。

△赵克裕，河阳人。祖、父皆为军吏。赵克裕少为牙将，擢为虎牢
　　关使。光启中蔡寇陷河阳，赵克裕率所部归于太祖，隶于宣义
　　军。（卷一五）

杨师厚，颍州斤沟人。为李罕之步将，及李罕之败退泽州，杨师厚
　　与李铎、何细等来降太祖。（卷二二）

牛存节，青州博昌人。唐乾符末，乡人诸葛爽为河阳节度使，牛存
　　节往从之。诸葛爽卒，牛存节谓同辈曰："天下汹汹，当择英主
　　事之，以图富贵。"遂归太祖。（卷二二）

以上为河阳地区人物，杨师厚、牛存节则属于河阳节度使诸葛爽军
团部将。

贺瑰，濮阳人。遇世乱入军。朱瑄为濮州刺史兼郓州马步军都指挥
　　使，拔为小将。光启初，郓州三军推朱瑄为留后，以贺瑰为马
　　步军都指挥使。乾宁二年，降太祖。（卷二三）

胡规，兖州人。初事朱瑾为中军都校。兖州平（897），署为宣武军
　　都虞候。（卷一九）

康怀英，兖州人。始以骁勇事朱瑾为列校。唐乾宁四年（897）春，
　　太祖命葛从周攻兖州，乃出降。（卷二三）

刘郡，密州安丘县人。祖绥，密州户掾；父融，安丘令。中和中，
　　事青州节度使王敬武，为小校。天复三年（903），王师范（王

敬武之子，继为青州节度使）降，刘郭亦出城降。（卷二三）

以上乃太平军节度使朱瑄、兖州节度使朱瑾、青州节度使王敬武削平时所归附的大将，皆原平卢节度使辖区也。

符道昭，淮西人。秦宗权用为心膂，使监督诸军。降太祖（迎唐昭宗时）。（卷二一）

王景仁，庐州合淝人。杨行密伪署宣州节度使。附太祖。（卷二三）

以上乃淮西、淮南地区之归附者，符道昭出自秦宗权，王景仁出自南唐。

4. 羁縻势力

罗绍威，魏州贵乡人。魏博节度使。（卷一四）

△王珂，河中人。河中节度使。（卷一四）

△成汭，淮西人。荆南节度使。（卷一七）

△杜洪，江夏人。鄂州节度使留后。（卷一七）

△钟传，豫章人。镇南节度使。（卷一七）

△田頵，庐州合肥人。宣州节度使。（卷一七）

△赵匡凝，蔡州人。襄州节度使。（卷一七）

△雷满，武陵洞蛮也。澧朗节度使。（卷一七）

以上乃从《旧五代史·梁书》中录取后梁之武职官吏，又《唐书》《晋书》《汉书》《周书》等朝代中曾任后梁武职者亦未计入，是以上述人物是分析后梁建国初期以及河南军事集团形式的好资料，至于纯粹后梁一朝武职军官（开平元年至龙德二年，907—922）将在下文分别讨论之。

（二）朱氏军人集团之性质

上节四类武职人物之中，前三类是朱全忠直隶者，第四类乃羁縻者。

第一类初期追随者凡得二十人，绝大多数属于黄河以南人士，其中

郭言虽云太原人，然家于南阳新野；赵犨三兄弟其先天水人，已有四代
为忠武牙将。按陈许节度使于贞元十年（794）赐号忠武军节度使[1]，似
乎只有范居实（绛州翼城）是真正黄河以北人士。第二类巢将归附者得
十二人，黄河南北各占一半。第三类发展中之归附者凡十八人，黄河以
南十二人，以北三人，另关陇三人。随着势力的扩大，朱全忠吸收的武
职官吏地域亦扩大，但显然仍以河南为最多。若以黄河以南，潼关以东，
海以西，长江以北，作为一个地区——广义的河南，则朱氏军人集团
五十个武将（前三类恰好五十人）中，河南人士三十七人，非河南人士
十三人；亦即河南人士占74%，非河南人士占26%。这一比例仍具有重
要意义，因为河南地区人士虽然依其归附先后时间、小地域之再分，以
及出身背景等因素，以致内部屡有倾轧（下文分析），但其共同对抗太原
李克用军事集团之时，显得都很勇敢，双方自中和四年以至后梁亡，鏖
战四十年之久，故相对河东、河北军事集团而言，河南军事集团形象至
为分明。

　　大唐末期，黄淮地区大饥荒所引发的大动乱如火如荼，然参加的分
子极为复杂。如以地域观念，按唐末发展迹象来看，有三大主要势力：
其一是青、兖、濮以及黄河下游北岸的河中、河阳、清河一带的黄巢集
团；其二是黄河以南汴、亳、颍、谯、徐以及郓、曹、寿春一带的朱温
集团；其三是淮西蔡州的秦宗权集团。朱温集团似乎较有妥协性，接受
大唐之羁縻，实际上是独立局面；亦正因此，朱温集团遂得以吸收各种
人物。例如当其发展之中，累世大族的李振"因西归过汴，以策略干太
祖。太祖奇之，辟为从事。太祖兼领郓州，署天平军节度副使"[2]；另一
位节度世家高劭，"达于汴。太祖以客礼遇之，寻表为亳州团练副使，知

---

[1]《新唐书》卷六五《方镇表二》[《旧唐书·德宗本纪》在贞元二十年（804），疑《方镇
表》误]。
[2]《旧五代史》卷一八《梁书·李振传》。

州事"[1]。当然，朱温集团仍以元从平民和职业军人（所谓世郡武吏）为主干。由于其较具弹性，所以黄巢败亡以后，有一部分将领归顺其下，即上列第二类人物是也。另外，朱温降唐，在群雄并起之秋，归顺他的英雄们，比在黄巢集团中较有"名正言顺"的感觉，这在裹胁农民为盗的情况下尤为显著。如家于南阳新野的郭言，"少以力穑养亲，乡里称之。唐广明中，黄巢拥众西犯秦、雍，言为巢党所执。后从太祖赴汴"[2]；刘康乂"寿州安丰县人也。以农桑为业。唐乾符中，关东群盗并起，江、淮间偏罹其苦，因为巢党所掠。康乂沉默有膂力，善用矛槊，然不乐为暴。中和三年，从太祖赴镇"[3]。朱温在这方面所获得的利益，只有其胁持唐中央渐次建立文官体系可以相比。但他面临的问题是其军事集团中的复杂性。

从其出身背景分析：平民及身世不详者共有三十人，世郡武吏者十六人，士族四人；朱温集团平民色彩极为浓厚，殆无疑问。然亦不可忽视世郡武吏这群人物。缘自安史乱后，许多重要地区都设节度使。经一百二三十年之发展，各节度使州郡区内形成了一群职业军校，世代相袭，有的甚至左右节度使之去留与继承[4]，这是唐后半期形成的一个社会阶级或社会力量，其战斗力较一般平民为强。例如，《旧五代史》卷一四《赵犨传》：

> 代为忠武牙将，曾祖宾，祖英奇，父叔文，皆历故职。犨幼有奇智，龆龀之时，与邻里小儿戏于道左，恒分布行列为部伍战阵之状，自为董帅，指顾有节，如夙习焉。……天子下诏，以犨守陈州

---

[1]《旧五代史》卷二〇《梁书·高劭传》。

[2]《旧五代史》卷二一《梁书·郭言传》。

[3]《旧五代史》卷二一《梁书·刘康乂传》。

[4] 参见本书第七篇《魏博二百年史论》。

刺史。……乃遣增垣墉，浚沟洫，实仓廪，积薪刍。……缮甲兵，
利剑稍，弓弩矢石无不毕备。又招召劲勇，置之麾下。以仲弟昶为
防遏都指挥使，以季弟玚为亲从都知兵马使，长子麓、次子霖，皆
分领锐兵。黄巢……遣骁将孟楷拥徒万人，直入项县，犨引兵击之，
贼众大溃，斩获略尽，生擒孟楷。……于时巢党虽败，宗权益炽，
六七年间，屠脍中原，陷二十余郡，唯陈去蔡百余里，兵少力微，
日与争锋，终不能屈。

按《旧唐书》卷二〇〇下《黄巢传》称："巢素宠楷，悲惜之。"这
位骁将折损，影响甚大。又《旧五代史》卷二〇《王敬荛传》：

> 颍州汝阴人。世为郡武吏。唐乾符初，敬荛为本州都知兵马
> 使。……时州境荒馑，大寇继至，黄巢数十万众寨于州南，敬荛极
> 力抗御，逾旬而退。俄又宗权之众，凌暴益甚，合围攻壁，皆力屈
> 而去。……远近归附。

朱温受命为宣武军节度使，得汴州世武吏之支持，《旧五代史》卷
二〇《寇彦卿传》：

> 大梁人也。祖琯，父裔，皆宣武军牙校。太祖镇汴，以彦卿将
> 家子，擢在左右。……补元帅府押牙，充四镇通赞官。

各州世武吏之最大缺点是不热心于远出作战，著者已有另文讨论[1]。

---

[1] 顷读韩国磐《关于魏博镇影响唐末五代政权递嬗的社会经济分析》（收入《隋唐五代史
论集》），该文亦强调魏博在五代之重要性，但主要论点与拙文《魏博二百年史论》不同。
拙文的主旨在检讨陈寅恪先生"关中本位政策"之后，中国政治军事中心迁移问题。又关
于职业军人方面的解释，韩文认为牙兵代表着各地方阶级的势力，以及本镇庄园主的势力；
拙文认为职业军人以平民出身为主，加以世武吏者，这是中古士族军权衰退以后，中国文
武分途之滥觞。

平民与世武吏为朱温集团中两大支柱，其中平民尤多，这是特色，但并不意味着有阶级意识的界分，大部分的世武吏乃低级军官或士校，无法与士族相比，其在士大夫阶层的眼中，与平民的社会地位之高下差距有限。然而，世武吏存在于各节度使、各州郡府衙之中，有浓厚的地区性；平民从军者大都是世乱所迫，以个人为单位，其间亦有个人间结义者，如朱温与韩建，"太祖与建素有军中昆弟之契"[1]，郭言与李罕之，"罕之既与言患难交契，刻臂为盟，永同休戚，如张耳、陈馀之义也"[2]，规模甚小。论者有谓如黄巢之贩盐私枭及据山伙盗者，亦只能算小股而已。所以朱温集团中结合着各州郡世武吏以及类似"山东豪杰"[3]的人物，他们因利结合，共同对外时颇显团结，如上述赵犨、王敬荛皆因秦宗权之压力而求于朱温，对抗太原集团时亦皆泾渭分明，如邓季筠，"宋州下邑人也。少入黄巢军，隶于太祖麾下。……伐太原……季筠为晋人所擒。克用见之甚喜，释缚，待以宾礼，俄典戎事。季筠在并门凡四稔。景福二年，晋军攻邢台，季筠领偏师预其役，将及邢，邢人阵于郊，两军酣战之际，季筠出阵，飞马来归"[4]，徐怀玉、王彦章等有战死者，有被俘杀者。这南北两大军事集团大体上界限分明。然而正因为朱温集团妥协性较高，集团中各小股人物倾轧甚烈。例如，其重要战将朱珍与李唐宾之争，两死之[5]，而后梁末谢彦章与贺瑰不协[6]，成为后梁亡的原因之一。朱温自始对这批骄兵悍将并没有提出一个积极建设性的处理办法，其所惯用的消极手法是诛杀，因朱珍杀李唐宾而诛朱珍，助其弑昭

---

[1]《旧五代史》卷一五《梁书·韩建传》。

[2]《旧五代史》卷一五《梁书·李罕之传》。

[3] 参见陈寅恪：《论隋末唐初所谓"山东豪杰"》，《岭南学报》12（1），1952。

[4]《旧五代史》卷一九《梁书·邓季筠传》。

[5]《旧五代史》卷一九《梁书·朱珍传》。

[6]《旧五代史》卷一六《梁书·谢彦章传》及卷二三《梁书·贺瑰传》。

宗的大将氏叔琮、朱友恭亦被借机诛之[1]，又杀李思安、胡规、李谠、李
重允、范居实诸将，因阅兵之故，"左龙骧都教练使邓季筠、魏博马军
都指挥使何令稠、右厢马军都指挥使陈令勋，以部下马瘦，并腰斩于军
门。……先锋将黄文靖伏诛"[2]，"功臣宿将往往以小过被诛，众心益惧"[3]，
转使后梁之武将减损，而予太原集团以反败为胜的机会。

羁縻势力方面，朱温对魏博节度使罗绍威之拉拢与运用极其成功，
使魏博雄厚的人力物力以及战略地位，成为朱梁有利的资产，此在第七
篇《魏博二百年史论》中已有详述。然在蔡州方面并不甚成功，蔡州亦
为军事据点之一，军府原有"劲兵万人"，及秦宗权督蔡，又与黄巢余党
合流，声势极大，"西至关内，东极青齐，南出江淮，北至卫滑，鱼烂鸟
散，人烟断绝……关东郡邑，多被攻陷。唯赵犨兄弟守陈州，朱温保汴
州，城门之外，为贼疆场"[4]。与秦宗权之战争，是朱温霸业的困难之一，
事后从秦宗权集团中吸收的将领甚少，仅得符道昭一人，与曹濮间黄巢
集团不可比拟。及秦宗权灭亡，其反正部将赵德諲、赵匡凝父子为襄州
节度使兼七州马步军都校，介于依叛之间，最后朱温派杨师厚破之，然
终未成朱梁之资产[5]。

如将上述在发展中归附朱温的唐臣视作大唐臣仕后梁者，将初期追
随者、巢将归附者视作梁臣，再加入《旧五代史》《五代史记》《宋史》
中初仕在后梁之武职者，则两者比例如下（表8–8）：

---

[1]《旧五代史》卷一九《梁书·氏叔琮传》及同卷《梁书·朱友恭传》。

[2]《旧五代史》卷六《梁书·太祖纪第六》。

[3]《资治通鉴》卷二六八《后梁纪三》乾化元年（911）十一月八日。

[4]《旧唐书》卷二〇〇下《秦宗权传》。

[5]《旧五代史》卷一七《梁书·赵匡凝传》。

表 8-8　大唐臣仕后梁统计表（武职）

	N	%
大唐臣仕后梁	33	42.3
后梁臣	45	57.7
合计	78	100

　　大唐文职官吏仕后梁者占后梁文职官吏之 53.0%；大唐武职官吏仕后梁者占后梁武职官吏之 42.3%。梁室依赖大唐文职官吏之比例较高，依赖大唐武职官吏之比例较低。后梁武职新进者几达六成，大规模的新进者当然可能影响出身成分的比例（表 8-9）：

表 8-9　后梁武职官吏身份统计表[1]

士族	文大姓	N	6
		%	7.7
	武大姓	N	11
		%	14.1
	小计	N	17
		%	21.8

---

[1] 本文五代时期武职官吏社会成分的分类，原则上亦大分为士族、小姓、平民三类。在细目上依据当时实情略有差异。例如：

士族类：（1）文大姓——包括旧族、新族，以及任何三世高官（五品以上）的家族。

　　　　（2）武大姓——包括三世五品以上的武职家族，以及部落酋豪首领级的家族。

小姓类：同上节文职官吏之分类法。

平民类：包括吏、商、富豪、农、教主、猎、屠、皂隶、盗、儒、兵等。此类较文职为复杂，其中富豪并不一定是行商致富，故独成一项，皂隶似乎是半自由民。"兵"项本不应视为原始身份，可能由其他职业转移而来，此在后文尚要深加讨论。

（续表 8-9）

小姓	一世官宦	N	12
		%	15.4
	累世低品	N	5
		%	6.4
	小计	N	17
		%	21.8
平民	兵	N	36
		%	46.2
	其他	N	7
		%	9.0
	不详	N	1
		%	1.3
	小计	N	44
		%	56.4
合计		N	78
		%	100

一方面，后梁武职士族类占 21.8%，远较后梁文职士族类占 53.0% 为低，士族退出军旅之形势已明。另一方面，后梁武职平民类占 56.4%，远较后梁文职平民类占 31.8% 为高。文武职官吏社会成分几成倒比例，构成后梁政权的一项特色。五代皆以军权为权力核心，故后梁政权较为平民化，但其文人系统仍具贵族色彩。后梁武职官吏所在地域分布情况，正如本篇文首分析，以河南人士居多，详细统计如下（表 8-10）：

表 8-10　后梁武职官吏所在地域分布统计表

河东		河北		河南		平卢徐淮		关中陇西		其他未详		总计	
N	%	N	%	N	%	N	%	N	%	N	%	N	%
6	7.7	16	20.5	29	37.2	17	21.8	5	6.4	5	6.4	78	100

若以河南、平卢徐淮共视为广义河南（即河之南），则其比例高达59%，几近六成。河之南的地域色彩极为浓厚。

（三）李克用集团之兴起

自安史乱后，藩镇之中即以河北三镇最强，大唐用以对抗之军旅，则以河东朔方节度使最勇敢善战，是则中国武勇之士，实以黄河以北具优势。曾几何时，河南大饥，流民、私枭、世武吏等结合之流寇集团，波涛汹涌，起自中原，渡淮陷湘入广，旋又北上犯湖湘江浙，进逼广陵。最后又渡淮再入中原，把大唐帝国视为无守军之地，摧枯拉朽，如秋风之扫落叶，不多时又陷洛阳，直捣关中。神策禁军不能守长安，唐僖宗夜奔出城，长安陷于黄巢之手。是则河南流民集团之威势，不让安史燕赵健将专美于前。由此观之，河南并非没有豪杰，百余年来河以北之军事优势，实由于大唐制度欠缺以及人为不逮故。然而，庞大的流民集团极易分裂，朱温归顺于大唐，对黄巢是重大打击，也给予大唐喘息机会，时大唐中央犹如东周之周天子，本身实无雄厚的军力，需借节度使之力以平乱。李克用集团兴起，五代更多姿多彩矣！

李克用的先世与大唐本有密切关系，《旧五代史》卷二五《唐书·武皇纪上》载：

> 本姓朱耶氏，其先陇右金城人也。始祖拔野，唐贞观中为墨离军使，从太宗讨高丽、薛延陀有功，为金方道副都护，因家于瓜州。太宗平薛延陀诸部，于安西、北庭置都护属之，分同罗、仆骨之人，置沙陀都督府。盖北庭有碛曰沙陀，故因以为名焉。永徽中，以拔野为都督，其后子孙五世相承。曾祖尽忠，贞元中，继为沙陀府都督。既而为吐蕃所陷，乃举其族七千帐徙于甘州。尽忠寻率部众三万东奔，俄而吐蕃追兵大至，尽忠战殁。祖执宜，即尽忠之长

子也，收合余众，至于灵州，德宗命为阴山府都督。元和初，入为
金吾将军，迁蔚州刺史、代北行营招抚使。……烈考国昌，本名赤
心，唐朔州刺史。咸通中，讨庞勋有功，入为金吾上将军，赐姓李
氏，名国昌，仍系郑王房。出为振武节度使，寻为吐浑所袭，退保
于神武川。及武皇镇太原，表为代北军节度使。中和三年薨。

　　李克用先世自陇右而灵州而蔚州，其间曾任金吾将军，因此对关
中亦颇为熟悉，这个部落军团最初与河南豪杰的交锋是在唐懿宗时代。
咸通九年（868），庞勋之乱起，先后陷宿州、徐州、滁州、濠州等地，
"十二月庚辰朔，将军戴可师率沙陀、吐浑部落二万人，于淮南与贼转
战，贼党屡败"[1]，这一仗使李克用父子闻名，"献祖之讨庞勋也，武皇年
十五，从征，摧锋陷阵，出诸将之右，军中目为'飞虎子'。贼平，献祖
授振武节度使，武皇为云中牙将"。李克用是一个有野心的人，亟思发展
势力，"程怀素、王行审、盖寓、李存璋、薛铁山、康君立等，即拥武皇
入云州，众且万人。……诸将列状以闻，请授武皇旄钺，朝廷不允"[2]，
当时大唐中央诏令赫连铎、李涿等伐之，李克用颇为窘迫，幸黄巢乱起，
大唐注意力完全改变，自此李克用得以进一步发展，《旧五代史》卷二五
《唐书·武皇纪上》续载：

　　　李涿引大军攻蔚州，献祖战不利，乃率其族奔于达靼部。……
　　（武皇）曰："予父子为贼臣谗间，报国无由。今闻黄巢北犯江、淮，
　　必为中原之患。一日天子赦宥，有诏征兵，仆与公等南向而定天下，
　　是予心也。人生世间，光景几何，曷能终老沙堆中哉！公等勉之。"
　　达靼知无留意，皆释然无间。……天子乃以武皇为雁门节度使……

---

[1]《旧唐书》卷一九上《懿宗本纪》咸通九年十二月庚辰朔。
[2]《旧五代史》卷二五《唐书·武皇纪上》。

武皇即率达靼诸部万人趋雁门。……（中和二年）十月，武皇率忻、代、蔚、朔、达靼之军三万五千骑赴难于京师。……（中和三年）四月，黄巢燔长安，收其余众，东走蓝关。武皇进收京师。七月，天子授武皇……河东节度使。[1]

河东地区乃北方大镇，当郑从谠镇时，李克用垂涎已久，今如鱼得水，从此河东遂成为李氏势力的根据地，同时似乎也成为北疆若干部落之雄长。中和四年（884）春，包括朱温在内的河南诸雄与李克用联手攻黄巢，黄巢败亡，五月班师过汴，朱温谋袭杀李克用未成，黄河南北两大势力决裂。这是五代史上的大事，从此双方对抗四十年之久。初期河南军事集团占优势，所谓"九分天下，朱氏今有六七，赵、魏、中山在他庇下，贼所惮者，唯我与（刘）仁恭"[2]，太原集团之所以能由劣势而转优势，应从其集团内部分析之。

表 8-11 显示出士族（文、武大姓）及小姓（累世低品、一世官宦）之和占后唐武职官吏之 52.0%，较后梁之 43.6% 为高，亦即后梁之武职官吏颇具平民色彩，而后唐之武职官吏平民成分较低。此项比例将《晋书》《汉书》《周书》中曾任后梁、后唐者合并计入，若仅将《旧五代史·唐书》中武职官吏予以分析，其结果如何？（按《旧五代史·唐书》中武职官吏对于开国前后势力发展影响有较详的记载，适于军事集团性质之分析与观察。）李克用初期拥立者有：

康君立，蔚州兴唐人，世为边豪，乾符中为云州牙校。（卷五五）

薛铁山，蔚州奉诚人，初为献祖帐中亲信。（卷五五）

史建瑭，雁门人，父敬思，仕郡至牙校。史建瑭以父荫少仕军门。

（卷五五）

---

[1]《旧唐书》卷一九下《僖宗本纪》中和三年（883）略同。

[2] 李存勖语，时天祐末年，见《旧五代史》卷二七《唐书·庄宗纪第一》。

表 8-11   五代武职官吏身份比较统计表 [1]

		士族		小姓		平民			合计
		文大姓	武大姓	一世官宦	累世低品	兵	其他	不详	
后梁	N	6	11	12	5	36	7	1	78
	%	7.7	14.1	15.4	6.4	46.2	9.0	1.3	100
	小计	21.8		21.8		56.4			
后唐	N	11	33	58	4	76	16	6	204
	%	5.4	16.2	28.4	2.0	37.3	7.8	2.9	100
	小计	21.6		30.4		48.0			
后晋	N	9	21	50	2	65	23	3	173
	%	5.2	12.1	28.9	1.2	37.6	13.3	1.7	100
	小计	17.3		30.1		52.6			
后汉	N	8	13	36	1	44	18	7	127
	%	6.3	10.2	28.3	0.8	34.6	14.2	5.5	100
	小计	16.5		29.1		54.3			
后周	N	8	20	45	1	61	19	8	162
	%	4.9	12.3	27.8	0.6	37.7	11.7	4.9	100
	小计	17.2		28.4		54.3			
总计	N	42	98	201	13	282	83	25	744
	%	5.6	13.2	27.0	1.7	37.9	11.2	3.4	100
	小计	18.8		28.8		52.4			

李承嗣，雁门人，父佐方，李承嗣少仕郡补右职。（卷五五）

史俨，雁门人，以便骑射给事于武皇。（卷五五）

盖寓，蔚州人，祖祚，父庆，世为州之牙将。（卷五五）

伊广，元和中右仆射伊慎之后，中和末除授忻州刺史。（卷五五）

[1] 分类标准参表 8-7 注。

史敬镕，太原人，事武皇为帐中纲纪。（卷五五）

周德威，朔州马邑人，初事武皇为帐中骑督。（卷五六）

符彦超，陈州宛丘人，父存审。少事武皇，累历牙职。（卷五六）

安金全，代北人，世为边将，少骁果，便骑射，武皇时为骑将。（卷六一）

安元信，代北人，父顺琳，为降野军使。安元信以家将子，便骑射，幼事武皇。（卷六一）

安重霸，云州人，初，自代北与明宗俱事武皇。（卷六一）

刘训，隰州永和人，出身行间，初事武皇为马军队长。（卷六一）

张敬询，胜州金河县人，世为振武军牙校。祖仲阮，历胜州刺史。父汉环，事武皇为牙将。敬询当武皇时，专掌甲坊。（卷六一）

刘彦琮，云中人，事武皇，累从征役。（卷六一）

袁建丰，武皇破巢时得于华阴。（卷六一）

张廷裕，代北人，幼事武皇于云中。（卷六五）

康义诚，代北三部落人，少以骑射事武皇。（卷六六）

张虔钊，辽州榆社人，父简，唐检校尚书、左仆射。初为太原牙校，以武勇闻于流辈，武皇、庄宗之世，累补左右突骑军使。（卷七四，及《九国志》）

以上凡得二十人，世为边将或州郡武吏者有康君立、史建瑭、李承嗣、盖寓、伊广、符彦超、安金全、安元信、张敬询、张虔钊等十人。北国军民本较中原不易有严格的界限，尤以游牧民族及半游牧部落为然。大唐末期云代之间生活环境虽然仍旧困苦，但并没有发生像中原一带那样的大饥荒，迫使一些淳厚农民加入流民集团，如上文郭言、刘康义等例，被迫脱离生产阵线，此在一般河南集团士兵阶层中恐怕更为普遍。云代一带参加军旅者应属全志愿或至少半志愿，其所以做如此推论，可从当地民风观察之，《旧五代史》卷六九《唐书·张宪传》云："晋阳人，世以军功为牙校。宪始童丱，喜儒学，励志横经，不舍昼夜。太原地雄边服，人多尚武，耻于学业。"在这种风气下，父祖辈若以军旅为业，子孙辈便易于走上此路。一般平民若有强壮体格，或习于骑射，很容易被吸收过来，从而走入职业军人之途。合于上述条件的平民即使原本并不十分热衷于军旅，但由于身处乱世以及边区垦耕之困难，军旅成为最重要的出路，如史俨以便骑射给事于武皇；周德威初事武皇为帐中骑督；刘训出身行间，初事武皇为马军队长；康义诚少以骑射事武皇等例。许多人自幼便加入军旅，如世武吏的史建瑭以父荫少仕军门；李承嗣少仕郡补右职；符彦超少事武皇；安金全少骁果，便骑射，武皇时为骑将；安元信以家将子，便骑射，幼事武皇等例。个人自少入军旅者如康义诚、张廷裕幼事武皇于云中等例。从上述分析可知，李克用初期武吏有一半是世武吏，另一半是多多少少出于志愿而又习于军旅的平民。这些由世代及个人所组成的职业军人集团，复由于社会风气、生活条件与战斗条件较近，以及个人志向等因素，战斗力自然较为强大。

（四）河东军人集团之凝结与扩大

边缘地区以及黄河以北之人较有战斗力的现象，并不始于李克用；大唐帝国自始便重用胡将，以及安史乱后藩镇间的战斗情况可以证明之。仅仅拥有豪杰之士并不能成为一个强有力的军事集团，内部相互攻伐无法产生统一的力量，故职业军人（不论是世武吏还是个体职业军人）在一百余年的战斗局势下，在各地区普遍存在着，充其量只能说是以军府为单位的若干股势力。李克用家族自振武、云中而河东节度使，当然也是大唐末期的重要势力之一，其初期阵营绝大部分出身于云代之间，至为明显。所不同的乃是李克用冲破了地区及种族界限，想出了一套笼络各地豪杰之士的办法，吸收各处优秀的青年军官，组成了所谓的义儿军。赐姓义儿之举当然亦不是始自李克用（按李克用家族本姓朱耶，其父为朱耶赤心，赐姓李，名国昌），栗原益男在《唐五代の仮父子的結合の性格——主として藩帥的支配権力との関連において》一文中分析，自隋末以来运用假父假子办法者，屡见于史籍之中，较著名的如安禄山八千余人、淮西节度使李希烈千余人等。栗原益男又将此种现象大分为两大型，即集团型假子与个人型假子。按李克用之假子当划入个人型，其后陆陆续续尚有百余人。栗原益男在《唐末五代の仮父子的結合における姓名と年令》一文中比较了李克用与假子们之年龄，发现假子们仅比李克用本人小一至十一岁，大都在四至六岁间，假子们皆较实子李存勖（李克用在世长子）年长二十余岁，时李克用与朱温军事竞争甚烈，实子们年幼，李克用以义儿父子关系巩固其军事集团，其意图甚明。在发展其势力方面，似乎产生某些效用。《五代史记》卷三六《义儿传·序》：

> （后）唐自号沙陀，起代北，其所与俱皆一时雄杰虓武之士，往往养以为儿，号"义儿军"，至其有天下，多用以成功业，及其亡也亦由焉。太祖养子多矣，其可纪者九人，其一是为明宗，其次曰嗣昭、嗣本、嗣恩、存信、存孝、存进、存璋、存贤。

有传可稽者尚有符存审（其后又复原姓），故有十人[1]，如下：

李嗣源，即明宗，代北人，父事献祖，为爱将。（《旧五代史》卷三五[2]）

李嗣昭，李克柔之假子，本姓韩，汾州太谷县民家子。（卷五二，《五代史记》卷三六）

---

[1]《资治通鉴》卷二七一《后梁纪六》，龙德二年（922）五月："晋卫州刺史李存儒，本姓杨，名婆儿，以俳优得幸于晋王。颇有膂力，晋王赐姓名，以为刺史。"似为养儿，然身世不明。又《旧五代史》卷六五《唐书·李建及传》："许州人。本姓王，父质。建及少事李罕之为纪纲，光启中，罕之谒武皇于晋阳，因选部下骁勇者百人以献，建及在籍中。后以功署牙职，典义儿军，及赐姓名。"赐姓名是否属于义儿，不详。

[2] 此十人中余九人后仅标卷数者，皆出自《旧五代史》。——编注

李嗣本，雁门人，父张淮，铜冶镇将。（卷五二，《五代史记》卷
　　三六）

李嗣恩，吐谷浑部人，本姓骆，年十五，能骑射，侍武皇。（卷
　　五二，《五代史记》卷三六）

李存信，回鹘部人，父张君政。李存信初为献祖亲信，从武皇入关。
　　（卷五三，《五代史记》卷三六）

李存孝，飞狐人，本姓安，名敬思，少于俘囚中得隶纪纲。（卷
　　五三，《五代史记》卷三六）

李存进，振武人，本姓孙，名重进（太祖破朔州得之，赐以姓名，
　　养为子）。父佺，世吏单于府。孙重进初仕岚州刺史汤群为部
　　校，献祖诛群，乃事武皇。（卷五三，《五代史记》卷三六）

李存璋，云中人，武皇初起云中，李存璋与康君立、薛志勤等为奔
　　走交，从入关。（卷五三，《五代史记》卷三六）

李存贤，许州人，本姓王，名贤，祖启忠，父恽。王贤少遇乱，入
　　黄巢军，武皇破贼陈、许，李存贤来归。（卷五三，《五代史记》
　　卷三六）

李（符）存审，陈州宛丘人。旧名存，父楚，本州牙将。郡人李罕
　　之起自群盗，授光州刺史，因往依之。李罕之部下分散，李存
　　审乃归武皇。［卷五六。按《旧五代史》卷三八《唐书·明宗纪
　　第四》天成二年（927）九月庚申，北京留守李彦超上言："先
　　父存审，本姓符氏，蒙武皇赐姓，乞却还本姓。"从之。]

从《武皇纪》《庄宗纪》《明宗纪》及诸有关列传记载来看，大将
除周德威以外，皆无法与上列诸人相比。李克用对他们颇为信任，这些
人有时受大镇节钺，有时承担最艰巨的战斗任务，似乎皆有牙兵，例如
《旧五代史》卷五二《唐书·李嗣昭传·附继韬传》云："嗣昭既卒，庄
宗诏诸子扶丧归太原襄事，诸子违诏，以父牙兵数千拥丧归潞。"《旧五

代史》卷三二《唐书·庄宗纪第六》，同光二年（924）七月戊戌朔："故宣武军节度使李存审男彦超进其父牙兵八千七百人。"这种办法的优点是打破以地域为单位的藩镇小股职业军团，从而建立机动的职业军团。这个机动的职业军团的首领便是乃子或义儿，每受命出征或镇大藩，再配以他军或宿卫兵，如《旧五代史》卷五二《唐书·李嗣昭传》载："天祐三年，汴人攻沧、景，刘仁恭遣使求援。十一月，嗣昭合燕军三万进攻潞州，降丁会。"又《旧五代史》卷三二《唐书·庄宗纪第六》，同光二年十二月己巳，"诏汴州节度使李嗣源归镇"[1]。后唐用这种办法结合职业军人，产生了较大效果，其缺点则是诸儿之间互相竞争与排斥，如李存孝与李存信之间不睦，终于迫李存孝叛，故欧阳修谓"至其有天下，多用以成功业，及其亡也亦由焉"。欧阳修所谓"至其有天下，多用以成功业"一语甚为恰切；"及其亡也亦由焉"，似乎语气太过，若以李克用血亲后裔而论，李存勖（即庄宗）卒后，其子孙已没有天下。庄宗之败亡因素固多，义儿不是主因，庄宗善于军事而缺于政治恐为主因。李嗣源因乱而有天下，是为明宗，其与李克用一脉显然尚保有香火之情。

《旧五代史》卷三五《唐书·明宗纪第一》，有一段记载：

> （同光四年，天成元年）四月丁亥朔，至罂子谷，闻萧墙衅作，庄宗晏驾，帝恸哭不自胜。诘旦，朱守殷遣人驰报："京城大乱，燔剽不息，请速至京师。"己丑，帝至洛阳，止于旧宅，分命诸将止其焚掠。百官弊衣旅见，帝谢之，敛衽泣涕。时魏王继岌征蜀未还，帝谓朱守殷曰："公善巡抚，以待魏王。吾当奉大行梓宫山陵礼毕，即归藩矣。"是日，群臣诸将上笺劝进，帝面谕止之。枢密使李绍宏、张居翰，宰相豆卢革、韦说，六军马步都虞候朱守殷，青州节

---

[1]《资治通鉴》卷二七三《后唐纪二》，同光二年十二月己巳（初五日），"命宣武节度使李嗣源将宿卫兵三万七千人赴汴州，遂如幽州御契丹"。

度使符习，徐州节度使霍彦威，宋州节度使杜晏球，兖州节度使房知温等顿首言曰："……今日庙社无依，人神乏主……愿殿下俯徇乐推，时哉无失，军国大事，望以教令施行。"帝优答不从。壬辰，文武百僚三拜笺请行监国之仪，以安宗社，答旨从之。既而有司上监国仪注。甲午，幸大内兴圣宫，始受百僚班见之仪。所司议即位仪注，霍彦威、孔循等言："唐之运数已衰，不如自创新号。"因请改国号，不从土德。帝问藩邸侍臣，左右奏曰："先帝以锡姓宗属，为唐雪冤，以继唐祚。今梁朝旧人，不愿殿下称唐，请更名号。"帝曰："予年十三事献祖，以予宗属，爱幸不异所生。事武皇三十年，排难解纷，栉风沐雨，冒刃血战，体无完肤，何艰险之不历！武皇功业即予功业，先帝天下即予天下也。兄亡弟绍，于义何嫌。且同宗异号，出何典礼？运之衰隆，吾自当之，众之莠言，吾无取也。"时群臣集议，依违不定，唯吏部尚书李琪议曰："殿下宗室勋贤，立大功于三世，一朝雨泣赴难，安定宗社，抚事因心，不失旧物。若别新统制，则先朝便是路人，茕茕梓宫，何所归往！不惟殿下追感旧君之义，群臣何安！请以本朝言之，则睿宗、文宗、武宗皆以弟兄相继，即位枢前，如储后之仪可也。"于是群议始定。

引文前半段谦辞人主，与中古许多人主接受禅让前的做作行为甚为相似，姑且存此一说，不必尽信；引文后半段拒改唐号，语带感情，掷地有声，恐非饰文者伪作，可信度甚高。以当时李嗣源之权势，加上一部分后梁旧臣之怂恿，如若其本人有心为之，像其后石敬瑭、刘知远、郭威、赵匡胤辈改一个国号，做个太祖高祖，亦非难事。可见李克用重用义儿，赋予事权，其所建立的"拟似血缘"关系，并不能过于低估。然而，义儿制度亦有其根本上的弱点，其一是义儿非只一人，需要专征的大将亦非只一人，故儿辈间的恶性竞争有时会抵消实力，如上述李存孝、李存信例。其二是义儿的子孙辈与其叔伯辈之间亦有隔阂冲突现象，如李嗣昭之子继韬与庄宗之敌对，李存进之子汉韶与末帝之隔阂等[1]。大规模实施义儿制度自此以后就不再出现，因为除需主持者具备公正的态度与开阔的心胸以外，大部分义儿需从幼少年培养，需要一段时间，而五代人主在位甚短，且又见于义儿对自己嫡亲后裔是多一股竞争势力，故其后只有零星的事例。

李存勖（唐庄宗）在其在位的三年多时间内，推行赐姓办法，这是大唐的旧招，亦是朱耶氏姓李之来由。当时赐姓者大都是成名的大将，如：霍彦威即李绍真（《旧五代史》卷六四）、房知温即李绍英（《旧五代史》卷九一）、王晏球即李绍虔（《旧五代史》卷六四）、夏鲁奇即李绍奇（《旧五代史》卷七〇）、石君立即李绍能（《旧五代史》卷六五）、赵德钧即李绍斌（《旧五代史》卷九八）、刘训即李绍珙（《旧五代史》卷六一）。明宗即位以后没有多久，这些成名的将领又纷纷改回原姓原名。

联姻是结合两个家族的重要方法，较著名的例子如：李克用以女妻河中节度使王珂[2]，李嗣源（唐明宗时为代州刺史）以爱女妻石敬瑭[3]，石敬瑭以妹妻杜重威[4]，郭威以女妻张永德[5]，柴荣妻天雄军节度使符彦卿（符彦卿乃李存审之子）之女[6]，赵匡义妻符彦卿第六女[7]，皆在当时产生了一定的作用。这种办法朱梁亦采用，朱温以爱女妻罗绍威之子[8]，是获得魏博支持的重要步骤[9]。故联姻是一种通例现象与方法。

---

[1]《旧五代史》卷五三《唐书·李存进传·附汉韶传》。

[2]《旧五代史》卷一四《梁书·王珂传》。

[3]《旧五代史》卷七五《晋书·高祖纪第一》。

[4]《旧五代史》卷一〇九《汉书·杜重威传》。

[5]《宋史》卷二五五《张永德传》。

[6]《旧五代史》卷一二一《周书·宣懿皇后符氏传》。

[7]《宋史》卷二四二《懿德符皇后传》及卷二五一《符彦卿传》。

[8]《旧五代史》卷一四《梁书·罗绍威传》及卷九一《晋书·罗周敬传》。

[9] 参见本书第七篇《魏博二百年史论》。

盟誓与结义方式在河东、河北军人集团中亦存在着，如《宋史》卷二六一《李琼传》：

> 诣太原依唐庄宗，属募勇士，即应募，与周祖（郭威）等十人约为兄弟。一日会饮，琼熟视周祖，知非常人。因举酒祝曰："凡我十人，龙蛇混合，异日富贵无相忘，苟渝此言，神降之罚。"皆刺臂出血为誓。

（五）河东河北军人集团之延续

河东军人集团扩大的方向是吸收河北人士，这一点李存勖似乎比其父李克用做得成功，许多列传记载李存勖在河北招募士卒，甚至有许多后来的宋朝河北籍大臣在此时归入李氏。赵匡胤之父赵弘殷，也曾"事赵王王镕，为镕将五百骑援唐庄宗于河上有功。庄宗爱其勇，留典禁军"[1]。李存勖的运气甚好，后梁末帝欲将魏博分镇，激起兵变而使其倒向太原，厥为后梁衰后唐兴之关键，著者已有讨论。后唐用河北之兵破后梁，可用一条资料补充说明，《五代史记》卷四九《皇甫晖传》："魏州人也。……（皇甫晖）曰：'唐能破梁而得天下者，以先得魏而尽有河北兵也。魏军甲不去体、马不解鞍者十余年。'"叛顺无常的北平王赵德钧祖孙三代，后唐亦曲意笼络。《旧五代史》卷九八《晋书·赵德钧传》：

> 赵德钧……幽州人也。少以骑射事沧州连帅刘守文，守文为弟守光所害，遂事守光署为幽州军校。及唐庄宗伐幽州，德钧知其必败，乃遁归庄宗。庄宗善待之，赐姓，名曰绍斌，累历郡守，从平梁，迁沧州节度使。同光三年，移镇幽州。明宗即位，遂归本姓，

---

[1]《宋史》卷一《太祖本纪》。

始改名德钧。其子延寿尚明宗女兴平公主，故德钧尤承倚重。……明年，王都平，加兼侍中，顷之，加东北面招讨使。……德钧镇幽州凡十余年，甚有善政，累官至检校太师，兼中书令，封北平王。

又《宋史》卷二五四《赵赞传》载：

祖德钧……父延寿……赞幼聪慧，（后唐）明宗甚爱之，与诸孙、外孙石氏并育于六宅。暇日，因遍阅诸孙数十人。

按石敬瑭亦尚明宗女，引文中石氏指石敬瑭子。赵氏与石氏乃当时同一集团中的并行势力，各求契丹助，以为中原主。石氏胜，赵氏入契丹。赵赞先在契丹，后又入蜀，后汉朝立，赵赞来归，且观刘知远之言："汉祖曰：'赞之父子亦吾人也，事契丹出于不幸。今闻延寿落于陷阱，吾忍不容赞耶。'（李）恕未还，赞已离镇入朝，即命为左骁卫上将军。"[1]赵赞其后继续仕周仕宋，重归此一集团。

河东军人集团大量吸收河北人士，可从五代武职官吏所在地域分布统计表（表8–12）获得证明[2]。

河东河北职业军人集团在后梁与后唐鏖战之际已开始形成，及后唐立国，河南职业军人集团瓦解，河东河北职业军人集团已凝结成熟，若从实际资料分析后唐、后晋、后汉、后周、宋等朝皇帝之出身关系，可进一步了解。

后唐开国之君李存勖，是否为李克用长子，史有异说：一说是李克

---

[1]《宋史》卷二五四《赵赞传》。

[2] 西川正夫在《華北五代王朝の文臣官僚》一文中亦曾有地域分布统计，惟该文仅分关内道、河东道、河北道、河南道四大区，其文臣仅得一百七十九人，与本文二百四十六人不同。且河南道指朱全忠势力基盘，是否包括平卢、徐淮，不得而知。惟该文与北宋初中期做一比较，是其优点。

表 8-12　五代武职官吏所在地域分布统计表

		河东（代北部落）	河北	河南	平卢徐淮	关中陇西	其他	未详	合计
后梁	N	6	16	29	17	5	2	3	78
	%	7.7　　20.5 28.2		37.2　　21.8 59.0		6.4	2.6	3.8	100
后唐	N	85	61	16	18	5	15	4	204
	%	41.7　　29.9 71.6		7.8　　8.8 16.7		2.5	7.4	2.0	100
后晋	N	67	61	19	12	6	5	3	173
	%	38.7　　35.3 74.0		11.0　　6.9 17.9		3.5	2.9	1.7	100
后汉	N	56	48	9	6	5	3	0	127
	%	44.1　　37.8 81.9		7.1　　4.7 11.8		3.9	2.4	0	100
后周	N	55	69	14	12	8	4	0	162
	%	34.0　　42.6 76.6		8.6　　7.4 16.0		4.9	2.5	0	100
总计	N	269	255	87	65	29	29	10	744
	%	36.2	34.3	11.7	8.7	3.9	3.9	1.3	100

用之长子[1]，一说李克用之长子名落落，落落与汴军作战时被擒杀[2]。李存勖在诸兄弟及诸义兄弟之中才华颇为特出，十一岁见大唐昭宗时，即有"亚子"之赞[3]，二十四岁继位，即刻平定季父振武节度使管内蕃汉马

---

[1]《旧五代史》卷二七《唐书·庄宗纪第一》。

[2]《旧五代史》卷二六《唐书·武皇纪下》。

[3]《北梦琐言》云："昭宗曰：'此子可亚其父。'时人号曰'亚子'。"

步都知兵马使李克宁之乱，旋即继父之志领兵与朱温血战[1]，朱温卒时已察知其子非李存勖之敌也[2]。李存勖做皇帝仅三年余，因政治不修而死于乱。李嗣源为李存勖之义兄，年长其十九岁，是最先攻入汴京者。"庄宗至，帝（李嗣源）迎谒路侧。庄宗大悦，手引帝衣，以首触帝曰：'吾有天下，由公之血战也，当与公共之。'"[3]长兴四年（933）十一月，明宗李嗣源卒，十二月其第三子从厚即位，即后唐闵帝，但武将多附乃兄从珂。次年三月李从珂攻破京师，是为后唐末帝。"讳从珂，本姓王氏，镇州人也。……景福中，明宗为武皇骑将，略地至平山……掳之……明宗养为己子。……在太原，尝与石敬瑭因击球同入于赵襄子之庙，见其塑像，屹然起立，帝秘之，私心自负。及从明宗征讨，以力战知名，庄宗尝曰：'阿三不惟与我同齿，敢战亦相类。'"[4]

后晋高祖石敬瑭，"太原人也。……四代祖璟，以唐元和中与沙陀军都督朱耶氏自灵武入附，宪宗嘉之，隶为河东阴山府裨校，以边功累官至朔州刺史。……三代祖郴，早薨……皇祖讳翌，任振武防御使……皇考讳绍雍，番字臬捩鸡……事后唐武皇及庄宗，累立战功。……（帝）生于太原汾阳里。……唐明宗为代州刺史，每深心器之，因妻以爱女。唐庄宗闻其善射，擢居左右，明宗请隶大军，从之。……倚以心腹"[5]。晋少帝石重贵，"高祖之从子也。……（父）敬儒尝为后唐庄宗骑将"[6]。

---

[1]《旧五代史》卷二七《唐书·庄宗纪第一》。

[2]《资治通鉴》卷二六八《后梁纪三》，乾化二年（912）闰五月壬戌："帝（朱温）疾增甚，谓近臣曰：'我经营天下三十年，不意太原余孽更昌炽如此！吾观其志不小，天复夺我年，我死，诸儿非彼敌也，吾无葬地矣！'因哽咽，绝而复苏。"按当时与朱温对垒者已是李存勖。

[3]《旧五代史》卷三五《唐书·明宗纪第一》。

[4]《旧五代史》卷四六《唐书·末帝纪上》。

[5]《旧五代史》卷七五《晋书·高祖纪第一》。

[6]《旧五代史》卷八一《晋书·少帝纪第一》。

后汉高祖刘知远,"其先本沙陁部人也。……皇考讳琠,事后唐武皇帝为列校……后……生帝于太原。……初事唐明宗,列于麾下。……时晋高祖为梁人所袭,马甲连革断,帝辍骑以授之,取断革者自跨之,徐殿其后"[1]。

后周太祖郭威,"邢州尧山人也。……三岁,家徙太原。居无何,皇考为燕军所陷,殁于王事"。有云出于李继韬(李嗣昭子,事见本纪),有云应庄宗招募(事见前引《宋史·李琼传》),"天成初,明宗幸浚郊。时朱守殷婴城拒命,帝从晋高祖一军率先登城。……汉高祖为侍卫马步都虞候,召置左右"[2]。

就宋太祖赵匡胤而言,自其父开始亦已纳入河东河北职业军人集团。《宋史》卷一《太祖本纪》载:

> 涿郡人也。高祖朓……仕唐历永清、文安、幽都令。朓生珽……历藩镇从事,累官兼御史中丞。珽生敬……历营、蓟、涿三州刺史。敬生弘殷……事赵王王镕,为镕将五百骑援唐庄宗于河上有功。庄宗爱其勇,留典禁军。汉乾祐中,讨王景于凤翔。……周广顺末,改铁骑第一军都指挥使。……累官检校司徒、天水县男,与太祖分典禁兵,一时荣之。……(太祖)生于洛阳夹马营。……会周祖以枢密使征李守真,应募居帐下。

从五代武职官吏通朝仕宦的现象观察,亦可进一步证明后唐、后晋、后汉、后周的共同性(表8-13):

---

[1]《旧五代史》卷九九《汉书·高祖纪上》。
[2]《旧五代史》卷一一〇《周书·太祖纪第一》。

表8-13　五代武职官吏通朝仕宦比例统计表[1]

	后梁		后唐		后晋		后汉		后周	
	N	%	N	%	N	%	N	%	N	%
始于大唐	33	42.3	0	0	0	0	0	0	0	0
始于后梁	45	57.7	29	14.2	13	7.5	1	0.8	1	0.6
始于后唐	—	—	175	85.8	117	67.6	57	44.9	48	29.6
始于后晋	—	—	—	—	43	24.9	37	29.1	31	19.1
始于后汉	—	—	—	—	—	—	32	25.2	28	17.3
始于后周	—	—	—	—	—	—	—	—	54	33.3
合计	78	100	204	100	173	100	127	100	162	100

---

[1] 本文统计五代武职官吏人数以《旧五代史》为主体。《新五代史》增补七人。取自《宋史》凡一百一十九人。如下：赵弘殷（宋1）、高怀德（宋250）、张令铎（宋250）、王彦昇（宋250）、罗彦瑰（宋250）、韩重赟（宋250）、王审琦（宋250）、石守信（宋250）、符彦卿（宋251）、慕容延钊（宋251）、符昭愿（宋251）、韩令坤（宋251）、韩伦（宋251）、李洪信（宋252）、郭从义（宋252）、王晏（宋252）、王景（宋252）、侯章（宋252）、李洪义（宋252）、杨承信（宋252）、武行德（宋252）、王廷义（宋252）、冯继业（宋253）、孙行友（宋253）、折德扆（宋253）、折从阮（宋253）、张从恩（宋254）、赵赞（宋254）、扈彦珂（宋254）、侯仁矩（宋254）、李继勋（宋254）、侯益（宋254）、药元福（宋254）、薛怀让（宋254）、赵晁（宋254）、王全斌（宋255）、郭崇（宋255）、王彦超（宋255）、康延沼（宋255）、康延泽（宋255）、王继涛（宋255）、张永德（宋255）、高彦晖（宋255）、向拱（宋255）、宋偓（宋255）、宋廷浩（宋255）、杨廷璋（宋255）、李处耘（宋257）、王仁赡（宋257）、曹彬（宋258）、崔彦进（宋259）、张琼（宋259）、刘廷让（宋259）、尹崇珂（宋259）、张廷翰（宋259）、田重进（宋260）、李怀忠（宋260）、刘遇（宋260）、杨信（宋260）、李汉琼（宋260）、米信（宋260）、党进（宋260）、刘廷翰（宋260）、崔翰（宋260）、王仁镐（宋261）、郭琼（宋261）、李琼（宋261）、陈思让（宋261）、张铎（宋261）、田景咸（宋261）、焦继勋（宋261）、李万超（宋261）、刘重进（宋261）、陈承昭（宋261）、李万全（宋261）、袁彦（宋261）、祁廷训（宋261）、白重赞（宋261）、杜汉徽（宋271）、周广（宋271）、解晖（宋271）、李韬（宋271）、陆万友（宋271）、石曦（宋271）、吴虔裕（宋271）、张廷翰（宋271）、王晋卿（宋271）、张藏英（宋271）、郭延谓（宋271）、郭廷浚（宋271）、辅超（宋271）、张勋（宋271）、蔡审廷（宋271）、赵延进（宋271）、赵晖（宋271）、马令琮（宋271）、张晖（宋272）、司超（宋272）、荆罕儒（宋272）、杨美（宋273）、李进卿（宋273）、郭进（宋273）、何继筠（宋273）、姚内斌（宋273）、董遵诲（宋273）、马仁瑀（宋273）、李汉超（宋273）、翟守素（宋274）、卢怀忠（宋274）、侯赟（宋274）、王继勋（宋274）、安守忠（宋275）、谭延美（宋275）、刘福（宋275）、刘谦（宋275）、马全义（宋278）、张思钧（宋280）、田绍斌（宋280）、范廷召（宋289）。

（六）圈内竞争与朝代更迭

从以上分析观之，后唐、后晋、后汉、后周、宋初的统治者实皆出于同一个集团，亦即河东河北职业军人集团也。然而，该集团之中的领导权之争，时时刻刻皆在进行着，其皇位之始终与朝代之更换，可从表8-14观察之。

表8-14　后唐、后晋、后汉、后周、宋统治者情况表

帝号姓名	生年—卒、退、立年	卒、退、立时年龄	同光元年时年龄	血统
唐庄宗李存勖	光启元年—同光四年（885—926）	42	39	×
唐明宗李嗣源	咸通八年—长兴四年（867—933）	67	57	×
唐闵帝李从厚	天祐十一年 乾化四年 —应顺元年（914—934）	21	10	
唐末帝李从珂	光启元年—清泰三年（885—936）	52	39	×
晋高祖石敬瑭	景福元年—天福七年（892—942）	51	32	
晋少帝石重贵	天祐十一年 乾化四年 —开运三年（退）（914—946）	33（退）	10	×
汉高祖刘知远	乾宁二年—乾祐元年（895—948）	54	29	
汉隐帝刘承祐	长兴二年—乾祐三年（931—950）	20	-9	×
周太祖郭威	天祐元年—显德元年（904—954）	51	20	×
周世宗柴荣	天祐十八年 龙德元年 —显德六年（921—959）	39	3	×
周恭帝柴宗训	广顺三年—显德七年（退）（953—960）	8（退）	-31	
宋太祖赵匡胤	天成二年—显德七年（立）（927—960）	34（立）	-5	×

一方面，同光元年（923）乃后唐开国之年，河东河北集团经过多年

血战才于此年打败河南集团，后唐、后晋、后汉、后周的开国者以及后唐明宗、后唐末帝等，皆亲身参与了此艰难的战争。年龄最轻的后周太祖郭威是年亦已十九岁，并曾参加战斗。另一方面，河东河北集团内部领导权之争，显然是年长者胜过年轻者（石敬瑭引契丹军打败李从珂除外），长辈压倒晚辈。胜利者与失败者都没有血统关系，有的胜利者改朝换代，有的仍袭旧朝之名，实际上这都是圈内的领导权之争，除极核心的一小部分人受到胜败影响外，大体上胜利者并没有大开杀戒，大部分武职官吏仍然留用，如表 8-15 所示，一人连续仕宦五个朝代者有二十一人，其中一人任官历后梁、后唐、后晋、后汉、后周，孔知浚是也（旧周 125[1]）。其他有二十人任官历后唐、后晋、后汉、后周、宋，即：高怀德（宋 250）、张令铎（宋 250）、王彦昇（宋 250）、符彦卿（宋 251）、李洪信（宋 252）、郭从义（宋 252）、王晏（宋 252）、王景（宋 252）、侯章（宋 252）、药元福（宋 254）、侯益（宋 254）、张从恩（宋 254）、薛怀让（宋 254）、王全斌（宋 255）、郭崇（宋 255）、王仁镐（宋 261）、郭琼（宋 261）、杜汉徽（宋 271）、解晖（宋 271）、张晖（宋 272）[2]，还

---

[1] 因人物繁多，人物传记出自《旧五代史·周书》者此处及以下文中所涉及处简写为"旧周 + 卷数"。——编注

[2] 其中王景与侯益二人所涉及的时间甚长，值得提示：

《宋史》卷二五二《王景传》："莱州掖人，家世力田。景少倜傥，善骑射，不事生业，结里中恶少为群盗。梁大将王檀镇滑台，以景隶麾下，与后唐庄宗战河上，檀有功，景尝左右之。庄宗入汴，景来降，累迁奉圣都虞候。……以所部以晋祖。（晋）天福初，授相州刺史。……汉乾祐初，加同平章事。……周祖微时与景善，及即位，加兼侍中。……（周）恭帝即位，进封凉国公。宋初，加守太保，封太原郡王。建隆二年春来朝，太祖宴赐加等。……四年，卒，年七十五。"

《宋史》卷二五四《侯益传》："汾州平遥人。祖父以农为业。（大）唐光化中，李克用据太原，益以拳勇隶麾下。……庄宗入汴，为本直副都校。……晋初，召为奉国都校、领光州防御使。……迁武宁军节度、同平章事。……契丹入汴，益率僚属归京师，诣契丹主，自陈不预北伐之谋。契丹授以凤翔节度。汉祖即位，加兼侍中。……益遂与其子归蜀。……（归汉，隐帝）乃授以开封尹兼中书令。……（周）广顺初，封楚国公，改太子太师，俄又改封齐国公。显德元年冬，告老，以本官致仕归洛。……（宋）太祖即位……诏……礼与丞相等。（乾德）三年，卒，年八十。"

表 8-15　五代武职官吏通朝仕宦统计表

大唐	后梁	后唐	后晋	后汉	后周	宋	
33→						大唐、后梁	
16→						后梁	
16→	16→					后梁、后唐	
	57→					后唐	
12→	12→	12→				后梁、后唐、后晋	
	契丹3→	3→				（契丹）后唐、后晋	
	58→	58→				后唐、后晋	
		6→				后晋	
	9→	9→	9→			后唐、后晋、后汉	
		6→	6→			后晋、后汉	
			契丹1→			（契丹）后汉	
			4→			后汉	
1→	1→	1→	1→	1→		后梁、后唐、后晋、后汉、后周	
	47→	47→	47→	47→		后唐、后晋、后汉、后周	20→宋
	1→	蜀 1→	1→			后唐（蜀）后汉、后周	
		31→	31→	31→		后晋、后汉、后周	24→宋
			27→	27→		后汉、后周	22→宋
				南唐4→		（南唐）后周	3→宋
				契丹3→		（契丹）后周	3→宋
				48→		后周	46→宋
78	204	173	127	162			118

有四人起自后唐而历后晋、后汉、后周、宋，唯在后唐时可能还未升为官吏阶级，故未予计入，他们是康延泽（宋 255）、王彦超（宋 255）、李琼（宋 261）、陈思让（宋 261）。有二十七人历任后唐、后晋、后汉、后周四朝武职，他们是高行周（旧周 123）、安审琦（旧周 123）、安审晖（旧周 123）、安审信（旧周 123）、李从敏（旧周 123）、宋彦筠（旧周 123）、张彦成（旧周 123）、安叔千（旧周 123）、王殷（旧周 124）、何福进（旧周 124）、刘词（旧周 124）、王进（旧周 124）、史懿（旧周 124）、王令温（旧周 124）、周密（旧周 124）、李怀忠（旧周 124）、白文珂（旧

周 124）、赵晖（旧周 125）、王继弘（旧周 125）、冯晖（旧周 125）、折从阮（旧周 125）、张彦超（旧周 129）、王重裔（旧周 129）、李建崇（旧周 129）、曹英（旧周 129）、翟光邺（旧周 129）、常思（旧周 129）。历任后晋、后汉、后周、宋四朝者有三十一人，不予赘引。

除后梁以外，后唐、后晋、后汉、后周诸朝之更迭乃圈内竞争，如以家世成分而言，这五个朝代却有高度的共同性。大致上五代武职官吏之社会成分与文职官吏之社会成分极为相似，只是武职官吏中平民类略高，且微微超过 50%，而且其中士族类略低[1]。军人集团之延续亦呈现个人通朝现象，而无累进成武大姓的迹象。

河东河北军人集团圈内权力竞争的结果是，王朝与皇位不断更替，然在此一连串的演变之中，有一点值得注意，即河北地区优势渐次形成，河北地区之文职官吏比例在后梁时居于平均线上，自后唐开始，历后晋、后汉、后周各朝，河北籍之文职官吏皆倍于其他地区[2]。上节曾讨论河东军人集团扩大吸收河北武人，如表 8-12 所示，后唐、后晋、后汉、后周四朝中河东和河北地区之武职官吏约占四分之三，此即本文所谓河北河东军人集团，然在此军人集团之中，有一明显的趋势，即河北地区的比

---

[1] 参见表 8-11。

[2] 表 8-16　五代文职官吏所在地域分布统计表（分区标准参表 8-4 注）

	后梁		后唐		后晋		后汉		后周		合计	
	N	%	N	%	N	%	N	%	N	%	N	%
河东	11	16.7	20	12.9	15	11.9	11	11.2	12	10.9	69	12.4
河北	14	21.2	52	33.5	47	37.3	41	41.8	42	38.2	196	35.3
河南	16	24.2	22	14.2	21	16.7	18	18.4	22	20.0	99	17.8
平卢徐淮	4	6.1	16	10.3	15	11.9	11	11.2	14	12.7	60	10.8
关中陇西	13	19.7	26	16.8	25	19.8	16	16.3	17	15.5	97	17.5
其他及未详	8	12.1	19	12.3	3	2.4	1	1.0	3	2.7	34	6.1
总计	66	100	155	100	126	100	98	100	110	100	555	100

重渐渐上升，且超越河东地区，后唐与后周恰恰相反。后唐、后晋、后汉的统治者系河东非汉人，而后周乃河北籍汉人，从史书记载中我们似乎看不出这一转移在种族上有何矛盾，但在地域上却有显著的增减。在周太祖郭威与周世宗柴荣所吸收的有传武职官吏之中，其地域分布如下：

河北	28 人	58.3%	附记：《旧五代史·周书》得 2 人
河东	10 人	20.8%	《宋史》得 46 人
河南	6 人	12.5%	共计 48 人 [1]
关中	2 人	4.2%	
平卢徐淮	2 人	4.2%	

在后周、宋交替之时，河北地区之官吏，其文职、武职皆占全国官吏 40% 左右。关中早已凋零，关东则形成河北占优势局面。

四、结　论

通朝仕宦的现象在魏晋南北朝与五代均极为普通。五代时，绝大多数官吏皆任职两朝或两朝以上，但这并不表示其子孙必然可以世世仕

---

[1] 河北籍：王环（旧周 129）、韩重赟（宋 250）、韩令坤（宋 251）、赵晁（宋 254）、李继勋（宋 254）、高彦晖（宋 255）、向拱（宋 255）、杨廷璋（宋 255）、崔彦进（宋 259）、张琼（宋 259）、刘廷让（宋 259）、尹崇珂（宋 259）、田重进（宋 260）、李怀忠（宋 260）、刘遇（宋 260）、杨信（宋 260）、赵延进（宋 271）、王晋卿（宋 271）、张藏英（宋 271）、荆罕儒（宋 272）、姚内斌（宋 273）、董遵诲（宋 273）、马仁瑀（宋 273）、卢怀忠（宋 274）、刘谦（宋 275）、谭延美（宋 275）、马全义（宋 278）、范廷召（宋 289）。共 28 人。
河东籍：张颖（旧周 129）、慕容延钊（宋 251）、折德扆（宋 253）、米信（宋 260）、党进（宋 260）、李万全（宋 261）、袁彦（宋 261）、李汉超（宋 273）、侯赟（宋 274）、田绍斌（宋 280）。共 10 人。
河南籍：王审琦（宋 250）、石守信（宋 250）、符昭愿（宋 251）、王仁赡（宋 257）、刘廷翰（宋 260）、祁廷训（宋 261）。共 6 人。
关中籍：崔翰（宋 260）、王继勋（宋 274）。共 2 人。
平卢徐淮籍：王廷义（宋 252）、刘福（宋 275）。共 2 人。

宦；而在魏晋南北朝时，士族在统治阶层中一直占绝大多数，其通朝仕宦现象不但是政治之延续，而且是家族之延续[1]。在五代时，以文职官吏而论，一方面，只有后梁士族仍占半数以上，自后唐始，士族大幅度滑落至 50% 以下，其中尤其以源于魏晋南北朝时代的旧士族消失最多；另一方面，新士族亦不见增加，因此这是社会架构的改变，中古三阶层社会将步入近古二阶层社会。在政局变化不定、武人权重的时代，文职通朝仕宦与其个人才能有关，文职通朝仕宦代表着政治延续。907—960 年这五十四年间，纵贯有大唐、后梁、后唐、后晋、后汉、后周、宋七个朝代，任官历六个朝代者得七人，历五个朝代者二十一人，历四个朝代者四十一人，历三个朝代者五十五人，历两个朝代者八十九人。很显然，有一个官僚体系默默地推行政治事务，列朝君主均无意拆散这个体系，大唐禅后梁、后梁亡于后唐这两次改朝换代事件中，有许多宰相及高级官吏被更换替代，稍为波折；后唐、后晋、后汉、后周、宋间之禅代，宰相大臣多继续留用，犹如身历一个朝代之中的若干政潮。严格地说，大唐禅后梁，后梁亡于后唐，后唐、后晋、后汉、后周、宋更替等，乃官僚体系大框架不变的前提下的三个不同类型，可以与其他朝代间或某个朝代中的政潮做进一步的比较研究。

　　自安史乱后，藩镇跋扈，军府林立，一个半世纪以来培养出一种职业军人集团[2]，随着士族军权之衰退、大唐中央军之赢弱，这批人在历史上扮演的角色越来越重要。大唐末期，中原一带大量饥民形成的流民集团，扰动了中原及南中国，流民集团有三大股——黄巢、朱温、秦宗权，其后朱温降大唐，黄巢败亡，秦宗权灭于朱温，朱温移大唐天子于洛阳，独霸河南。流民集团形成的武职官吏，平民出身者居多，世郡武吏次之，

---

[1] 参见拙著《两晋南北朝士族政治之研究》。

[2] 参见本书第七篇《魏博二百年史论》。

且有浓厚的河南平民色彩，也是唯一能与河北职业军人相对抗的势力；朱温又收服河北地区，但不能并吞河东，亦如强弩之末，然能在北中国建立梁朝十余年，亦已难哉！梁晋（太原）交战多年，李克用以假子结合河东豪杰，李存勖吸收河北武勇，黄河以北的职业军人取朱梁而代之，后唐、后晋、后汉、后周诸朝实出于同一军人集团，四朝的开国之君皆曾参与讨梁之役，武将历该四朝者比例极高，该军人集团内部领导权之争即形成北中国朝代更替现象。

　　无论是朱梁时代的河南集团，还是后唐、后晋、后汉、后周、宋初的河东河北集团掌权，都证明关中势力的消逝。在河东河北集团之中，后唐、后晋、后汉三朝皇室不属汉族，后周朝皇室出于汉族，从正史中看不出有族别歧视存在，这与永嘉乱后北中国的景象大不相同。但在后周之际，统治者大量吸收河北籍军人，使河北地区的文、武官吏皆占全国官吏的 40% 以上，远远超越其他地区，造成后周、北宋初期之河北优势，斯亦国史上之一大变局也。

后 记

本书八篇论文之中，原刊于《"中央研究院"历史语言研究所集刊》者有四篇，《清华学报》一篇，《台湾大学文史哲学报》一篇，宣读于"'中央研究院'第二届国际汉学会议"者一篇，宣读于台湾大学历史研究所"民国以来国史研究的回顾与展望"大会者一篇。

严耕望先生审查本书论文多篇，指正甚多；陈槃师、劳榦师、许倬云师在本书写作期间，屡有教导、鼓励。

我近年来研究工作极忙，除了专任研究员每年需撰写新论文以外，还负责唐代墓志铭之汇编、考释、出版等工作，每年约出版两三册，又在台湾大学、中国文化大学兼任教席，如果没有许多朋友在出版过程中之大力帮助，本书无法顺利出版，我十分感谢。

一九八九年七月二日
著者谨识于台北市南港"中央研究院"历史语言研究所

参考书目

一、正史类及古籍类

《史记》《汉书补注》《后汉书集解》《三国志集解》《晋书斠注》《宋书》《南齐书》

　　《梁书》《陈书》《魏书》《周书》《北齐书》《南史》《北史》《隋书》《旧唐书》

　　《新唐书》《旧五代史》《五代史记》《宋史》《辽史》

　　（以上正史部分，本书各篇撰写时使用艺文印书馆影印殿本，修正出版时使

　　用鼎文书局影印点校本）

《邺中记》（晋）陆翙撰，武英殿聚珍版丛书第 213 册

《华阳国志校注》（晋）常璩撰，（今人）刘琳校注，巴蜀书社，1984

《世说新语》（刘宋）刘义庆撰，（梁）刘孝标注，商务印书馆影印《四部丛刊初

　　编》本，1929

《洛阳伽蓝记》（北魏）杨衒之撰（周祖谟《洛阳伽蓝记校释》，1956；范祥雍《洛

　　阳伽蓝记校注》，1958；王伊同英译并注释 *A Record of Buddhist Monasteries in*

　　Lo-Yang，1984）

《庾子山集注》（北周）庾信撰，（清）倪璠集注，文华出版公司，1968

《颜氏家训》（北齐）颜之推撰，商务印书馆影印《四部丛刊初编》本，1929

《大唐创业起居注》（唐）温大雅撰，学津讨原第 6 集第 53 册

《唐六典》（唐）李林甫等注，《四库全书珍本六集》第 117—119 册，1976

《通典》（唐）杜佑撰，浙江书局刊本，光绪二十二年

《陆宣公集》（唐）陆贽撰，正谊堂全书第 52—53 册

《邺侯家传》（唐）李繁撰，载《玉海》卷一三八《兵制》，浙江书局重刊本，光

　　绪九年

《会昌一品集》（唐）李德裕撰，商务印书馆影印《四部丛刊初编》本，1929

《北梦琐言》（宋）孙光宪，台湾商务印书馆影印文渊阁《四库全书》本，1983

《唐会要》（宋）王溥撰，世界书局，据武英殿聚珍版影印，1960

《五代会要》（宋）王溥撰，（清）沈镇、朱福泰校勘，世界书局，据武英殿聚珍
　　版影印，1960

《文苑英华》（宋）李昉等编，（宋）彭叔夏辨证，华联出版社，1965

《五代史阙文》（宋）王禹偁纂，忏花盦丛书第 12 册

《九国志》（宋）路振撰，守山阁丛书第 5 函第 45—46 册

《册府元龟》（宋）王钦若等编，中华书局，据明崇祯十五年李嗣京刊本影印，1972

《五代史补》（宋）陶岳纂，忏花盦丛书第 11—12 册

《五代春秋》（宋）尹洙撰，忏花盦丛书第 12 册

《资治通鉴·附考异》（宋）司马光撰，（元）胡三省注，世界书局，1980

《唐大诏令集》（宋）宋敏求编，华文书局，据旧刊本影印，1968

《五代史纂误》（宋）吴缜撰，知不足斋丛书第 17 集第 1 册

《通志》（宋）郑樵撰，新兴书局，据清武英殿刊本影印，1963

《玉海》（宋）王应麟撰，浙江书局重刊本，光绪九年

《文献通考》（元）马端临，浙江书局刊本，光绪二十二年

《河朔访古记》（元）纳新撰，武英殿聚珍版丛书第 213 册

《唐藩镇指掌》（明）张玄羽撰，广文书局，据峭帆楼丛书刊本影印，1969

《裴村记》（载《顾亭林诗文集》卷五）（清）顾炎武撰，中华书局，1983

《十国春秋》（清）吴任臣，国光书局，据乾隆五十三年周昂校刊本影印，1962

《西魏将相大臣年表》（清）万斯同编，开明书店《二十五史补编》本，1936

《五代史记补考》（清）徐炯撰，适园丛书第 6 集第 85—90 册

《唐书合钞》（清）沈炳震，嘉庆十八年刊本

《五代史记纂误补》（清）吴兰庭撰，吴兴丛书第 54 册

《西魏书》（清）谢启昆撰，世界书局，据树经堂本影印，光绪九年

《全唐文》（清）董诰等编，汇文书局，据嘉庆十九年刊本影印，1961

《十六国春秋辑补》（清）汤球纂，广雅书局刊本，光绪二十一年

《历代方镇年表》（清）吴廷燮编，辽海书社排印本

《汉魏南北朝墓志集释》赵万里编纂，鼎文书局影印 1953 年初刊本，1973

"中央研究院"历史语言研究所藏石刻拓片

《金石萃编》（清）王昶编，新文丰出版公司《石刻史料新编》本，1977，以下诸
　　书均同

《金石续编》（清）陆耀遹编

《八琼室金石补正》（清）陆增祥撰

《关中金石文字存逸考》（清）毛凤枝撰

《关中石刻文字新编》（清）毛凤枝编

《陕西金石志》武树善撰

《陇右金石录》张维编

二、地理书类

《括地志》（唐）李泰撰，（清）孙星衍等辑，槐庐丛书本，吴县朱氏重校刊本，
　　光绪十二年

《元和郡县图志》（唐）李吉甫撰，金陵书局校刊，光绪六年

《太平寰宇记》（宋）乐史撰，乾隆五十八年重梓本

《舆地广记》（宋）欧阳忞撰，武英殿聚珍版丛书第 208—212 册

《大元大一统志》玄览堂丛书续集，"中央图书馆"影印，1947

《大明一统志》，文海出版社据"中央图书馆"善本影印，1965

《天下郡国利病书》（清）顾炎武撰，广雅书局刊本，光绪二十六年

《嘉庆重修一统志》（清）仁宗敕撰，台湾商务印书馆据上海涵芬楼影印清史馆藏
　　进呈写本影印，1966

《历代舆地沿革险要图》（清）杨守敬撰，观海堂重校订本，光绪三十二年

《水经注疏》（清）杨守敬纂疏、熊会贞参疏，科学出版社影印，1955

《中国历史地图集》谭其骧主编，中华地图学社，1975

《中国史稿地图集》郭沫若主编，地图出版社，1979

《水经注校》王国维校，袁英光、刘寅生整理标点，上海人民出版社，1984

《唐代交通图考》严耕望撰，"中央研究院"历史语言研究所专刊之八十三（第

一册京都关内区，1985；第二册河陇碛西区，1985；第三册秦岭仇池区，1985；第四册山剑滇黔区，1986；第五册河东河北区，1986）

三、地方志类

《猗氏县志》（清）潘钺纂辑（康熙五十六年），宋之树重修（雍正七年）

《解州安邑县志》（清）言如泗等修撰，吕溢等纂，乾隆二十九年

《解州平陆县志》（清）言如泗等修撰，韩夔典等纂，乾隆二十九年

《解州夏县志》（清）言如泗修撰，李遵唐等纂，乾隆二十九年

《解州全志》（清）言如泗等纂修，乾隆二十九年

《直隶绛州志》（清）张成德修，李友洙纂，乾隆三十年

《闻喜县志》（清）李遵唐修撰，王肇书等纂，乾隆三十一年，据明万历二年李汝
宽等旧志补充

《山西志辑要》（清）韩百龄等撰，雅德纂，乾隆四十五年

《虞乡县新志》（清）周大儒等撰，徐贯之等纂修，乾隆五十四年

《稷山县志》（清）沈凤翔重修，邓嘉绅等纂，同治四年

《续猗氏县志》（清）周之桢、崔曾颐等纂，同治六年

《直隶绛州志》（清）李焕扬续修，张于铸纂修，光绪五年

《绛县志》（清）刘斌主修，张于铸纂修，光绪六年

《续修临晋县志》（清）艾绍濂等纂修，光绪六年

《续猗氏县志》（清）徐浩修，俞汝寅等纂，光绪六年

《荣河县志》（清）马鉴等修，寻銮炜等纂，光绪七年

《山西通志》（清）张煦等撰，光绪十一年

《续修稷山县志》（清）马家鼎修，阎廷献等纂，光绪十一年

《永济县志》（清）李荣和等续修，光绪十二年

《虞乡县志》（清）崔铸善续修，陈鼎隆纂，光绪十二年

《绛县志》（清）胡延纂修，光绪二十年

《蒲州府志》（清）乔光烈、周景柱修纂，乾隆十九年，光绪二十六年补刊本

《闻喜县志》余宝滋修，杨炆田纂修，1919年据明万历二年李汝宽等旧志补充

四、中文论著

岑仲勉

　　1957　《隋唐史》，高等教育出版社

　　1957　《府兵制度研究》，上海人民出版社

　　1960　《唐史余沈》，上海中华书局

　　1962　《六镇余谭》，《中外史地考证》上册，中华书局

陈连开

　　1982　《鲜卑史研究的一座丰碑》，《民族研究》6

陈述

　　1948　《契丹史论证稿》，北平研究院史学研究所

陈学霖

　　1962　《北魏六镇之叛变及其影响》，《崇基学报》2（1）

陈寅恪

　　1937　《府兵制前期史料试释》，《"中央研究院"历史语言研究所集刊》7（3）

　　1943　《唐代政治史述论稿》，商务印书馆，又见上海古籍出版社，1997

　　1943　《隋唐制度渊源略论稿》，商务印书馆；又见中华书局，1963

　　1952　《论隋末唐初所谓"山东豪杰"》，《岭南学报》12（1）

　　1954　《记唐代之李武韦杨婚姻集团》，《历史研究》1

　　1957　《论唐代之蕃将与府兵》，《中山大学学报》1

杜斗城

　　1985　《汉唐世族陇西辛氏试探》，《兰州大学学报》1

傅乐成

　　1952　《荆州与六朝政局》，《台湾大学文史哲学报》4

　　1972　《唐型文化与宋型文化》，《"国立"编译馆馆刊》1（4）

谷霁光

　　1936　《安史乱前之河北道》，《燕京学报》19

　　1962　《府兵制度考释》，上海人民出版社

郭素新

　　1977　《内蒙古呼和浩特北魏墓》,《文物》5

韩国磐

　　1958　《北朝经济试探》,上海人民出版杜

　　1977　《隋唐五代史纲》,人民出版社

　　1979　《隋唐五代史论集》,三联书店

　　1983　《魏晋南北朝史纲》,人民出版杜

何兹全

　　1962　《读〈府兵制度考释〉书后》,《历史研究》6

　　1980　《府兵制前的北朝兵制》,《中华文史论丛》2，又收于《读史集》,上海
　　　　　人民出版社，1982

贺次君

　　1935　《西晋以下北方宦族地望表》,《禹贡》3（5）

黄烈

　　1983　《拓跋鲜卑早期国家的形成》,《魏晋隋唐史论集（第二辑）》,中国社会
　　　　　科学出版社

黄盛璋

　　1982　《历史地理论集》,人民出版社

金发根

　　1964　《永嘉乱后北方的豪族》,学术著作奖助委员会

　　1984　《东汉至西晋初期（25—280）中国境内游牧民族的活动》,《食货》13
　　　　　（9，10）

鞠清远

　　1940　《唐代财政史》,商务印书馆

劳榦

　　1960　《关东与关西的李姓和赵姓》,《"中央研究院"历史语言研究所集刊》31

　　1960　《北魏后期的重要都邑与北魏政治的关系》,《"中央研究院"历史语言
　　　　　研究所集刊》外编4（上）

　　1961　《论北朝的都邑》,《大陆杂志》22(3)

李绍明、冉光荣

1982　《论氐族的族源与民族融合》,《四川省史学会史学论文集》, 四川人民
　　　　出版社

李树桐

1965　《唐史考辨》, 台湾中华书局

林幹

1984　《匈奴历史年表》, 中华书局

1984　《稽胡（山胡）略考》,《社会科学战线》1

刘纬毅

1984　《山西方志考略》,《中国地方史志论丛》, 中华书局

卢开万

1980　《"代迁户"初探》,《武汉大学学报》4

逯耀东

1965　《拓拔氏与中原士族的婚姻关系》,《新亚学报》7（1）

1968　《北魏平城对洛阳规建的影响》,《思与言》5（5）

1968　《魏孝文帝迁都与其家庭悲剧》,《新亚学报》8（2）

1979　《从平城到洛阳》, 联经出版事业公司

吕名中

1965　《试论汉魏西晋时期北方各族的内迁》,《历史研究》6

马长寿

1962　《乌桓与鲜卑》, 上海人民出版社

1985　《碑铭所见前秦至隋初的关中部族》, 中华书局

毛汉光

1966　《两晋南北朝士族政治之研究》, 学术著作奖助委员会

1969　《唐代统治阶层的社会变动》, 影印博士论文

1970　《五朝军权转移及其对政局之影响》,《清华学报》8（1，2）

1975　《从中正评品与官职之关系论魏晋南朝之社会架构》,《"中央研究院"
　　　　历史语言研究所集刊》46（4）

1976　《中国中古社会史略论稿》,《"中央研究院"历史语言研究所集刊》
　　　47（3）

1979　《唐末五代政治社会之研究——魏博二百年史论》,《"中央研究院"历
　　　史语言研究所集刊》50（2）

1980　《五代之政治延续与政权转移》,《"中央研究院"历史语言研究所集刊》
　　　51（2）

1983　《中古山东大族著房之研究》,《"中央研究院"历史语言研究所集刊》
　　　54（3）

1985　《中古大族著房婚姻之研究》,《"中央研究院"历史语言研究所集刊》
　　　56（4）

1986　《北魏东魏北齐之核心集团与核心区》,《"中央研究院"历史语言研究
　　　所集刊》57（2）

1987　《西魏府兵史论》,《"中央研究院"历史语言研究所集刊》58（3）

1987　《北朝东西政权之河东争夺战》,《台湾大学文史哲学报》35

1988　《中国中古社会史论》,联经出版事业公司

1989　《晋隋之际河东地区与河东大族》,《"中央研究院"第二届国际汉学会
　　　议论文集》

蒙思明

1936　《元魏的阶级制度》,《史学年报》2（3）

米文平

1981　《鲜卑石室的发现与初步研究》,《文物》2

1982　《鲜卑石室所关诸地理问题》,《民族研究》4

聂崇岐

1948　《论宋太祖收兵权》,《燕京学报》34

全汉昇

1944　《唐宋帝国与运河》,商务印书馆

萨孟武

1966　《中国社会政治史》,三民书局

史念海

　　1935　《两唐书地理志互勘》,《禹贡》3（3）

　　1986　《中国史地论稿（河山集）》,弘文馆出版社

苏庆彬

　　1964　《元魏北齐北周政权下汉人势力之推移》,《新亚学报》6（2）

　　1967　《两汉迄五代入居中国之蕃人氏族研究》,新亚研究所

宿白

　　1977　《东北、内蒙古地区的鲜卑遗迹》,《文物》5

　　1977　《盛乐、平城一带的拓跋鲜卑——北魏遗迹》,《文物》11

孙国栋

　　1959　《唐宋之际社会门第之消融》,《新亚学报》4（1）

孙同勋

　　1962　《拓拔氏的汉化》,台湾大学文学院

谭其骧

　　1934　《晋永嘉丧乱后之民族迁徙》,《燕京学报》15

唐长孺

　　1955　《魏晋南北朝史论丛》,三联书店

　　1959　《魏晋南北朝史论丛续编》,三联书店

　　1979　《北魏沃野镇的迁徙》,《华中师院学报（哲学社会科学版）》3

　　1983　《魏晋南北朝史论拾遗》,中华书局

唐长孺、黄惠贤

　　1964　《试论魏末北镇镇民暴动的性质——魏末人民大起义诸问题之一》,《历
　　　　　史研究》1

　　1979　《二秦城民暴动的性质和特点——北魏末期人民大起义研究之三》,《武
　　　　　汉大学学报》4

陶希圣

　　1944　《中国政治制度史》,启业书局

陶希圣、鞠清远

　　1935　《唐代经济史》,商务印书馆

万绳楠

　　1983　《魏晋南北朝史论稿》，安徽教育出版社

　　1987　《陈寅恪魏晋南北朝史讲演录》，黄山书社

汪荣祖

　　1984　《史家陈寅恪传》，联经出版事业公司

王吉林

　　1980　《统一期间北魏与塞外民族的关系》，《史学汇刊》10

　　1981　《西魏北周统治阶层的形成》，《民族与华侨研究所学报》3

王寿南

　　1969　《唐代藩镇与中央关系之研究》，嘉新文化基金会

王伊同

　　1973　《魏书崔浩传笺注》，《华冈学报》7

王仲荦

　　1978　《东西魏北齐北周侨置六州考略》，《文史》5

　　1979　《北周六典》，中华书局

　　1979　《魏晋南北朝史》，上海人民出版社

　　1980　《北周地理志》，中华书局

闻宥

　　1980　《记有关羌族历史的石刻》，《考古与文物》2

武守志

　　1985　《五凉政权与西州大姓》，《西北师大学报》4

萧璠

　　1976　《东魏北齐内部的胡汉问题及其背景》，《食货》6（8）

萧启庆

　　1972　《北亚游牧民族南侵各种原因的检讨》，《食货》1（12）

萧文青

　　1969　《高欢家世考证》，《华冈学报》5

许倬云

　　1964　《西汉政权与社会势力的交互作用》，《"中央研究院"历史语言研究所

集刊》35

1981　《传统中国社会经济史的若干特性》,《食货》11（5）

1982　《求古编》,联经出版事业公司

严耕望

1948　《北魏尚书制度考》,《"中央研究院"历史语言研究所集刊》18

1950　《汉代地方官吏之籍贯限制》,《"中央研究院"历史语言研究所集刊》22

1954　《中国历史地理（唐代篇）》,《现代国民基本知识丛书》第二辑,中华文化出版事业委员会

1960—1962　《中国地方行政制度史》,"中央研究院"历史语言研究所专刊之四十五,台湾商务印书馆

1962　《北周东南道四总管区》,《大陆杂志》特辑2

1965　《景云十三道与开元十六道》,《"中央研究院"历史语言研究所集刊》36（上）

1969　《唐史研究丛稿》,新亚研究所

1980　《北朝隋唐滏口壶关道考》,《"中央研究院"历史语言研究所集刊》51（1）

1986　《佛藏所见之稽胡地理分布区》,《大陆杂志》72（4）

杨联陞

1936　《东汉的豪族》,《清华学报》11（4）

杨树藩

1967　《唐代政制史》,正中书局

杨耀坤

1978　《北魏末年北镇暴动分析》,《历史研究》11

姚薇元

1962　《北朝胡姓考》,中华书局

余英时

1956　《东汉政权之建立与士族大姓之关系》,《新亚学报》1（2）

俞大纲

1934　《北魏六镇考》,《禹贡》1（12）

曾克生

　　1960 《"关陇集团"问题——对陈寅恪先生"关中文化本位政策"的批判》，
　　　　　《史学月刊》5

张柏忠

　　1981 《哲里木盟发现的鲜卑遗存》，《文物》2

张建昌

　　1982 《氐族的兴衰及其活动范围》，《兰州大学学报》4

张郁

　　1958 《内蒙古大青山后东汉北魏古城遗址调查记》，《考古通讯》3

张泽咸、朱大渭

　　1980 《魏晋南北朝农民战争史料汇编》，中华书局

章群

　　1986 《唐代蕃将研究》，联经出版事业公司

郑钦仁

　　1965 《北魏中书省考》，台湾大学文学院

周伟洲

　　1983 《敕勒与柔然》，上海人民出版社

　　1983 《魏晋十六国时期鲜卑族向西北地区的迁徙及其分布》，《民族研究》5

　　1984 《赀虏与费也头》，《文史》23

周一良

　　1938 《论宇文周之种族》，《"中央研究院"历史语言研究所集刊》7（4）

　　1938 《南朝境内之各种人及政府对待之政策》，《"中央研究院"历史语言研
　　　　　究所集刊》7（4）

　　1948 《〈南齐书·丘灵鞠传〉试释兼论南朝文武官位及清浊》，《清华学报》
　　　　　14（2）

　　1948 《领民酋长与六州都督》，《"中央研究院"历史语言研究所集刊》20
　　　　　（上）

　　1950 《北朝的民族问题与民族政策》，《燕京学报》39

　　1963 《魏晋南北朝史论集》，中华书局

　　1985　《魏晋南北朝史札记》，中华书局

周铮

　　1985　《西魏巨始光造像碑考释》，《中国历史博物馆馆刊》7

朱大渭

　　1981　《中国农民战争史论丛》第三辑，河南人民出版社

朱大渭、刘精诚

　　1980　《论葛荣》，《中国农民战争史论丛》第二辑，河南人民出版社

朱坚章

　　1964　《历代篡弑之研究》，嘉新文化基金会

朱师辙

　　1944—1945　《北朝六镇考辨》，《辅仁学志》12（1，2）

朱维铮

　　1963　《府兵制度化时期西魏北周社会的特殊矛盾及其解决——兼论府兵的
　　　　　渊源和性质》，《历史研究》6

宁夏回族自治区博物馆、宁夏固原博物馆

　　1985　《宁夏固原北周李贤夫妇墓发掘简报》，《文物》11

五、日文论著

白鸟库吉

　　1919　《东胡民族考》，《史学杂志》22（1）

滨口重国

　　1935　《正光四五年の交に於ける後魏の兵制に就いて》，《东洋学报》22（2）

　　1936　《东魏の兵制》，《东洋学报》24（1）

　　1938　《高齐出自考——高歓の制霸と河北の豪族高乾兄弟の活躍》，《史学
　　　　　杂志》49（7，8）

　　1938　《西魏に於ける虏姓再行の事情》，《东洋学报》25（3）

　　1938　《西魏の二十四軍と儀同府》上，《东方学报》8

　　1939　《西魏の二十四軍と儀同府》下，《东方学报》9

曽我部静雄

　　1969　《西魏の府兵制度》,《集刊东洋学》21

　　1960　《西魏・北周・隋・唐の勲官・勲級と我が勲位について》,《文化》
　　　　　24（4）

大川富士夫

　　1957　《西魏における宇文泰の漢化政策について》,《立正大学文学部论丛》7

大泽正昭

　　1973　《唐末の藩鎮と中央権力——徳宗,憲宗朝を中心として》《东洋史研
　　　　　究》32（2）

宮川尚志

　　1943　《北朝における貴族制度》上,《东洋史研究》8（4）

　　1944　《北朝における貴族制度》下,《东洋史研究》8（5，6）

古贺昭岑

　　1974　《北朝の行台について》一,《九州大学东洋史论集》3

　　1977　《北朝の行台について》二,《九州大学东洋史论集》5

　　1979　《北朝の行台について》三,《九州大学东洋史论集》7

谷川道雄

　　1958　《北魏末の内乱と城民》上、下,《史林》41（3，5）

　　1962　《北朝末期の郷兵について》,《东洋史研究》20（4）

　　1971　《隋唐帝国形成史論》,筑摩书房

　　1972　《北朝郷兵再論》,《名古屋大学文学部研究论集》56

　　1982　《武川鎮軍閥の形成》,《名古屋大学东洋史研究报告》8

　　1983　《西魏北周隋唐政権と府兵制》,《中国律令制の展開とその国家・社
　　　　　會との関係》,唐代史研究会编,刀水书房

　　1986　《府兵制国家と府兵制》,《律令制：中国朝鮮の法と国家》,唐代史研
　　　　　究会编,汲古书院

谷口房男

　　1976　《晋代の氏族楊氏について》,《东洋大学文学部纪要》30

河地重造

　　1953　《北魏王朝の成立とその性格について》,《东洋史研究》12（5）

菊池英夫

　　1954　《五代禁軍の地方屯駐に就いて》,《东洋史学》11

　　1957　《北朝軍制に於ける所謂郷兵について》,《九州大学东洋史论丛：重
　　　　　松先生古稀纪念》

　　1968　《唐折衝府の分布問題に關する一解釋》,《东洋史研究》27（2）

堀敏一

　　1957　《黄巣の叛乱——唐末変革期の一考察》,《东洋文化研究所纪要》13

　　1960　《藩鎮親衛軍の権力構造》,《东洋文化研究所纪要》20

栗原益男

　　1953　《唐五代の仮父子的結合の性格——主として藩帥的支配権力との関
　　　　　連において》,《史学杂志》62（6）

　　1956　《唐末五代の仮父子的結合における姓名と年令》,《东洋学报》38（4）

内田吟风

　　1934　《後漢末期より五胡亂勃發に至る匈奴五部の狀勢に就て》,《史林》
　　　　　19（2）

　　1936　《北朝政局に於ける鮮卑及諸北族系貴族の地位》,《东洋史研究》1（3）

　　1937　《魏書序紀特に其世系記事に就て：志田不動麿學士「代王世系批判」
　　　　　を讀む》,《史林》22（3）

平冈武夫

　　1955　《唐代の行政地理》,京都大学人文科学研究所

前田正名

　　1972　《北魏平城時代のオルドス沙漠南縁路》,《东洋史研究》31（2）

　　1979　《平城の歴史地理学的研究》,风间书房

青山定雄

　　1958　《唐宋時代の交通と地誌地圖の研究》,吉川弘文馆

日野开三郎

　　1938　《五代鎮将考》,《东洋学报》25（2）

1939　《唐代藩鎮の跋扈と鎮将》1,《东洋学报》26（4）

1940　《唐代藩鎮の跋扈と鎮将》2、3、4,《东洋学报》27（1，2，3）

1942　《支那中世の軍閥》，三省堂

1954　《唐末混乱史稿》,《东洋史学》10

山崎宏

1947　《北魏の大人官に就いて》上,《东洋史研究》9（5，6）

1947　《北魏の大人官に就いて》下,《东洋史研究》10（1）

石田德行

1981　《北地傅氏考——漢魏晋代を中心に》,《中嶋先生论文集》

矢野主税

1965　《裴氏研究》,《长崎大学社会科学论丛》14

松岛才次郎

1970　《竇氏の家系》,《信州大学教育学部纪要》24

田村实造

1954　《北魏開国伝説の背景》,《东方学论集》2

畑地正宪

1972　《五代地方行政における軍について》,《东方学》43

窪添庆文

1974　《魏晋南北朝における地方官の本籍地任用について》,《史学杂志》83（2）

西川正夫

1959　《呉・南唐両王朝の国家権力の性格：宋代国制史研究序説のために、其の一》,《法制史研究》9

1962　《華北五代王朝の文臣官僚》,《东洋文化研究所纪要》27

直江直子

1978　《北朝後期政権為政者グループの出身について》,《名古屋大学东洋史研究报告》5

志田不动麿

1937　《代王世系批判》,《史学杂志》48（2）

1938 《南北朝時代に於ける敕勒の活動》上、下,《历史学研究》8（12），
9（2）

周藤吉之

1952 《五代節度使の支配体制》,《史学杂志》61（6）

竹田龙儿

1958 《門閥としての弘農楊氏についての一考察》,《史学》31

筑山治三郎

1967 《唐代政治制度の研究》, 创元社

六、英文论著

Dien, Albert E.

1974 "The Use of the *Yeh-hou Chia-chuan* as a Historical Source," *Harvard Journal of Asiatic Studies*, Vol. 34.

1977 "The Bestowal of Surnames under the Western Wei-Northern Chou: A Case of Counter-Acculturation," *T'oung Pao*, Vol. 63 , No. 2-3.

Eberhard, Wolfram

1962 *Social Mobility in Traditional China* (Leiden).

1965 *Conquerors and Rulers: Social Forces in Medieval China* (Leiden, Second Edition).

Peterson, Charles A.

1973 "The Restoration Completed: Emperor Hsien-tsung and the Provinces," in A.F.Wright and D.C.Twitchett (eds.), *Perspectives on the T'ang* (New Haven).

Pulleyblank, Edwin G.

1955 *The Background of the Rebellion of An Lu-shan* (Oxford University Press).

1976 "The An Lu-shan Rebellion and the Origins of Chronic Militarism in Late T'ang China," in John C.Perry and Bardwell L.Smith (eds.), *Essays on T'ang Society* (Leiden).

Twitchett, Denis C.

1962   "Lu Chih (754-805) Imperial Adviser and Court Official," in A.F.Wright and D.C.Twitchett (eds.), *Confucian Personalities* (Stanford).

1963   *Financial Administration under the T'ang Dynasty* (Cambridge University Press).

1965   "Provincial Autonomy and Central Finance in Late T'ang," *Asia Major,n.s,* 11(2).

1976   "Varied Patterns of Provincial Autonomy in the T'ang Dynasty," in John C.Perry and Bardwell L.Smith (eds.), *Essays on T'ang Society* (Leiden).

Wang, Gungwu

1963   *The Structure of Power in North China during the Five Dynasties* (University of Malaya Press).

1973   "The Middle Yangtse in T'ang Politics," in A.F.Wright and D.C.Twitchett (eds.), *Perspectives on the T'ang* (New Haven).

Wang, Yi-t'ung

1953   "Slaves and Other Comparable Social Groups during the Northern Dynasties (386-618)," *Harvard Journal of Asiatic Studies*, Vol. 16, No. 3-4.